中國研究者的家園

——回憶大學服務中心

熊景明　主編

人文出版社
HUMANITIES PRESS

目 录

第二部　USC与我的研究

第三部　吐露港畔的学术家园

第四部　天时地利人和：USC 1988–2007

附录一

附录二　媒体报道

附录三　中心活动花絮

吐露港畔的学术家园。

USC相册　相逢不必曾相识

研究中国的美国学者访问延安。1972

左起：Stella Wong、Stanley Rosen、Mony Tai、John Dolfin。约1975

中心学者参加亚洲研究学者委员会组织的大陆访问团，获中央领导接见。1973

Jonathan Unger和Anita Chan，亚皆老街155号庭院。1981

Gail Henderson、Andrew Walder、Jean Oi。1979

左起：Graham Johnson、John Dolfin、熊韫石、Charlotte Ikels。中心学者访问昆明，到熊景明家中做客。约1982

本书主编熊景明 Jean Hung，中心图书室。1982

告别亚皆老街，前排最左为"大名鼎鼎"的中心厨司余先生。1988

中心同事及家人的告别聚会，John Dolfin带领众人举杯。1988

飞鹅山。亚皆老街时代结束前第一次行山，有John Dolfin一家、李南雄、Suzanne Pepper夫妇、Marina Thorborg、张帼鸣、刘慧玲等。1987

中心迁入中大的开幕研讨会。左起：陈方正、翁松燃、傅高义。1989

高锟校长主持中心迁入中大的开幕式后，会同来宾参观中心。1989

中心国际顾问委员会第一次会议。有陈方正、Jason Parker（美国学者联合委员会代表）、John Burns、梁少光、熊景明、金耀基、翁松燃、吴文津、关信基。1989

在大学图书馆地库暂时"安身"，中心同事。约1989

台大地理系姜兰虹教授1989年到访中心，此后多次带台大学生前来。

大屿山。澳大利亚国立大学的博士生由冀（右二），是第一位来自大陆的访问学者。1990

没有午餐研讨会的日子，相约到游泳池边的"阳光餐厅"吃饭、聊天，有Susan Whiting等。1992

中心同事。1994

狮子山。Brian Hooker、Rodney Chan、熊景明等。Hooker教授是英国学者中，和中心关系较为密切的一位，他曾是香港政府教育拨款委员会成员之一。在该委员会长期服务的还有与中心关系至深的Deborah Davis、Andrew Walder。 约1997

松仔园行山。中心访客之外，有中大同事刘青峰、社会学系博士生张静等人。1993

原哈佛大学燕京图书馆馆长吴文津，他曾任中心国际顾问委员会委员（左一）。
1992

Andrew Walder、Jean Oi、Pierre Landry、熊景明、Jae Ho Chung、罗西华、关信基。1994

中心从九十年代初关注农村研究，召开过数次研讨会，邀请内地的专家学者及基层干部参加。张厚安（左二）、辛秋水、萧唐镖均为被邀学者。约1995

晚间沙龙，萧功秦主讲，沈志华主持，与会者包括陈方正、雷竞璇、张隆溪、朱维铮、丁望、关信基、金观涛、刘青峰、王绍光等。1994

前港督卫奕信爵士是一位中国研究专家，任《中国季刊》主编多年，曾到中心做研究，1996年在中心主任陪同下访问中心。

高华（左一）初次到访中心。1998

同事及访问学者Debbie、Carsten出席中心秘书郭少玉的婚礼。1999

左起：Lucien Bianco、罗西华、Jonathan Under、关信基、熊景明、金钟。1996

研究兴趣相似的学者在中心不期而遇。国务院发展研究中心的赵树凯、上海大学的张乐天和当时在中大人类学攻读博士的张小军都是研究农村社会的。1998

中大校园。徐斯俭、Pierre Landry及来自深圳统计局的访客。1999

中国社科院张婉丽、高世瑜，复旦大学谢遐龄、教育出版社韦禾，正好赶上中心昙花会。2000

万宜水库。梁志平夫妇、关信基夫妇、崔启源、熊景明。拍下这张照片的Richard Baum，曾多次访问中心。约2000

松仔园以外，水浪窝榕树澳是中心行山的热门选择。萧今、曹锦新、谭深、何蜀、李连江、陈峰等。那些年行山多由萧今和关信基驾车前往。2001

每年木棉花开的时节，约上访客到罗岗军营宿舍赏花。2001

曹锦清、谭深分别是关注农民和工人生活的学者。对于农民进城打工的年代，两位学者有谈不完的话题。2001

温铁军（后排左一）、王小强、沈志华、戴晴（中排左三）和中心同事。2001

研究破产法的民间学者曹思源（左一）不只一次到访中心。2002

李成、何清涟、李昌平等学者在中心相遇，即便观点各异，交流也相得益彰。约
2002

鸡公岭。朱学勤、金光涛、刘青峰、吕书磊等。约2002

中心由金耀基手书"中国研究服务中心"的匾牌,成了学者们留影的打卡地。
2003

THE CHINESE UNIVERSITY OF HONG KONG

USC 40th Anniversary Reunion

5 January, 2004

新 十 日 四 飛 騰
進 周 年 精 進

ADVANCE
AND EXCEL
香港中文大學四十周年
40th Anniversary of CUHK

中心四十周年聚会，历年曾到中心做研究的学者聚首一堂，大都为中国研究领域的翘楚。2004

第一排左起：Andrew Walder，Jean Oi，Dorothy Solinger，Thomas Bernstein，Lars Ragvald，Graham Johnson，金耀基 Ambrose King，Ezra Vogel 傅高义，Marin Whyte，Jonathan Unger，关信基 熊景明 Jean Hung，Deborah Davis。

第二排左起：崔启源 苏基朗 Billy So，Joyce Kallgren，Pitman Potter，杨汝万，Helen Siu 萧凤霞，Janet Salaff，Stanley Rosen，刘佩琼，Linda Wong，David Zweig，Alfred Chan，Julia Kwong，Christine Wong 黄佩华，Anita Chan 陈佩华。

第三排左起：Frederik Teiwes，David Shambaugh，Carma Hinton 卡玛，李实，Song Wen Bing，黄绍伦 Wong Siu lun，Marina Thorborg，Jean-Pierre Cabestan 汪三贵，王绍光，吴玉山，李立，Isabelle Thireau。

第四排左起：Borge Bakken，Wai Ling Ragvald，Michel Bonnin 潘鸣啸，Erik Baark，梁少光，陈健民，Pierre Landry，Kevin O'Brien，冷则刚，Thomas Gold，徐友渔，韦恰和，丁鸿福。

该排右下方：武克刚，汪永晨，萧今，吴国光。

第五排左起：钱钢，张鸣，由冀 You Ji，Robert Ash，Kazuhito Nakazono，Akio Takahara 高原明生，Gunter Schubert，Mark Sheldon，Carsten Holz，李晓林。

27

又聚松仔园。有钱钢、龙应台、谢泳、关信基等。2004

中心四十周年聚会。傅高义（站立者）、金耀基、萧凤霞等。2004

田家炳楼外。相约去范克廉餐厅吃午饭，杨国才、熊景明（后排左三）、林达、章诒和、Stanley Rosen、汪永晨、张鸣、Marina Thorborg、赵慧芳、Alfred Chan等。2004

行走船湾水库。众人似乎对聊天更感兴趣。2004

中心四十周年研讨会共有三十三场演讲，均座无虚席，这是其中一场。2004

行走大埔松仔园。傅高义、熊景明、章诒和等。2004

中心的大門外。袁伟时、胡杰、王克勤、龙应台（前排左三）等。2005

罗岗。每年三月初，应木棉花之约。高华、陈峰、韩钢、李连江、萧今等。2005

Andrew Walder（左一）、Jean Oi、熊景明。Andrew是使用中心最频繁的学者，几乎每年都来。2004

中外学者齐聚中心的社会科学研究方法营。2005

前排右起：社会科学研究方法营曾请李连江、高华、苏基朗、曹树基等做指导老师。2006

马鞍山海滩。左起：高华、金雁、熊景明、秦晖。2008

吴敬琏（右二）曾应邀加入中心国际顾问委员会。2006

来自湖南及江西的乡镇干部欧阳中求（左）、李昌金（右）及加拿大人类学家
Laurel Bossen。2007

中心举办中国研究国际博士生研讨班。2008

陈意新（中）与中心同事吴璞周（左）、林绍亮（右）。2010

松仔园。Debbie、David Wank。约2011

大埔松仔园。常成、马健雄、王晓嘉、钟丽娜、李行远、吴逢时、李伯仲、熊景明、戴晴、李公明等。2014

中心成立五十周年的研讨会。2015

民间历史写作工作坊。2017

中国婚姻与家庭的变迁研讨会。Deborah Davis做主题演讲。2017

纪录片《辽西纪事》在中心放映，导演胡杰与观众交流。2017

宋永毅在文革五十周年研讨会上介绍"文革资料库"。2017

中心于2017年起，每月举办纪录片播放，并会邀请导演前来与观众交流，这是其中一场的告示图。

中心举办午餐讲座。秦晖主讲"文革的四种叙事和历史真相"。2018

"民间历史"项目衍生的历史学习小组到云南游学。袁伟时、林超民为小组授课。后排左边站立的黄勇，是协助本书资料的整理者。2018

中心同事。左起：邓艳梅、谭浩光、杨艺为、吴璞周、熊景明、Pierre Landry、陈婉萍、高琦、朱丽群。2018

榕树澳。与李连江、钱钢、陈方正、张宏丽等中心旧友同游。2021

落禾沙。左起：Austin Bliss、张正（中心的最后两位使用者）、熊景明、张宏丽、陈方正、李连江、Pierre Landry等。2021

鹿颈。中心旧友重聚，秦晖、陈剑光等。2022

USC是Universities Service Centre "大学服务中心"的缩写。1963年由西方学者在香港设立，为当时不能进入大陆的国际中国研究学者服务。

1988年，中心移交香港中文大学，于数年间成为当代中国研究资料最完善的图书馆。中心的使用者包括中外学者以及对中国研究感兴趣的民间人士。中心并组织学术活动，促进学术交流，提倡研究为社会服务。因其理想的研究环境，具人情味的氛围，而被称为中国研究者的家园。

2020年初中心关闭，馆藏由大学图书馆接管，作为"USC特藏"对中外学者开放。

本书大部分作者的照片，可按文章末"作者简介"内注明的页码查看。

USC与西方的中国研究

傅高义 Ezra Vogel

1963年，我们谁都不清楚中心今后的四十年将何去何从。如果我们有远见卓识，恐怕会这样想：我们希望在中心做研究的这批学者对中国所发生的事有深刻的认识，中国研究学术领域得以发扬光大；我们希望中国能对外开放，而我们的研究能够有助于中国进入国际大家庭。我们希望有朝一日能与中国大陆学者携手合作，加深彼此的了解。我们希望心怀喜悦走过这段路。四十年后，时过境迁，经过无数的努力，有人说中心完成了它的历史使命。让我们祝贺中国研究服务中心（The Universities Service Centre for China Studies），祝贺所有过去、现在、未来有幸参与这一使命的人。

我们今天在此祝这一独特的学术机构成立四十周年，同时也对开创中心的功臣，对使它日愈成长，并带领它迈向未来的人，也对所有曾为中心一份子的人，表示敬意。没有这个中心的话，当代中国研究当何以进行？整个六十年代及七十年代，如果不是来到香港，得到中心的支持，我们何以了解当时中国人每天的生活？我们在此学到东西，成为在大学课堂上讲授当代中国最核心的内容。这些教授教出来的一代代学者、记者、政府官员、律师、商人，其后均成为中国向世界开放的桥梁。众多到中国来的出色外国律师及生意人，都曾直接或间接从中心获益；好些位曾在中心待过的研究者都成了出色的政府官员，例如Steve Fitzgerald成了澳大利亚第一任中国大使，Dick Solomon在中美早期接触时曾任基辛格的助手，而Mike Oksenberg则在中美关系正常化中起了关键作用，卫奕信爵士则后来成了香港总督。长期以来，中心每年经费其实不过20万美金。越战，中苏分裂，毛对西方开门，文化大革命，周恩来、毛泽东逝世，邓小平的改革开放，天安门事件，收回香港主权，中国经济起飞，知识复兴，我们如初出道的记者一般，关注着每桩变故，热衷地争辩事件的影响，中国的走向。这一系列四十年间在亚洲发生的重大事件，影响着中心学者的研究、讨论。

我们其实代表了对中国及西方之看法的不同声音。我们中间有人反对越战，有的同情红卫兵，也有的反对共产主义，还有人权活动家。对中国及中国人民的浓厚兴趣则是大家的共同之处。我们对中国的了解令我们不能接受外国对中国的极端的看法，当中国与西方彼此敌对时，我们仍将中国人当成人类社会一员看待；当中国开始对外开放，一些天真热心的西方人对中国的看法一百八十度大转弯，我们并没有忘记中国仍有许多问题，重重困难。天安门事件后，一些人打算孤立中国，而我们仍保持与中国接触。中心一直以来主要由美国不同的私人基金会支持，有70%的学者来自美国，但资助者明智地将中心向世界各国学者开放，越来越多的学者来自其他地区，使中心免于成为美国观念的一统天下。

我们也来自各个不同的学科：政治学、社会学、人类学、经济学、历史学，还有法律，甚至一些人文学科。在各自的学院里，我们须用理论去解释研究的发现，而在中心，理论及学科并未妨碍我们去探究复杂纷繁的中国现况。也有学者从国际关系的层面观察中国，但那时研究的重心则是中国内部的发展变化。学者最为重要的认知来自我们对寻常百姓生活的了解，对居民委员会、工作单位、生产队、公社、学校的班级、工厂等等基层组织的审视。与大陆移民的接触，让我们比那些未曾到香港来的研究者，对中国有了更为生动具体的认识。

香港历来是了解中国的重要窗口，我们这些学者热忱地关心着中国发生的变化，并在这里有机会接触对中国有兴趣的记者、政府官员和商人。

中心的创建

设立大学服务中心（The Universities Service Centre）的构想最初起于白鲁恂 Lucian Pye 教授与 Bill Marvel 之间的一次谈话。前者那时在麻省理工大学，后者为教育与世界事务基金的主席，基金旨在强化美国高等教育在国际事务中的作用。美国原本有着不少教授中国历史、语言文学的教授，但五十年代，麦卡锡得逞，令各大学及基金会对开展当代中国研究小心翼翼，怯步不前。待麦卡锡失宠，教中国学科的教授趁机启动新的研究项目。基金会也纷纷合作，他们意识到对中国这个泱泱大国无知，对谁也没有好处，要了解中国，必须资助独立于政府驾驭的学术研究。社会科学研究委员会及美国学者联合会委员会（American Council of Learned Societies）成立了不同学科的学术委员会，商讨为促进对当代中国的了解必须要做的事。卡耐基、米兰及福特基金会都打算提供援助。Bill Marvel曾担心支持当时最强的两个中国研究中心之一，华盛顿大学或哈佛大学，都有可能造成分化。两个中心的两位主要人物，华盛顿大学的George Taylor和哈佛大學的费正清在二战期间共事时就不咬弦。中国研究者称George Taylor作"西大王"，他比较同情国民党，反对共产党；而费正清这位"东大王"对国民党在二战中暴露的弱点感受至深，对中国人民将会支持共产党持开放态度。

Lucian Pye建议Marvel将中心设在美国学界论战的中立地带香港。Franz Schurmann在香港住了一年后，1959年写了简单的建议书，倡议在香港设中心。这里可以令学者从来往大陆与香港的移民中，也从中国传出的书面数据及传言中了解中国大陆，还可以吸引学者从世界各地前来。经过几年学者咨询，并得到卡耐基基金资助的承诺。1963年秋，Marvel派了一位部下Bob Gray到香港来创建中心。那时香港政府颇紧张建立这种机构会惹恼中国，威胁到香港这块仰仗中国的鼻息才得以存在的殖民地。Marvel担心破坏精巧的政治平衡，Gray亦处处小心。他到香港数月仍未能令中心成立，被召回国。Marvel于是打电话给那时在香港放假的加州大学的学者孔杰荣（Jerome A. Cohen）。很快，Cohen开始中心的运作，地点设在半岛酒店附属的马可勃罗苑。几个月后，我们找到亚皆老街155号这座残旧的小花园洋房。四分之一世纪中，这里成了我们可爱的家。

中心学者有自己办公室，可在此查阅数据，访问到过中国的人，彼此交换见解。多年来中心的餐厅热闹非凡，大家聚在此讨论问题，听演讲。那时香港友联研究所收藏最多中国研究资料，友联由所谓既反共产主义又反国民党的第三势力创办，初期主要做出版发行，也藏有丰富的中、英文资料。那个没有互联网的年代，友联研究所厚厚的剪报卷宗，为做专题研究的学者提供了极大方便。友联的主任Anderson Shih同意中心按期付费，让学者可以借阅友联的卷宗和图书。1966年后友联渐渐衰落，不再订阅报刊资料，中心别无选择，只好自己开始收集书刊。

回首当初，我们这些进入不了中国的学者，曾多么无知，天真而兴奋地洗耳恭听新近从中国出来的游客、难民，还有当时可去中国的一些外国政府官员。中心成立时，我们连最简单的中国组织架构图都见不到，仅仅开始对政治运动是怎么一回事，对公社的架构、工分、居民委员会、单位有所领悟。

我们当中有些人，由Franz Schurmann开头，像我们那些研究克里姆林宫的弟兄一般，磨练揣摩大陆报刊字里行间之意的本领。我们学会去识辨可能发生运动的征兆，按各种线索去揣测其严重性，运动开始后又去捉摸其形式。官方新闻的好处是一旦某事见了报，便不必去怀疑其政策含义。我们学习小心辨认对某些人的批判，不仅了解什么人牵扯在内，也要看到制度本身的倾向。我们还不能进入中国，便对大陆新闻措辞用句的细微差别培养出相当的敏感性。香港报刊对大陆官方新闻后面的含义有各种谣言与传闻，要衡量其可靠性可不容易，只能尽量去分辨真假。中心成立之初，我们大多数人都渴望直接接触中华人民共和国的来客，但那时可没有谁会来。尽管我们一厢情愿，想与中国沟通，想建立能客观研究中国的学术领域，但却被视为敌人，当成是稍加掩饰的间谍中心。许多年之后，才有些香港的统战人士小心翼翼地开始接受邀请到访中心。

对大陆移民访谈也颇为敏感，许多难民害怕到中心来会被看成是支持此方或彼方势力。一些香港政府官员要求我们避免可能引起反共之嫌的举止。对愿意前来的移民，有时也很难分清到底他们所说的是真实情况，还是想当然，或者谣言。仅访问一个人难免会被误导，但对许多人访谈，询问具体的细节，我们则可以知道他们在当地的日常生活。当然，对北京的高层政治斗争，他们所知也不比我们多。就在中心成立前的一年，1962年，大批移民获准越过边境涌进香港，之后移民和游客陆陆续续来到。总的说来，透过对他们的访问，我们对大陆老百姓的生活有了大致不偏的看法。

想当初，我们这些在中心做研究的学者大都只二、三十岁，创建中心的Jerry Cohen也不过33岁，我们这些研究生或年轻教员在学校受制于各自的教授，在中心却不受权威左右，一班学者无上下之分。不时到中心来的资深学者如Lucian Pye和Doak Barnett是众人出色的师长，但他们的影响力来自其学识、见解而非地位。

里程碑

中国于1971年对外开放，某些西方人觉得毛出卖了革命事业，但对大多数那时在中心的学者，中国的开放，标志着新时代的来临。中央政府开始接见学者访问团，告诉他们中国的发展近况；访问团回来再向大家传达。亚洲研究学者委员会（Committee of Concerned Asian Scholars）首次美国年青学者访问团中，便有好几位中心学者。团员回到香港举行报告会，记得第二次亚委会学者从中国访问回来的报告会是在1972年。对我们这些渴望去到中国的学子，在七十年代等待机会的过程何等漫长。我们焦急地盼望能被纳入访华团队，一有机会便申请以游客身份前往。

阅读过大陆报刊，也访问过移民，我们觉得胸有成竹，进入中国后仍有新发现。我看过除四害运动的成就，但一到中国，人家就给我一顶蚊帐晚上用，我猜想并非所有害虫都已消灭了吧。中心早年的主任两三年一换，早期的主任，两位年轻学者Bornie Frolic和Martin Whyte只做了一年。John Dolfin上任后，中心各方面渐次走向自立。他从1974年到1988年在任。John做博士生时研究西藏，做中心主任之前已在香港住了好几年。他的中文非常好，对如何在香港办事精明在行，不论你做哪方面的研究，他都能提供有用的建议，告诉你应该与谁联络，如何去研究，他也耐心地告诉新来的学者去哪里租房子，吃好吃的东西。

John经营中心时经费拮据，许多年甚至不知道下一年经费的着落。他总是设法少花钱而买到好的图书数据。友联研究所不再收集资料后，中心仍不断扩大收藏，John的成功之举其中之一是没有花费太多，便收集到完整的一套中国地方报纸。美国基金会一般注重开展新的项目，而非对之长期资助。就像福特基金所称，他们的角色是播种、浇灌幼苗，而树木须自己生长下去。大学服务中心这时已是棵大树，不可能再得到捐助或每年的经费去维护这棵大树。再说中国已经开放，大家都去找基金会支持他们前往中国或邀请中国人访美。香港已不再是中国唯一的大橱窗。到八十年代，米兰、卡耐基、亨利·鲁斯、福特等基金会相继撤走对中心的支持。中心是否能撑持下去，还是将其图书数据分给各个大学？我们董事会必须认真考虑中心何去何从。

香港几个大学都有兴趣接管中心，问题是他们能否继续支持中心相当规模的数据收集，能否令中心保持对世界各地学者开放？香港中文大学的秘书长，当时也是大学的第二号人物陈方正来找我和另一位董事会的成员Lucian Pye。我们讨论了中大是否能持续支持中心的图书收藏，并对各国学者开放，不论其政治立场如何。八十年代后期，陈方正、关信基、金耀基、翁松燃，还有几位在中心做过研究的中大教授一道在校内游说，并接触港府。大家意识到国际学术界的支持，对九七回归后，确保香港可以继续进行对中国大陆的客观研究十分重要。港督卫奕信和政府中的一些人亦深信如此。于是成立了中心的国际顾问委员会。

1988年中心关上亚皆老街155号的大门，将图书搬到美丽的中大校园图书馆侧，中心在校内仍然独立运作。中心的主任关信基确保中心新的发展方向；熊景明则是一位出色又尽职的行政人员和图书馆员，她在原来中心的学者中建立起特殊的友谊圈，并利用现代技术手段，使中心的收藏能为更广的学者群服务，成就非凡。所有试图建立当代中国数据收藏的人都知道，要建成完善的研究图书数据，不单单按常规选购图书，而是要建立不同的管道，搜罗各种非商业出版的书刊。景明在资料收集、整理、新技术应用等方面均贡献杰出。她和关信基令来自世界各地的中国观察家宾至如归。

到八十年代，中国大陆的学者也开始来使用中心的数据，中国内地有图书馆的某种收藏会超过中心，但没有一所图书馆如此管理完善，方便使用，数据如此齐全。不少学者发现许多课题在中心做研究要比在本地图书馆方便得多。香港本地也有越来越多学者与中国建立联系，他们也更需要使用中心数据。熊景明和中心同事的努力，使中心对中国研究资料收藏保持领先地位，并且尽量使其方便读者利用。

结 言

1963年，我们谁都不清楚中心今后的四十年将何去何从。如果我们有远见卓识，恐怕会这样想：我们希望在中心做研究的这批学者对中国所发生的事有深刻的认识，中国研究学术领域得以发扬光大；我们希望中国能对外开放，而我们的研究能够有助于中国进入国际大家庭。我们希望有朝一日能与中国大陆学者携手合作，加深彼此的了解。我们希望心怀喜悦走过这段路。四十年后，时过境迁，经过无数努力，有人说中心完成了它的历史使命。让我们祝贺中国研究服务中心，祝贺所有过去、现在、未来有幸参与这一使命的人。

傅高义 Ezra Vogel，原哈佛大学社会学教授，并于1992–2015年担任香港中文大学中国研究服务中心国际顾问委员会主席。著作包括：《邓小平时代》，香港中文大学出版社，2012；《中国和日本：1500年的交流史》，香港中文大学出版社，2019；《先行一步：改革中的广东》，广东人民出版社，2008。（作者照，见28页下图站立者）

（熊景明　译）

我所知道的USC始末

陈方正

　　将近六十年前，中国大陆和西方世界处于半隔绝状态。为求便于就近观察当代中国政治和社会状况，一群美国学者在香港成立"大学服务中心"。迄八十年代末，在中国改革开放的新形势下，它被移交给香港中文大学，此后获得充足经费，又吸引大批中国学者到访，故此蓬勃发展，蜚声海内外，成为国际知名的学术资料馆和文化交流中心。孰料世事无常，大学在去年改变初衷，取消中心独立地位，将其庋藏并入大学图书馆，它的历史使命遂告终结，本身也没入历史之中了。熊景明女士服务于斯数十载，曾经为之灌注毕生心血，有感于此沧桑巨变，发愿编辑这本集子，以求保存它的历史面貌，并央我作序。我当日曾经参与中心的移交谈判，和不少学者相熟，又多番牵涉相关事务，故此义不容辞，欣然命笔，把我所知道的中心始末以及对它的观察、感想写下来，为历史存照。

　　如傅高义在本书开篇的"代序"中所说，上世纪五六十年代在美国执中国研究牛耳的，是西雅图华盛顿大学的 George Taylor 和哈佛大学的费正清 John Fairbank。他们都曾经受哈佛燕京学社资助到北京的大学进修或者任教，学术上则以中国近代史为底蕴。哈佛大学的社会学家傅高义 Ezra Vogel，以及麻省理工学院的政治学家白鲁恂 Lucian Pye，这两位后起之秀却都出身于社会科学，着重通过实地调查得来的资料，而并非历史档案或者典籍。从此就大致可以窥见，何以他们在六十年代初，也就是冷战的高峰期，要商讨另起炉灶，在香港建立能够在近距离观察新中国的研究中心了。那其实是一个"田野调查站"（field work station），功能最初是为学者做个人采访提供便利，后来发展到为学者搜集杂志、政令、宣传品等原始资料，同时和附近的友联研究所合作，充分利用该所的分类剪报档案。当时白鲁恂刚四十出头，是麻省理工政治学系和国际研究中心（Center for International Studies）的中坚分子，和政府关系密切，影响力很大。所以通过他的斡旋，这批学者得到卡耐基基金会支持，在1963年成立"大学服务中心"（The Universities Service Centre, USC），实际开创者是法学家孔杰荣 Jerome Cohen，他和傅高义租下了位于九龙亚皆老街155号的一栋小洋房作为大本营，从而为中心此后二十五年间的发展奠定基础。

傅高义出版《日本第一》（Japan As Number One）之后名声很大，1983年初应邀访问中文大学，多次发表演讲。我躬逢其盛，有不少长谈机会，由于他为人平易开朗，所以很快成为朋友。当时我对明治维新发生兴趣，他不但乐于和我这个外行人反复讨论，建议了好几部参考书，更慨赠我一部极有用的参考词典，这无论在中西方学者当中，恐怕都是难能可贵。1986年中，我辞去已经在位六年的大学秘书长职务，转行到中国文化研究所去当所长，翌年二月中到美国进修，他不但热心帮忙安排我访问哈佛大学的费正清中心，把他自己的办公室借给我使用，更招待我在他家中暂住，令我得以尝到他自创的啤酒煎蓝莓酱热松饼，和见识他清晨起来跑步然后刻苦钻研中文的干劲。

而此时他们也正在为"大学服务中心"另谋出路。这倒不是如一般猜测的，因为香港行将回归中国，而是因为中国的改革开放使得美国学者纷纷奔赴大陆，基金会的资助方针随而出现基本改变，中心遂陷入经济危机。那时我对于这个中心并无所知，但由于曾经负责大学行政，和当时的大学校长马临共事多年，和即将接替的新校长高锟也相熟，又刚好正在美国访问，所以傅高义很自然地就来和我商量。但这到底是从什么时候开始，过程如何，现在都已经忘得一干二净，只能够从留存的随身小记事本查到，当年四月底曾经在傅高义家参加一个"关于USC的会议"，和六月初在纽约见了中心主办单位"美国学者联合会委员会"（American Council of Learned Societies，ACLS）的执行秘书帕克 Jason Parker。翌年这类接触更为频繁：二月中我写信给白鲁恂，五月初在校内开会讨论有关中心的问题，月中打长途电话给白鲁恂和帕克；后者随即在六月初来港面商，然后和大学的代表律师展开正式谈判，最后达成协议，在6月15日由当时的大学秘书长梁少光和帕克签署。

这协议相当详细周密，其中订定，ACLS在7月1日将中心所有图书数据以及它作为"独体法人"（corporation sole）的控制权移交给中大，后者体现于三方面：首先，ACLS委任金耀基、李沛良、陈方正、翁松燃、关信基、梁少光等六位中大教职员进入相当于中心董事会的十人"咨询委员会"（Advisory Committee），也就是成为其大多数；其次，委任陈方正为委员会的主席；最后，委任关信基为中心主任，以取代原主任铎华（John Dolphin）。然而，ACLS对于中心移交之后中大是否果真按承诺好好管理和发展它，并将它开放给外界学者使用，其实还有相当疑虑，所以协议还订定了一个三年过渡期，期满之际双方仍然得视乎实际情况和咨委会的建议，而决定是否最后落实抑或取消中心的移交。

中大接收中心之后，当务之急是物色一位执行主任，因为关信基是全职政治学教授，无暇处理中心事务。大学在七月底展开招聘工作，我顺理成章成为遴选小组负责人。当时最有力的候选人无疑是原主任铎华，他研究西藏学，负责中心已经十四年之久（1974-1988），人脉既广，经验丰富也不在话下，然而他自视甚高，所要求的待遇也令我们感到为难。另一位候选人则是熊景明女士，她七十年代末从昆明移民来港，在中心当了四年研究助理和图书馆员，随后转到中大的政治与行政学系担任研究助理，所以学术资历相差甚远，然而为人、能力则深得系内同事赞赏。关信基兄是我多年同事和老朋友，记得面试之前他和我交底："倘若看名头、资历，那当然选 Dolphin；倘若要真正做事的人，那还是找景明吧！"这两位申请人在面试中的表现大体上印证了他的说法，事后我提议听从他的判断，于是大家一致赞成聘请熊景明为中心助理主任。回想起来，这无疑是我为中心所做的最大贡献，也是我做这类决定少有的最成功例子。不幸的是，当时我们虽然都同意，中心过渡期满之后便考虑擢升她为执行主任，却没有将此意见写入决议，以致令她恪于成规，沉屈下僚多年，这令我至今仍然深感遗憾。

无论如何，她随即全力投入工作，不但把中心的日常事务管理得井井有条，而且锐意发展书报、杂志、资料等的搜集，精心为中国当代图书数据设计独特的编目系统，更花大量精力照顾、协助每一位到访学者，使得人人宾至如归，无论在生活抑或工作上都感到满足。对她来说，中心不仅仅是工作，而是事业和使命，这种热诚更深深感染了所有工作人员和访客。正如我在她的荣休会上所说，她并没有得到当初应征的执行主任之位，却得到了比在那个位置上所需负担多得多的工作和责任。她不但成为这个中心的大管家，还无异于为它筹谋大计，燮理阴阳的宰相，信基兄则幸运地成为垂拱而治的明君。三年过渡期满时，ACLS当初的疑虑一扫而空，傅高义和咨委会中其他西方学者一致同意，中心服务完善，各方面都比前进步，因此落实控制权的移交便完全不成问题。1993年大学图书馆新翼田家炳楼落成，中心搬进它宽敞明亮的八、九两层，并且改名为"中国研究服务中心"，自此在那里安身立命。

在其后二十年间，中心发展的脚步一直没有停下来，其中最根本的，自然是库藏的不断增长，特别是各省市报纸、方志的系统搜集。除此之外，中心还自筹以及向外界募捐经费，以开展各种活动，其中最重要的有以下几项：首先，是出版与当代中国研究相关的书籍和光盘；其次，是吸引大陆的年青学者、专业人员、政府官员等等来访；第三、是每年为研究生举办国际研讨班；最后，是进军网络，在网上开设"民间历史数据库"。这样，当年的西方学者田野工作站，就蜕变成环绕当代中国现状和问题而发展的学术文化中心，其人脉不限于西方、香港或者中国，其功能也不止于提供图书数据、工作空间或者交流机会，而是兼此数者而融会之，由是凝聚了一个以当代中国为共同关怀的社群。当然，这并非凭任何机构或者个人之力所能够做成，而是当代中国蓬勃发展之后，许多不同的人有此共同需求，这个中心刚好处于这个需求的交汇点上，熊景明则因缘际会，在适当的时候坐上了适当的位置，恰好是能够推动中心发展的有心人罢了。在这个意义上，她无疑是再也幸运不过，那可以从这本集子众多中外学者的叙述、感言中得到最真切的印证。

我在1986年加入中国文化研究所，当时它的工作方向以艺术、考古、训诂、文学、历史等传统领域为主，我花了很大力气去发展现代研究，并且获得一些进展，但主要是以当代史和现代化研究为主，这和大学服务中心的路径相近而不相同，所以两个单位之间虽然不时有联络，但实际上是各行其是，并行不悖，工作上并没有多少交迭之处。至于中心的咨委会，则记忆中只是在开头几年经常开会，过渡期结束后我不再担任主席，改由傅高义接替，会期也由于牵涉多位外地学者来港，而改为每两、三年一趟，基本上变为中心工作和活动的发布会，再没有什么重要议程了。

在中心并入中大之初，我除了关信基兄之外，和中心其他同事、学者并不相熟，也鲜有来往。这情况直到十年之后方才慢慢改变，那起于在旅游中和熊景明相熟，其后文化研究所邀请中共党史专家高华来访，他对中心所藏丰富资料大感兴趣，其后多次转到中心访问，遂成为联系两方面的纽带。而研究中俄关系的沈志华也起了相同作用，但他却是先到中心访问，然后才认识研究所的金观涛、刘青峰，和他们合作编辑、出版十卷本《中华人民共和国史》的。后来我认识胡杰、张鸣、钱钢、李连江，以及继傅高义出任咨委会主席的戴慧思（Deborah Davis）等学者，也同样是通过中心的关系。

中心经常举行午餐演讲会和研讨会，我不时应邀出席，但由于研究方向不同，所以大多是作为主持人、评论者或者听众，绝少真正介入。唯一例外是从2004年开始，中心在每年新春举办为期一周的"中国问题研讨班"（Graduate Seminar on China），以为海内外博士研究生提供交流切磋的机会。他们邀请我为2006年举行的第二届研讨班开讲，我以"On China Scholar and China Study——an Outsider's View"为题，做了半小时主题发言。主旨是归根究底，当代中国研究虽然极力追求客观，但受研究范围以及学术大环境背后的意识形态影响，因此实际上恐怕很难真正做到。我举的主要例证就是1991年1月白鲁恂在中文大学的演讲，那基本上是对于中国民族主义的攻击，认为它内容空洞，对现代化没有帮助。当时我对此毫无认识，虽然不以为然，却无法当场提出有力反驳，后来稍加研究，才明白问题关键其实至为简单，就在于民族主义的功能根本在于凝聚共同对外意识，而与现代化并没有必然关系，于是发表长文辨正，但那没有引起多少注意。此番我在研讨班上旧事重提，虽然颇得听众认可，却没有想到，应当将英文讲稿寄去请教。两年后老先生归道山，此问题之交涉就只能留为憾事了。

但天下无不散之宴席，回想起来，中心正就是在那时之后不久，发生了微妙但根本的转变。那年关信基从大学教职退休，中心主任之职则转为两年期的名誉兼任；翌年熊景明从中心助理主任之位退休，此后几位接任的实际负责人对于中心的关切和承担都大不如前。再过一年，关的中心主任兼职不获延续，继任的中心主任也不再如前固定，而是每三数年一变。熊景明虽然以名誉顾问身份留在中心，但不再受倚重，对大政方针无从过问，只是默默维持民间历史数据库的运作而已，故此中心工作的逐渐停顿和缓慢失衡就成为不可避免了。而归根究底，这是和背后大环境的转变分不开的。

　　在当初，中大校方之同意接收大学服务中心作为一个特殊直属单位，并且争取"大学与理工学院资助委员会"（University and Polytechnic Grants Committee，UPGC）首肯，为它提供充足经费和上千平方米空间，那大体上反映了1988-1991年间马临和高锟两位校长对于金耀基、关信基和我等中心咨询委员会主要成员的信任和支持，而傅高义经常到访，和校方保持良好关系，自然也十分重要。随后二十年间历任校长萧规曹随，大体上仍然维持这个共识。金耀基兄自己在2002-2004年间短暂担任校长然后退休，然而继任校长（2004-2010）刘遵义是由他推荐，故此影响力不变。但2010年之后时移世易，当初与中心有密切关系的学者、人员都已经退休多年，而且不再与大学负责人有何渊源，中心咨委会的召开也日渐稀疏。这样，中心在2011年中爆发重大人事问题，大学在2012年初召开咨询委员会以求解决，委员会经整日商讨之后所提出的方案至终为校方接纳，但此事已经造成不小的伤害。三年后中心召开盛大研讨会以庆祝成立五十周年，并藉此机会再度召开扩大的咨询委员会，邀请了校内不少有关学者参加。在会上新主任表示有意改变中心的定位，这引起了相当热烈的讨论，我也作长篇发言，强调中心从历史中累积下来的各种功能是互相促进的，所以都很重要，不宜偏废。在这次会上，主席傅高义宣布退休并推荐他的学生，在耶鲁大学任教的戴慧思自代，而金耀基和我也都不约而同，决定在会后退出咨委会——我们三人都出生于四十年代之前，所以把中心前途交给下一辈同事负责是再也自然不过。当时他们有意延揽经常留在中心做研究的李磊（Pierre Landry）到政治与行政学系任教，同时兼中心主任，这无疑是长久之计，而且似乎也得到了各方认同，因此中心前途似乎还是颇为乐观的。

　　但其实，当年熟悉和支持中心的人此时已经全部退休多时，大学教师致力于当代中国实证研究的也屈指可数，因此中心在校内是毫无支撑力量的，它的价值几乎完全是在于对外服务和联络。这样，当大学在2020年底陡然决定取消这个已经有将近六十年历史的"中国研究服务中心"之独立地位，将它的图书、数据、人员并入大学图书馆，并停止其学术和交流活动的时候，香港传媒和国际学界虽然反应强烈，美国的亚洲研究协会（Association for Asian Studies）甚至正式去信校方表示关切，校内却是出奇地平静：和中心直接相关的少数人固然感到极其震惊，但除此之外便几乎没有引起任何涟漪了。毕竟，大学和ACLS当年订定的协议已经清楚列明，大学有权取消中心的独立地位，和把它的图书数据转移到校内其他单位去，唯一限制只是不可更改它们必须对校外学者开放这一承诺而已。令人十分惊讶和伤感的是，虽然已届高龄但一向健康的傅高义，竟然就在此时陡然辞世，冥冥中又似与中心命运相连结。

景明编的这本集子集合了许多动人故事和美好回忆，它们牵涉两三代人在将近一个甲子时光中的无量期盼、努力、事业、成就，和生命中无数难忘片段。如今回顾这一切，中心的诞生、来到中大，和蓬勃发展似都有赖于某种难得机缘，但它突如其来的结束到底显示些什么，则令人感到迷惑。杜甫在《漫兴九首》中细数在江村中所见各种幽雅景物，收尾却非常突兀：隔户杨柳弱袅袅，恰似十五女儿腰，谁谓朝来不作意，狂风挽断最长条。也许，世上美好事物因缘际会而生，如风流云散而逝，其间并不一定有道理可寻吧。

陈方正，香港中文大学物理系名誉教授，中国文化研究所前所长。著作包括：《继承与叛逆》，三联书店，2009；《迎接美妙新世纪》，三联书店，2011；《用庐忆旧》，广东人民出版社，2016。该文写于用庐2022年清明后。（作者照，见10页上图左一）

大学服务中心旧址，香港九龙亚皆老街155号。

第一部

大学服务中心　亚皆老街 155 号

追忆中心成立往事

白鲁恂 Lucian W. Pye

我算是过来人，可以谈谈成立大学服务中心的往事。

事情可追溯到1962年，卡耐基基金会在哈佛成立俄罗斯研究中心的成功，令基金会负责人Jim Perkins和他的首席助理Bill Marvel十分高兴，于是想到建立中国研究中心也是个好主意。但因为中国内战、冷战和朝鲜战争引发的激情，当时中国研究领域严重分裂，让他们感到头痛。哈佛大学的费正清，对北京政权持较开放的态度；而西雅图的George Taylor则忠于国民党。如此分歧令基金会无论决定在哪里另设中国研究中心，都将被视为政治表态。于是他们派Bill Marvel来剑桥，到麻省理工学院找我，让我替他们出出主意。我突发奇想："为什么不把中心建立在一个中立地带，让世界各地的学者都能使用？香港正是最理想的地方，那里中国观察家云聚。"Bill回到纽约，兴奋地向Jim Perkins转述了建立香港中心的设想。

他们立即着手工作，成立了顾问委员会，邀请我担任主席。Bill去香港处理法律细节问题，他很快发现必须小心行事，英国人对研究者到殖民地来做中国研究颇为紧张，担心中国大陆会怀疑港英政府庇护间谍情报活动。为表示对英国敏感问题的尊重，为中心的名字选择了Centre的英式拼法。想来Bill的小心谨慎导致了他和中心首任主任Bob Grey之间的信任和沟通出现裂痕。Bob往往不理会纽约，自行其是，两人之间闹得很不愉快，分道扬镳。

幸好当时Jerome Cohen在香港研究中国的法律实践，基金会说服他当任执行主任。继这位杰出的主任后，还应当特别提到Preston

Schoyer和John Dolfin。我恰好在1963-1964年得到研究假期，一家人在帕洛阿尔托的行为中心度过了秋季学期，一月份来到香港。彼时Jerry已经把中心成立起来，在半岛酒店后面的马可勃罗苑办公室里忙。中心搬到亚皆老街155号之前一直在这里办公。从一开始，USC便不仅吸引了美国学者，而且引来其他国家的学者。第一批到来的学者包括伦敦大学东方和非洲研究学院的经济学家Ken Walker。一批又一批学者先后来到，没过多久，几乎所有关于中国研究的专著都肯定了大学服务中心的价值并向它致谢。

大学服务中心的的特别之处不单单在于为学者提供服务，并在于它令学者、记者和外交人员汇聚到一起。Jerry举办的午餐研讨会邀来美国总领事馆的人。后来负责中国事务的一大批杰出的外交官都曾到过中心。其中包括Nick Platt、Mark Pratt、Mort Abramowitz、Don Anderson、Herb Levin、Bill Gleysteen和John Holdridge。来访者中不乏驻香港的杰出记者：《纽约时报》的Seymour Topping和Ian Stewart、《时代周刊》的Stan Karnow和Eric Pace、《基督教箴言报》的Takashi Oka，还有《华尔街日报》的Bob Keatley。Jerry也没有放过邀请路经香港，了解大陆的人士来中心演讲，例如那时驻台湾的Myron Cohen。

亏得Donald Klein协助，中心与当时由Anderson Shih任所长的香港友联研究所关系密切，付不多的费用向友联借阅内容丰富的大陆报刊剪报。中心渐渐地建立了自己的馆藏，收集大陆的报刊、书籍，最终形成海外中国研究的最佳收藏之一。

那时中国仍然处于封闭状态，我们成了一个真正的中国观察者社区，分享各自了解到的中国的发展近况。许多人都在访问来自大陆的难民，不同受访者对不同的事情有各自的了解，令人兼听则明。我们会把自己找到的受访者传给研究相关课题的学者。当时有一群爱出风头的香港人，宣称自己是"爱国华人"。他们在所有问题上都追随北京的中共路线，攻击中心是冷战分子的巢穴。这个团体确实让一些学者对批评大陆感到不自在，可能令他们的观点略有偏差。

我们清楚，逃离中国的人可能对中国的发展持过于负面的看法，因而产生偏差。因此，一些学者倾向于对他们批评中国政府和时局的言论大打折扣。更不妙的是，许多受访者了解到，如果他们过于负面，会失去可信度，连付出时间和麻烦得到的那一点点报酬也没有了，于是受访者在一定程度上对自己的言论自我审查。一些老练的受访问者告诫刚逃出大陆的人，如果他们想保住受调查者的身份，最好少说政府的坏话。采访者和被采访者对负面信息的这种双重折扣，确实导致一些人对大陆的发展有过于正面的看法。令人吃惊的是，很多人甚至看不到大跃进期间以及文化大革命初期的情况有多么糟糕。这些人曾自信地以为，本人掌握了关于中国现状的第一手证据，他们看不到毛泽东的恐怖行为被遮盖了。当时来自台湾的消息报道了更多的批评意见，被认为只是国民党的宣传，也不被这些学者接受。另方面担忧调查过程不够客观成为共识，中心学者对此的不同观点宁可保持沉默。

我们通过与记者和外交官的交谈中获取信息，主要是彼此学习，而非寻找关于中国的秘闻。记者在没有掌握所有事实的情况下，必须在截稿期限之前交卷的工作方式，令学者叹为观止。我们庆幸可以从容地做研究，期待用更多时间、花更多功夫，最终能把情况弄明白。我们也佩服那些外交官，必须根据上级制定的时间表做出决策。学者则非得掌握必要的证据，并不急于下结论。

十分可悲，学者、记者和外交官之间的这种融洽、相得益彰的关系，很快因越南战争引发的对立情绪结束了。还在中心成立之初，驻香港的记者便开始飞往西贡，报道美国卷入战争的情况。尽管分歧并不完全让不同行业间变得壁垒分明，辩论的激情让每个专业产生内部分歧，广泛合作几乎没有了可能。可以说，大学服务中心成立于一个幸运的历史时刻，那时所有对中国发展感兴趣的人，在试图了解竹帘背后发生的事情时，可以合作。我也愿意相信中心的开放精神有助于包容学术界的纷争，因而抚平分野的锋芒。

注：该文由作者提交给中心成立四十周年研讨会，2004。

白鲁恂Lucian W. Pye，曾任美国麻省理工学院政治学教授。著作包括：*Asian Power and Politics: The Cultural Dimensions of Authority*，哈佛大学出版社，1985；*China: an Introduction*, Little Brown, 1972；*Mao Tsê-Tung: the man in the leader*, Basic Books, 1976。

（冯克利　译）

USC 1963年在香港立足

孔杰荣 Jerome A. Cohen

我仅代表最初受益于"中国研究服务中心"（又称为USC或中心）屈指可数的几位学者，提交这篇关于中心创始的简短回忆录，与我们的"革命接班人"分享。很遗憾我不能亲临现场，但我相信，中心成立之时同在"创世纪"现场的我杰出的同事和友人傅高义（Ezra Vogel）能就当时的氛围、愿景与成就，以及我们早年为研究"新中国"的发展所作出的尝试，提供更多的信息。

香港殖民地落脚记

在那遥远的年代，学者们在香港访学要面对各种日常挑战。1963年夏，因为当时还没有类似中国研究服务中心的机构可以提供帮助，像我这样一个访问学者，要在香港为一家五口寻找住处，还要为中国研究找一个研究场所，都非常困难。而且，因为我所感兴趣的内地刑事司法制度在当时就已经是极度政治敏感的课题，情况就更严峻了。

当务之急是解决住房问题。我们无处求助。我当时是一名年轻的美国法学教授，希望能借这一年在香港发展我的学术网络，但当时却没有任何一家香港大学设立了法学院。我们只有靠自己。我本来听说纽约卡耐基基金会打算在机场附近的九龙地区建立一个办事机构，为像我这样的研究当代中国的访问学者提供办公场所和用于研究的图书馆，但令我失望的是，据说基金会在创办过程中遇到了一些困难，所以办事机构尚未开张。

找房期间，为了安抚我三个精力充沛的儿子，让他们也忙碌充实，我们在香港岛颇为典雅的影湾园酒店下榻，而没有住在更方便的港岛中环区或九龙。最开始，能找到合适住房的希望并不大。

但我是幸运的。我们很快就结识了一位年轻的、专门从事中国和日本研究的哈佛社会学家傅高义，他当时刚好跟妻儿来到香港，打算做一年研究。傅高义跟我年纪相当，为人非常友善。他说他们在分割九龙与新界的界限街附近新开发的"又一村"一带找到了公寓。我们幸运地在他们家马路对面找到了一套类似的一楼公寓。那一区环境宜人，没有高层建筑，都是些低层住宅楼，大多数小区居民都是本地人、中产阶级广东人（部分会说英文），还混居了一些外国人。

问题是，那一区离大多数外交人员、英美官员、外国记者和中外国际商人驻扎的港岛很远。我们自己没有车，公共交通也不发达，连出租车都很难招到。而且，当年还不像现在这样，有隧道和桥梁连接九龙和港岛。所以，我们只好依赖轮渡往返于九龙和港岛之间，虽然风光旖旎，但多少有些不便。

找好了住处后，我们开始寻找家政帮手。经新结交的朋友介绍，我们认识了一对上海夫妇。Xu是个能讲一些英文的好厨师，而他太太Wu（她并不会说英文）则负责清洁、照顾孩子们和打理其他家务，非常精明能干又心地善良。我们非常喜欢他俩，大多数时候也能够用普通话跟他们交流。

下一个挑战就是孩子们的教育。我们已经六岁半的长子Peter在九龙一个不错的公立学校成功入学。但Seth才四岁，而Ethan仅仅两岁半，刚开始说话。把他俩送去一个当地全广东话教学的幼儿园学前班待了一天以后（我们没人会说广东话），我们意识到得找个更国际化的环境。所幸，我太太Joan Lebold Cohen听说有一位叫Mrs. Foster的英国军官太太就近在九龙一条街上的自家公寓开办了一个非正式的学校，但却没有人知道那儿的地址。后来，Joan通过观察家长们和私家出租车早上把孩子们送到哪里，从而找到了这个地方。Mrs. Foster对孩子们管得很严，但孩子们还是开开心心地在那里度过了一整个学年。

访谈难民

当我们有了稳定的住处，孩子们在学校和课后都有人照顾之后，Joan和我开始将重心转向我们自己的兴趣领域。她找到了一份教难民孩子英语的工作，这个差事虽然让人应接不暇，但也很激发人的兴趣。这些孩子住在附近一幢简陋的七层楼廉租房里。内地的"大跃进"运动失败而导致饥荒，迫使中国大陆的很多家庭像洪水一般逃亡涌入香港，这座楼是政府为安置这些难民而新建的众多廉租房之一。虽然他们的生活条件非常艰苦，但他们清楚知道，比起那些在周边山丘上的破烂棚户房里落脚，没有供水或基本厕所设施的众多其他难民，自己的境况要好得多了。

我的工作也涉及中国难民，但都是些非常特殊的人。我决定写一本关于中国刑事司法的书。来香港前，我曾在美国首府华盛顿特区任联邦检察官，后来在加州大学伯克利分校伯豪（Boalt Hall）法学院任教时，刑法就是我第一年教过的科目之一。而且，有关中国刑事司法的资料比其他的当代中国法律相关材料要更充足，所以，刑事司法似乎是我做共产主义中国法律研究最好的起点。但即便如此，当时已公开发行的出版材料对于我的研究来说还是远远不够。在1963年，新中国成立了14年之后，政府发布的法规法条仍然寥寥无几。而且法院的判决书也不会向社会公开，中国学术界对于中国当代法律的评论更是少之又少，既没有相关书籍，也没有法律期刊文章。

我在伯克利大学的同事Franz Schurmann是一位优秀的社会学家，他说服我相信，在这种情况下，如果想要真正了解中国司法制度的运作，与中国难民进行访谈必不可少。于是这便成为我决心在香港期间完成的重要任务。我决定对三类难民进行访谈。

第一类人，也是最容易找到的，便是与刑事司法制度没有任何具体接触的普通公民。他们可以帮助我了解当代中国社会民情、民众对法律的态度，和他们自己对法律制度所发挥的作用的认识，以及当一个政府不强调法律形式时，又是什么在代替正规法律制度发挥作用。

第二类访谈对象是那些作为被打击对象、经历整个刑事司法过程的人——也就是那些被政府追诉的人。我将我的目标采访对象定义为曾经被这个政权制裁过的人，不论他们受到的惩罚是否被贴上"刑事处罚"的标签。简单而言，这个群体包括那些接受"劳动教养"的人，也包括其他接受所谓"非刑事处罚"措施的人，尽管惩罚名称五花八门，但是非常明显，都是某种形式的监禁。

第三类人最重要，但也是最难找的，广义上说，是那些参与刑事司法执法过程的人。我需要认识警察、检察官、法官和其他相关官员，以及参与刑事司法执法过程的律师。对于一个既在当地没有人脉，又不会讲当地方言（粤语）的美国学者来说，这是一项尤其艰巨的任务。与此同时，也没有中国研究服务中心帮我联系或介绍访谈对象，助我一臂之力。

但我到达香港的时机很好。我在1963年8月初到达，而就在1962年春，大概有六周的时间，中国忽然放松了禁止大陆公民偷渡逃往香港的限制措施。这样一来，大约六万多名想要逃离由于"大跃进"造成的饥荒和其他一系列灾难的大陆民众，都向广东省和香港交界处聚集，从而进入香港。英国政府虽未明确授权他们入港，却采取了默许的态度。若不是因为香港殖民地由于担忧灾民泛滥会让香港公共设施无力承载而关闭了边界，本来会有更多中国人逃离到香港。

虽然这些新来的居民大多是农村人，而且与我的研究项目无直接关联，但当我到达香港的时候，很多能言善辩且受过高等文化教育的城市居民已经开始融入当地生活，在香港崭露头角。当我广泛结交官员、学者和商界人士时候，我也逐渐开始认识一些聪明的新移民，他们会和我讲述他们在中国的生活，以及在哪些情况下法律似乎发挥了作用。他们有时候会轮流给我介绍与我的研究更加相关的人，比如那些曾经被体制视为打击对象的人。

这一类人中最有意思也最可悲的是第二类人——那些长期遭受"劳动教育"（劳教）的人，他们通常被监禁在偏远的农村地区的劳改营，这和被称为"劳改"（劳动改造）的刑事惩罚措施并无实际区别。事实上，在那个年代，这两个不同类别的群体经常被关在一起。

很多遭到"劳教"的，是那些1957到1958年期间在臭名昭著的"反右"运动中被打成右派的人。通过"百花齐放，百家争鸣"的双百方针，政府诱使这些人公开发表对共产党政府的批评意见。他们向我述说了因为共产党和公安的劳教，他们的生活与职业生涯俱毁的悲惨经历，而且在整个过程中政府完全无视他们言论自由的权利，也没有公正的程序让他们在面对不公正的指控时有机会自我辩护，这让我直观地感受到现实的冷酷和严峻。

刑事司法体制里的执法者更难找到。但只要找到一个，对我而言就着实像找到宝藏一样。我的第一个宝贵的采访对象是美国总领事馆工作人员们介绍给我的。他们的任务便是去采访难民，了解当时中国国内的状况，因为中国对美国人和美国政府依然封锁信息。尽管英国政府通过在北京的大使馆享有有限的外交信息渠道，但他们在香港也组织实施了一个重要的政府访谈项目，因为在香港跟当地居民的联络比在内地相对来讲容易多了。

无比重要的前公安干警

英国和美国官员经常共享具有特别价值的难民信息。如果我没记错的话，Eddie Chan（他的名字用广东话读作Chan Chungman）应该是第一个被英国人发现的消息提供者。事实证明，他是一个极好的信息来源。他不仅曾在五十年代初作为一名年轻的警官在广州市公安局任职，而且后来在五十年代中期成为打击对象，并被送往劳改营接受短期惩罚，这种惩罚措施自1957年起被正式命名为"劳教"。

Eddie是在香港出生长大的，他的母亲是共产党员，而当时大陆还处于蒋介石统治之下。他的父母离异，父亲在蒋介石的军队中效力。当共产党在1949年成功"解放"中国之时，他的父亲离开了中国大陆，17岁的Eddie和母亲搬迁到广州。尽管他年纪很轻，还是找到了一份当警察的工作。最后，他被分派到一个调查和监管宗教组织的部门，但是他逐渐开始对自己的工作性质产生一些怀疑。1955年时，他的言行引起了他的上级对他的怀疑，而压死骆驼的最后一根稻草，是他们发现了Eddie写的一部小说，内容关于一个中国士兵在1950-1953年抗美援朝期间娶了一名韩国妻子。Eddie在1962年大迁移前从广东突破重险，泅水逃港。

尽管Eddie从未接受过大学教育，但我非常喜欢和他交谈。他很聪明、客观，能够全面地阐述自己对问题的看法，而且能说一口流利的普通话。他还有着非常好的幽默感，带一点讽刺。他帮助我更好地理解了早期的中国公安体系以及那些身处体制之中的人的想法。我非常欣赏Eddie，还跟Ezra Vogel谈起他，并且把他介绍给了Ezra，结果Ezra发现Eddie对他更有帮助，因为他恰好在进行一项针对广州市的广泛研究，最终出版了一本名为《共产主义下的广州：一个省会的规划与政治（1949-1968）》的书。在Ezra的帮助下，Eddie最终获得了哈佛大学的硕士学位，并在美国当老师，开始长长的教职生涯，直至2014年11月逝世。

多么神奇的故事。我采访Eddie时碰到的唯一的问题是，当时访谈必须在我的住处进行。那是1963年9月初，由于卡耐基基金会的办公室还未落成，没有其他的地方可以为我所用。在家作访谈并不方便，尤其是下午，因为孩子们放学回家后，有时会干扰到访谈。而且，那时香港正流行肺结核病，每次我的访谈对象一咳嗽，我就很担心孩子们的健康！

Eddie不是我采访过的唯一一个公安警官。后来，一名英国官员给我介绍了一个来自福建省省会福州的警官。我叫他Zhou。尽管我认识他的时候他才30出头，比Eddie还要年轻几岁，但是比起Eddie，他在处理刑事案件方面具有更新近的经验，为我研究刑事司法过程给予了极其重要的帮助。他能够告诉我最近的一些新发展，近到1962年为止，当时他决定离开公安岗位赴港。我每天从早上9点到下午1点与他交谈，每周5天，共计120个小时，是我进行过的时间最长的访谈。

Zhou很有耐心，不厌其烦地解释中国刑事程序中常见的每种类型案件的每一阶段的细节问题。他不像Eddie那么聪明有趣，富有洞察力，我也花了很多时间去努力适应他口音很重的普通话。他把每一个"fu"发成"hu"，而每一个"hu"发成"wu"。但Zhou很冷静、专业，相当能干。他不会主动给出很长的回答或者主动讲故事，但是他的回答总是干脆利落，而且有问必答，偶尔也会流露出一些令我印象深刻的见解。

1963年的时候，因为中国还没有颁布正式的刑法典，我一直很感兴趣的一个问题就是，到底如何认定哪些行为构成犯罪行为，应予以起诉，而不是通过行政手段或者非正式的手段处理。显然，像谋杀、强奸、纵火这类行为，像在其他社会一样，都会被认定为犯罪行为，同时犯罪行为还包括最严重的政治罪，这些罪名通常被模糊而笼统称为"反革命罪"。但是，在缺乏立法指引的情况下，很多社会对于罪与非罪，在法律上和在实务操作中其实有所不同，那么在中国，刑事犯罪行为和非刑事犯罪行为之间的界限又是如何划分的？

比如，我很想知道，通奸是否在中国构成犯罪，如果是的话，起诉指控的比率有多大？在什么情况下会起诉指控？在很多国家，包括很多美国的州，通奸虽然被认定为犯罪行为，但却很少会被起诉。Zhou在第一次被问起这个问题的时候，回答有些模糊，但是在考虑之后，他说，至少在那时的福州，通奸在原则上被视为犯罪行为。然后我又问起警察和检察官对这种案件会追究到什么程度。这下他非常清楚地回答道，"这么说吧，如果我们追究每一个通奸案，那我们就没有时间去对付反革命分子了。"

透过他的回答，我观察到他的幽默和对于社会现象的洞察力，而且我也完全理解这是个很现实的问题。每个司法辖区的司法部门都面临着资源有限的难题，作为一名前任检察官，我对这个问题太熟悉了。

Zhou令我印象深刻也有其他一些原因，尤其是因为，他是唯一让我意识到我对采访对象负有义务的访谈对象。他们对我的研究工作必不可少，帮助我了解中国刑事司法制度是如何运作的。事实上，为期一年的香港之行结束之后，我发表了一篇名为《中国难民访谈录——中国法律研究不可或缺的工具》的文章。但是，我对我的访谈对象又负有什么样的责任呢？这对我和Zhou来说，都不仅仅是道德或是学术上的问题。

在我们的合作结束后，我的采访对象们都需要找一份工作，而我感到自己有一定的义务来帮助那些和我合作时间最长的人。他们逐渐成为了我的朋友，我不能一达到自己的目的就抛弃他们。我不用担心Eddie，他在Ezra Vogel那边找到了很好的机会；但是Zhou不一样，要帮他也有些困难，因为他既不会说粤语也不会说英语，而我是他在香港唯一有点分量的关系。

幸好他的愿望也很实际。他想找一份在工厂的工作。我在商界的资源有限，但是我确实尽了全力帮助他，给他介绍了一些潜在的雇主。当然，一开始出师不利，而Zhou会以他的大陆经验来解读。比如有一次，我跟他解释，雇主聘用了其他人，是因为那个人比Zhou更胜任这份工作，他明显对此表示十分怀疑。之后一次，我仍未成功，跟他解释说，被录用的那个人的推荐人和雇主的关系比我和雇主的关系更好，他就甘心接受了，没有提出任何疑问。在他的世界观里，"关系"永远大于真正的能力。我在商界的朋友为数不多，当其中一人同意给他一份工作的时候，我真是松了一口气。

王友金 Peter Wang —— 从法官到律师

我对自己有机会和足够的时间采访到两位来自中国的前公安干警感到十分满意。但是，即使中国的法院不像公安局那么重要，我也需要至少找到一名有价值的前法官和一名能干的律师，填补法律专业人士这个稀缺的访谈对象类别。我从未想过我可能找到一个同时符合这两个条件的访谈对象，而且前几个月的徒劳搜索令人沮丧。

我遇到过几个难民，当他们听说，我向能够跟我讨论司法问题的人提供一些"茶钱"后，都试图说服我相信他们来香港之前，在中国法院里工作过。但他们的故事很快就被我识破了。有一个人仅仅是在当地政府工作过而已，他试图给我描述当地法院的组织结构和编制，以及法院是如何运作的，可是演技拙劣。另一个人则试图说服我他曾在法学院学习，但我问起他曾上过什么法学课程时，他的谎言就立刻露馅了。但Peter Wang可不是这类人！

我因机缘巧合偶然发现了Peter（中文名字王友金，广东话读作Ong Yew-kim）。到1963年11月的时候，我基本放弃了在香港找到一个有经验的大陆法官或律师的希望。有几个朋友出于同情，建议我去葡属殖民地澳门试试。当时从香港去澳门需要乘坐4小时渡轮。当时的中国难民觉得逃往澳门比香港容易得多，因为距离更近，泅水危险更小。

1963年11月的澳门迷人、静谧，是欧洲大陆在亚洲的前哨小镇。当地的建筑同时体现了中国和葡萄牙的传统风味。我和Joan都没有去过葡萄牙，但在我们搭渡轮前往澳门的时候，我们在轮船上的酒吧找到了Ferreirinha Lacrima Cristy（一种葡萄牙酒），比起我们之前喝过的其他波多葡萄酒，都更顺滑好喝。它很快就治愈了Joan的喉炎，并且让我们在到达之前就已经喜欢上了这个特别的新环境。

我的朋友建议我通过跟接收新难民、知名的天主教会合作，来开始我在澳门的研究。当地的牧师很友好，善解人意，但是他们最近接收的这一批难民中，并无明显的理想人选。难民中有一个男人，极力试图说服我他很了解中国法院的运作情况。见我面露疑色，他倒也大胆直率地说，如果我怀疑他，我可以在回到香港之后，向殖民地当时众多中文报社中的一家叫《天天日报》的主编求证。他给了我这位主编的名字和电话，并向我保证那个主编一定愿意做他的证明人。

我并没有抱太大希望，但也没有其他选择，回去后便给那位主编打了电话。令我惊喜的是，虽然主编说他从来没有听说过那个澳门的男人，但如果我想认识一位真正来自中国的法律专业人士的话，他愿意介绍我认识他手下一个名叫Peter Wang的员工。这是我研究工作过程中的黄金一刻！

Peter立刻让我感到十分可信。他很安静，周到缜密，对他的判断和表述很谨慎，而且他也很乐意帮忙。他告诉我，和很多东南亚的中国人一样，1950年，年方18岁的他离开老家新加坡，只是为了去成立仅一年的新中国获得免费大学教育。到达北京的时候，他被分配到新成立的北京政法学院学习法律，后来这所大学成为了今天著名的中国政法大学，不管是在当时还是在现在，法大堪称是无数政府法律干部的培训基地。当我问到他在大学的时候上了什么课程，他想都没想，就滔滔不绝地讲出了所有的课程。那一瞬间，我知道我找到了不可多得的访谈对象。

借助苏联法律资料，在中苏两国教授的帮助下，Peter接受了在那个时代相对良好的法律教育。他在1954年中期从法学院毕业，那时中国正在推出第一部宪法。这部宪法受到了1936年斯大林宪法的极大影响。毕业后，他被分配到中国北方的工业重镇黑龙江省会城市哈尔滨的特别法院——铁路法院工作。他是当时法院里唯一一个受过良好正规法律教育的工作人员，所以法院的其他工作人员遇到具体法律问题都会寻求他的帮助，因为他们大多是退伍军人和公安干警。

当时的法院正在尽力向群众解释新的司法制度，以赢得他们的支持，Peter在这个过程中发挥了尤其宝贵的作用。当时的中国，不论是城市还是农村，都刚刚经历了5年漫无法治的革命动乱和暴力群众政治运动。新的共产党政策日益强调稳定和依法办事，而不再是依靠残酷的阶级斗争，虽然这种阶级斗争仍然存在，但是相对而言声势有所减弱。

Peter通过很多有意思的故事，描述了很多在给群众普法过程中遇到的问题。比如说，有一次，法院在一个工厂的礼堂里，在数百位工人面前，演示了一场精心策划和彩排的刑事审判。一切都按照计划进行得很顺利，直到法庭公布预定的定罪判决和量刑结果。当主审法官告知被告人他有上诉的权利时，疑惑不解的观众们顿时哄堂大笑，因为法官的口音，"上诉"听起来好像"上树"！

不久之后，尽管中国还在紧密地追随苏联的法律模式，但是中国的领导层同时决定引入律师这个角色。很多1949年前蒋介石统治时期的律师要么逃离了中国，要么留在国内转行从事更为安全的工作。无论如何，共产党都不希望依靠任何资本主义遗留分子，于是决定模仿苏联的"律师顾问处"（colleges of advocates），新组建属于政府部门的"法律顾问处"，把得到良好培训的年轻人才分配到那里去工作。1956年，苏联法律制度对中国的影响达到顶峰，Peter被分配到北京新成立的一家社会主义律师事务所工作。

那个时期对于法律改革者来说是激动人心的。在苏联的帮助下，中国开始起草很多法典，包括中国第一部刑法和刑事诉讼法。法律顾问处的职责就是协助试点并且实施这些苏联模式的草案。可悲的是，这些草案从未被正式颁布。因为1957年6月，苏联影响戛然而止，而"百花齐放"的方针所引发的舆论批评喷如泉涌，令共产党领导人震惊，也随即导致毛泽东发动了"反右"运动，终止了中国对苏联法律模式的依赖，直至1976年毛主席去世。

由于政策突变，Peter所在的官办律所很快被关闭，而且与其他法律专业人士一样，他很快被戴上"右派"的帽子。因为他来自新加坡，他得以逃过一劫，未被残酷虐待。1960年，他获准离开大陆去香港。他本希望能够回到新加坡，但由于新加坡好不容易摆脱共产党势力，脱离英国统治赢得独立，为了防止共产主义复苏，新加坡总理李光耀禁止任何45岁以下在中国生活过的新加坡公民回国。所以Peter为了在香港维持生计，找到了这份报社员工的工作，就中国大陆发生的事件撰写评论。

我对Peter进行了访谈，共计85个小时，他帮助我了解了中国深受苏联影响的时期以及之后一段时期的情况。我依依不舍地结束了我们的合作，但他在随后的日子里一直继续辅助我进行关于中国刑事司法制度的研究。这些研究成果使得我得以在1968年出版了我的第一本书——《中华人民共和国犯罪司法程序1949-1963年：导论》。（Joan说，如果我把书名定为《性、中国法律和你》的话，哈佛大学出版社本来可以卖出更多册！）

成立中国研究服务中心

在我创立中国研究服务中心的过程中，Peter也提供了帮助。其实成立这样一个中心并不在我最初的香港计划之内。我已经提到过，六十年代初，中国对外封闭，那些选择将香港作为基地来从事中国研究的外国学者并无办公设施，香港大学和其他学术机构的办公空间很少，而他们的图书馆里也几乎没有具有时效性的中文研究资料。纽约卡耐基基金会为了改善这一情况，决定成立一个研究中心来接待和协助前来香港从事中国研究的学者。卡耐基本打算跟一个当地的中国组织友联研究所（Union Research Institute）合作，该机构已经收集了许多内地中文报纸，这是能让我们一窥中国人日常生活的宝贵资源。

在当时还被称为"红色中国"或"共产主义中国"的边境上成立一个研究中心，是一项微妙的工作，因为英国殖民当局总是担心触怒内地政府，所以对USC的准备工作审查得非常仔细。他们一直告诫为人不错的纽约基金会主任Bob Gray要慢慢来。Gray对中国和香港都不太熟悉，但是被派到香港设立和主持这个中心。实际上，英国人似乎怀疑中心会是美国中央情报局（CIA）为观察中国所设立的前哨，或者说，至少里面的几位美国学者可能跟CIA有关联。卡耐基基金会显然心领神会英国人的担忧，以至于给新组织起了一个听起来无可非议的名字，叫"大学服务中心"，并没有点明该组织的工作重心。光看名字，一般人不知情，很可能会错把中心当成一个汽车维修店！一直到1993年，"中国研究"这几个字才被加了上去。

我们当中有些人认为Gray做事似乎过于被动，而且好像被我们起了疑心的东道主威慑住了。他给我们在九龙的半岛酒店短租了几个房间，聘请了个秘书，但却迟迟未将我们迁入位于机场附近的正式落脚点。此外，他在给中心设置必需的办公场地、图书馆、招聘研究助手、翻译人员和其他工作人员方面并无任何动作，也没有启动跟友联研究所的合作。

不知怎的，可能是通过已故麻省理工大学政治学教授Lucian Pye（白鲁恂），卡耐基基金会得知了我们的不满。当时暂居香港的西方学者有自己的小圈子，Lucian Pye教授是我们这个小圈子里的资深一员。他是一个老练的中国通，人际关系基础扎实，在美国政府内部也有一些关系。卡耐基基金会决定把Gray换掉，准备派一个更能适应香港政治环境的人来接任，但是暂无人选。问题是，这会导致中心的行政工作停顿至少六个月之久，在这期间需要有个已经身在当地的人暂任代理主任一职。虽然相对其他人我资历较浅，之前也没有跟卡耐基基金会打过交道，他们还是请我来担任主任的角色，我犹豫之后接受了这个工作。

在URI的帮助下，我们很快就离开半岛酒店，搬入了座落在九龙亚皆老街的正式场地。很快，中心就有了生机。在搜集有关中国法律制度的材料时，我发觉URI的资料非常详细丰富，而且事实证明中心的办公室更加适合用来与难民作访谈，因为难民往往不太适应出入国际酒店或外国人的公寓。

由于从1963年冬到1964年春我一直是中心的主要负责人，香港政府对我的活动表示了特殊（暂且说是非正式的）关注。我现在还津津乐道的一件事是，在一次晚宴上，我的英国东道主把我的座位安排在了香港辅政司的对面，这位辅政司事实上相当于香港的外交总长，这个安排出乎我的意料也让我十分愉快。辅政司先生抓住这个明显是事先安排好的机会，很系统地向我询问中心的情况，问及中心的赞助者和我的角色。他的态度圆滑巧妙，但像是在问：既然你们这些家伙是教授，为什么不好好地做学问，而要花这么多时间研究中国呢？

所幸的是，凭借一点小运气和国际法律圈子这个"帮会"，我已跟至少两名显赫的香港政府官员（分别是首席法官和律政司司长）结下了很深厚的交情，他们为我担保，证明我是一个品行端正的人。1963年春，就在我出发去香港的前几个月，我和其他几位伯克利大学的法学教授受邀参加一个晚宴，认识了一名当时在英国数一数二的法学专家。他刚在香港参加完一些讲座，返回英国的途中在湾区停留几天，对香港有着满腔热情。他一听说我准备搬到香港住，就主动介绍我认识香港首席法官Michael Hogan和当时在香港照顾他的年轻的律政司司长Denys Roberts。他们都成为了我的好朋友，也间接地成为中心的好朋友。

我和我的家人在1964年7月底恋恋不舍地离开了香港。那时，USC的正式主任已走马上任，叫Preston Schoyer，是一位富有魅力和精明的美国小说家，在香港有丰富的管理经验。我深信，他办事，我放心！之后的故事，如俗话说的，人尽皆知，唯我不知。正因为如此，我十分期待通过Ezra Vogel和其他参会人的讲述，来了解这段非常重要但又鲜为人知的故事。

注：该文由作者提交给中心成立五十周年研讨会，2015。

孔杰荣 Jerome A. Cohen（柯恩），纽约大学法学院教授，纽约大学亚美法研究所共同主任，美国对外关系委员会亚洲研究兼任资深研究员。著作包括：《中华人民共和国合同法》，朗文，1988；《中华人民共和国与国际法》，普林斯顿大学出版社，1974；《中华人民共和国刑事诉讼程序导论：1943–1963年》，哈佛大学出版社，1968。（作者照，见136页）

（刘超　译）

细说香港的"大学服务中心"

道格拉斯·库珀 Douglas W. Cooper

大学服务中心（USC）座落于九龙亚皆老街，离香港启德机场不远的两层旧式楼房里。这一中国研究的柱石，此刻面临一场财政危机。林木荫庇下的围墙院落，外观朴素，却是当代中国研究学者的世外桃源。他们在此得以利用最好的东亚研究文献资料，这里是东西方的交汇处，英文通行。98%为华人，礼貌好客，有着殊不寻常的国际化环境。

在中心，每天可看到十数位来自北美、欧洲和亚洲的博士生或博士后研究人员，专心阅读资料或讨论研究课题。人生地不熟并非问题，中心为访问学者担保申请签证，他们在此可参阅来自中国大陆的出版物，以及香港本地图书馆的馆藏。访问学者享用中心提供的各种便利，有办公室，在中心协助下联系受访者，进行访谈；学者在这里相互交流学习，前来的还有香港大学和香港中文大学的中国问题专家。

中心有一流的图书馆和研究设施，在国际中国研究领域内，无论人才培养还是学术交流网络的形成，都有杰出表现。最近，数十位参与本国中国问题决策的人士及中国研究学者告诫道，这一研究基地越来越不容易得到基金支持，难以生存。1983年底的一份研究报告指出，大学服务中心面临"急迫而严峻（可能导致关闭）的资金问题"。

每年春天，资金筹措令中心的主管部门、美国学者联合会委员会头痛。到六月，来年的财政来源依旧不见着落。中心主任John Dolfin

说：每年都像是最后一年。危机感由来已久，资助将于1978年6月30日到期，后续资金仍无踪影。1977年11月中心的国际顾问委员会已经开会讨论关门的问题。尽管那场危机得以化解，但自1982年开始，中心每年都要为下一年的财政来源犯愁。

在1981-1982财政年度，美国学者联合会委员会开始考虑替代方案，考察在香港、美国甚至中华人民共和国的学术机构中继续存在的可能。接管中心须符合三个条件：一、保持馆藏的完整性，独立性；二、继续现行的图书采购政策；三、对国际学术界开放使用。

1984年2月10日召开的美国学者联合会委员会会议上，总裁William Ward传阅了一封封数十位学者写给他、表示支持中心的信函，他们共同的忧虑是中心的学术独立。Ward说他担任美国学者联合会委员会总裁期间，从未有过任何问题像大学服务中心的未来这样，引起如此大的凡响。不同国家从事公共事务和国际关系研究的许多学者，都给他打电话或来信表示关注。

一位著名的历史学家信中说，中心是美国学界一个真正成功的例子。另一位西海岸的政治学家写道"毫无疑问，这是过去二十年中，全世界最重要的一个在外部观察中国的哨位"。有专家写信说，与中国发展友好关系，会令中心的中国研究发挥比以往更为重要的作用。

这些信件和电话反复提及的要点不外乎：中心独特的馆藏为中国研究之必需；中心一方面展开在中国大陆内的研究，另一方面为访谈研究提供环境，由此找出问题、验证来自不同渠道的信息。中心为那些对中国感兴趣的人提供聚会的场所、联系的纽带。这里形成的社区好比一所无形的大学。而这一切的基础是中心独立性，是学术不受制于任何政府，或者受限于当地顾虑多多的行政部门。

目前看来，尽管近来学术交流项目增多，进到中国大陆做研究的机会依然受到严格限制。中国大陆官员对学术研究的看法，很大程度上与西方不同。学术需要以领袖设定的目标相结合，以此判定哪些西方的观点可以容许，哪些不能接受。政治和意识形态的考量为研究设置了严格的界限。许多学者看来，这一情形不大可能随着中国的现代化而有所改变。

到过中国做研究的西方学者谈起这些限制都感到沮丧。需要通过繁琐的行政手续，可以访问什么人，访问多少人都有限制。在旁人的关注和政治压力下，受访者远不能畅所欲言。（Whyte，1983，页76）此外，新的运动还可能导致政治风向变化，也由于保密规定而得不到资料，时间和行程限制都是问题，别说诸如复印之类琐事。

1963年卡耐基基金会资助在香港创建了这个中心，为学者提供了与中国毗邻的研究场所。1970年之前，它由教育及世界事务理事会负责管理，继而由国际教育发展理事会负责，现在则由纽约的美国学者联合会委员会主管。

中心早年由一个国际顾问委员会监管，当时该委员会主席是牛津新学院院长William Hayter爵士。一连串为中国研究者所熟悉的名字曾担任过中心的主任，包括Jerome Cohen、Preston Schoyer、Guy Searls、Joseph F Ford、BM Frolic、Martin K Whyte以及1974年任主任至今的John Dolfin。

这里对访问学者大开方便之门，提供设施及各种服务，包括工作间、规模不算小的图书馆、研讨室、餐厅、秘书办公服务、邮寄服务、复印，还协助来者利用香港的其他学术资源。打算前来的学者向中心提出申请，先到先得。

除了象征性收费外，中心的开销主要由各大基金会来偿付，包括鲁斯基金会、福特基金会、梅隆基金会、全美人文科学基金（NEH）、埃克森教育基金会、华尔道夫基金会（英国而非美国基金）以及由澳大利亚国立大学领衔的大学财团。二十世纪七十年代中期以来，资金主要由全美人文科学基金和梅隆基金会提供。表1为近年资助情况。

表1：资助来源，1982-1983
赞助（美金）：

澳大利亚大学	$1,000
埃克森教育基金会	42,765
亨利·鲁斯基金会	42,765
梅隆基金会	3,772
全美人文科学基金	150,000

（包括梅隆基金会的配套资金）240,302

中心的学者来自不同的背景，从事博士或博士后的研究。来自北美的学者为主，平均每年约占利用者总数的56%。（第一个十年内美国学者年均67人，以后数十年大体在年均46人上下）。最近一份中期调查显示有大约25%来自欧洲，25%来自香港及澳洲。半数以上（57%）为博士后学者，教职人员的比例在不断上升，如表2、3所示。

表2：中心使用者及美国访问学者的比例

	总数	美国学者	美国学者占用比例
1964-65	52	37	71%
1965-66	59	39	66%
1966-67	69	50	72%
1967-68	68	43	63%
1968-69	69	50	72%
1969-70	85	59	69%
1970-71	109	74	68%
1971-72	100	74	74%
1972-73	107	65	61%
1973-74	137	70	51%
1974-75	114	65	61%
1975-76	126	60	47%
1976-77	123	56	45%
1977-78	112	61	54%
1978-79	114	40	35%
1979-80	113	49	43%
1980-81	84	35	42%
1981-82	88	35	40%
1982-83	143	74	52%
1983-84	145	67	46%

表3：博士后/教职员

	总数	美国	美国博士后/教职员
1973-74	32	19	59%
1974-75	44	30	68%
1975-76	51	32	63%
1976-77	48	29	60%
1977-78	47	31	66%
1978-79	53	30	56%
1979-80	49	29	59%
1980-81	47	23	49%
1981-82	40	24	60%
1982-83	74	42	57%
1983-84	75	41	61%

　　学者访问的季节和天数有大致的规律。每年最忙的时节从暑假开始持续入秋，到春天的访客最少。绝大多数学者和访客都是短期访问——两周至月余不等。但在中心二十多年的历史中，也有很多人一待就是半年、一年乃至更久。尽管中英协定生效之后，殖民地的地位会发生变化，但香港的政治经济状况为中心及其访问学者提供了不少有利的条件。由于经费主要来自美国，港币贬值，中心最近几年的财政预算稍微减少。1983-1984年度所有统计的汇率设定在港币7元=美金1元，但港币不时会降到9.5元兑1美元的状态。1983年最后一个月，港府把货币设定在7.8元兑1美元的汇率，结果这个由美国管理和资助的香港中心实际在来年实现汇率盈余$9,448美元。（参见表4：支出统计。）

表4：支出统计

	香港	纽约	杂项	总计
1972-73	$89,186	$9,367	$29,235	$127,788
1973-74	105,780	21,625	6,371	133,776
1974-75	113,919	20,010	6,645	140,574
1975-76	81,560	19,768	21,178	122,506
1976-77	99,190	21,671	--	120,861
1977-78	109,190	23,136	--	132,326
1978-79	115,397	27,278	--	142,675
1979-80	130,148	30,425	--	160,573
1980-81	170,097	28,580	--	198,678
1981-82	150,527	34,530	--	185,057
1982-83	181,131	37,634	21,537	240,302
1983-84	165,990	--	--	--

中心的预算一直跟着香港楼市上升。楼价在近十二年翻了一番，大学服务中心的预算亦如是。资金不足，中心不得不将原来数年期楼宇租借合同改为一年一签，签为期一年的租约，只在1984-1985年签了两年的合同。正如表5所示，中心用于学者身上的人均花费在1980年一次明显的增长之后，近年呈下降趋势。

表5：学者人均开销

1972-73	$1,194
1973-74	976
1974-75	1,233
1975-76	972
1976-77	982
1977-78	1,181
1978-79	1,251
1979-80	1,421
1980-81	2,365
1981-82	2,102
1982-83	1,680
1983-84	--

　　无论短期访问还是长期驻留的学者，都感受到中心营造出令思想激荡的环境。来自五湖四海的学者彼此启发，形成非比寻常的学术氛围。通过午餐研究会、研讨会和各种聚谈，不同背景的人聚集在一起，前来的还有记者、港大和港中大的教授，以及来自香港各界包括外交圈的人士。这类聚会一年多达二三十次，让象牙塔内的学子与众人分享研究成果。

　　中心每天为大家备一壶茶。午餐时分不少人都乐意围坐在长长的餐桌旁，边吃边聊。这个场合下，刚从大陆回来的人往往令聚谈生色。众人余兴未了，话题有时持续好几天甚至几个礼拜。

　　中心是难民采访的基地。二十世纪六十年代，无法进入人民共和国之门的学者退而求其次，访谈日益兴盛。不少学者以此搜集信息，分析有关中国草根社会，也了解香港社会的情况。这些学者通常聘请大陆人士作为研究助理，帮助找寻难民并安排采访或充当翻译。1983-1984年，有21位在大学服务中心的研究者进行过采访研究。

在研究助理的帮助下，一位作者在六年之中采访了超过200名难民。一开始，他让受访者完成一份问卷，后来则任由对方畅所欲言，他录音，尽可能做笔记，再翻译、打印出来，以便下次访谈时对证、补充。众多北美的学者都把采访作为其研究的主要资料来源。

到大陆访谈，也可先在香港测试、修改问卷。将中心作为前往沿海或内陆做田野调查的前站。在此做足功课，进入大陆后表现出来对问题的了解程度，给对方留下深刻的印象。对于某些课题来说，在香港举行采访比在中国进行采访更为有利。

一位中国大陆东南的政治学者，成为富布赖特1983-1984年度访问学者，来到中心。他曾三次造访香港，使用了大学服务中心的设施和资料。这里是他所知道的唯一一家在中国附近又能看到众多中国基本的学术和贸易类出版物的机构，他感兴趣的课题在这里能够很好地开展。

USC图书馆收藏的主要是1949年以来的资料。二十多年前，中心着手收集基本的参考书和期刊，访问学者常常从大陆带来出版物，加上在香港购买到的装订的中国旧报刊，馆藏与日俱增。今天大学服务中心已有两万余卷藏书、约1100册主要集中在人文社会科学类的学术刊物与174种报纸。

中心重点收集中文著作，并找到一些不容易找到的资料，包括不少二十世纪六十年代的出版物。图书馆费尽心思收集资料，运气不错，以致馆藏持续增长。1977年，美国驻香港总领事馆将其保存的中文期刊、报纸、新闻翻译的副本赠予中心，香港的上述两所大学都没有这些资料。翌年，中心又获得了从华盛顿中国研究资料中心复制的一大批红卫兵小报以及二百本新著和参考书。大陆出版业沉寂多年后，1979年蓬勃发展，被停刊的期刊重获新生。1979-1980年出版物数量的激增，中心订购的人文社会科学刊物和地方报纸，增长了三倍。

中心的资源也一直获益于本地的几个其他机构，包括香港大学、香港中文大学以及现已关门的友联研究所（URI）。（这里收藏的1949到1974年的大量剪报现存于香港浸会大学图书馆。）应当说，近二十年来西方出版的有关当代中国的绝大多数学术书籍，作者至少部分时间在大学服务中心从事过研究或写作。他们出版的作品可以列为长长一串，且不断增长书单。中心主任Dolfin说，尽管中国对学者开放已有五年，但1983年发表的一份有关中心图书馆采购当代中国研究书籍的调查显示，绝大部分出版物还是以香港为基地从事的中国研究。

中心职员统计出一个不完整的书单，共有163本书的作者曾经受惠于中心。仅仅1983-1984年度，就出版了16本、由中心访问学者完成的英文版中国研究专著，作者分别是：Phylis Andors, Anita Chan和Richard Madsen并Jonathan Unger, Deborah Friedmann, John Hawkins, Charlotte Ikels, Kay Ann Johnson, Richard Kirkby, Kuang-sheng Liao, Richard Madsen, Robert Marks, Stephen Mosher, William Parish和Martin K. Whyte, Suzanne Pepper, William Rowe, Aron Shai, Dorothy Solinger, Ross Terrill, Kenneth Walker。作品正待付梓的还有John Berninghausen, John Burns, Kay Ann Johnson, Kent Morrison, Jean Oi, Andrew Walder以及Christine Wong。

其他版本的有：中文，Chan Hing-hu；荷兰文，Wilt Idema；法文，Robert Ruhlman；德文，Rainer Hoffman、Dieter Heinzig等；希伯来文，Aron Shai；意大利文，George Melis；日文，Eto Shinkichi等；及瑞典文，Marina Thorborg。

这些著作不包括以香港本土及其与中国的联系为主题的研究。从近十年，尤其最近三五年来亚洲研究的期刊所发表的文章就能看到，香港越来越引人注目。有数十位社会科学家利用中心之便，转而研究香港及其民众。香港为田野调查提供了各种各样的机会，与中国根深蒂固的文化纽带、与新界甚至整个珠江三角洲长期的宗族、商业联系，超越了行政的边界。

另外，当香港处在地位骤变的历史时期，中心这个观察站处在特别有利的位置。随着1997年的临近，政治氛围、地位的转变以及殖民地与中国关系的改变，如此不寻常且富于戏剧性的课题，值得探讨。在中国的统一大业中，香港将为澳门和台湾提供许多可资参照之处。

不可避免，香港将面临的文化压力，中心如果能保持独立运作，会比当地大学更具优势。《人民日报》1979年12月刊登的一篇文章中提到中心，称之称为"间谍前沿组织"；之后报纸罕见地做出道歉，并撤回文章，多少表现出对中心的尊重。大陆认为中心有助促进外部世界对中国社会科学研究的了解。

注：该文发表于美国的东亚图书馆杂志，1986-79-第四篇。英文原文可参考：https://scholarsarchive.byu.edu/jeal/vol1986/iss79/4。

道格拉斯·库珀 Douglas W. Cooper，曾就职于美国Brigham Young大学。

六十至八十年代的移民访谈：了解毛时代

安戈 Jonathan Unger，陈佩华 Anita Chan

1960-1970年间，大学服务中心（下称中心）随时为数十位来自世界各地的学者和博士生提供办公地点。那时候，外国公民无法进入中华人民共和国从事与中国有关的学术研究，许多学者退而求其次，来到中心。中心位于九龙的繁华地段，座落在一栋两层楼的老房子里。这本是富人家的住宅，在香港湿热的天气侵蚀下，渐渐残旧。原先的卧室、客厅、仆人的房间和储藏室被改造成一间间小办公室。不时有飞机低空掠过，降落在附近的启德机场，发出震耳欲聋的声音；除此之外，中心的工作环境还颇令人愉悦。

中心二楼的前半部分是图书室。那时世界各地都没有足够的图书收藏。欧洲、美国与澳洲的研究生和学者，只要能找到研究经费，便涌到香港的中国研究服务中心。Franz Schurmann六十年代初来到中心从事研究，他后来写出一部经典著作《共产党中国的意识形态与组织》（Ideology and Organization in Communist China）。直到今天，仍有许多人认为这是外国人撰写的有关中华人民共和国的著作中最好的一本。在此后的数十年里，得益于中心提供的丰富资源，中国研究的相关著作不断涌现。

中心虽然拥有蛮多的中国大陆的出版物，但就五十、六十年代的大陆出版物而言，与香港友联研究所的收藏不可同日而语。这批收藏现存于香港浸会大学图书馆。整个五十年代到六十年代，友联研究所不懈地尽可能收集中国大陆出版的报刊，由数位工作人员每天做剪报，并按题目分类归入文件夹内。每年制作数百个厚厚的黑色文件夹。从香港及大陆报刊上剪下来的资料包罗万象。例如某个文件夹关于1955年的中国工人教育，还有的是关于1963年中国的畜牧业，有关于1957年军队的复员转业，1966年的农村婚俗等等。1972年，友联经费枯竭，这项浩大的制作随之中断。然而，直到六零年底，这些分类资料却是一份任由使用的宝藏。

每天，中心的小白面包车来往于中心和友联之间，将沉甸甸的黑文件夹交给学者，再将被仔细翻阅过的资料归还。友联的剪报资料成就了许许多多博士论文。当初本人撰写有关广东省教育的一篇论文时，如果没有友联的分类剪报资料和中心的服务，我可能得花几百个小时去搜罗。

中心图书收藏和友联的分类剪报，并非中心对中国研究的最具意义的贡献。中心更大的价值在于香港紧挨着中国，学者和博士生可以安坐在各自的办公室里，访问来自大陆的移民。众多研究毛时代中国的杰作，主要基于在中心的访谈。其中有六十年代包大可和傅高义（A. Doak Barnett和Ezra Vogel）对中国官僚组织的大量研究，孔杰荣（Jerome Cohen）关于中国刑法制度的研究。到了七十年代，有白威廉（William Parish）和怀默霆（Martin K. Whyte）关于中国农村和城市的调查，Gordon Bennett、马隆德（Ronald Montaperto）、David Raddock、谢淑丽（Susan Shirk）、胡素珊（Suzanne Pepper）、骆思典（Stanley Rosen）以及撰写本文的两位笔者，关于中国学生和红卫兵起源的研究，傅尧乐（Bernie Frolic）对中国人日常生活的研究，魏昂德（Andrew Walder）关于中国工厂的深入研究，Gordon White、Marc Blecher对文革中一个单位内部派系斗争的研究，戴慧思（Deborah Davis）关于中国老年人的研究，以及艾秀慈（Charlotte Ikels）对香港老年人的研究，John Burns、戴慕珍（Jean Oi）、赵文词（Richard Madsen）、崔大伟（David Zweig）关于毛时代农村的研究，白思鼎（Thomas Bernstein）对数百万下放知青的研究，Richard

Kraus关于阶级成分和阶级冲突的研究，苏黛瑞（Dorothy Solinger）对毛时代商业和贸易的研究等等，以上仅为长长的清单中开头的一页。

八十年代中期，中心编撰了一份中国研究书目，其中部分或全部基于中心的访谈或文献资料撰写的英文著作即多达207本。至于利用中心的资源发表的关于毛时代和改革开放初期中国的学术论文，上千篇不在话下。

大批作品出现的后面，其实是一个规模不大的中国研究学者群体。一名博士生在中心待上两三年撰写学位论文，工作后返回中心一两次从事研究，他/她就有可能结识这一领域的大部分研究者。一楼大厅里的一张原为乒乓球台的餐桌，经常"高朋满座"。大家围坐一桌，边吃午饭边聊天，晚饭则去中心附近便宜的广东小馆子。饭桌上和小餐馆里的谈话，提供了如何做研究、同行的最新研究发现等重要信息。此外，这些聚谈形成的熟人和同仁网络能够维持经年累月。将近半个世纪后，本文的两位作者依然觉得我们认识世界上同时代的许多学者。

从八十年代中期开始，大多数外国学者得以进入中国境内从事访谈调查，这一变化甚有意义，人人丰富了这一研究领域。然而，我们曾经有的研究方式，例如对大量来自中国不同地方的人访问调查，对敏感问题的深入访谈，今非昔比。我们这些曾经在中心做过访谈的人，想到我们曾有过何等宝贵的，某种意义上不可复制的经验，怀旧情绪油然而生。

移民访谈的价值

与在香港做访谈比起来，在中国境内做田野调查有许多明显优势：研究者能亲身感受当地的氛围，也可通过自己的观察直接获取信息，不至于被访者的记忆筛选。尽管如此，在中国从事社会科学的田野调查时常令人沮丧：有些地方官员认为让外国人深入研究中国社会对中国无益，对他们自己也没好处；随着中国国内政治气候的变化，官员有时会竭力限制或阻挠田野调查，甚至连一些无关紧要的话题也禁止谈论。有些问题研究者觉得很正常，但受访者却可能感到尴尬；有时候，虽然调查得到地方官员的许可，受访者也乐意配合，最终却被这层那层的官员否决。

在香港进行访谈则避开了上述种种限制和障碍。此地无需官方同意、组织批准才能开展工作，要去某地研究不必与官方协商。在香港，学者可以遵循社会科学研究的普遍规则，确保访谈内容保密，不会泄露受访者的真实姓名。没有政治和社会方面的种种限制，受访者可以无拘无束地对外人讲述自己的经历。

在香港从事访谈还有一个好处：研究者可以便捷而有效地找到来自中国五湖四海的受访者；而在中国内地进行田野调查时，即使时间和经费允许，研究者通常也只能去五六个、最多十几个地点展开工作。以对中国工厂的研究为例，站在香港的有利位置上，研究者能够通过对来自中国大陆的工人、技术员、管理人员的大量访谈，接触形形色色却又有共通之处的企业生态。正确把握的话，研究者可获得足够的信息，建立足够的信心，对中国的工业机构加以概述。魏昂德在 *Communist Neo-Traditionalism: Work and Authority in Chinese Industry* 一书中的研究正是如此。很大程度上，他在香港做访谈的收获，远远超过在中国境内对少数工厂所作的实地调查。

笔者并非认为到中国实地考察，例如去工厂，没有意义；只想说明某些信息更容易通过在香港访谈获得，有些信息只有靠实地调查才能了解得更为深入。八十年代，有少数从事当代中国研究的学者，特别是七十年代曾在香港做过研究的人，试图把两者的优点结合起来。他们既在香港的中国研究服务中心做访谈，也到中国做实地调查。在进入中国前先在香港停留，做些前期的访谈，随后进入中国开展田野调查，返程时再次取道香港，补充后续的研究。前期访谈可以用来改进问卷的内容，并对即将调查的对象增进了解，而后续研究则可以检验田野调查的发现，并对在中国无法调查的问题加以研究。这种研究方法有其独特的价值。令人遗憾，到了二十世纪末、二十一世纪初，几乎没有人这么做了。

香港的访谈是否可靠

在香港做访谈，研究者总是面临一个风险，即受访者的观点有可能过于片面。毕竟，所有受访者都选择离开家乡。从这个意义上说，他们并不代表大多数"普通"的中国人。但这是不是意味着这些人的说辞不足以信呢？

大多数情况下并非如此。怀默霆和白威廉曾合作出版了三本重要著作，全部基于香港的访谈。他们采访过数百位大陆移民。以下是他们对自己的研究经验所做的总结：

"我们需要澄清几个错误观念，以进一步认识香港访谈的价值：首先，大多数移民并非坚定的反共者。通过几年的访谈，我们相信大多数移民决定来香港的主要原因与政治、意识形态无关，而是为了寻求机会：受教育的机会、工作和挣钱的机会、投奔香港或海外亲戚的机会、找对象的机会等等。大多数人对1949年后的中国社会并非全盘否定，他们的叙述好坏参半。读者从我们的书中对此应该能清楚地感受到。至于有些'职业告密者'通过编造故事来取悦外国研究者（并靠此赚钱）的谣传，从我们的经验来看，这并非严重问题。近年来，香港的大陆移民人数众多，没有人可以当真把接受访谈变成一项职业，除非此兄对某些方面的了解确实有过人之处。我们研究的不过是普通人的日常生活，且访谈持续的时间不长，不大可能吸引这样的人来参与……当然，对受访者的背景和可靠性做些调查很重要，而且需要把不同人的陈述相互印证，只依靠一个人提供的信息不足以了解中国人生活的'真相'。"

为了减少可能存在的偏见，研究者各出奇谋。一个重要的方法是交叉印证，学者问许多人相似的问题，直到大多数受访者对某个事实给出基本一致的回答，才采信此说。

对在香港做研究的学者来说，无论研究什么问题，总可以从众多大陆移民中找到适当的访谈对象，有时候，许多受访者甚至来自同一个单位、同一个村子或者同一个街区。以笔者的经历为例，为研究一个中国的村庄，我们三人各自采访村民时，都请对方给我们介绍更多同乡。到后来我们对来自同一个村子的26人进行了深入访谈，这些人从七十年代和八十年代初期来到香港。我们要求这些受访者尽可能细致地描述在大陆生活的方方面面，发现他们各自陈述的细节大多吻合。同时，我们也发现许多受访者对自己在村子里的社会和政治地位不愿多谈。提到复杂的政治、经济问题，村干部总会从有利于自己的角度来叙说，而村民则会从原先各自所属生产队的立场讲述。对这类相互矛盾的内容，不仅要交叉印证，而且得比较不同答案中表达的观点，分析他们的分歧所在，尝试据此重构村民私人之间的政治与社会联系，进一步探讨这种私人关系如何受到政治运动的影响。

中心访谈的黄金时期从毛时代一直持续到八十年代。八十年代初，外国学者依然很难进入中国从事研究。在此期间，大量中国移民从大陆来到香港，仅在1979-1984的五年间，就有约五十万人从大陆抵达香港这块殖民地，而且大多是非法移民。1983年夏，本文的一名作者在中心待了六周，用大量时间来访谈，前后共采访了28名抵港不久的农民，分别来自中国的九个省份。根据这些农民提供的不同地区的信息，我们得知中国正从集体农业转向包干到户。即便后来有机会到中国农村进行实地调查，我们也绝无可能在短短六周时间里乘坐火车或汽车前往这么多地区进行访谈。这次香港访谈的收获令人惊喜：28名村民中有26人反映，当地县委下令把集体的土地分给了各家各户，而这26人中，有24人对新农业制度的描述完全一致。总之，这些访谈证明，当时中国农村的去集体化运动几乎完全是由上而下发动的，而并非如官方报道所说是由农民自发开始的。

将来，如果学者无法继续在中国境内从事访谈调查，他们还可以像以前一样利用香港的有利条件开展研究。这种方法曾经颇为有效，学者积累的访谈经验和技巧将再次派上用场。

安戈 Jonathan Unger，澳洲国立大学荣休教授，任*The China Journal*主编至2022年，凡24载。著作包括：*Education Under Mao: Class and Competition in Canton Schools, 1960-1980*，哥伦比亚大学出版社，1982；*Chen Village: Revolution to Globalization (as co-author)*，加州大学出版社，2009；*The Transformation of Rural China*, Armonk: M.E. Sharpe, 2002。（作者照，见5页下图左）

陈佩华 Anita Chan，*The China Journal*主编之一，澳大利亚国立大学政治与社会变迁系访问研究员。著作包括：*Children of Mao: Personality Development and Political Activism in the Red Guard Generation*, The MacMillan Press，华盛顿大学出版社，1985；*Chen Village: Under Mao and Deng*，加州大学出版社，1992；中译本《陈村》；牛津大学（香港）出版社，1996；*Chen Village: Revolution to Globalization*，加州大学出版社，2009。（作者照，见5页下图右）

USC与我的研究生涯

怀默霆 Martin King Whyte

Ezra Vogel在哈佛所开的"当代中国社会"是我首次选读的关于中国的课程。那是在1965年，我在哈佛大学修读俄罗斯地区研究硕士。第二年中国爆发文化大革命，成了似乎比勃列日涅夫的苏联更值得研究的社会，于是我又报读了几门中国课程，并在1966年回母校康奈尔大学，加入暑期中文密集班。同年，我取得硕士学位，进入哈佛大学社会学系攻读博士。我要是研究中国的话，Ezra Vogel可以提供建议和支持；如果继续关注苏联，Paul Hollander和Alex Inkeles则能帮助我。

待修完博士学位要求的社会学课程，我面临两难决策。我在康奈尔大学和哈佛大学已经选修了不少关于俄罗斯的课程，俄语也相对流利，暑期还花了一个月的时间在苏联学俄语，加上IREX（国际研究与交流董事会）的官方交流项目，可能支持我去苏联做论文研究。虽然我从来没有去过中国，那时也不可能去中国做论文研究，我读的中国研究课程比较少，中文不过是初级水平（前后只学了两年半的中文课程），但我却越来越被研究当代中国的前景吸引。

幸好就在学术方向重塑而言，Ezra Vogel是个不折不扣的乐观主义者。他本人在1958年完成了哈佛大学社会学博士学位，并无任何亚洲背景，却两次"转身"，1958-1960年在东京居住两年后成为日本学者，然后得到三年的博士后奖学金，先在哈佛修读中文，随即于1963-1964年在香港采访来自中国的难民（之后他开始在哈佛教社会学）。当大学服务中心1963年成立时，Ezra已踏足香港，他未来的哈佛同事Jerry Cohen是中心创始主任。Ezra回到了哈佛，带着在香港进行的几十次对难民的深入访谈记录（他1969年出版的《共产主义下的广州：一个省会的规划与政治（1949-1968）》部分取材于此），这些记录塞满他在Coolidge Hall办公室的大文件柜。

Ezra列数了到香港研究的有利条件。有九龙亚皆老街155号的大学服务中心，我对中国研究准备不足并非问题。要是能得到资助在香港进行论文研究，到达香港之初，我就可以在当地专门请人辅导中文，提高语文能力，最终能够就论文题目做难民访谈。在USC，我还可以聘请中国移民作为研究助理，帮助我采访及做文献研究。此时USC已经有了非常好的图书馆，藏有关于中国研究的西文书籍，我可以在业余时间阅读，填补关于当代中国的认识的空白。通过中心，还可以使用友联研究所编制的大陆报刊分类剪报，查看按主题索引的中国报刊文章。

于是我计划1968-1969年在香港开展第一个项目研究。大学服务中心在离亚皆老街155号不远的地方另外租了一套公寓，为学者提供相对私密和舒适的环境采访中国难民。Ezra由我任意阅读他自己1963-1964年做的访谈记录，帮助我更熟悉当代中国（他后来对许多人都这么慷慨），他还指导我采用他和其他早期研究者建立的，相对标准化的深入难民访谈程序（每次访谈通常持续3小时，根据详细的主题大纲用中文进行，做笔记但不录音，访谈结束时按例用一个装有45港元的信封感谢被访谈者）。

在Ezra的鼓励和支持下，我申请了外国地区研究经费，资助我准备在香港做的论文研究，重点是中华人民共和国的政治灌输仪式。收到研究资助后，我便准备离开俄罗斯研究，开始我研究当代中国的职业生涯。

然而，可悲的是，1968年夏天，当我启程前往香港时，我仍然一无所知，准备不足。一件事说明我多么准备不足。去香港的中途，我被邀请参加斯坦福大学的夏季研讨会，Chalmers Johnson曾将研讨会论文编辑成册《共产主义制度的变革》。除了四个博士生（另外一个是Ken Lieberthal），其他与会者都是研究各个共产主义社会的重头人马，包括Ezra Vogel。会议期间，Chalmers邀请我未来的密歇根大学同事Mike Oksenberg（他恰好在那个夏天访问了斯坦福大学）给我们做讲座，阐述中国动荡的文化革命。我以前没有见过Mike，但发现他的讲座很吸引人。不过我颇为疑惑，在描述导致文化大革命的精英冲突时，Mike老是提及海瑞。我从没有听说过这个什么海瑞，认为他一定是中国共产党内对毛泽东的主要批评者之一。后来才知道，海瑞是明朝的官员，可不是在中华人民共和国当官！

我发现自己第一年在USC做难民访谈的经历，比Ezra的预言更有意思。我确实请了几个中文老师，帮助我提高会话水平，特别教我那些与论文项目有关的词汇。我还聘用了几位非常热心、能干的研究助理，帮助我做研究。中心图书室里和中国有关的书籍，几乎被我翻遍，尤其离开大陆的移民对内国生活的描述（例如Robert Loh的《逃离红色中国》），也读了许多其他书籍（例如Allyn和Adele Rickett的《解放的囚徒》）。妻子和我在九龙的窝打老道山租了一间带家具的公寓，住了一年。USC租用的，用来采访难民的公寓就在山下，住在这里去采访难民很方便。在USC工作一天后，早些回家吃饭，顺石阶下山，穿过马路，去赴采访约会（通常是晚上7-10点）。

然而我在USC的最大收获，是与其他研究者的互动，包括研究生和教授。大多数研究生在来香港之前，曾在台湾的斯坦福中心学了一年或更长时间的中文。我到达时，他们之中的许多人已经进入论文研究更为深入的阶段，比我准备得更充分，资讯更丰富。文化大革命还在进行，对中国未来走向的种种揣测令人兴奋。在中心，人人都乐意与别人分享刚刚听到的各种小道消息、传闻，即使像我这样入行不久的新丁。在那一年帮助我提高了研究进度的研究生有Gordon Bennett、Ron Montaperto、Vic and Peggy Falkenheim、Janet Salaff、Skip

Greenblatt、Lynn White、Joe Esherick、Kent Morrison等人。USC的午餐演讲，甚至是平日的午餐聊天，都发人深省，令人鼓舞。我在USC时，同期来到的一位教授是Stanley Lubman，他一直在做难民访谈，主题是法律。Stanley非常慷慨地给我一些如何进行访谈的建议，并给我阅读他自己的访谈记录。后来，在麻省理工学院博士写论文的Susan Shirk来到，也打算进行难民访谈，我再将从Stan，Janet Salaff其他人接力得到的建议传给她。

我希望对USC的这些简简单单的细节的描述，来说明USC成立仅五年后，便成为一个异常丰富的资源，它不仅只促进当时中国研究，而且十分有助于填补研究者知识上的空白，也通过彼此分享想法和信息，从而使像我这样的人能够在为了无论站上讲台或者从事对当代中国社会的研究，获得更为充分的准备。我去USC的第一年，那里的研究者几乎都是美国人，后来许多欧洲和其他国际中国学者也发现这是一个非常有价值的研究场所。我在USC一年中学到的东西，比我在校园里通过几年的中国课程和语言学习所能学到的要多得多。在一年的时间里，我整天浸沉在围绕当代中国的对话和思想之中，那是一种令人振奋的经历。当我离开香港前往密歇根大学任教时，我已经完成了对来自不同背景的中国难民的近百次深入访谈，基于这些访谈我完成了哈佛大学的博士论文，并最终成为我的第一本书《在中国的小组和政治仪式》，于1974年出版。

我觉得在USC收获实在太大，于是两次回到香港做难民访谈研究，每次停留一年：1973–1974；1977–1978。此时已经是教授了。1973年，我作为儿童心理学家代表团成员第一次去中国，直到1979年中美正式建交才有可能在大陆做研究。

第二次来到是利用我在密歇根大学的研究假期，但只有半年的薪水。我听说1972-1973年担任USC主任的Bernie Frolic准备返回纽约大学，USC正在物色继任者。尽管我还只是个助理教授，还是签了约，担任USC主任一年，这样我才够钱整年留在香港做难民访谈，完成我的另一个项目：中国的农村与家庭的变迁。十分幸运，曾经在Bernie任上当任副主任的John Dolfin，继续其职务。坦白讲，虽然我是1973-1974年为USC的正式负责人，实际上中心由John Dolfin在管理。待我回到密歇根大学后，USC咨询委员会明智地决定让John接任主任职务，他十分干练、称职，一直做到1988年。后来中心因为经费不济，结束了USC亚皆老街时代，并入香港中文大学。

1973年我准备前往香港时，听说芝加哥大学的中国社会学家Bill Parish 1972-1973年住在USC，他原本的研究课题障碍重重，决定采取难民访谈方式，转为研究中国村庄与家庭变迁（他在康奈尔的博士论文研究台湾家庭变迁）。Bill和我素不相识，只在1973年夏天一周内同时在香港。他给了我一份他的采访大纲，并给我看了几份采访记录。我计划的项目显然和Bill有大约90%的重叠，这令我们两人左右为难。一直等到我从香港回来，两人1974年8月见面，正式同意一起写一本书，共用我们对60多个村庄（大部分在广东）的移民进行深入采访后收集的材料。这本合著《当代中国的乡村与家庭》于1978年出版。

尽管我们最初并没有计划合作研究当代中国乡村的社会变化模式，但我和Bill在这项研究中的合作如此顺利、成功，以致我们决定再次合作，研究中华人民共和国的城市变化。我们共同申请了国家科学基金会的资助，在1977-1978年两人再回到亚皆老街大学服务中心，在这里对来自中国不同城市的130多名移民进行了深入访谈。另外一本合著《当代中国的城市生活》，于1984年出版。此时，USC经费出现问题，不再另外租地方给学者采访难民，我们的采访大多是在亚皆老街155号的某个办公室进行。

这三年在USC的停留和访谈，不仅为我提供了上述三本书的材料，还令我形成对当代中国其他方面的想法并获得资料，撰写其他研究论述。回头看，我发表的第一篇有关中国的文章成为鲜为人知的历史：全国模范大寨大队开创的独特的农业劳动工分制度，于1969年发表在《时局》上。在中心，不仅通过这些难民采访，而且通过我对中国大陆生活的总体了解，以及在USC与来自许多其他机构的几十位中国学者的接触，令我对开创性的研究游刃有余，即便2015年我从哈佛大学退休后，依然能够继续从事中国研究。

二十世纪八十年代及以后，学者可以进入中国境内进行社会学研究。受密歇根大学的基础设施和资源的影响，我在研究地点和方法上做了转变。从二十世纪八十年代末开始，我在中国指导了一系列用问卷做抽样调查的项目，首先在几个城市：成都（1987）、北京（1991，2000）、保定（1991，1994），与中国社会学家合作，并从2004年开始进行一系列全国性调查（2004、2009和2014）。由于研究方法的改变，我没有花长时间在位于中大"新"的USC进行研究，尽管我曾多次访问该机构，并在中大出席会议和发表演讲。不过，我继续建议我的研究生花时间再去新的USC，特别是利用那里非凡的图书馆藏进行文献研究，中心的某些收藏在中国国内不容易看到。（显然，使用"难民访谈"作为"远距离"研究中国社会的方式，已经不再是中大USC时期的研究方法）。

尽管近几十年来我改变了研究方向，仍然非常感谢我在旧USC紧张的学习经历。我非常怀念与数十人谈论各自在中国体验的乐趣，听他们讲述在中国多姿多彩的日子（就好像口述历史访谈），这比统计分析，比要调查对象回答几十个固定的问题给人更大的满足感。许多问题不过是要求对方说他们是否"强烈同意、同意、中立、不同意或强烈不同意"（这些访谈都由受过训练的中国学生访谈者进行，而不是由我亲力亲为）。此外，我感到自豪的是，在USC的研究使我能够在其他学者奠定的基础上，摸索出一套办法，能够通过中国难民获得关于中国当代社会客观、准确的信息，即便这些资讯并非典型性，存有偏见。

回顾我的整个职业生涯，我在香港主要通过采访来自中国的难民所进行的研究，经受住了时间的考验，在早期研究基础上发表的文章，与我后来在中国境内进行的抽样调查项目基础上发表的作品一样有效，有价值。无论如何，如果我没有在大学服务中心时获得的对当代中国社会的充分了解，不可能为后来的中国调查设计出内容丰富的问题。这篇文章的标题表达的就是这个意思。在大学服务中心度过的岁月令我受益匪浅，成就了我作为一名卓有成效的当代中国研究者。我们这一代人以及后来人中，有大量研究当代中国的专家学者，对美国在香港设立的大学服务中心深怀感激。因为对它有感情，香港中文大学取消USC，关闭这独立的研究和培训机构的决定，令我和许多人震惊、难过。

怀默霆 Martin King Whyte，哈佛大学社会学教授。著作包括：*Myth of the Social Volcano: Perceptions of Inequality and Distributive Injustice in Contemporary China*，斯坦福大学出版社，2010；*One Country, Two Societies: Rural–Urban Inequality in Contemporary China*（主编），哈佛大学出版社，2010；*Remembering Ezra Vogel*（与 Mary C. Brinton 合编），哈佛大学出版社，2022。（作者照，见26页图第一排右五）

（熊景明　译）

回忆USC的点滴

白霖 Lynn T. White III

1963年，大学服务中心成立。这年我第一次来到香港，在新亚书院教英语。中心在九龙亚皆老街租了一座旧宅院，正在改建。新亚书院在农圃道，离中心所在的亚皆老街155号只有几个街区。这本回顾USC旅程的书中，Ezra Vogel和Suzanne Pepper全面介绍了USC的创始人，以及中心如何成为一个重要机构，支持对毛时代及其之后的中国的严肃探讨。

众议院议长Tip O'Neill有句名言：所有政治均为地方政治。大学服务中心提供了条件，可以在此阅读有关地方的基本文献，从而检验北京和党内精英以外的政治思想，扩展对中国政治的研究。1968年4月，我第一次来到USC做研究，以住在这座中国最人的城市中的上海人，所经历的革命整顿为论文题目。这项研究后来写成《上海的职业》一书。我从台湾学中文后直接来USC。蒋介石政权拥有关于大陆的大量信息，但都在图书馆束之高阁，难以看到。USC可以从附近的友联研究所图书馆，借来大陆地方报纸剪报和缩微胶片。这是国际中国研究者求之不得的资料。晚报，尤其《新民晚报》上的"社会"新闻，为我的论文提供了主要依据。阅读微缩胶片给了我一副眼镜，令我看到二十世纪五十年代社会主义巩固的生动场景，形形色色的上海人经历这一时期，很多情况下受到压制。党在当时形成的政治控制手段也影响了后来的风格。

其他学者，特别是Franz Schurmann，已经卓有成效地运用了友联档案。他的《中国共产党的意识形态与组织》涉及不同的主题，却紧扣在Durkheim和Mannheim的概念之中。Anita Chan和Jon Unger在他们为本书所写的回忆文章中提到，"可视为有史以来由外国人写的关于中国的最好的书"。我同意这一评价。对USC来说，这是一个多么美妙的开端!

我在大学服务中心时，研究人员来自不同的学术领域。虽然大多数人研究的是中国国内和本土的话题，但也有Dick Solomon这样的人物。他在尼克松和基辛格手下工作，为美国和中国的关系奠定了基础。后来有Mike Oksenberg，他在卡特和布热津斯基手下工作，达成中美之间邦交正常化。USC时代的朋友太多，无法一一谈及，列出他们的相关领域颇有意思，例如Reg Kwok那样的城市学家（他当时在香港大学，现在是夏威夷马诺阿大学的荣休教授），像Graham和Betsy Johnson这样的社会-人类学者（当时是康奈尔大学的研究生，后来到加拿大的UBC）还有Parris Chang这样的政治学家（来自台湾，后来在宾州州立大学，之后回到台湾），以及人类学家Woody和Rubie Watson（当时来自伯克利，现在是哈佛的荣休教授）。Graham、Betsy夫妇住在荃湾山坡上的一个村子里，曾邀请我和妻子去参观，让我们看客家人如何保存家族历史。Woody和Rubies邀请我们去沙田，在那里度过美好的一天，听他们讲文氏家族。

坐在USC午餐桌旁，研究生见到许多中国领域的资深学者，而他们的师兄或导师，同样急切地想知道研究生论文写作的情况，了解其研究发现。许多年轻学者得知导师来到香港，兴奋莫名，这些教授比在本国大学里有更多时间和他们交谈。来到USC的学者来自中国研究的不同领域，也有其他相关领域。George Kahin虽是一位东南亚学者，他在USC停留了些日子，看看有没有撰写中国研究论文的学生适合康奈尔大学录取。Bill Whitson写了关于人民解放军重要著作，他在USC待过一阵，做了一次午餐讲座。普林斯顿大学校长Robert Goheen来到，需要人去启德机场接机。从亚皆老街155号走路就可以去到机场。

中心主任有事，让我去迎驾。校长和我当时都没料到我后来被该大学聘用。极少美国人可以去大陆的年代，埃德加·斯诺去了一趟中国，归国途中，他抽时间约了我们几个人在USC的客厅闲聊。

USC的午餐吃得不错，饭桌上的讨论每天都很热烈。1971年，我又回到USC，写我的第二本书。这一年的9月中旬，USC午餐桌上听到连篇怪事。中国的机场突然封闭，有的广播电台停播了。台湾飞机飞近大陆，没有像以往那样被成队的飞机迎击。我们不知道发生了什么，一位学者（如果我没记错的话，应该是Victor Falkenheim）手摸下巴，以他一贯的睿智慢条斯理地说："情况值得关注。"的确如此！它显示出中国政治最核心的一圈是多么不透明。我们很快听说，长期以来被毛泽东指定为接班人，他的亲密战友林彪脱离了他的主席。在逃往苏联路途中，飞机坠毁，无一生还。在USC的研究主要关注大陆的各个地方，研究需要依赖可靠的信息；而许多西方记者和政府官员倾向于像精英阶层那样给中国下定义，或多或少将这个民族等同于党。

在USC的研究人员中约有一半是美国人，也有来自英国、法国、日本、韩国、加拿大、澳大利亚、新西兰、印度和台湾的学者，还有香港本地学者，USC与当地的大学有不少联络。例如，在港岛的香港大学校园的钮鲁诗楼里，Frank King当任主任的港大亚洲研究中心举办过一次中国研讨会。我和一帮在USC写博士论文的人利用这个机会交出论文章节去试探，并获得学者的反馈，其中有非常务实的经济学家Audrey Donnithorne。我们当中好些人简直太喜欢香港的研究环境了，以至于考虑 "归化"（这是我和Suzanne的那位总是热情洋溢的论文导师Chalmers Johnson用的一个贬义词）。可没必要告诉Chal，我倒是想过这一可能，还去拜访了香港大学政治系当时的系主任Norman Miners。Suzanne Pepper留在香港，在USC伏案写作，连续发表关于中国大学教育、民国时期、内战以及香港政治的重要研究。我在USC第一次见到的John Burns最近从香港大学社会科学学院院长的职位退休。这本《USC回忆录》的其他作者强调了该中心与香港各大学的关系，尤其是中大。USC搬到中文大学后，我因为研究兴趣的缘故，常常去上海社会科学院。1988年休假期间，我在上海逗留，颇有收获。我的许多学生——李成、吴国光、王红缨、Mary Gallagher和几位资深的论文作者，都得益于中心的图书管理员熊景明所做的工作，获取新的资料。

白霖 Lynn T. White III，普林斯顿大学政治学荣休教授。著作包括：*Careers in Shanghai: The Social Guidance of Personal Energies in a Developing Chinese City 1949–1966*，加州大学出版社，1978；*Policies of Chaos: Organizational Causes of Violence in China's Cultural Revolution*，普林斯顿大学出版社，1989；*Unstately Power: Local Causes of China's Economic Reforms*，vol. 1, and *Unstately Power: Local Causes of China's Intellectual, Legal and Governmental Reforms*，vol. 2，East Gate/Sharpe。

（熊景明　译）

在香港研究下乡知青

白思鼎 Thomas Berstein

1964年1月，中心刚刚成立不久，我来到USC做博士论文研究。中心主任Bob Grey到启德机场接我和妻子，以后我却再也没见到他。来到后，我吃惊地发现居然有两个中心，分别位于半岛酒店附楼的不同楼层，各自由Bob Grey和Jerry Cohen负责。我去到Cohen负责的中心，才知道另一个中心的主任Bob Grey已被解雇，情况尴尬。

我和已故的英国经济学家Kenneth Walker共用一个办公室，他忙着用滑动计数器计算关于生猪产量，两人都埋头阅读香港友联研究所积攒了多年的大陆报刊剪报资料。这些文献按主题和年份编排，颇有价值。我对农业集体化感兴趣，很容易找到从中央和省级报纸上剪下来的关于这个主题的文章。大跃进灾难发生后，中国禁止省级报纸的出口，剪报资料不再那么有价值了；但在五十年代的十年里，它构成了研究人员的基本食粮。唯一的问题是数量庞大，对于阅读速度很慢的我来说，相当令人沮丧。

早期，不仅是教授，连研究生也可以聘请研究助理，帮助阅读中文材料。我的助理是一位来自北京的艺术家，他的主要工作是为我整理那些数字，不过作用有限。记得当我的指导教授Doak Barnett 1964年夏天来到USC，发现我有一个助手时，大皱眉头。

我一早开始难民采访，从曾经的广东农村干部那里，我了解到很多关于集体化进程的情况。其中一位原来的共青团干部告诉我，在五十年代初，他是土改工作小组成员，在县里斗地主，剥夺他们的财产。他的父母在旁边的一个县，被作为地主挨斗。当初他谎报自己的出身，到反右运动中，他的家庭出身被揭发出来。他说如果不是担心政府会处罚他，他不会逃到香港来。他的遭遇令我深受启发，让我看到即便那些对制度忠心耿耿的人，政治运动对他们的工作和生活的破坏性有多大。

1964年越南战争尚未开始时，在USC的大多数研究生、教授以及其他到访中心的人，大体上都支持美国政府对国际事件的解释，包括关于北部湾袭击的谎言。我们这些美国人对不能进入"红色中国"很不高兴，非常羡慕那些可以去中国的英国和其他国家的人，怀着极大的兴趣听他们转述。我们中的大多数志在了解这个国家，而非证实自己的正反偏见。美国实施的琐碎限制令人讨厌。我于1964年12月离开香港时，必须获得财政部的许可证才能将有关中国共产党的材料带到美国。说来好笑，美国领事馆的一名工作人员拒绝在当地市场上购买大米，因为大米来自于大陆！不过我们遇到的一些领事馆官员，如John Holdridge等都颇为开通。

在USC的经历中，有机会认识中国领域的研究生和教授最难能可贵。1964年我在中心曾经遇到Peter Van Ness、Stanley Lubman、Jerry Cohen、Lucian Pye、Doak Barnett、Mike Oksenberg、Richard Solomon等人。对像我这样刚刚从苏联研究转而进入中国领域的研究生来说，确实令我大开眼界，了解到这个领域的广泛和多样化，每天的午餐都穿插了令人兴奋的谈话。也有一些好玩的事发生。Dick Solomon在中心时，福特基金外国地区研究金管理人（我忘了她的名字），一位相当厉害的女士来中心考察。Dick和我头戴宽边农民帽，打着鼓去机场迎接她。有一次，Ken Walker和我坐在半岛酒店工作时，被一个洪亮的声音吓了一跳："我刚从西贡回来。"原来是Lucian Pye。他正在写《中国政治的精神》。我已经读过他的一些作品，没想到他活生生地出现在我面前！

1964年春天，Preston Schoyer成为USC的全职主任，中心搬到租用的九龙亚皆老街155号，直到1988年并入香港中文大学。我按普林斯顿大学的要求，在香港为他们的图书馆收集图书。那时，香港的书店出售成套的中国期刊。我买了一套《学习》（后来的《红旗》）杂志，以及《新华月报》和《新华文摘》。当我离开香港时，普林斯顿送给我一个银质纪念品以示感谢。它至今放在我办公室的一个架子上。

1971年夏天和1972-1973学年期间，我回到USC。当时正值越南战争和文化大革命，学者之间激烈分歧，很容易感受到不信任和敌意。1971年夏天，亚洲研究学者委员会的代表团前往中国，其中有几位是那时在USC的研究生。他们受到周恩来接见，回来后，带着中国平等、纯洁、没有官僚主义的浪漫图景，在中美关系开始解冻的期间，对中国的这种美好想象在美国国内被广泛接受。我当时正在研究将城市青年送到农村的大规模运动，我从采访研究中了解的事实与这一形象并不完全吻合。两年后，离开香港之前，我做了一个关于上山下乡运动的讲座，听众中的一位研究生质疑我为什么不同意把青年送到农村去。他认为这样做能够对维护无产阶级专政作出贡献……

我在1972-1973年间，担任USC的学术顾问，当时B.Michael Frolic为主任。我不敢说我取得了多少成就，但听起来令人印象深刻。在1973年的夏天，我还担任过中心代理主任。从1972年到1988年，我担任USC顾问委员会委员，每年都在纽约开会，中心主任也出席，包括Bernie，以及他之后任中心主任十多年的John Dolfin。委员会的主要议题始终是如何处置这个中心。中国对外国研究人员越来越开放，USC所需资金很难筹集。主要的解决方案是将其设在香港中文大学内，但花了很多年才完成。当它最终实现后，USC在关信基和熊景明领导下获得了新的生命，与亚皆老街155号的USC样貌全非，它收藏了公认是世界上最好的当代中国研究资料。

注：该文由作者提交给中心成立四十周年研讨会。2004年1月。译

文有删节。

　　白思鼎 Thomas Berstein，美国哥伦比亚大学政治学教授。著作包括：*Taxation without Presentation in Contemporary Rural China*，剑桥大学出版社，2003；*Up to the Mountains and Down to the Villages: The Transfer of Youth from Urben to Rural*，耶鲁大学出版社，1977。（作者照，见26页图第一排左四）

（熊景明　译）

香港改变了我的学术兴趣

詹森 Graham Johnson

　　我本人初次与成立不久并且前途未卜的USC联系在一起时，世界、中国、香港和今天完全不同。在理解当代中国和周边地区（尤其香港）的进程中，USC占有一席之地。

　　三十五年前（1968年）一个潮湿的四月天，我乘坐退役前最后一次起飞的彗星飞机，从新加坡出发，穿过云层来到香港，正好赶上天后节。我的妻子，人类学家贝茜陪同我前来。我俩都是康奈尔大学的博士生，我们带着四个月大的儿子、十四件行李，包括一个婴儿的浴缸，显然对未来的新家所知甚少。飞机降落在旧的启德机场，颇具戏剧性，离USC一箭之遥。USC不仅在接下来的两年里，甚至在往后的三、四十年里，成为对我至关重要的一个组织。我从来没有停止过对它的赞美。

　　1963年USC成立时，中国不对美国人开放，偶尔有加拿大、澳大利亚或英国公民允许到访。中心提供的服务帮助学术界理解中国这个庞然大物。通过各种渠道从大陆流入的印刷品和源源不断的移民为香港提供了优势，USC很快成为一个信息中心，成为我们这些为完成博士论文打拼的研究生的圣地。这座旧别墅的两层楼房改建为一个个办公室，配备了办公桌、打字机（那时候电脑还没有出现）和基础设施，让一群忙碌的学子有了安身之地。文革后不少学者涌来，地方不够用，中心将别墅的附楼也改建为办公室，幸好那时候香港的房租还没有飞涨。中心提供便宜而可口的午餐，对我们这些不富裕的年轻人，这里简直是天堂。我在这座附楼里写完了我的博士论文，到1970

年中期才离开。

我原来打算研究当代中国农村，社会学家必须"实地考察"，但文革开始，在中国做研究根本不可能。虽然我持有英国护照，能进入中国，但1965年以后也去不了农村。要想以社会学家为职业的话，我只能在中华人民共和国的范围之外进行实地考察。我选择了香港，并做了在USC很少有学者做的事：开始学习粤语。

回想起来，一切简直不可思议。我们来到香港，获得支持，开展研究，有办公桌、打字机，我虽然没有具体的目标和方向，但和中心的其他学者一道形成一个聪明的兄弟会（包括姐妹）。我们得以接触最近从中国大陆来的人，无保留地分享各自的知识和信息，彼此交流、辩论、学习，也有其他社交。我们共同的兴趣是揭开中国社会的神秘面纱，那是多么令人兴奋的独特岁月。

我们本是一小群，来到后留下，形成牢不可破的团体，持续了几十年。当然，各人的兴趣不同。其中政治学家为数较多，也有人类学家、经济学家、地理学家、历史学家和社会学家。后来，这个杰出的群体中的学者，大多在英语世界的著名大学担任要职，也有在德国、法国和斯堪的纳维亚国家任教。大家的政治主张不相同，但都受到当时社会问题的影响，尤其是越南战争。到1971年，情况明显改变，设在USC，主要由美国人组成的亚洲研究学者委员会香港分会获准组织中国之旅。1972年夏天，一个小组到中国参观，与周恩来交谈，很快制作了一本厚厚的平装书，由Bantam出版，名为《中国，人民共和国的内部！》。在美国乒乓球运动员走上长城之后，USC的年轻美国学者也产生了影响。

二十世纪七十年代初，这批USC的主要学者开始分散到世界各地的大学任教。国际政治发生了变化，加拿大承认中华人民共和国是中国的唯一合法政府，同时注意到中国对台湾的领土要求（这成为一系列政府与中华人民共和国建立外交关系的公式）。1971年底，中国在联合国的席位由中华人民共和国的外交官恢复，而与中华民国在台湾的关系则被降级。到七十年代末，甚至美国也在北京设立了外交使团，双方关系"正常化"。

中国的国内政治不再以六十年代末的惊人事件为特征，而是继续以戏剧性和意外事件为标志。中国变得可以让人接近，即使在林彪事件之后，尽管"四人帮"仍在台上，许多人，包括美国人，都去了中国。大多数在中国的语言学校学习，少数学者获得了在中国进行研究的有限机会。中国的变革风起云涌，这些变化将彻底打破我们先前对中国的理解。记得1969年，USC的常客Audrey Donnithorne获得了一个过境签证，去广州搭乘巴基斯坦国际航空公司的航班前往伦敦。听她讲述她在前往白云机场途中的几个小时，真是神奇。

到二十世纪八十年代，随着改革的深入，中国发生天翻地覆的变化。中国本身更容易接近，学者们可以在中国居住，进入图书馆和档案馆，以更轻松的方式与中国学者合作，甚至调查研究。香港不再是一个"倾听站"，USC不再是了解中国的唯一场所。

注：该文由作者提交给中心成立四十周年研讨会。2004年。译文有删节。

詹森 Graham Johnson，加拿大不列颠哥伦比亚大学人类学和社会学教授。著作及合著包括：(With Elizabeth Johnson) *Walking on Two Legs: Rural Development in South China*, International Development Research Centre Ottawa, 1976；(With Elizabeth Lominska Johnson) *A Chinese Melting Pot: Original People and Immigrants in Hong Kong's First 'New Town*, Hong Kong: Hong University Press, 2019。（作者照，见6页下图左一）

（熊景明　译）

八十年代初，USC曾面临关门

胡素珊 Suzanne Pepper

　　挽救这间美国人经营的USC的努力，目前进入最后阶段。去年（1987）12月，当中国驻香港的代表机构了解到中心因缺乏资金而即将关闭时，接触中心领导，罕见地表示愿意提供一笔捐款，希望此举起到带头作用。前所未见的，中国大陆方面表示出的支持为我们增添了动力。

　　如果USC按计划在今年（1988）6月关闭，美国在这一英国管理的领土上整整四分之一世纪的学术活动将告终结。香港的政治敏感度历来很高，作为一个主要由美国资助的机构，由美国学者联合会委员会管理，面向国际学者，USC一直小心翼翼地避免扮演促进有关中国的学术研究之外的任何角色。

　　讽刺的是，这个当初为研究美中政治历史而成立的中心，却因为两国政治历史潮流变化，面临生存危机。USC成立于1963年，为越来越多无法进入中国的研究生和学者提供了一个研究基地。在六十年代末和七十年代初，西方学者的绝大多数当代中国研究项目均基于在USC的工作。由于无法使用传统的研究方法，许多人转而采用可能引起争议的口述历史形式，采访最近从中国大陆来的人，以于平衡官方控制下的文献资料。这一时期，美国中国研究的学者出版的一系列专著，都建立在这一努力之上。

　　USC而今的主要问题，是这些学者和他们的研究生已经可以直接接触到后毛泽东时代更加开放的中国。各大基金会也随之将注意力从香港转移到了北京。学术机构争先恐后地重新建立起1949年因中国共产党执政而切断的联系。此时，那个非常时期在香港建立的研究基地实际上已经被大家忘却。

自1976年毛泽东逝世，这一突如其来的历史事件之后对香港研究基地的看法的变化，说明目前的认识与现实之间的差距。发生在此的变化虽然不同，但同样富于戏剧性。USC已经在自我调整，已适应了其不断变化的环境，而美国的管理者和资助者则依然按早先制定、过时的标准来评判这个机构。

过去的十年中，USC的主任John Dolfin和中心同事开始大量收集中国报纸、期刊和书籍，建成了目前关于当代中国的最佳研究图书馆。中心馆藏中最值得骄傲的，是新收购的1949年至今的中国各省的完整报纸。这些材料中的大部分从未在中国以外的地方出现过。在中国大陆，没有一个图书馆有如此完整的报纸收藏；即便有，也不会轻易开放给外国学者使用。

USC转型的结果，令近年来使用者数量稳步上升，在1986-1987年达到170人。这与早期1973-1974年的高峰期只有137人形成鲜明对比。当然，研究方法也发生了变化，口述历史的研究方式不再流行。外地学者在香港停留的时间也减少了，他们通常将在中心做研究与在中国做的研究相结合。

因此，USC不能再号称大量的博士论文和专著完全基于在香港的研究。但Dolfin则完全可以说，中心已经发展成为一个成熟的香港学术机构，为越来越多的、来自美国、亚洲、澳大利亚、欧洲的研究者提供公共资源的信息中心。也许最大的讽刺是，对这一发展中角色的认可，不是来自建立USC的美国学者，而是来自中国人自己，他们最近站出来表示支持。这一姿态表示出USC处境变化的另一个重要特征。

自十九世纪四十年代以来，香港一直是英国的殖民地，中国将在1997年恢复主权。准备工作进行顺利，中国已经宣布承诺保持香港作为一个国际城市的现有形式。官方希望香港繁荣的资本主义制度能够一如既往，继续在中国新的开放经济和知识政策中发挥重要作用。据一位熟悉该决定的中国消息人士说，此乃中国最近表示支持USC的关键因素。然而，这种关切是否可以转化为美国方面对该中心的作用更具体的重新认可，仍然是个大问题。

注：1988年3月，当时中心面临关门。该文作者长期在此做研究，希望尽最后努力挽救，于是在3月9日写了这一篇"呼吁"，发表在美国十分具影响力的刊物《高等教育纪事》上。

胡素珊 Suzanne Pepper，美国学者。著作包括：《中国的内战1945–1949年的政治斗争》，当代中国出版社，2014；*Radicalism and Education Reform in 20th Century China*，剑桥大学出版社，1996；*Keeping Democracy at Bay: Hong Kong and the Challenge of Chinese Political Reform*，Rowman and Littlefield，2008。（作者照，见9页图前排右二）

（熊景明　译）

充满挑战又令人兴奋的日子

戴慕珍 Jean C. Oi

　　如今，USC的图书馆仍然是中国研究王冠上的一粒明珠，这主要归功于它搬到香港中文大学后的建树。而对我来说，USC永远是位于九龙亚皆老街，那个高墙四围的两层楼院落。墙头上插着锋利的玻璃碎片，墙面的灰泥霉菌点点，颇有特色。楼房四围的花园里绿草茵茵，棕榈耸立。一只小小的棕色村犬守护在此，做出凶巴巴的样子。从街上看，这里和位于城中好地段的独立别墅没什么两样，而不止一个外国人说这个地方好像一所"安全屋"，因为那时外国学者无法进入中国，USC成了他们了解中国的地方。

　　多亏得到社会科学研究委员会资助我的论文研究，1979年我第一次，也是最长的一次在USC逗留。那是我人生中最快乐的年份之一，也是事业上最刺激的一年。在这里我了解中国，结识该领域的朋友，包括后来成为终生伴侣的Andrew Walder。八十年代初至该年夏天，我再次返回USC做进一步研究，把博士论文改写为我的第一本书《当代中国的国家与农民》。我后来也去过搬到中文大学的中心，而我记忆中的USC依然是在亚皆老街的大学服务中心。

　　这个规模不大，但收藏堪精的图书馆中，有罕见的资料供前来的研究生和教授参阅，除此之外，大家在这里做访谈，采访近期在中国生活和工作的人。在八十年代或之前出版的关于中国的文章或专著中，这些人将以"受访者"的身份出现。对前几代研究者，他们则是"难民"。据前辈说，有些人刚刚从大陆游水来到，连衣服都未干。作为Michel Oksenberg的学生，我听到过老杨这样的传奇人物，后来还见到他本人。他实在是一位极好的采访对象，以至于被多位学者轮番采访。到了1979-1980年，我在USC做第一次采访时，许多受访者并非难民，而是合法移民，他们看到我在报上登的广告，应约而来。我可以访问到不同领域、知识丰富的人及学者，研究者很少彼此分享受访者。我算是依靠USC进行采访的最后一代研究生。

主任John Dolfin时常对我们这些后来者，津津乐道地描绘中心早些时候的传闻轶事，尤其令人印象深刻是在文化大革命和越战时期USC形成的派系。John还教给我们许多既定程序，这些规矩想来是我们的导师那一代所立。我们在约定时间与受访者见面，让他们进来后，先带他们到报刊室充当的休息室坐下，送上茶点、维他奶或果汁，或者可乐什么的。我们必须老老实实在单子上注明消费何物，以便中心事后收费。捧着零食，把受访者带到我们的私人办公室，访谈开始。受访者白天都要上班，故采访通常在晚饭后进行，而且要在中心10:30关门前结束，令人沮丧。

在USC所做的那些采访，至今依然是最令我洞悉中国真相的一次次课程。几乎每次采访都带来新的启发，继而引发新的问题。有些受访者曾经是政策的执行者，同时也受制于政策。通过和他们私下详尽地讨论，令我深入了解最基层的行政部门——生产队的日常生活和政治，了解农户的工作与生活，他们与官员的频繁互动；虽然我不得不花相当多的时间去弄清楚如何分工、如何补偿等繁琐的细节。最为精彩的莫过于干部和农民采用什么计谋，得以在毛主义的管控之下活命，过日子。没有这些访谈，我永远无法认识到在所谓的共产主义平等制度中，苟且的庇护主义（clientelism）及其程度。

并非所有的采访都很不错，也并非所有的采访都很容易。记得一位原省级官员回复我的广告，令我十分激动。我正需要了解粮食采购系统的运作，他简直太重要了。等到见面时，很快发现他的地方口音重到让我几乎听不懂他讲的话，幸而他很乐意把我听不懂的地方写下来。我不断地说："啊……这就是你说的。"我们这样沟通了好几个星期！所幸他写的字清晰可辨。

通过采访，我发现了一个"宝"（后来她为更广阔的中国领域服务）。一位刚从云南来的人回复了我的找人协助研究的广告。面试时出现一位身材娇小的年轻女性，穿着棕色的裤装，显得非常专业。初见面，她说话不多，用一双闪亮的眼睛和温暖的微笑和我打招呼。采访她不久，我就觉察到来到我办公室的是一位特别的人。之后我对她访谈了许多次，并建立了终生的友谊。我们的交谈非比寻常，这些交流给了我宝贵的崭新见解，深入地了解到中国的生活和政治。至今回想起她的一些讲述，我不禁微笑。她描述事物，还示以动作。一次，我们谈到大陆的政治仪式，她给我讲了江青的裙子，然后告诉我有一种忠字舞；随即起身示范，边唱边跳，表演舞蹈。直到今日，看到《天安门》电影中表演忠字舞妇女，会令我想起当初在我办公室的受访者，我敢说她跳得好得多。这位受访者给我留下了深刻的印象，我不仅多次请她接受采访，而且还聘用她做我的研究助理。

像俗话所说，其余就是众所周知的历史了。你们许多人可能知道或已经猜到，那位年轻女士就是熊景明，她最终成为USC的助理主任，在搬迁到中大的USC新图书馆建立了令人难以置信的收藏。我在USC车库楼上有一间办公室，她在房间的另一张桌子前工作。我有太多与景明交谈的美好回忆，保存着她为我做的那些有关中国农村信息的摘要。她不断开拓我的眼界，令我从许多细节中去了解中国的各方各面。然而，有些事情仍然是一个谜。我和其他研究生一起出去吃饭，经常与Connie Squires和Andy Walder为伍。景明要留下继续工作，每次问她要带点什么东西回来，她总让我给她买个汉堡包。奇怪极了，我至今不明白她为何那么钟情汉堡包。

大学服务中心不仅是一个做研究和了解中国的地方。它更像一个令人宾至如归的家，这里有一个童子军队长John Dolfin，以及他带领的友好、操多国语言的工作人员，办公室的Stella，图书馆的Moni。还有姚妈妈，她将中心打扫得整洁干净。她只会讲上海方言，我们通常不知道她在对我们说什么，只对她点头微笑。她的热情令USC更有家的味道。

最重要的是，USC让博士生自自然然地融入中国研究领域。这里有像Suzanne Pepper这样长期停留的学者，也有那些只在此待一年、几个月、一个星期或只是路过的学者。USC令我感到"接触了中国研究领域"。每周一至周五的中午，中心职员和学者围坐一桌进餐，John Dolfin是桌边谈话的主持者。住在中心的管家兼厨师余先生端上几道菜，他最喜欢的菜常常是切好的热狗。谁能想到美国热狗竟是中国烹饪的关键食材？无论食物的质量如何，友情和谈天令人难忘。

我很幸运地在此遇到一些知名学者，其中包括Susan Shirk、Dorie Solinger、Hong Yong Lee、Richard Kraus、Stan Rosen等人。不记得是第一年还是后来，我还和Jon Unger、Anita Chan在中心相遇。记忆中，学者络绎不绝，各人常就自己的最新研究进行演讲，或者分享关于中国的最新情况。在这里可以见到像Lucian Pye这样的资深学者，对研究生来说太棒了。多年后我在哈佛大学任教时有幸在剑桥认识了他。在USC的书堆里与Stuart Schramm和Kenneth Walker的相遇最令人难忘。后来我和Stuart都在哈佛教书，彼此很熟了。而在那时，对一名研究粮食的年轻学者——Kenneth Walker世间不多的几位比我更花心思考虑粮食问题的人，令我肃然起敬。还有Ezra Vogel和Charlotte Ikels，他们待人热情慷慨，无论对方辈分高低。他们主持的一次帆船之旅是我对USC最美好的记忆。

最后将提到另外一个美好的记忆。我的两位论文委员会成员Marty Whyte和Robert Dernberger路过香港。两人慷慨解囊，请我和Andy去吃了一顿豪华晚餐（Marty同时是Andy Walder的导师）。在九龙城吃了几个月的廉价餐馆后，来到著名的吉米厨房吃西餐，令我们兴奋莫名！Dernberger是最早到香港来做研究的学者之一，早在USC成立之前就已经来过香港了。席间他谈起当年在这里做研究的种种有趣故事，饭后打算带我们去看看他熟悉的老地方。他找到了想去的那条街，而他记忆中的场所已经变成一所著名的夜总会，看起来就像詹思邦电影中的那类。香港确实经历了许多转变。回首往事，我心怀感激，感谢亚皆老街的USC，它对我曾经是一个如此安全和温暖的地方，我在这里认识这个国家，并用毕生的研究，试图去了解它。

戴慕珍 Jean C. Oi，斯坦福大学政治学教授，亚洲研究协会副主席。著作包括：*State and Peasant in Contemporary China: The Political Economy of Village Government*，加州大学出版，1989；*Rural China Takes Off: Institutional Foundations of Economic Reform*，加州大学出版社，1999；与Thomas Fingar合编 *Fateful Decisions: Choices That Will Shape China's Future*，斯坦福大学出版社，2020。（作者照，见32页上图居中者）

（熊景明　译）

一名研究助理的故事

熊景明 Jean Hung

1979年秋某一天，按报上两寸见方的小广告指示找到九龙亚皆老街155号时，已近黄昏。这是一座别致的两层楼住宅，园中草地足够打羽毛球。典型英式建筑，八边形主房窗外，一丛棕榈郁郁葱葱。沿墙一排树木，紫荆、木棉、白兰花……门口没有招牌，大铁门关，小门不锁，推门可入。院中停放着一张小面包车，上书"大学服务中心"，便是这个机构的名称。我就这样走进命运为我安排的归宿，直到2007年退休后，还主持中心的"民间历史"项目。以为会做到老死，世事难料……

来自五湖四海

这不是通常的图书馆，也不是一般的研究中心。多年后，高华写了一篇文章，将并入香港中文大学的这个特殊机构称为"学术家园"。家园的风格在九龙亚皆老街的这个小院子养成。John Dolfin主任1973年到中心来做博士研究，次年被任命为兼职主任。曾经以为是临时安排，一做十四年。他曾在哥伦比亚大学念人类学博士，研究西藏；始终保持对西藏的兴趣，没法进入西藏，无法完成研究。无心插柳柳成荫，他乐于助人的个性，敬业精神，形成USC的风格，令中心以学术服务为使命，即便他离开中心后，依然未变。他几乎每天第一个来到，最后一个离开。从筹款到接机送机到与来者谈研究谈中国，到花园草木到保持清洁，事事操心。他美丽优雅的台湾妻子和一对儿女经常在中心出入，和大家认识。中心的职员为三位本地港人：一位秘书；负责图书馆的刘先生及其助理；来自上海，近六十岁的余先生任管家兼厨师，他有位助手姚妈妈，两人住在中心。

七十年代末，中心最辉煌的时期已经过去。常年在中心研究的学者加上短期访问者少则五、六位，多则十多位。每天中午，所有人围坐在长条餐桌边，边吃饭，边聊天。四菜一汤，职工餐费港币四元，学者六元。余先生心情好时，给我们包饺子。可口的饭菜，Dolfin脱口秀一般的席间谈，是每天的快乐时光：南华早报和学者来信是素材来源，他既报告当天要闻，又转述来自四面八方，尤其是到访大陆的学者见闻。Dolfin天生幽默，口才一流，能将平常的事情讲得生动有趣。他形容一位不顾旁人的学者吃鱼道：盘子里一共两条鱼，他夹起一条，从右边口角送进去，从左边口角拖出连刺的整体鱼骨。我记得几个他那里听来的幽默故事，常可用来娱乐朋友。

姚妈妈年近七十，总是笑眯眯的，喜欢和人说话。鬼佬、鬼妹听不懂她的吴侬软语，只对她点头微笑，正所谓聊"天"。顽皮的博士研究生David Zweig故意问她：你和余先生是夫妇吗？令她脸上笑开了花。Dolfin的要求和余先生的表现之间有差距，不过双方交流时都克制地保持笑容。余先生养的小狗显然明白就里，不惹他人，见到主任则不友善地汪汪叫。

来中心待的时间较长者，大部分人做博士论文研究。看资料，访问从大陆来港的人；一待便半年一载，有的来不只一次，有的一住三年。对他们而言，这里是离家者之家——Home away from home，"中国"是聊不完的共同话题。从1963年中心成立以来，中国发生多少震惊世界的事，令人目不暇接。文革中涌到香港的难民带来的故事，其悲惨、荒谬，自由世界长大的西方人，闻所未闻。今天难以想象，博士生得到的研究经费，可以让他们聘请研究助理，甚至不止一位。文革中，几名游泳偷渡到香港的"下乡知青"来中心当任研究助理。他们从小受到"关心国家大事"的教育，来到言论自由的香港，使命感油然而生，办了一份杂志《黄河》，静悄悄将编辑部设在中心，主任视而不见。

今天的大学建制下，社会科学内部不同的学系相隔，学者到异地开会，见到的均为同行。而当年在USC，不同学科，不同国家的学者聚在一道，将这里变为不散的会场。跨学科之间的交流，以及在此结成的友谊，不仅是中心的特色，也影响到这一代国际中国研究者。中心的常客包括几位西方驻港记者，他们带来各种小道消息，高谈阔论，不大看得起稚嫩的博士生。记得有一位年纪不轻的学者来到，众人对他敬而远之。后来听说他曾在政府的什么部门工作过，自视清高的学院人士对他不以为然。2021年初大学关闭中心的决定传出后，有记者问我，有没有维权人士来使用过中心。我回答道：你好像问餐厅老板，有没有维权人士来吃过饭。

各持己见是学者的特色。西方学术研究强调价值中立，但研究者难免有自己的价值判断、乃至立场。据说研究苏俄的学者大多反感这个国家，研究中国的学者则往往出于对中国文化的好奇和喜好。我曾经见人就问，"你为什么选择研究中国？"得到回复不外乎喜欢吃中国菜，要么小时候看过一本有关中国的书，样本量太小，得不出任何结论。而令我吃惊的是居然有人认为文革有正面作用，例如提高了妇女的地位。文革的全称为"无产阶级文化大革命"，"无产阶级"对西方从事社会科学研究的绝大多数人来说，代表了正义一方，赋予他们文革想象，于是和冒着性命危险逃离大陆、偷渡来港的几名研究助理争执不休。我1979年来到，还遇见来自芝加哥大学的学者，拿到优渥的研究经费，准备写书探讨并赞扬大寨精神。

多年后，我被问到当初到中心来的都是知名学者，为何现在不见他们来了。"他们来到时也和你一样年轻，默默无闻。"因为年轻，因为他乡遇知音，友谊和爱情容易滋生。小楼里，丘比特的箭乱射，偶尔中的。多年当任中心国际顾问委员会主席的傅高义教授，也曾在中心遇到他未来的终身伴侣——人类学家、聪明有趣的Charlotte Ikels。曾经有位德国女学者令她的本地研究助理神魂颠倒。一位美籍华裔女博士夏天来到，穿着布料少得不能再少的衣服，心思可见，并无收获。

这里，无论职位高低、年长年轻，彼此直呼其名。后来我到中文大学上班，在中心早就熟知的Tony、Peter须改口称为X教授、X博士。"没老没小"显然是美国文化。来到中心的德国人、日本人、印度人、菲律宾人，带着各自的文化迹印，怀着善意和好奇彼此相处。我曾经每天中午在天台上教来自法国的Isabelle，来自澳大利亚的陈佩华跳民族舞；曾经穿着高跟鞋爬树摘大树菠萝，吓坏John Dolfin，挨他一通骂。三月，木棉盛开，二楼阳台上铺满落英。我拾起花朵，看到有人进来，大喝一声："接住"，将花抛下，哈哈大笑。

香港和昆明最不一样的地方是香港人重视吃，昆明人则贪玩。中心有学者离开，告别的方式通常是去酒楼吃一餐，称为"饮茶"，常去的茶楼有个总结本地文化的名字"食为先"。一次，好像是欢送瑞典来的学者Marina Thorborg，准备去"食为先"吃一次。那时我已经离开中心到中文大学，周六通常带女儿"回娘家。"我建议Dolfin改为去郊游。运动爱好者，中大教授李南雄带队，翻过九龙飞鹅山去到西贡。他预告的两小时行程，这班不惯行山的大大小小走了七小时。我第一次看到香港山野之美丽壮阔。之后二十年，周六行山成了USC的传统，成为许多前来USC做研究的中外学者香港之行最美好的记忆。

余先生早上7:30开门，晚上10:00点上门杆。从清晨到夜晚，各人办公室传来老式打字机叽叽的响声，不知为何令我感动。大约1981年，我夏天回昆明，被有关部门请去问话，他们客客气气地问我谁在中心做研究，都做些什么。我一一如实告知。末了，我说，我最大的感受是中国大陆好像没有人这么认真地研究中国的农村问题、教育问题……我觉得中国人应当感谢他们。这绝对是我当时真实的想法。后来在不少场合下，我被问及中、西方学者的不同。回想我认识的学者，有一类对研究有真诚的兴趣，付出是自愿，探究真相是乐趣。这并非西方与内地学者的区别，只是在西方更为普遍，尤其在做博士研究的期间，非要拼搏不可。

USC是我的"学校"

在亚皆老街渡过了四年，这里也是我的学校。我的第一个主顾是在密歇根大学政治系念博士的Jean Oi，她研究中国大陆农民和国家的关系。这是不曾出现在我和同时代大陆人头脑中的概念，全然想不到可以将国家和农民放在对应的位置。对她，则是如何用政治学理论来检验那陌生而庞大的社会。报上小方块广告说，美籍学者要访问在内地农村生活过的人，每小时付报酬30元。我和这位笑容可掬的年轻华裔女子聊了几句，之前的种种顾虑都没有了。

1964年，大学三年级时，我被派往农村参加"四清"运动，在离昆明40公里的小山村住了九个月。被组织起来的农民似乎在服劳役，对生产没有热忱，中年以上的人似乎连对生活也没有热忱。一年到头艰辛的劳作仅仅换来的粮食，不够果腹。1970到1973年间，我在澄江县的农村中学教书，人为制造的阶级斗争，搞得鸡犬不宁的政治运动，无望的贫困……我觉得有无数故事要告诉Jean Oi，好像自己代表农民对她倾诉。没过多久，她聘我为研究助理。一开始每天三小时，后来每天下午2时到晚上10时。我的工作有两项，一是找寻访谈者，安排访谈；再是读中心收藏的《人民日报》（好像有十年），将所有和农村有关的报道或文章做摘要，写下来。一年多后，写了满满的十一本硬封面练习簿。我尽量将字写得工整，依然只比鬼画桃符好一点。我从来不敢问Jean Oi，这些摘录有没有派上用场。我自己倒对农村政策了解了不少，但真实的农村情形则看不到。

Jean Oi前后访问了53人，到后期，一位来自沿海某县的老先生给她带来好运。他做过农村干部，记忆力出奇，对农村基层运作了如指掌；他描述生动的细节，让人好像亲历现场。每一次对他访问后，Jean Oi都十分兴奋。研究到这个阶段所积累的所有问题，似乎都在他那里找到答案。她自己对农民与国家关系的了解和分析，得到证实，得到这一点底气，对完成博士论文至关重要。

后来与Jean Oi结为夫妻的Andrew Walder此时也在中心做研究，一对令人羡慕的情侣。每天傍晚，两人结伴出去吃饭，约我，从不参加，请他们给我带回一个汉堡包。天天如此，以至他们称我"汉堡包小姐"。我从未告诉他们，不去外面吃晚饭的原因，是担心做不够八小时；再来，汉堡包便宜。当然，我也不应当夹在他们两人当中。

我和Jean Oi像朋友一样相处，无话不谈。Walder长得像电影超人的主角，一次Jean Oi暂时离开香港，我怀疑有人想"乘虚而入"，对她充满敌意，很快看出此人没可能成功。Jean和Andy离开香港时，我抱着两岁的女儿去机场送别，依依不舍，像是告别亲人。缘分没有终结。他们俩去了哈佛，之后回到他们喜爱的香港，在香港科技大学教书，不久又前往斯坦福大学。中心并入中大后，Walder成为USC最忠实的用家，每年起码来一、两次，目前还是香港中文大学USC馆藏的两名海外顾问之一。

Jean Oi离开香港后，我替同样来自密歇根大学政治系的博士候选人David Zweig做研究助理，他依然关注农村，侧重点不同。他研究1968-1981年中国农村的激进主义，我将这些年的《人民日报》再从头读一遍，找出哪怕是蛛丝马迹的一点内容。我有可能是世界上唯一将这十多年的《人民日报》读得那么仔细、且不止读一遍的读者。1996年，得知《人民日报》可能出光盘版，我立刻飞到北京，找到北京大学负责《人民日报》电子化的同仁，自告奋勇提建议（他们还真的采纳了）。中心成为他们在海外的第一个用户，此是后话。

Zweig和Dolfin一样是讲笑话的高手。我们的工作间在厨房上面，中午闻到饭菜飘香，他举起双手说：我都招了，请别再折磨我了吧。窗外可看到越南难民营，观察难民动静，是他休闲放松的方式。

第三位主顾Suzanne Pepper研究1950年以后的教育行政，主要依靠文献研究。大约二十分钟路程外的友联研究所有大量关于教育的剪报，那里主题为"教育"的厚厚的硬皮文件夹，有上百个。十多种报刊里凡是和教育有关的剪报，按日期收在文件夹中。我先复印下来，然后分类别铺在地板上，琢磨分类原则和系统。跪在地上，手举着剪报想啊想，觉得分类很有趣。想不到几年后设立图书资料分类系统成了我要做的一大件事。许多信息我觉得没意思，Suzanne告诉我一句英文谚语："将每块石头都翻过来"。此话令我得益匪浅。

英文是我在USC"上学"的重要科目。在大陆虽然自学过好多年，只能听懂简单的对话。这里西方学者的中文水准一般和我的英文相仿佛，他们和我用中文沟通。我竖起耳朵听别人聊天，午餐研讨会听明白不到一半，依然每次出席，洗耳恭听。大约半年后，终于鼓足勇气开口讲英文。记得第一次用英文加入他们的谈话时，大家停下来，吃惊地望着我。Andy Walder说：天哪，你一直装作不懂英文，看来是什么地方派来的间谍。

1980年下半年起我在中心图书馆做兼职，每天站在影印机旁两、三小时，趁机戴着耳机听录音，学英语。曾经请一位美国来的博士生纠正我的发音。第一次上课，她听我念一段英文后说，为什么你要"纠正"发音，你讲英语带昆明口音，很好听啊。来自不同地方的美国人，讲不同的口音，没有正与不正之说，不像中国，一定以北京话为标准。首都人下意识地看不起讲方言的人，昆明人看不起带口音的乡下人。许多这类小事让我思考。

我渐渐能够应付英文聊天，不太担心用错字，讲错语法，我也不在意西方人的中文不地道啊。后来替Suzanne做研究助理，她的中文很好，两人讲中文。过了一阵，我觉得必须利用机会，改口讲英文。再过一阵，她不想失去练习中文的机会，转为讲中文。我呢，依然讲我的不标准的英文。

在大学服务中心的四年，最大的收获是对社会科学研究，对西方的中国研究和学者有所了解。我看到一本书叫做"Small Groups and Political Rituals in China"《小组政治仪式在中国》，书名一下点醒了我。我所经历的那些没完没了、毫无意义、弄虚作假的政治学习，表态，斗私批修，不就是一种仪式吗？我随手翻阅讲述我熟悉的大陆生活的书籍，十分惊讶，这些外国人从未到过中国，却能够了解到大陆现实的许多细节，分析社会现象后面的原因，看到症结所在。为什么在大陆没有人写这样的书呢？当然就算写了，也没法出版。后来我才知道，大陆的社会学1952年就被取缔了，社会科学在三十年中不再是一门独立的学科。

直到今天，我的大陆朋友中，还有人不理解中国研究是一门学科，学者并非为了本国的利益而研究其他国家。学术研究与获取情报是两码事。好比研究珠江三角洲的形成，绝对不是要了解能否从这里登陆。客观的研究有助增进彼此的了解，美国的中国研究学者参与促成了中美建交。傅高义去世前几年看到中美关系恶化，忧心忡忡，为改善两个关系多番努力，对美国政府进言，指出中国不是美国的敌人。

1988年中心并入香港中文大学，我受聘为助理主任，负责中心的工作。此时，中心的馆藏，尤其第一手资料的收藏，已经可以傲视同业。建立更为完善、方便使用的中国研究图书馆，是中心的立足之本，是学者到这里来的原因；提供热诚、有效的服务，令学者宾至如归，是在亚皆老街时代就形成的中心特色，令中心充满人情味；举办学术活动及其他集体活动令他们在中心的日子更加丰富，并促进交往，形成在中心及离开中心后的网络。这一切，都是我在大学服务中心的体验。自然，敬业之心，待人之道，亦是父母的身教言传。

熊景明 Jean Hung，曾任香港中文大学中国研究服务中心助理主任（1988-2007）。著作包括：《长辈的故事 滇池百年家族往事》，香港中文大学出版社，2021；《家在云之南》，人民文学出版社，2010；《进入21世纪的中国农村》（主编），光明日报出版社，2000。（作者照，见7页）

COHENS
CHINESE CHECKERS SEND JOY
HONG KONG SETH
FROM NATHAN
JERRY JOAN
PETER

恭賀新喜

好来令暨 恩珠孔 傑傑孔

1964年，中心主任孔杰荣 Jerome Cohen制作的新年贺卡。

第二部

USC与我的研究

USC及我的农民起义研究

毕仰高 Lucien Bianco

我于1992年至2000年担任中国研究服务中心（USC）国际顾问委员会委员。委员会主席Ezra Vogel是我的老朋友，我们1964年在哈佛大学第一次见面，其后我不时到他和Charlotte在剑桥的家中借宿。来而有往，他也曾在我们巴黎近郊家中小住。他在2011年给我看了《邓小平和他的时代》文稿，我冒昧地指出了半打细节上的小错供他参考。Ezra以他一贯谦虚、友好但认真的方式回答了我对这部杰出作品的批评，我所提到的每一个微不足道的错误，他都请出版社纠正，并给我寄来相关信的副本。

早在他的《邓小平》一书之前，Ezra Vogel便不懈努力，力求用他的著作令人了解并赏识历史的正面教训，例如在《先行一步：改革中的广东》（1989年）、《四条小龙：工业化在东亚的传播》（1991年）中，别忘了他很早以前（1979年）就揭示了日本位居第一的成功因素，刻意带出对美国的启示。同样的意图令他致力于在中国和美国之间建立更好的关系。

国际顾问委员会成员乐于见到在助理主任熊景明主持下，USC的馆藏日益完善，我们则没有给予什么实际的支持，我从彼此讨论中学到的东西比我做出的贡献要多。相对而言，对我关于二十世纪自发的农民运动的研究，USC的作用非常宝贵。我开始在九龙亚皆老街155号的USC做研究，1988年USC搬到中大后，我随着来到沙田新址。USC为研究中华人民共和国提供了世界上最丰富的资料馆藏，我尤其被其独特的报纸、年鉴、县级汇编和专著的收藏所吸引。有这些资料才能进行区域研究。

在USC拥有的众多地方和区域文献中，我对他们收集的县志（县级专著）印象尤为深刻，其数量远远超过了我之前在美国和欧洲图书馆的收集。然而，这些县志对我的研究有一定的局限性：地方志汇集有关该县的"应知信息"，大量篇幅介绍机构、经济、社会、风俗和文化，而有关农民起义的资料往往归入开篇的年表，或者稍好一点，归入卷末的传记类。那至少还会提及农民领袖的社会出身以及他们的动机。即便介绍获得肯定的起义，评论也有导向，1949年之前发生的农民起义，都归咎于压迫和残酷镇压，要么起义者的勇气，以及他们准备不足，组织不力。比县志更有用的是文史资料，即由地方、省和国家一级的政治协商会出版的"文史资料"。通常其内容对个别事件没那么大而化之，可以让读者更好地了解造反者的不满和动机，地方当局的反应，记叙局势的变化，乃至镇压的胜利、或被镇压或妥协。

除了在香港做研究，我一方面将二十世纪的中国农民起义与法国历史学家Yves-Marie Bercé（Croquants et nu-pieds，Paris，Editions Gallimard，1991)所定义的，与古老的"前工业世界"相关的农业动乱的长期模式联系起来；另一方面，待到可以在中国开展研究后，我去到南京的中国第二档案馆，查阅到详细记录的几个有趣的农民起义案例，用来验证我在USC所做的研究。不过我最宝贵的发现不是在档案馆，而是在南京的一家书店，在那里我买到一部五卷本的文史资料索引。这要感谢我的朋友和同事陈永法，是他告诉我，1992年北京出版了烟台师范学院中国近现代史资料研究所编撰的，《全国各级政协文史资料编目索引1960-1990》，由中国文史出版社出版，5卷。5-378页。在之前的15年里，我从《文史资料》中收集了约70个文章中提到的农民暴动案例。1994年，坐上南京开往上海的列车，到达第一个车站之前，我已经在这部《索引》中看到1100多篇与农民起义有关的文章，以及134个械斗（相邻村庄或宗族之间的打斗）所有这些都可以轻而易举从该索引第三卷的分类目录中找到。

我很可能在USC馆藏中找到那份宝贵的指南。那时我已经没有耐心在中华人民共和国进行研究了，在那里我很少体验到像在USC宾至如归的感受，得到所需要的帮助，以及开放的学术环境。在中国之外，世界上没有一个地方像USC那样对我的研究有价值。我不仅找到了在其他地方找不到的现成的数据，而且有机会与国际学者交流研究发现，进行思想交锋。有自然而然的随意交流，也有午餐研讨会期间和之后的讨论。亚皆老街时代，大部分人来自美国，其他人来自欧洲，有些来自日本、亚洲各国和澳大利亚。USC并入中文大学以后，除了相当多的香港研究生和博士生以及台湾学者，越来越多的人来自中国大陆，他们对USC无与伦比的馆藏和设施之赏识更胜于来自其他地区的学者。USC所能提供的图书资料及理想的研究环境后面，有一个训练有素的团队在工作。在世界各地出版的数百本——如果不是数千本——基于USC进行的研究而撰写的学术书籍中，我擅自增添一本以非英文著作，即Lucien Bianco和Hua Chang-ming所写的 *Jacqueries et révolution dans la Chine du XXe siècle*（Paris，Editions de La Martinière, 2005）。

毕仰高 Lucien Bianco，法国社会科学高等研究院研究主任，前法国当代中国研究中心主任。著作包括：*The Origins of the Chinese Revolution*，斯坦福大学出版社，1967；*Peasants Without the Party: Grass-roots Movements in Twentieth-Century China*，M.E; Sharpe出版社，2001；*Stalin and Mao, A Comparison of the Russian and Chinese Revolutions*，香港中文大学出版社，2018。（作者照，见19页下图左一）

（熊景明　译）

USC 1975-2019 饮水思源

戴慧思 Deborah Davis

在我的整个职业生涯中，USC为我的认知世界打下了基础。从我1975年首次在亚皆老街停留，采访来自中国的移民，直到2019年的中大--耶鲁联合培训研讨班，中心都是我研究旅途的航站。

这四十多年的纷繁经历打造了我，我对USC只有感激和亏欠。抱歉，我不能细数那些曾经给予我和我的学术不倦支持的人。1975年至1978年间，当美国人不能在中国工作时，USC收藏了在美国无法获得的重要文献、图书馆和报纸。在John Dolfin领导下，USC造就了一个来自世界各地的学者知识社区。

随着前往中国的旅行成为家常便饭，学者与中国同行建立了伙伴关系，USC仍然是中国研究的"麦加"。执掌中心的人从未动摇过向任何国籍的学者敞开大门的方针。然后，就在国际合作研究方兴未艾之际，1989年的事件改变了交往的条件。那一年，我前往上海进行实地调查，中途在香港停留。我于6月4日在香港着陆，乘车前往中大宾馆，打算三天后到中国。USC那时刚刚从亚皆老街搬迁到中大图书馆地库，仍然保持在亚皆老街建立的"对外开放"政策。抵达两天后，关信基博士出面欢迎我，而刚刚在USC开始其杰出职业生涯的熊景明，则在旺角一家宾馆找到符合我预算的床位。几天之内，我读到了在纽黑文找不到，大概在上海也看不到的文件。我很快就意识到，一如1975年，USC档案资源，香港对世界各地学者充分的开放，在未来的几十年里将至关重要。

1992年至2019年期间，我在USC查找到的研究材料是我的许多学术出版的文献基础。但最重要的是，USC令不同时代，不同国家与地区的学者之间彼此结识，形成连续至今的学术交流与合作。丰富的档案资料，对学术研究成果不加审查，对研究发现充分支持之外，熊景明以她非凡的技巧营造的这个社区，令我在USC有不寻常的体验。起初，我觉得在员工食堂吃饭聊天，在郊野公园行山闲谈，让我从图书馆正儿八经的工作分心。我很快察觉到，在这个非比寻常的"图书馆"里，随意的思想交流是最不可取代的优势。身临其境，我有幸聆听了电影人、小说家、历史学家的演讲，如艾晓明、胡杰、章诒和、高华等人；感受他们的思想火花，他们对生活的真实感觉，精心收集和整理、排放的文献资料使USC成为一个学术宝库；开放，促成充满活力的交流是中心的特点；无论在感情上还是知识上，中心塑造了我与当代中国的关系，我当饮水思源。

戴慧思 Deborah Davis，耶鲁大学社会学荣休教授。著作包括：Chinese Society on the Eve of Tiananmen，edited with Ezra Vogel，哈佛大学亚洲中心，哈佛大学出版社，1990；Chinese Families in the Post-Mao Era，edited with Stevan Harrell，加州大学出版社，1993；The Consumer Revolution in China，加州大学出版社，2000；Wives，Husbands and Lovers，edited with Sara Friedman，斯坦福大学出版社，2014。该文寫于美国康涅狄格州纽黑文市。（作者照，见36页上图左一）

（熊景明　译）

我与USC的毕生之缘

魏昂德 Andrew G. Walder

与USC结缘于1979年9月中旬。我拖着两个小行李箱来到香港，为了我的论文研究，打算在亚皆老街155号做一年的访谈。与中心的缘分一直持续到2019年新冠肺炎爆发前。我最后一次到访USC一流的图书馆，为刚送交出版社评审的书稿查看地方志和组织史资料。

初次到访香港前我做足了准备。我在密歇根大学的博士导师Martin Whyte，对在USC做研究经验老道。多年来，他已经完成了三本书，其中两本是与William Parish合作完成，最后一本是关于中国的城市生活，均基于在中心进行的移民访谈。我到中心的两年之前，他还在那里做研究。回到密歇根后聘我作研究助理，协助分析采访记录。出发之前不久，Martin邀请我和正好到访的USC主任John Dolfin一道在他家晚餐，特意为我前往香港研究做铺垫。John给了我大大小小的各种建议，从如何寻找住房，到在香港潮湿的夏季大白天走远路的艰险。后来Martin又向我大致介绍了各种须知，如何寻找受访者，以及向受访者付费的礼节等等。他对我最有用的帮助，是教会我在启德机场用广东话告诉出租车司机九龙基督教女青年会的住宿地址。

1979-1980学年期间，中美关系迅速改变。我的导师和他的同行在六十年代末和七十年代初在USC做研究时，没有多少移民可以采访，而且几乎所有的移民都通过非法越境抵港。那个年代，需要通过难民营，或去那时建在山坡上的棚户区寻觅采访对象。七十年代中心，合法移民开始涌到。记得我到达时，每年有超过十万名合法移民从大陆进入香港。那一年，我们这些在USC做研究者，幸运地享有自中心成立的最佳条件，可以对大批见多识广的信息提供者进行深入广泛的访谈。

中美关系的建立很快影响到中心的前景。到中国学中文的博士生（我记得有九位）最先获得机会，欧洲的同行则在几年前已经捷足先登。在USC的大部分学者来自美国，大多数人都渴望到中国做研究。1980年后，随着越来越多的学者被派往中国进行研究交流，较长时间呆在USC的学者越来越少。我读博士的那一年，亚皆老街155号这座陈旧的别墅里挤满了人，办公室不够，常常由几个学者共用一间。回想起来，那可能是旧的USC发挥传统作用的最后一个高峰年。

于公于私，我与USC关系至深。我在密歇根大学的同学（后成为终身伴侣）Jean Oi，聘请了一名来自云南、活泼且异常能干的研究助理，名叫Jean Xiong（粤语为Hung）熊景明。她十分有趣，我们很快成为好朋友。记得她为我们示范精彩的"忠字舞"，我们还经常光顾九龙城的麦当劳（景明不知何故对汉堡包上瘾，我还给她取了个诨名）。那年，熊景明给中心的每个人都留下了深刻印象，在第二年我们离开中心前往密歇根后，她被USC聘用。十年后，USC迁至中大，她成为中心的一位关键人物。

对我而言，在中心的一年意义非常，以至于1982年、1983年和1984年的夏天，我一再回到中心进行研究。为将论文成书发表，仍然有些疑惑需要弄清楚，为此得补充更多的访谈。重返中心，变化很明显，学者越来越少。许多同事都与中国的研究单位合作，成立交流项目，进行研究。1986年我在哥伦比亚大学教书期间，也利用学术假期到中国做研究。尽管在大陆的环境中遇到的障碍不同于香港，我在香港练就的采访技巧在此大有帮助。二十世纪八十年代初，USC显然不再是外国研究人员的主要基地，中心主任John Dolfin坦陈，支持中国研究的资金越来越倾向用于大陆出现的新机会，中心筹款变得困难，给未来蒙上阴影。

八十年代在中心的几个夏天，已经看到中心的方向发生了转变。John Dolfin把握中国开放的机会，试图将中心建成研究图书馆，开始收购大量追溯到二十世纪五十年代初的地方报纸和专业杂志的合订本。六十年代中期以来，这些资料在中国以外的地方无法获得。此时，亚皆老街155号的老楼里，从房间到走廊，到处在安装新书架，以存放这些新到的、令人激动的地方资料，开启了USC从移民采访转型成为中国研究图书馆重镇的时代。

当我在1979年秋天到达香港时，地铁仍未开通。弥敦道地面之下，贯穿整个九龙的一号线仍在建设中。记得沿着那条街走到天星小轮码头，仍然是最方便的过海方式。弥敦道则像个建筑工地，它的下面，穿越隧道的铁轨正待完工，这条线一直延伸到了荃湾。记得刚开始政府很难劝说人们乘坐地铁（心存对风水的担忧）。在地铁开通后的几个月里，乘坐该线是孤独的体验。

那年我通常从红磡的小公寓乘坐拥挤的5C巴士，穿过土瓜湾和马头围人头涌涌的街道到达亚皆老街。往后的夏季逗留期间，我们从一位每年夏天回欧洲度假的朋友那里，租住位于浅水湾海滩的公寓。开着他的本田车穿过香港仔隧道，然后经海底隧道直达亚皆老街，推开亚皆老街155号的绿色大铁门，将车停稳。现在难以想象，这趟行程只花了大约15分钟。如果避开高峰期，即使在通往隧道的路上也很少车辆。听起来似乎像一个古老的故事，让我想起年长的教授回忆他们六十年代中期在USC的日子，跨海隧道尚未完工。如果他们在周末待得太晚，错过天星小轮末班船，只能到码头去租一艘舢板，渡过海港回家。

1988年夏天，我打算最后一次到旧的USC进行研究。中心此时正忙着收拾东西，准备搬到中大的新址。记得那时香港正为《基本法》展开谈判，媒体在大肆报道，认为香港的自治将在"一国两制"下持续到2047年。

USC并入香港中文大学后，在关信基教授和熊景明领导下，图书馆规模迅速扩大。在我看来，中心的收藏领先于世界上任何地方的中国研究图书馆。北京和上海的图书馆肯定有更多的藏书，但它们远不如中心开放式书库那样方便易得。USC的馆藏日益增加，最终超过了美国两个最好的中文图书馆——加州大学伯克利分校和哈佛燕京图书馆的藏书。

1995年至1998年期间，我在香港科技大学任教，学校离位于沙田的中大校园仅15分钟车程。没多久，我便看到中心收藏了越来越多的地方志，并发现许多地方志披露了我十分感兴趣的、有关六十年代末政治事件的大量细节。地方志中也包含了很多统计数字，我意识到这些资料可以为定量研究打下扎实的基础。在我读博士的时代，论文委员会成员之一Charles Tilly，曾经是定量研究的先驱。二十世纪九十年代中期，我开始长达20年的资料收集，在研究助理的协助下，从USC馆藏地方志中复印了所有相关内容。这些年里，我曾为香港政府的几个教育委员会服务。从九十年代末到最近，利用每一次到香港的机会，我在USC图书馆花一周左右时间收集材料，完成我的研究。我查阅过2200多份地方志，其中绝大部分来自USC图书馆。这些资料为我2019年出版的一本书奠定了基础。

尽管1979年后，我和其他人有了不少在大陆进行合作，或者独立研究的机会，当回首往事，在整整40年里，大学服务中心仍然是我研究的主要基地。对过去数十年领导USC、将之发扬光大的人，我们心怀感激。

魏昂德 Andrew G. Walder，斯坦福大学社会学教授。著作包括：*Fractured Rebellion: The Beijing Red Guard Movement*，哈佛大学出版社，2009；*China Under Mao: A Revolution Derailed*，哈佛大学出版社，2014；*Agents of Disorder: Inside China's Cultural Revolution*，哈佛大学出版社，2019。（作者照，见32页上图左一）

（熊景明　译）

与USC一道成长

伊沙白 Isabelle Thireau

1982年，在法国语言文明大学（INALCO）攻读博士课程的第二年，我首次接触"大学服务中心"或称USC。此前，1978年夏天我在北京语言学院（即现在的北京语言大学）学习了两个月之后，在香港逗留过几天。那是我的首次中国行，对香港更是一无所知——当时法国近现代中国研究中心（EHESS/CNRS）的资深学者Lucien Bianco为我写了一封推荐信，将我介绍给中心主任John Dolfin。

不过，第一个向我推荐USC的人并非Lucien Bianco，也不是我的论文导师，著名的历史学家Marie-Claire Bergère；而是华林山。1974年他像许多人那样游泳离开中国，从广东海边经澳门来到香港。抵达法国之前，曾在香港住了六年。那时候，一些年轻的大陆移民愿意和USC的年轻外国学者见面，回答他们的问题，华林山是其中之一。他记不清七十年代中后期采访过他的所有人的名字了（经常提起的有Jonathan Unger、Anita Chan、Stanley Rosen、Deborah Davis及John P. Burns等）。他在巴黎和我谈起这些人的研究课题，不同的学科个性，尤其是他们进行采访的方式。华林山对我详细描述了这些学者如何启动采访、拟定问题，以及对受访者是否透露自己的分析，透露多少……他向我讲述被问及自己的经历时的感受：那些本想摆脱的不堪回首的往事，竟能通过科学加工，成为有助中国进步的原料！这激起了他对科学研究的兴趣和责任。他将访问他的学者视为自己的"师傅"，按他的说法是"他们携带着我成长"。他也是在USC认识L. Bianco而赴法留学的。我来到USC时，不过是一名刚毕业的年轻学生，但在这里开始进行采访时，能从一名曾经被访问者的具体感受和观察中得到启发。感谢USC并通过这位曾经的"线人"迂回的帮助，使我能从不同年龄和不同学科背景的前辈吸取学术养分。这一代根植于USC的前辈学者的博士论文及著作，对理解当代中国起到关键作用。

1982年在香港度过的那几个月里，我们在沙田山上的一间寺庙租了两间房子作为住宿地，我们的"家"则在"亚皆老街"，用我发音不正的广东话读，叫做"Yagalogai"。那里是USC的所在地。我们说"去Yagalogai"，或者"在Yagalogai见"，就足够明白了。"Yagalogai"之所以是我们的"家"，首先因为中心设在一栋旧别墅里，John Dolfin从别墅后排的房间拨给我们一间办公室。我们来去自如，晚上可以待到很晚。那是我们的"家"，还因为我们在此得到了每个人的关心和帮助，相比之下，替我们做午餐的厨师余先生的好客仅为其次。我们"家"的房间的四壁排满了中心的藏书。我不是很清楚各种书籍、出版物和文学作品的排架顺序，只感到自己处身这宽敞的阁楼，满是等待发掘的宝藏，甚至觉得我将是它们唯一的发掘者。

1982年也是我开始正式在广东省做"田野调查"的一年。在我的经历中，这是个奇妙的时刻：刚刚发现了USC这个藏宝之地，借助于它的丰富收藏和广泛人脉资源，使我能更生动地理解1949年后的各个历史事件，以及不同社会群体的生态样式……与此相伴而来的是，当时中国开放了香港边界，外国学者获得了直接面对中国社会的机会。从此，我开始往返于香港和广东之间。在广东，每日忙于跟踪村里那些慷慨同意让我分享其日常生活片段的男男女女，结识他们的邻居和朋友圈。经常会遭遇到匪夷所思的冲突事件和充满创意的狡猾尝试……要抓住生动多变的社会事实，仅仅依赖访谈手段已不够了，必须寻求及测试新的方法和手段（如观察、参与、代理人扎根等等）。另外，我遭遇到的社会巨变，是我当时的能力无法把握的。这些因机会太好而产生的问题，显然在有人商讨对话的情形中，获得改进的可能会增大。当时，我所依持的就是香港的USC社区所聚集的人才资源。我将田野工作所收集的信息、调查中所遇到的种种问题、如何对待及判断内地所见所闻等等，都带回香港，与当时在USC工作或做研究的人公开讨论。我从这些讨论中获益良多。这些人令USC成为一个开放又多元的社区。

1982年在亚皆老街，我还记得熊景明兴致勃勃地在天台上教我跳中国的民族舞，参与的还有陈佩华，她的动作比我优雅多了。记得我尽可能低调地宣布我和华林山的婚礼，陈佩华热心地作为证婚人主持了婚礼。几年前她采访过华林山，了解他在文化大革命期间的经历。

八十年代多次短暂到访香港之后，我有机会在1993年至1999年期间在香港中文大学社会学系长期停留——那么美好的停留——达六年之久。这样的机会让我每天都能在USC研究。此时，座落在校园里的USC地方宽敞，中心的团队永远能够回应各种咨询与不同的要求。中心在关信基和熊景明的引导下，开展各种活动。当时的USC被认为是研究华语世界的重要基地。此时巴黎汉学界有个说法："在USC两个星期的收获，胜过泡在这里半年所得"。这话其实不正确，因为许多中国出版物只能在USC看到。无论如何，知道这一点后，不论研究课题是什么，法国研究人员和学生被鼓励前往香港USC做研究。

在这一时期，中心的"午餐研讨会"和各种非正式的讨论，令我们接触到来自不同国家的各类学者——社会学家、历史学家、经济学家、人类学家……形形色色学科的代表——以及他们的著作，从而见识了处于不同流派和方法的研究人员的发言与辩论。

那时候，各种社会科学理论和范式，以相当难以预料的方式被翻译成中文。大家在此讨论人文和社会科学的主要作品，讨论了它们的多种译本，它们在理解华语世界的现实情况方面的优缺点。

大陆社会科学蓬勃发展，随之而来的是海外与内地大学的研究人员的合作迅速展开。USC为促进对科学知识的分享，对当时的改革，和对过去历史事件的认识提供了新场所。来到USC的学者成分独特，且不断变化。这个具有学术自由精神的场所，为每个意欲检验自己学术假设的人提供条件。研究者在此对数据进行比较，通过对不熟悉的地区或群体的观察，了解其规律或过程来检验数据，大大丰富了不同学科之间的辩论。通过这些日常的接触和互动，更加明确社会动力的复杂性、个人和集体经验的多样性、过去和现在情况之间互动的多元性。

毫无疑问，如此的讨论与交流令人谦卑。这样的交流方式，强调了社会科学和人文科学各自发挥的重要作用，只要所提供的结论是基于真实经验、真实情况和真实路径，就能找到对社会现实更准确，但不那么武断的学术感觉。这些都说明从数据收集过程到发表科学报告，是一种集体努力的结果。而保障讨论和允许自由交流又是"集体"得以构成的基本前提元素。

USC鼓励社会科学与各种表述社会现实形式的对话，这种开放、多元的科学模式，具有明确的首创先导性：文学作家、纪录片导演、回忆录或自传的作者被邀请来到中心，宣讲他们自己的作品。一大批非学术界出身的社会行动者，出现在USC的学术讲坛上，给学者们——以研究社会为己任的人——讲述自己与同类人活生生的有血有泪有激情的生活行动。之后的讨论，涉猎面总会宽阔过纯学术讨论。这种讨论证明了，在如何理解社会状况和社会经验上，是存有多元视角的。生活中行动者的理解是具有决定性作用的一元，不论我们是否赞同，他们都会按自己的理解去行动，因而建构出层出不穷的社会事实。他们的发言与讨论中的申辩，让我们清楚地认识到，行动者对生活世界的体验，自然派生出与之相符合的情感、情绪、及激情，这些存在会影响他们下一步的行动选择。而他们的生活体验，又会与他们对什么是真实或虚假、公平或不公平、合法或不合法的种种理性评价密不可分。感谢有这样的机会，使我能面对面地聆听他们的呐喊和斥责，能对自己的工作行当进行反思、作出修正。

离开香港后，我多次回到USC，尽管停留的时间短得多。每次我都对USC收藏的新出版物和专著的相关选择感到惊讶：在那些年里，大陆的出版物如雨后春笋，要确定什么值得社会科学家关注，变得越来越困难。USC所提供的具有专业判断力的筛选就弥足珍贵了。

每一次到USC，我都很享受以不同语言为母语的人进行的集体讨论，这些讨论，指示了关于语言及其与它所要描述现实的关系关联的问题。即使是非常普通的词汇，如"worker"、"farmer"或"village"，一经在不同语言之间进行翻译，就会呈现出理解上的差异。

总而言之，所有在某一时刻或另一时刻在USC呆过的人，无论年龄、学科和背景如何，几十年来，作为学者，这里一直是"我们一道成长的地方"（借用Alfred Schutz术语）。

伊沙白 Isabelle Thireau，法国社会科学高等研究院社会学教授，法国国家科学研究中心研究主任。著作及合著包括：

(With Thireau and Wang Hansheng), eds. Disputes au village chinois. Formes du juste et recompositions locales des espaces normatifs, Disputes in Chinese Villages. Forms of Justice and Local Configuration of Normative Spaces , Paris Editions de la Maison des Sciences de l'Homme, 2001;

(With Thireau and Hua Linshan), Les Ruses de la démocratie. Protester en Chine, The Ruses of Democracy. Protesting in China, Paris Seuil, 2010;

Thireau, Des lieux en commun, Une ethnographe des rassemblements publics en Chine ,Places in common, An Ethnography of Public Gatherings in China, Paris Editions de l'Ecole des Hautes Etudes en Sciences sociales, 2021。（作者照，见26页图第三排右一）

（熊景明 译）

USC的馆藏支撑了我的研究

穆嘉 Carsten A. Holz

八十年代中期，我第一次听说大学服务中心（USC），到中国去交流的海外学生对它赞不绝口。寒假期间我去香港旅行，特意去了香港中文大学（CUHK），想看看它到底是怎么回事。中心在中大图书馆的地下一层，门上一个不起眼的标志，我花了点时间才找到。而这里所见令我大吃一惊，我知道我将再来，专程而至。

再次来到是1994年，我那时在康奈尔大学写我的经济学博士论文。我的导师 Thomas P. Lyons 看着我一天到晚琢磨那些商业周期模型，但一无所获，于是让我去研究点实际的东西，写写论文有关中国的那一部分。他将我打发去香港，并给USC的助理主任熊景明 Jean Hung，写了一封推荐信。我在USC的一个小书房里安顿下来后，再也不想离开了。

那时，所有中国研究领域的人都会路经USC，有欧洲人、北美人、香港人和大陆人。资深学者坐在高高堆起的书籍后面，翻阅藏在中心的罕有资料，令我肃然起敬。在USC的几个月里，我遇到的中国学者比后来几年之中遇到的还要多，他们中不少与我是同一代人。有的后来成为老朋友，有的即便多年未曾交谈，一旦见面就有谈不完的话，但是有几位失去了联络。

周六下午变得轻松愉快，USC的人同向郊野行。熊景明召集她的队伍，中心主任关信基教授用他的七座位驾座，把我们拉到香港不同的郊野公园。如此漫步可是一件需要专心致志的事情，众人不停地聊呵聊，聊呵聊。熊景明不时打断大家的谈话，大呼小叫："看看这些花"，或者指着周围的美景让我们停下来，尽心欣赏，喘口气。人群于是自自然然地重新组合，或三两成群，或小团队，再继续前行。讨论中国研究的新动态，各种想法在交谈中形成，当然也交换关于中国学者的八卦。那些新加入USC的人在此上了一个速成班，在知识上迅速约会，除此而外，也有人在此结下良缘。

午餐可是大事件，说的不是食物。往往一周举办至少一次午餐研讨会。其他日子里，到了中午，熊景明会在中心兜一圈，邀约大家一道去大学餐厅用餐，今天想起员工食堂的麻辣豆腐，我还会流口水。她往往把新来的人交托给原来USC访客，说你们应该互相谈谈，刚认识的人通常就一道去午餐。午餐时间的谈话总是新鲜有趣，令人觉得时间不够。

住宿是一个大问题。中大的雅礼宾馆对博士生来说太贵了，而USC的访问学者在校内没有任何地方可住。熊景明因此充当了一个人的住宿代理，她总相信最终会找到适合的地方。记得我在研究生宿舍里当过"蛇"（非法住在一个暂时不在的中大研究生的房间里），在火车站旁边的一栋楼里和十几个大陆学生合住（和其中两个人合住一个房间），幸而我们所有人的工作时间不同，还在中大后面的村子里向一位老太太租了一个小房间。有一次，我在某个地方住满期限，早上提着行李箱来到USC，不知道当晚可以睡在哪里。当天下午，熊景明替我找到新的住处，给了我新的地址。隐约记得，我曾在USC研究室地板上睡了一晚。

对我们这一代在USC的中国学者来说，熊景明是它的核心：她对中心馆藏了如指掌，她知道与你研究相关的远近人物。对如何安排在香港中文大学的生活，她也是专家。她曾经帮助我度过经济难关（我急待的电汇延误，她私人借给我一笔款）。她如何能够令USC的馆藏保持稳定的增长，找到新资料，收集到那些让人惊诧的图书资料，始终是一个谜。你可以在这里东看看，西看看，窥见一斑；只有当你看到足够多的馆藏资料，才意识到通盘的运作，管理多渠道的图书供应链，处理复杂的人事关系，需要非凡的技巧。

我于1995年秋天加入香港科技大学后，会定期去USC，在大量中央和地方统计年鉴中查找统计数据。我尽量把时间安排在星期六的上午，然后参加下午的行山。我也会派研究助理去USC复印所需的数据。到USC去一趟，得穿越九龙新界，换乘四种之多的交通工具，越来越令人感觉吃力，也的确累人（用经济学家的话说，访问中心的机会成本随着教学和出版的压力而增加）。

但USC仍然是一个家。中心秘书郭少玉结婚时，我们都去参加她在半山举行的婚礼。我认识所有USC的工作人员，每次回到中心，见到那些看着我成长的人，总是很高兴。

国家统计局开始建立在线数据库后，我以前在USC收集的许多数据可以在互联网上轻易获得。那时候，应该是2000年中期左右，我去USC的次数越来越少。我仍然会收到午餐研讨会的邀请，但越来越多的演讲者来自大陆，他们研究农村问题（不是我的兴趣所在），用中文演讲（普通话还好，如果带有浓厚口音，例如四川话，我就不大听得懂了）。国际访问学者似乎在减少，就对USC的访问和利用而言，我的研究生时代与今天的研究生已经是今非昔比。

中心举办一年一度的研究生研讨班，还举办USC成立四十周年的庆典。2009年，关信基和熊景明编辑了一本（中文）专著《中外名学者论21世纪初的中国》，我贡献了一个章节。到了二零一零年代初，我常年在海外工作，对USC的访问减少到每年一次，这时我和其他许多海外学者一样，会在USC花上数日，狂印以后可资利用的材料。就我对中国研究的了解，世界上任何地方的图书馆都无法与USC相提并论，根本无从比较。

中国研究领域正在发生变化。随着中国的开放，有可能直接从大陆获取研究资料，乃至进行调查，收集数据，也可以在大陆地方图书馆做档案研究，或者获取官方数据。海外中国图书馆的重要性逐渐减弱（至少在我的学科，经济学）。研究方法也从历史描述性研究发展到数学模型、计量经济学和调查。国家统计局在网上公布了许多数据，并在清华大学开办了一个数据中心，为学者提供具体需求服务，包括中国数据在内的商业数据库应运而生，例如CDMNext的中国高级数据库，以及Wind数据库。

看来，USC无法与这些资金雄厚的国家和商业组织竞争。虽然USC开始收集数据库，但它既没有权力，也没有资金（或劳动力），无法超越大陆和西方商业世界越来越多的产品。尽管如此，在线数据库不会解释官方数据的修订并作出更新，数据库系列一下出现，一下消失，要长期跟踪评估几乎不可能（档案资料则可以让人追踪正在发生的事情）；尽管如此，在中国进行的调查，通常得与大陆学者合作，最终需要听从党对此类调查的限制；这意味着，虽然直到几年前在中国大陆进行研究已经容易得多，对USC的需求也可能减少；但我们使用的数据和提出的问题却越来越受到中共的影响。要想仔细检查数据、质疑研究本身的话，可供操作的范围缩小。

我最后一次密集使用USC在2016年和2017年，当时我需要利用县级年鉴及分类市级年鉴来获得县级数据。USC仍然是世界上唯一的地方，让我可以去书架上找到需要的东西（因为USC馆藏的分类系统在同一个书架上，还可以找到更多另外感兴趣的材料）。

2017年后，我顾不上USC的事了，一方面是个人原因，不再感到安稳，主要因为香港的事，当地下起火时，很难坐在象牙塔的上层，专注于中国经济学的一个狭窄的研究课题。我不明白中大图书馆并吞中心对中国研究意味着什么。访问将被限制到什么程度？目前，作为香港永久居民和另一所香港大学的教授，我已经不能自由进入中大校园访问USC。某些以前可以公开获取的资料，有多少都会消失在地窖里？即使使用的机会不变，全世界的中国学者在多大程度上会觉得他们还有一个可以聚集的地方？它现在只是一堆书（及各种材料），而不再是一个中国研究的中心、一个超越图书馆的学术机构。

注：Carsten的父母从德国来香港看望他时，他邀请中心所有的员工去家里做客。我们就像是他在香港的亲友。

穆嘉 Carsten A. Holz，香港科技大学经济学教授。著作包括：*Hong Kong's Contested Academy Freedom*，The Diplomat, 27 January 2022；*Understanding PRC Investment Statistics*，China Economic Review 61, June 2020, 19pp；*Industrial Policies and the Changing Patterns of Investment in the PRC Economy*，The China Journal 81, January 2019, 23-57。（作者照，见19页上图后排右一）

（熊景明　译）

往事拾零——在中国研究服务中心的日子

郑在浩 Jae Ho Chung

　　这篇文章，表达了三十多年来我和香港中文大学大学服务中心之间的关系。虽然编辑建议我写一篇关于USC对韩国当代中国政治研究的影响的文章，我依然决定讲述自己和USC的交往，因为这才是我心之所系。USC不仅是我一生中最关键的研究机构，它对我的个人生活同样重要。在我年届61岁耳顺之际，借此宝贵机会，回顾人生路上的点点滴滴。

香港与武侠

　　我出生在韩国第二大城市釜山。这个在地理上靠近日本并有美国军事基地的港口城市，是一个充满文化活力的地方。学习跆拳道是我上小学时的必修课，我还在家里附近的健身房训练合气道（八光流）。前者源自韩国的武术，主要是出拳和高踢，而后者源自日本的武术，主要是击节和低踢。尽管是无意，可以说我在10岁的时候就已经接触到比较文化的视角。

　　三年后命运让我与香港邂逅。1973年春天，我第一次在釜山的电影院看了一部李小龙的电影《精武门》，这是他的第二部电影，可真是击中了我的大脑。他的动作是如此迅速而平稳，如此有力而流畅；他的态度和武器如此独特，和跆拳道与合气道不一样，简直亦幻亦真。

　　那一年，我和我的姐姐、弟弟一起搬到首尔上学，但我对学业外的东西更感兴趣。我在家附近的一家功夫学院（他们称之为少林派）学习，沉浸在阅读卧龙生翻译的中国武侠小说中；购买香港电影杂志，如《银色世界》。只是为了获得李小龙和其他动作明星的罕见照片（那时我还不能阅读中文）。我的房间里贴满了李小龙及他的打斗场面的大张海报。当时，李小龙和《银色世界》是我通往香港的唯一通道。几年后，陈秋霞和嘉禾电影也加入了此列，而我却不知道今后将更接近这座城市。

大学、中国研究和USC

像许多大学生一样，我必须做出至关重要的决定：我的余生该做什么。大三（1981年）的一天，我突然想到，我想做与中国有关的事。回想起来，这个决定，一定是我十年来对李小龙和中国功夫入迷、对中国武术以及和中国相关事物的兴趣、日积月累产生的结果。1981年夏天我首次短暂访问了台北和香港，尽管当时我对作为一个政治实体的"中国"没什么概念，依然明确从事中国研究的决定。何况对于一个二十多岁的年轻人来说，只要知道"一旦邦交正常化，韩中关系会如何"的简单问题就足够了。不久之后，我进入一所中文补习班学汉语。两年后我已经坐上去波士顿的飞机，准备花两年时间在布朗大学攻读中国历史硕士学位（当时韩国人仍被禁止前往大陆）。

1986年，我开始在密歇根大学安娜堡分校攻读博士学位，归功于它的两位巨头——奥森柏和李侃如，这里的中国政治课程在当时被评为第一。从那时起，中国不再是兴趣和爱好，而成为批判性思维和专业写作的主题。1991年完成课程和论文提案，随之去实地考察，进行论文研究。当时博士生通常先在香港做文献研究，然后到大陆做访谈和实地考察。由于中国大陆对韩国人来说仍然是禁区，我只能到大陆做访谈，虽然我在1992年初有一个难得的机会访问大陆三个月。到香港做研究的话，除去收藏了许多宝贵的报纸、年鉴和档案的宝地USC，你还能去哪里呢？

我第一次接触USC其实在1986年，当时它还在亚皆老街的旧址。

不过那时我更像是一个游客，而不是认真的研究者。我在1991年对USC访问则完全不同，首先我将在那里待上八个多月。USC位于香港中文大学图书馆的地下一层，中心为我提供了一张专用书桌，在这里我伏案阅读1977-1984年期间的《人民日报》和三份省级报纸以及许多年鉴。几个月里，翻越旧报纸扬起的粉尘，大概令我流下了一生中最多的眼泪。然而，随着研究的进展，渐渐为解答学术上各式各样的诘难找到有趣通道，令我在USC的每一天都充满乐趣。

此时，我和Hye Kyung（惠京）已经结婚三年，我在香港不是独自一人。惠京喜欢香港胜于安娜堡，我也乐意在USC下班后尽可能多与她相处。在这里，妻子怀上我们的女儿Jean（裕真）。谁能想到，二十多年后，Jean会成为中大的交换生呢？

多亏中心主任关信基教授的关怀和助理主任熊景明的细心照料，在USC的八个月里，我从未感到无聊沉闷。在那里访问的学生和学者彼此之间交流密切，从不感到孤独。我还记得景明组织了几次有趣的野餐，带大家去到新界和离岛的山林中。惠京和我由衷地喜欢上粤菜，也不顾那是校园里比较贵的餐厅。也许由于怀孕的缘故，惠京非常喜欢清蒸淡水鱼和麻婆豆腐，还有各种点心。偶尔家人或韩国朋友来探望我们时，会破费去西贡吃海鲜或去大围吃烤乳鸽。

我要特别提及在香港遇到的两个人，我们一家至今与他们关系密切。不用说，一个是熊景明，她对我和惠京及女儿Jean关照有加，相信她也知道我对她的诚心感激。另一位是林道超，他曾在香港理工大学教书，现住在悉尼。1991年我在USC认识他时，他正在澳大利亚国立大学做博士论文研究。这位中国地方政府专家成了我真正的朋友，多年来，我从他身上学到不少。

从USC到香港科技大学

1993年在密歇根大学完成博士课程后，我很幸运地在香港科技大学（HKUST）获得助理教授的职位。1997年之前，香港的高等教育学府为海外的教学人员提供了各种特别待遇，其中一项是住房补贴，我可以选择住在校内（可欣赏清水湾的迷人海景）或在校外寻找公寓。科大离市中心很远，住在校内似乎既方便又省时，然而我还是选择住在校外。

做出这样一个看似"不明智"的决定有两个原因。我接受香港科技大学的工作时，计划利用在香港生活的三到四年时间来修改、完善我的博士论文，并在学术期刊上发表几篇像样的文章。这些学术成就有利于在美国大学中寻找一个好的职位。为实现这个目标，多去并善用USC乃先决条件。清水湾离USC太远了，因此我在沙田租了一套公寓，坐火车离USC只有两站路。当然，这样做的代价是从家里到科大舟车劳顿，需要乘坐火车、地铁，再转乘从彩虹到科大的小巴。不过对于我这个香港的新居民来说，路途依然愉快，何况我还很年轻，忍耐一下无妨。

尽管有海景迷人，住在校园里会有种种不便，会日久生怨，这也是我不打算在香港买车的缘故。对惠京和Jean来说，繁华的市中心更有趣，交通也方便（比如去医院、幼儿园、餐馆）。我们还在大围发现了一座小小的韩国教堂。总之，沙田为我们的家庭生活提供了一个完美的巢穴，也是我学术研究的大本营。

在香港科技大学任职期间，我规定自己每周至少去USC两次，待找到足够的文献及资料去修改我的论文后，改为每周去一次。我花在写作和修改文章的时间比研究的时间还多，惠京经常开玩笑地抱怨说："你现在似乎比读博士的时候更辛苦了"。这也是她的信号，表明是时候去市中心吃一顿美味的广东菜了。经常去USC，对我在《中国季刊》、《太平洋事务》、《中国信息》等杂志上发表文章大有帮助。

当然，李小龙并没有从我的脑海中消失。在香港逗留的三年中，我几次去他以前在九龙塘的住所——栖鹤小筑。我还去了李小龙在那里因服用过量的止痛药而突然离世的浸会大学医院，那时他年仅33岁。我与这座城市和李小龙的关系仍未中断。

回家与USC

1995年春天，我得到了国立首尔大学国际关系学系的职位，诸多因素令我面临两难决策。首先，从学术角度来看，我不清楚此时回韩国是否比留在香港或在美国找一个职位更合适。此外，回国意味着大量的社会、私人关系将重新闯入我的生活，使我难以专注研究和教学；另外也担忧我的家人是否能适应新的环境。纠结数周之后，我决定回去。毕竟，国立首尔大学是我的母校，而且一旦职位被填补，就不会再有机会了（在那个年代，每个系只有一名中国专家）。

1996年春季学期，我开始在国立首尔大学执教，距离我从那里毕业已经十三年了。不出所料，回国后需要与众多旧知及新交联络（主要是在晚间吃吃喝喝），韩国始终是个社交网络紧密的国家。我尽很大的努力继续将一定时间完全用于研究和备课（在头两年，我必须将我的英文讲义转换为韩文，这得花相当多的时间，牺牲了许多周末）。在韩国，我规定自己每年至少访问香港一次，让自己充分了解USC的宝贵收藏。从那时起的二十多年来，可以自豪地说，我非常忠实地履行了这个承诺。

在中断十三年后，完全适应韩国的生活一点不容易。通过吃饭和喝酒重新建立关系有时颇为困难，占用了很多宝贵的研究时间。最令人难以忍受的是，由于我从香港到首尔的"过渡"，博士论文成书出版的时间拖延了很久。总算五年来的辛勤工作，包括在香港期间在USC完成的大部分基础研究，以及1996年以来从首尔再多次去中心访问所得，我的第一本学术专著《中国的中央控制与地方酌情权》（Central Control and Local Discretion in China）于2000年由牛津大学出版社出版。我能够引以为荣的是，这本书仍然经常被引用。以下是该书序言中对USC的感谢：

我特别感谢USC的关信基和熊景明，他们令我在中心的研究舒心而卓有成效。

至少从我自己的角度来看，在二零零零年代，USC不可取代的价值，在于置于九楼那个安静的期刊阅览室的馆藏。那里不仅有最新的中文期刊（其中许多是在韩国买不到的），在那间屋子里，似乎让我觉得自己好像在和中国的许多专家讨论当时中国的关键问题。一旦进入那个小房间，我常常会忘记时间流逝，需要被工作人员提醒，该吃午饭了，或者该关门了。档案数字化和网络无疑有助于缩短学术研究的距离，但它们永远无法取代那个小房间的"气氛"。

在整个二零一零年代，我一直保持每年至少访问香港一次的承诺，这不仅是由于USC不可比拟的价值，也因为我经常参加中心主办的博士生年会以及其国际咨询委员会会议。去香港还有一个重要原因，直到最近，在首尔还没有找到好的广东餐馆（现在首尔拥有两家米其林一星的"添好运"分店）。我通常由惠京和Jean陪同（在她进入大学后），一道前往。我们在午餐时享用叉烧饭和点心，晚餐时吃火锅（我们最喜欢的地方是位于尖沙咀东的德兴）。林道超和他的妻子（Pamela）经常会带我们到尖东或沙田的利苑去吃美味的粤菜晚餐。尽管随着我的头发变白，我对李小龙的长期关注逐渐消失，但广式饭菜总是让人无法抗拒。

《离心帝国》和USC

到了二零零零年代末，我的研究重点70%以上转移到中国外交政策和中美关系问题上，中央与地方关系仍然是我毕生关注的问题。2007年，出版了第二本专著《盟友和伙伴之间：美国和中国之间的韩国》之后，我打算将大部分时间和精力投入到"中国的中央与地方关系"。为此，在2008年以后的八年当中，我不得不经常去USC九楼的那个小房间。《离心帝国：中国的中央地方关系》于2016年由哥伦比亚大学出版社出版，很快又出版了便装版。2017年，该书获得了杰出学术著作奖。以下是我在该书的序言中对USC的感谢：

我还必须感谢USC多年来对我的宝贵支持（包括利希慎奖学金）。没有在那里进行的档案研究，本书不可能呈现。

然而，从USC获益甚多的远不仅只我个人，许多韩国学者也从USC的馆藏中受益，包括我以前的学生，目前在韩国外国语大学的郑有善（Yousun Chung），在庆熙大学的余有卿（Yukyung Yeo），在宾夕法尼亚大学的金志垠（Jien Kim），以及其他许多人。他们都曾与我分享在USC得益匪浅的经历。我相信，这确实是USC"桃李无言下自成蹊"的力量所在。

由于COVID-19爆发，我已经有两年多未能到访USC。在这短短的时间里，USC发生了相当大的变化。无论结果好坏，作为一个在学术和个人生活方面都因USC而丰富的人，我感谢该机构三十多年来给予我的特别支持，我真心希望它在未来的岁月里能继续为许多坚定和有抱负的学者提供同样的帮助。我再次感谢熊景明、关信基、高琦和USC的其他工作人员，感谢他们在过去三十年里给我留下的美好回忆。USC万岁。

郑在浩 Jae Ho Chung，（韩国）国立首尔大学政治外交学部教授，于2022年6月就任韩国驻华大使。著作包括：*Central Control and Local Discretion in China*，牛津大学出版社，2000；*Between Ally and Partner: Korea‑China Relations and the United States*，哥伦比亚大学出版，2007；*Centrifugal Empire: Central–Local Relations in China*，哥伦比亚大学出版社，2016。（作者照，见16页上图后排右一）

（熊景明　译）

一次幸运的转折：我的USC故事

赖恩士 Thomas P. Lyons

我曾经历数次幸运转折，它们成就了我的中国研究生涯。与USC结缘是其中一次。

1992年我应邀到USC做访问学者，这是我初次访问中心。当时我发表了一篇关于中国不平等现象的论文，主要基于国家统计局发布的产出和消费统计数据。我不知道中大经济系的崔启源用同样的数据，就同一主题完成了一篇论文。两篇论文均在1991年，在不同的杂志上发表。想来因为我们得知彼此研究后，崔启源推荐我去USC访问。在此之前，我已经知道USC迁往中大。但我完全没料到，自己将碰到一座母矿。

我以为这将是一次优哉游哉的访问，我会花时间在USC工作，同时有空和香港朋友一道探索这个城市。事实上，访问一点也不悠闲。无疑，我的经历与许多第一次来到USC的人类似。在中心逛了一圈，便知道我的逗留时间太短。我从早到晚在中心看书，影印资料。阅读和复印之余，把复印件搬到邮局。宾馆房间里那一堆堆复印资料旁，堆起我买来的书。记得USC给了我一份值得一去的书店名单。我在USC也遇到了一些人，在中大和港大遇到崔启源和其他经济学家，但我记忆中的USC总是和影印有关。

1992年访问USC时，我对国家和省的数据基本失去兴趣。我专注于一个省（福建）的县和市，使用省级资料中的县级数据。我在USC提交的论文使用从省级年鉴、期刊和报纸上收集的数据，用以研究福建的贫困状况（注：论文作为USC研讨会序列发表，USC Seminar

Series: China's War on Poverty: A Case Study of Fujian Province，1985–1990）。我那时刚开始利用经济调查、地方史和其他与个别县有关的书籍。访问USC之前，我从来没有在其他地方看到过这样的好材料。USC为我节省了大量时间去四下搜罗。

第一次访问仅仅是开始，从1992年到2014年，我至少访问了USC九次。几乎每次前往厦门或福建的其他地方之前，我都在USC停留。在前往厦门之前，我在USC查看自我上次访问以来中心增加的关于福建的资料，这样就不必在厦门浪费时间，去寻觅在香港可轻易得到的材料。有一两次，我离开USC后去福建，然后回到USC；我离开时，熊景明让我把一堆书和复印件放在她办公室的角落里。从二十世纪九十年代末开始，我的妻子春美和我一起去香港和福建（主要为了工作）以及中国的其他地方（主要为了玩）。看来，我们在USC的日常工作是效率的典范。两人合作紧凑，一人阅读并标出要复印的材料，另一个人负责复印。我们有时间午饭、郊游。总的来说，很享受在香港的逗留。

从我的第一次访问，直到我的整个职业生涯中，我所用的大部分数据都来自USC。一次出访的资料可能够我用上几年。我在网上、在康奈尔大学或从其他图书馆获得的资料只作为补充。通过福建和香港的朋友寄来的数据表格、书籍和复印件，以及从中国一个专门经营地方材料的供应商那里订购的书籍，我不担心收集新资料，可以专注于手头的数据。最大的问题不是如何获得而是如何利用。到我退休，从USC复印得来的资料，还有些从未使用过。

USC是成就我职业生涯的第三次好运。让我提一下之前的两个，它们都与我如何到了USC，以及USC对我的意义很有关系。我第一次时来运转，是国家统计局发表成套的省级统计数据。虽然我在开始读研究生时能读懂中文，但我并不打算研究中国。后来，当我去思考论文该怎么写时，我想到用研究美国经济发展的方式来研究中国——从差别颇大的区域经济着手，地区各有特长，但每个区域都通过贸易、移民、投资等与其他区域联系在一起。那是在1981年，要是当时我对中国和中国的数据有更多的了解，我可能会写一篇美国经济史的论文。做中国项目所需要的数据当时还没有，或者说，即便我花多少时间精力也无法获得。记得我花了好几个星期，才把一个按工厂和省份划分的机动车产量表格拼凑起来。资料来源清单比表格本身还长。此后不久，一套完整的省级机动车数据出现在1982年出版的第一本《中国统计年鉴》中。既然花了这一番功夫，我在论文中保留了自己的表格，以及来自统计局的更完整和现成的表格。总之，我很幸运，恰好在适当的时候做适当的工作，在可能使用省级数据表格时，无需一块块地搬砖搬瓦去建构数据。

1988年，我参加厦门大学和康奈尔交流计划，访问了厦门，此时第二次好运来到。在厦大，我有机会接触到比我所见过的任何材料都要有趣得多的资料。这些好东西大部分是内部发行，保存在上锁的书柜里：省级统计汇编、经济调查、工作文件。我可以读任何想读的资料，可以做笔记，但不能复印。我可以肯定，当时在厦大的一位非常有影响力的经济学家，特意安排这种方式吊起我的胃口。他后来把我介绍给了一群对"西方经济学"感兴趣的年轻学者，开启了我们之间长期和（至少对我来说）富有成效的友谊。多年来，我数次访问厦门和福建其他地方，接待从厦大访问康奈尔的学者，并获得了大量我大概永远不会看到的福建数据。当春美开始和我一起旅行时，福建之行变得更加有趣，更有成效，能够获得更多的当地材料。我们踏足未知之地，两次访问她在安溪的祖村和该县其他地方，令人难忘。两次都从厦门出发，得到我在1988年认识的几位经济学家的帮助，特别是第一次"突围"。

再说回USC。访问中心前，我的研究方向已经转向中国经济和中国近期发展的空间视角，也试探性地转向福建省。碰到母矿后，研究议程完全专注于福建省，越来越多的应用省以下行政区的资料。出于需要，我学会使用地理信息系统（GIS）展示县级以及乡镇级数据的空间格局。使用我正在收集的一套县级数据，所制作的数字地图，以及我尝试将数据放在地图上的早期作品，我在USC做了该研究项目的第一次演讲（1996年）："从空间视角探索福建的经济发展"。

USC对我20多年来的研究方向产生的巨大影响。我对中心的记忆不仅包括春美和我在USC的工作，还包括午餐和远足、关信基和Ruth。最重要的人是熊景明，她以各种方式令我们的访问更加愉快和富有成效。对我和所有访问USC的人来说，如果没有机会来到这样一个独特的机构，我们的当代中国的研究将更加艰难。

赖恩士 Thomas P. Lyons，康奈尔大学经济学教授。著作包括：*Economic Integration and Planning in Maoist China*，哥伦比亚大学出版社，1987；*China Maritime Customs and China's Trade Statistics, 1859–1948*, Willow Creek，2003；*Fujian before Reform 4 volumes*, Willow Creek，2011–2019。

（熊景明　译）

学术丝绸之路上的驿站

陈剑光

驿站：路边小旅店，旅行者、商队可在此休息，恢复一天的舟车劳顿。驿站支持了覆盖亚洲、北非和东南欧的贸易网络中的商业、信息和人员流动，其中最引人注目的是丝绸之路。（来自维基百科）

1983年，我在友联研究所为本人在中国研究中一个微不足道又费解的领域——中华人民共和国与梵蒂冈的关系，查找资料。在翻遍了他们的剪报后，友联的工作人员非常友好地将我这位来自加拿大的年轻博士生，介绍给亚皆老街155号——大学服务中心（USC）的Dolfin先生。那里距离友联研究所只几步之遥，我可以任意使用他们的丰富收藏继续研究。我这个初涉中国研究的新丁，好像寻找到了一个宝库。那是没有电脑的年代，我在托运行李允许的范围内复制了尽可能寄运的研究资料。USC给我的印象就像一个旅途中的枢纽站，我可以在这里休息，待装上新的材料，与学术界的同行分享，多少打听得一些研究范围内的新信息，并获得资深学者们慷慨提供的建议和指导。在USC，我对研究工作做了一番梳理、反思和重组之后，再向学术之旅的下一个目的地进发。

十年后，我在中大崇基书院担任校牧时，由于个人对基督教在当代中国的兴趣，重新与USC建立了联系。因为全职工作在身，个人兴趣的学术研究只能在工余时间进行。在一个星期六上午我去到USC，幸运地遇到中心主任关信基教授，并得到他的热烈欢迎与鼓励。1995年我结束了在崇基的校牧工作，除在中大医学院兼任教学外，虽然怀抱研究中国的热情，却没有附属于任何有关学术机构，但获关信基教授邀请我这位年轻的独立学者加入USC，成为一名荣誉研究员，有条件地可继续保持研究中国的初心。这种关系不可思议地持续了超过四分之一世纪！我从此与USC优秀的团队结下友谊，特别是和熊景明、萧今、高琦，和许多中心同事成了多年好友。

随后，我去了内地很多偏远的地方推行项目及田野考察，与不同的单位合作，过去数十年足迹遍布中国二十多个省中的数百个县，曾接触二十多个不同的少数民族群体。每次启程去考察之前，我都会使用USC的地方志来做准备。这里也许收藏了中国大陆以外最全面的地方志。我看中这套地方志的价值，于是与圣神修院神哲学院图书馆林雪碧博士及一个学生团队合作，将约近3000卷地方志中的基督宗教那部分数字化，并在网上免费提供给学者使用。同时为内地不方便使用互联网的学者提供CD版。这个试点项目旨在扩大USC所收藏地方志的使用范围，让那些无法来到中心的人，特别那些为数不多又分散于各地研究中国基督宗教的学者使用。USC的慷慨支持使这一项目得以顺利完成，让无法亲来中心使用这一套宝贵收藏的研究人员，尤其内地学者，获益良多。

虽然我与USC有正式的联系，也许是USC有史以来任期最久的荣誉研究员，但因正职工作繁忙，不能如愿常到中心。每次回到香港，我都会去USC做研究和写作，参加研讨会，获得学术思维的刺激，与学者会面并相互切磋，并与中心工作人员重聚。随着我的工作范围扩展，进入现在被称为"一带一路"倡议的地区，我认识了一些来自土耳其、埃及和伊朗等前丝绸之路地区的中国研究学者，也曾协助他们来访USC，使他们在这个学术交流平台上与其他中国研究领域的学者接触、磋商。

回想起来，USC对我来说就像一个驿站，在这条往往十分孤独的学术道路上，一个疲惫的旅行者可在此暂停休息，补充能量，为下一段通常是未知的旅程重整旗鼓。偶尔也会有学术盛宴和聚会（那些午餐研讨会和周末郊游）令人有愉快的惊喜，以及与其他旅行者的偶遇。在过去的几十年里，这个驿站成为我的学术绿洲，不仅使我在无正式全职学术岗位下，完成了关于中国基督宗教领域的数本专著、一个数字数据库，以及几十篇学术论文/章节，最重要的是与许多志同道合的旅行者会面，在寻求了解中国的道路上相互支持。如果没有USC，这一切绝无可能。

我在2016年已在原单位退休，但继续获USC聘为荣誉研究员，使我可为我过去数十年的中国研究作反思及总结的写作。聘任期原定止于2021年6月底。但去年1月底，我突然接获中大函件，被通知我与USC的关系已正式被追溯终止于2021年1月1日。在我与USC超过四分之一世纪的荣誉研究员身份，以及近四十年的往来，被提早划上一个句号。虽这安排令我深感难过与伤感，但天下没有不散的宴席，我在这个驿站的美好经历、愉快的回忆，及珍贵的友谊，将永存于心。

陈剑光，牧师，香港太平绅士，USC荣誉研究员（1995-2021）。著作及合著包括：(With E. R. Carlson) *Religious Freedom in China: Policy, Administration, and Regulation*, Institute F for the Study of American Religion, 2005；(With A. Hunter) *Protestantism in Contemporary China*，剑桥大学出版社，1993；*Understanding World Christianity: China*, Fortress Press，2019。（作者照,见43页下图右一）

（熊景明 译）

中国研究服务中心感受记

陈意新

初识中心

我第一次访问中心是在1997年5月下旬的一天，花了一个小时在田家炳楼的八楼和九楼转了转。当时美国大学已放暑假，我取道香港回内地有两个目的，一是从未去过香港，想看一眼回归前夕的香港是个什么样子；二是去拜访在中文大学中国文化研究所从事思想史研究和主办《二十一世纪》杂志的金观涛和刘青峰两位先生。八十年代中期，我在美国读博士期间与在宾夕法尼亚大学任鲁斯访问学者的金、刘夫妇有过联系。承他们相邀，我抵港的当天下午，就在中国文化研究所做了关于民国时期农业经济史研究的报告，听众中有中心的助理主任熊景明。当时我既不知有中国研究服务中心，也未听说过她。做完报告后刘青峰将我介绍给熊景明，约好第二天去中心看看。虽然访问很短暂，但第一眼看到中心还是惊艳于它的资料：各种的年鉴、统计、志书、报刊。当时我的研究兴趣是民国时期的农业经济史，而中心的资料全在于共和国时期。离开中心时自忖，以后如果研究兴趣转向共和国时期，中心是一个必须要进行地毯式搜索之地。

我第二次访问中心是2000年5月下旬。此时我刚开始做大跃进饥荒的研究，在暑假开始后特意取道香港回内地，以便在中心走马看花，大致了解它的收藏，做到日后再去时心里有底。虽然我的研究兴趣在乡村一级的大饥荒史，要靠去农村做访谈，但县级和省级领导层对大跃进政策的执行和对饥荒的应对、以及县级和省级的相关人口和粮食资料等，对理解乡村一级饥荒不可或缺，而这些资料的收藏正是USC

的长处。我这次在中心待了五天，感觉时间太短了，只了解了中心有哪些资料可以利用，藏在八楼和九楼何处，还有就是与熊景明及中心的几位工作人员混了个脸儿熟。

之后，从2002至2019年我去了中心六次，有三次是趁在香港开会或路过香港，在中心待上一星期，两次是申请到中心的利希慎学人访问基金，在此分别沉浸了六个和七个星期。中心提供的资助可以让学者在大学的雅礼宾馆免费住上一个月，不仅是财务上的补助，更重要是方便。雅礼宾馆在校园内，距中心步行约十分多钟。我还有一次用自己的研究经费有在雅礼宾馆待了五个星期。前前后后，我大概总共访问过中心约一百五十天。

特别的资料馆

于我而言，中心是一个收藏特别丰富的，关于中华人民共和国史的资料馆。它座落在中文大学图书馆的顶层，是一个独立的机构，有与大学图书馆不同的入口；成片的大排轨道书架上置满图书。这里没有什么文学作品、哲学著作，也很少学术期刊；也不是档案馆，没有各种原始报告；它只收藏与共和国时期有关的各种资料。从六十年代的成立起，中心仅搜集当代资料，随着时间推移，这些当代性的资料逐渐变成了史料。我在美国去过十几个主要的东亚图书馆，进入各个书库自由自在地查找书籍，也因人缘的巧合在国会图书馆亚洲部书库里泡了十几天。以我的经验，没有任何一个东亚图书馆在共和国时期的信息资料方面，有中心这般完整、集中。有些东亚图书馆在某些方面的收藏总量超过了中心，这些馆藏主要来自于改革后中国的出版物，而在改革前中国的资料收藏方面仍难以与中心相比。中国国内一些主要研究机构的资料室，在收藏上与中心相比有自己的长处，但它们比较缺乏海外的中文资料，通常也不对外部的研究者开放。

我把中心视为一个"特别"的资料馆是基于它馆藏的特点。依我的看法，中心的收藏立足于两大类资料：一是从中央到地方历年的各种年鉴和统计；二是全国各省的志书，包括省一级的与人文、经济、司法、社会等相关的各种省志，以及近两千多卷2000年前出版的全国的第一轮县志，即编辑年代为1949-2000年的县志。这两大类完整的资料，不仅奠定了中心作为共和国信息资料中心的地位，还形成了中心资料的特点：可数据化。这一特点为到访学者几乎先天性地定下了一个方法论的基调，即通过贯穿县、省、国家或中央的数据，从中国内在的历史轨迹来解读共和国时期的政策、事件、和经济与社会的变迁。在中心，研究共和国的对外关系大体是不行的，不仅这个领域的资料收藏的少，而且对外关系的研究也不仰仗数据。借用美国历史学家柯文"以中国为中心"的学术名言来引申，中心的资料就是让学者"以中国为中心"对中华人民共和国进行研究，并且指向地方化和专门化的研究。当然，中心还收藏了具有特色的大量其他资料，比如从中央到省、市、县的中共组织史资料。这套资料排满了数个书架。我曾对利用这套组织史资料研究改革时代中共官员任命制度的政治学家李磊教授（Pierre Landry）开玩笑说，世界上使用这套资料的学者不会超过三人，中心简直是他的福地。在我眼里，这套资料所记录的都是干巴巴的官员人名及其在各地的任职时间，阅读起来味同嚼蜡，但李磊教授则饶有兴趣地追溯着人名看来看去，用统计学方法做了一大篇文章，把中共市级官员的任职平均年限和升迁因素说出了个道道。

中心的特别还在于它搜集资料的"野路子"，得以收集一些按图书馆正常购书途径买不到的、非同寻常的资料。据熊景明说，中心曾于九十年代在内地委托了一批资料代购者，他们协助中心买到了大量的国家单位处理的旧杂志、报纸和文献。例如，被一些学者称为中心"镇馆之宝"的一套1949-1964年《内部参考》，就是来自于一位代购者。中心还有些比较珍贵的资料是与国内的体制内单位交换而来，或由体制内学者赠送。我在中心曾阅览过一套多卷本的国防大学党史教研室主编、内部使用的《中共党史教学参考资料》。这套资料其中一卷的封面上有国防大学研究文革史的名家王年一1999年6月22日签名："熊景明女士暨香港中文大学服务中心惠存"。显然，体制内的一些顶尖学者把中心视为一个资料可以自由收藏和交流的重镇。

我在查阅过去只有地市级以上干部才有资格阅读的《内部参考》时感到，中心真是一个破除共和国时代信息神秘感与优越感的地方。就大跃进饥荒而言，这套内参的价值很小，从1958至1962年它只刊载了新华社记者写的两三份简短的盲流报道，四、五份个别县区或公社缺粮状况的调查，信息不成系统，数据亦不充分，不能作为基础性的史料来运用，而它对于饿死人的状况几乎完全没有调查报告。在我时过境迁地享有了地市级干部特权而阅读了大跃进年代的所有的报道后才明白，即便是给内参写报道的记者也几乎不敢实话实说。还有一点，内参上的文章没什么值得保密。有些文章从政治宣传的角度来考量会是负面的新闻，但真正读起来，更多地是把人们引入对社会问题的思考，而不是引向政权的对立面。中国的公民有着求知的渴望和明辨是非的能力，把国内外的信息编成等级来向人们传递，只能让大多数民众久居于愚者的境地。

中心对我的特别意义在于它的地方志资料。我在中心基本上做两个课题，其中一个是安徽农村的大跃进饥荒。中心所藏的安徽地方志资料是我这一课题的半壁江山，可以让我大体掌握安徽省政府及其治下各县在大跃进和大饥荒中的数据资料，另外半壁要靠去农村访谈，从微观角度来了解饥荒的具体状况和故事。我第一次在中心待上六个星期，主要阅读安徽各县的县志以及部分省志。安徽在文革前有72个县，中心搜集到了70个县的县志，我后来专门去安徽省图书馆查阅了另外2份县志。实际上，仅靠官方出版的县志来解决数据资料的问题不够，因为第一轮县志，在公布大跃进期间人口等数据时通常会有意缺席饥荒严重的年头，使读者无法知晓在这些年头里人口究竟遭受了多大的损失。不过，中心靠"野路子"搜罗的资料有时可弥补这一点。

例如我在写到安徽太湖县农村大饥荒时需要知道该县人口的流失，但公开出版的《太湖县志》只给出了该县1957年和1961年的人口数据，缺少了流失比较惨重的1958-1960年的人口数据。然而，中心不知从哪搜罗了一本内部刊印的《太湖县统计志》，其中专门有一章是有关大跃进时期的统计工作内容，不仅给出了1958-1960年太湖县每年的人口、粮食、抛荒面积等数据，而且探讨了大跃进时期统计工作中的问题，让我很受益。这样的情形还有不少，例如安徽的《祁门县志》对大跃进时代的数据有所控制，但中心另有一本祁门县革命委员会生产指挥组1973年所编印为内部使用的《祁门县国民经济历年统计资料手册》，里面记录了完整的数据，弥补了县志中大跃进时期资料的欠缺。

正是靠着中心的常规与非同寻常的收藏，我能够有效地建立了资料的半壁江山，并结合访谈的口述资料，发表了一些安徽农村大饥荒历史的文章，并正在完成安徽农村大饥荒历史的书稿。中心的资料对我的研究课题所起到的作用是其他图书馆做不到的。常规的图书馆通常只订购正版图书资料或接受重要的人物捐赠个人资料，很难收藏到共和国特有的那些限于政府和机构内部使用的信息资料；而若是去内地的省级或县级档案馆去查询一些已属不再保密的资料，一个研究者恐怕要花费很大的时间和精力。

学术朋友的茶馆

中心在八楼的一个拐角摆有几张沙发，提供茶水和咖啡，访问学者在需要休息时可以走出图书阅读大厅到这里坐上一会，随手翻阅书架上一些劲爆大陆内幕消息的杂志和报纸，诸如《争鸣》或《南华早报》，或者与遇上的人聊几句。大约2010年前后两三年里，在中心工作的一位祖籍福建的香港小伙子林山姆，经常会每一两天在这里泡一壶乌龙功夫茶，使在坐饮者觉得休息处像是一个小茶馆，可以轻松地交流信息和讨论问题。当然，中心的访问学者互相见面或讨论的方式多种多样，除了休息处，还可以在午餐讲座会上问答，一起去餐厅吃饭，在阅读桌边轻声交谈，或在雅礼宾馆住处聊天。其实，中心就像是一个大茶馆，一个自由的公共空间，学者在此交汇，学术朋友经常在这里结下友谊。

我在中心遇见过不少学者，有的来自西方主要国家，但更多的则是来自内地的学者，以年轻者居多。有些学者是我的故知，在国内做研究或探亲访友时与他们难得一见，见面也不过是聚在一起吃顿饭，例如上海交大的曹树基。我早先在返回美国时通常会取道上海，在那里停留一两天，但上海的地盘在过去十多年里已经变得那么大，约见曹一次真是不容易，且现在人们都用微信，通讯很方便，纯为见面而见面已无必要。有一年在中心遇上了曹和他的博士生刘诗古，就不一样了。大家都在香港，闲人一个，我们在三天里一起吃了四顿中饭和晚饭，每天晚上在住处聊到深夜，把多年的学术成绩和想法聊了个够。在中心我还结识了一些新的青年才俊，并因此而得益，例如安徽大学的教师李嘉树。他研究安徽农村的改革，有一年在中心参加当代中国博士生研讨班和我相识，认识后我们又在安徽大学见过几次面，承他介绍而认识了安徽大学其他的一些研究共和国史的青年学者。我至今都与李和其他青年学者保持着联系和学术交流，了解他们对安徽历史研究的动向。

特别值得一提的是现任职南京大学的萧唐镖教授。我在2002年夏天于茶水休息处与他相遇，得知他在研究农村宗族，而我也用宗族关系来诠释农村大饥荒的生存和死亡，我们为发现彼此而高兴，并建立了联系。一年后，他到美国杜克大学做访问学者，距我所在的北卡大学威尔明顿校区很近，我请他到我家来做了两天客；三年后，我在暑假时承他相邀去了江西农村做访谈，在江西待了一个多星期。当时他在江西省委党校任政治学系主任，陪着我去了赣南、赣中和赣东北三个村庄，使我理解了大跃进时期江西农村为什么饥荒很轻，很少饿死人，与安徽大不一样。如果不是萧唐镖的帮助，我无法把江西写进我农村大饥荒的书稿里和安徽作比较的。无疑，我和肖都把对方视为学术朋友，而建立这一友谊正是在中心的公共空间。

熊景明的"孩子"

在我访问中心的前期时间里，熊景明是中心的助理主任，熟悉了之后我就直呼其名。我的感受就是中心像景明的孩子，她为之倾注了全部的心血和关切。我在中心的后期访问也经历了景明退休后的几任执行主任或助理主任：萧今、李永刚和高琦，他们都是很认真工作的行政负责人。但景明不太一样，她担任了中心助理主任（是中心实际上的负责人）大概有二十余年，中心在她的照看下成长了起来。中心最早是美国学术界创办的，为美国学者服务，是个美国孩子；后来中文大学收养了这个孩子，并在景明的管理期间实现了转型，主要为中国学者服务，成为了中国孩子。景明不仅理顺了中心的各种关系，扩大了中心的馆藏，并对馆藏了若指掌。即便在退休之后，她也依然在为中心出力，在中心创办了"民间历史"项目，搜集了数千份私人日记、笔记、回忆录等，并办了"民间历史"网刊，使得毛泽东时代的普通人，也有个平台能把他们的经历和心路展示于世，并为中心增添了一个网上的电子资料库。

我最为欣赏的一点是景明希望别人也喜欢她的这个孩子。在她眼里，中心不是一个看守资料的地方，而是要以其馆藏来服务于学者乃至大众。她打心里欢迎来访的学者，无论他们有着什么样的政治态度；她希望中心的馆藏能为他们所用，用得越多越好。中心在她的管理下持着对外完全开放的态度，任何人来到中心只须在门口登记簿上签上姓名和单位以及入馆时间，即使没有单位也不要紧。若是来访的学者对研究课题的资料有所询问，她通常会亲自带领学者到相应的书架，指出资料存放的地方，并且还会向学者介绍相关的资料所存之处。景明经常主动介绍来访的学者相互认识，尤其是那些有着相近课题的学者，例如她曾介绍我认识写出大饥荒史大作的杨继绳。显然，景明希望学者能在中心活跃地交流。在她的多年管理下，中心真正成为了一个懂得"服务"的资料机构，而在接受服务的过程中，来访者可以感到中心作为一个机构的种种善意。

我感觉景明乐意把自己的这个"孩子"与大家共享，不仅缘自她对自己工作的热爱，还缘自她对故土的情怀。无论是向访问者介绍资料、参与访问者的学术活动、或是与访问者的交谈，她都表现出希望中心能够真正帮到学者认识中国的问题、提供解决问题的理论和方案。景明的英文很好，与西方学者有长期的交道，学到了很多学问和经验，在学术上感觉敏锐，有着西方知识分子那种问题意识。另外，可能因为在中国成长并经历过文革，她也有中国传统知识分子的忧患意识。也许是这两种意识的交织，使得景明希望中国能在不断地发现问题和解决问题的过程中变好、变得理性与宽容，而中心正是她能够推动这种念想和影响他人的地方，所以她愿意放手让中心成长，把中心与更多的人共享。

研究者的家园

许多访问学者感到中心是一个家园，我的感受尤其如此。其他人说"家园"的时候可能是说中心是个学术家园，来到有宾至如归的感觉，资料可以随便看，随便搬拿，学者之间可以通过讲座和交谈自由地相互探讨和学习，建立起友谊。中文大学的一些内地来的人文和社会科学的博士生，更是把中心当成自己日常学习的家园，每人占用一张阅读桌，把所需资料全部搬来堆在桌上，把自己个人物品锁进抽屉里，俨然是在中心过学术日子的感觉。对于我，中心还是个生活家园。说实在的，在我的一些长时段的访问时期里我必须把中心当作自己的家，因为我得在那里生活上五个星期或七个星期，需要有正常的生活状态，不能每顿都是去学生食堂吃猪扒饭或去范克廉楼里的教工餐厅点菜，何况范克廉楼经常客人满满，需要等候。好在中心在八楼有个厨房，我可以把饮料、水果、面包和泡面等放冰箱里，每天的饮食可以调剂，或者吃自带的食品，或者去餐厅吃饭，觉得活得很健康。

我的家园感更来自于中心待我如"家人"。我第一次到中心做长时段的访问后，有了"驻中心学者"的资格，得到一把大门钥匙，在中心关门后仍能自由出入，最大限度地利用我在中心的访问时间。后来每次到访，都得到大门钥匙，在我离开时只须把钥匙留在雅礼宾馆，请他们交还中心即可。当然，也不是只有我一个访问学者得到了如此家人般的信任。有一年我需要用两周的时间看六个省1958-1962年间的报纸，这些旧报纸保存在一座研究生楼底层的两大间房子里，中心另外给了我一把旧报纸库的钥匙。这次的访问期间，我揣着中心的两把钥匙来来回回，自由安排自己的时间。我经常在夜晚一个人在中心里面待到凌晨两三点后才走回雅礼宾馆，每天都感到收获满满，惬意而满足。有一年我在上海停留两天，去了上海图书馆查阅1958年的《解放日报》，被告知旧报纸在老馆，要先登记要看哪一天的《解放日报》，然后老馆会在周四下午把预约的报纸送来，在图书馆的报刊阅览室阅读。当然，内地的图书馆有它们的书刊管理制度；但与内地的管理方式相比，中心给予研究者的是难以想象的方便。

使命完成

如今，作为一个独立的学术服务机构的中心已不复存在；对我个人，它留给我更多的是温馨的回忆。在我接触到的人中，除了景明及其后的几位继任者的认真工作态度外；中心办公室秘书陈小姐做事的高效率；技术员谭先生在电脑问题上对学者的帮助，比如教我怎样把扫描机上的文件向自己电脑存档;还有清洁工阿梅的乐于助人,都为我留下了难忘的印象;特别是香港人的那种做事不啰嗦、规规矩矩敬业的印象。在和其他学者聊起来,他们也有这样的印象。

我也有种感觉,中心存在的使命已基本完成。在1990至2010年的二十年里,中心人气旺盛,学者你来我往。到了2010年左右或更早一些,我感觉到中心来访问的外国学者和中国学者都减少了不少。随着中国的开放,西方研究当代中国的学者更愿意直接去内地寻找第一手资料,而国内的学者则抓住地方档案资料开放的机会直接在内地做研究课题。另外中国的出版界也开始出版大量的信息资料,中心想每一套都购齐也不太可能。在外部条件变了以后,中心日益趋向成为一个共和国史的资料中心,尤其是上世纪五十至九十年代共和国史,对我当然非常有用,但它日益难以维持作为一个研究当代中国的资料重镇。记得有一年在香港,景明曾邀请我和另外几位学者座谈,讨论中心应寻求什么样的新的生存方式。当时我个人感觉中心作为当代中国研究的资料服务中心的使命已基本完成,转型成为一个研究型机构有一定的难度,中文大学已有一个以当代中国为主旨的跨学科中国研究中心;不过大学服务中心的继续存在有它的意义,它是一个学术和言论自由的符号,还是一个破除共和国信息资料神秘性和等级性的符号。在我和一些内地学者交流时,他们都认为中心有好多的好资料,在内地看不到。

如今听说中心已被整编为中大图书馆的一部分,好消息是它的资料没有被分散,仍会被将来的学者便利地使用。中心不再独立存在,但它依然是许多访问者心中的学术家园。它的资料养育了好几代的中国研究学者,其中西方的一些大学者,例如美国的傅高义和法国的毕仰高等,在中心形成的学问对他们各自的国家对华政策起到了积极和友善的作用。对许多内地学者而言,中心的名声不只在于它厚实和可贵的资料;更在于它在推动一个学术中国走向学术深度、走向学术自由的进程中，作出了不可磨灭的功绩。

陈意新，美国北卡罗来纳大学威尔明顿校区历史学教授。著作及合著包括：（与钱乘旦合著）《走向现代国家之路》，四川人民出版社，1987；*Cold War Competition and Food Production in China 1957-1962*，Agricultural History, 2009, vol. 83, no. 1.；*When Food Became Scarce: Life and Death in Chinese Villages during the Great Leap Forward Famine*，The Journal of the Historical Society, 2010, X(2)。（作者照，见35页下图居中者）

中心散忆

萧唐镖

　　我的首次"香港行"，是在1997"回归"前夕。当年3月下旬，我还在省直机关工作，应李连江教授邀请，到香港参加农村研究小型学术会议。此行也是我人生中首次"出境"。s李教授在浸会大学工作，会议地点安排在香港中文大学的中国研究服务中心。会议期间，李教授带我们去他家中小坐。这套马鞍山吐露港旁、面积虽不到百平的住宅，却值五百余万元港币，令年薪万余元人民币的我等不禁咋舌。当年谁又能料到，二十年后大陆二线城市的房价也将与之比肩，一线城市的房价更是已出其右。

　　会议结束后，拿着服务中心出具的证明，在中心老师带领下，我进入大学图书馆。其丰富的馆藏、优质的环境，电子化、自助化检索系统令我羡慕不已。那时，我在国内到图书馆借书一直是人对人方式，借助姓氏笔画的纸质索引卡片找到图书编码，抄录后再请工作人员进馆找寻，提供十来本书名目若能找到三四本已算幸运，不时还会被告知"一本都找不到"。相比之下，中心这种自助方式，不仅能以作者名、图书名甚至关键词方式找书，而且能知晓图书是否在馆及其所在位置，能自己到书架取书，效率奇高。看来不学会电脑操作，不学会电子化搜索与网络通讯，就要被时代远远抛弃。回到家后，便在贤妻的理解和支持下，立马费万元巨资，购置一台"联想1+1天琴"台式电脑，并到南昌市电信大楼办理上网业务，学习打字，学习网络搜索，学习网上冲浪。原来习惯交由单位打字员或请妻子帮助录入文字的工作，就此逐渐自主来完成。

1999年我再次来到中国研究服务中心。为期两个月的访问研究，深切体验到中心为何会被世人所称道，乃因其优质的服务、丰富而系统馆藏，举世无双。从1999年至2018年的二十年间，我先后到香港的大学访问和交流十五、六次，至少每两年会有一次，期限长者六个月，短则三、五天，但多是半月到两个月不等。正因为中心贴心与细心地服务，资料的齐全、使用方便，尽管接受的邀请或来自浸会大学、城市大学，但我总是将工作的地点放在服务中心。中心日常工作负责人的更替，从熊景明老师到萧今博士，再到近年的高琦博士，始终都未影响我的这一选择。中心俨然是我的"研究基地"，在这里我能找到回家一般的感觉。

在中心，我们能十分便捷地找寻资料，同来自世界各地的学者交流，"欣赏"彼此之间的学术论争。这些年，依靠中心及中大的图书馆系统，我完成了诸多文献资料的系统性收集，如：宗族研究的资料，信访志、村志及地方志资料，政治参与和社会运动研究文献，农村研究文献，中国政治与政治学前沿研究文献等等。在形式活泼的中心午餐报告会上，境内外学界同仁所奉献的前沿报告，最为吸引人。来自人文与社会科学的跨界议题与研究路径，时常给我强烈刺激。与会听众平实但直言不讳的批评与建言，在内地的学术会议上并不多见，能让人感到这才是真正的学术讨论。这些年来，我也曾就自个研究的几个议题，向同仁们分享了有关宗族研究（1999）、农村稳定研究（2002）与地方干部民主观念研究（2018）的初步成果，得到与会学者的教正。2003年，有关乡村建设与治理、农村稳定研究的两个议题，还先后得到学术刊物《二十一世纪》的约稿。

1999年底，应中心助理主任熊景明老师的邀请，我参与其组织和主编的《进入21世纪的中国农村》一书，承担"宗族"一章的撰写。看到其他章节的作者名单，发现皆为从事中国乡村实证研究的学人，既有大陆的也有境外的。熊老师传来文本写作的基本目标和要求后，我立即动手写作。自认为"一气呵成"地完成了任务，信心满满地上交万余字的作品。然而，很快便收到熊老师尖锐的批评，她说：话语表达不应带有如此强烈的价值立场和判断，应尽量中立、客观。应当说，这是我平生写作就"价值判断"而受到的首次冲击。此前，就宗族重建的过程与规模，我曾刊发过以数字和事实为基础的平实文字；但就宗族重建后的活动尤其是其影响的分析，却依然落入传统窠穴，未能规避长期熏陶中对宗族"落后、封建与反动"等惯习评价的影响，甚至使用了带有情感乃至夸张性的文学话语。经此刻骨铭心的"一役"，我深切体会到中立性表达的重要，更体会到科学性立场的自觉与应用委实不易。我的这番经历，2013年曾原原本本告知中山大学夏循祥博士，供他作为国内宗族研究学术史话题的一个样本而讨论，以显示一个研究者的至诚心路。

中心平台给我至大的收获，是让我得以结识一批学界前辈与同道。1989年研究生毕业后，因直接进入省级党委研究部门工作，我与学界同仁的面对面交往自然不足。李连江、陈峰、石天建、宫婷、牛铭实、陈意新、蔡晓莉、蔡永顺、何包钢、钟杨与谭青山等华裔留洋优秀学者，都是我在中心的活动平台中结识的。在中心的学术活动中。我与赵树凯、胡荣、郭正林、陈生洛、高华、萧功秦等一批境内优秀学者初次见面；单光鼐、于建嵘、曹树基等旧识则在这里再度相逢。像陆学艺、张厚义、金观涛、刘青峰等前辈，我一直是只见其名其著，仰其大名，也在中心举办的学术活动中得以结识；并当面请教。多年来，这些师长同道不少发展为终生挚友，他们一直是激励和助推我学术成长的重要动力。

在中心，除了有严肃、严谨的学术活动，也有活泼多彩的爬山踏青等活动。在嘻嘻哈哈的前行中，大家天南地北，说东道西，久坐而疲惫的身体顿然轻松。这种轻松与自然，也发生在日常的相处中。2002年国庆期间，妻子带着小儿前来香港，看望在中心访问的我。见到熊景明老师，儿子因听我称呼"熊老师"，便按大陆的习惯，立马尊称"熊奶奶好！"孰料熊老师故作惊讶地大呼："啊，我有那么老吗？""小朋友，你叫我什么好呢？叫姐姐，不合适。叫阿姨嘛，也不好。还是叫熊老师吧。"小儿的尴尬与困顿骤然消失，一下便拉进了心灵的距离。这段奇趣经历，能让小儿知晓：世界真大，世界真奇妙，仅凭自己的习惯与喜好来认知，肯定是不够的。

我虽不以研究香港问题或大陆—香港关系为业，甚至不曾撰写过有关香港的任何文字，但作为一个政治学研究者，自1997年始识香港以来，一直自觉而默默地关注着香港社会政治状况的变化，关注着两地关系的变化。在中心研究与工作之余，我也不时穿行于香港的大街小巷，购书购物，阅读社会，观察民风。2011年，经朋友介绍，还曾租住于太和站附近的居民家半月，与房东多番深度交谈，请益本地事宜；加之对香港本地文献的无限制性阅读，我从心底里深信：背靠大陆的香港，其界属关系无论如何也离不开中国，就像两者的地理关系一样。然而，即使是在港英管辖时期也不曾出现的"港独"，却在新世纪第二个十年后日益成为热词，长期被视为"经济人"的港民，居然纷纷成为积极行动的政治人，让人唏嘘不已。

作为东方之珠的香港，曾长期是大陆学习高端商业、资本、管理的窗口，是大陆观察多样化世界的窗口，是大陆走向现代化世界的跳板；于我个人而言，香港中文大学中国研究服务中心则是学术成长的重要平台和基地。这也应是香港回归后对大陆学术发展做出贡献的一个小小例子。

萧唐镖，南京大学政府管理学院教授。著作包括：《多维视角中的村民直选》，中国社会科学出版，2001；《宗族政治——村治权力网络分析》，商务印书馆，2010；《有序治理之道——当代中国社会稳定研究》，广东人民出版社，2020。（作者照，见16页下图右一）

"语象"萌生记

钱钢

中心的故事是讲不完的。我写的《香港微观》，第一节"山中遇险记"，记录了中心的一次行山。在《留美幼童：那追寻的冲动》里，我讲述了"昙花派对"引出的奇缘。其实无论行山，还是花缘，熊景明老师都有绘声绘色的专文。温馨的轶事俯拾即是，不过，中心之本职，乃"研究服务"（否则成渡假村了）。下面是一个和研究有关的故事。

2001年4月初，高华经广州去香港，到中文大学大学服务中心当访问学者。送他去车站时，我请他代问景明好（我和景明1996年在香港认识），并请他转达，我也希望有机会来中心。两个月后，《南方周末》遭整肃，我中箭落马。几乎同时，中心的邀请函到了。

"祸兮福所倚"这句话，用在这里颇为合宜。在最苦闷的时候，出罗湖关，到温暖的健康力量大本营，这是福；到了中心，各种机会迎面而来，更是意想不到的福！

我原本计划，捡起去南周任职前已做了几年的林彪研究。这个研究难度很高，我从人物年谱入手，先查明"林行止"——媒体上林彪的行踪。我正准备在中心二楼的报纸库大动干戈，景明告诉我，中心的技术人员谭浩光先生做了一个电脑数据库，你可以试试。

安装数据库的两台电脑，放置在年鉴类资料的书架附近，小会议室外。我成了那里的常客，中心一开门就抱着手提电脑，拿一块3.5吋软盘，坐到那里工作。那时我还没有USB储存器，搜集的资料要用软盘从中心电脑里拷出来。软盘容量1.44MB，不如现在手机拍摄的一张照片大。

谭先生做的，是一个报纸数据库，其中有中心重金购买的《人民日报》和《解放军报》；买的是CD-ROM（光碟），一年一张，个人使用并不方便。聪明的谭先生将它放置在中心的服务器上，用中心的电脑，可以对几十年的资料作全库检索。

数据库的分类首先吸引了我。我曾在《解放军报》工作10年。我自己写过什么，在"作者"栏输入我的名字，我在军报发表的通讯、消息、述评、报告文学，一下子出现在面前。历年的元旦社论，究竟说了些什么，设定"特殊日期"后在"体裁"栏输入"社论"，几十年的元旦社论都来了。还可以单选"头版头条"，这个量大，但我极有兴趣，逐条阅读，特别注意和林彪有关的报道。读着读着，冒出一个问题：文革前的《解放军报》头版头条标题上，毛泽东、刘少奇、周恩来、朱德、陈云、林彪、邓小平这"七常委"的名字，分别出现了多少次？

假设没有电脑，人工翻阅从1956年创刊到1965年这十年的《解放军报》，要看三千多个头条并逐一记录人名次数，这当然是可能的，但肯定需要坚忍不拔的精神，而且容易出错。现在，我在每一年分别输入"七常委"名字，十年，70个输入、点击动作，70个词频数据很快显现。

我是偶然摸到这个金矿的。我第一次测试，就有两个发现：一、林彪名字在文革前的出现率，不像想象的那么高；二、刘少奇的频率，在1963年竟然超过了毛泽东！我发现词频是金矿，它和气象、水文、人的体温血压数据一样，具有很高的观测价值。

景明见我忙碌而兴奋，认为我的林彪研究可能有进展。一天中午，她邀请陈方正、关信基、金观涛、刘青峰和我到她家，订了披萨，大家一边吃，一边听我讲林彪。我的林彪研究乏善可陈，话题转到报纸数据库的检索。金、刘夫妇首倡"计量历史学"，他们的观念史研究已有很大影响，其中很重要的方法是，建立清末民初文献数据库，对关键词进行量化分析，我正好向他们请教。

我刚刚接触新的方法，谈得杂乱。陈方正说："你不妨现在就开始写，不必等一切齐备。材料和方法，是在写的过程中充实完善的。"这是方正的经验之谈，太老道了。

到中心访问的一个月转眼过去。这一个月，对我此后二十年有"定向"的意义。"昙花缘"让我延续了非虚构写作和电视纪录片策划工作，报纸数据库的检索，则把我带进一个全新的领域。

告别中心，我去了北京。我向军报询问，如何购买一套图文数据光盘？的确很贵，近两万元人民币。我提出，能不能买其中一部分？最后，我买了从1956年创刊到1990年三十四年的光盘（我因"六四"去职，1990年是我离开军报的那一年），他们给我这"军报老人"打了折——四千元。我装了一皮包带回广州，开始做景明布置的功课。

这种写作体验前所未有。我在电脑里增加了一个文件夹："红辞谱"。我把记忆中的红色词语一个个翻出来，通过数据库观察它们的"生老病死"。我学会了制作图表，那一幅幅曲线图，显示众多红色词语如股票般的起伏涨落。材料在写的过程中逐渐累积，我也在这过程中慢慢熟悉了工具和方法。

《红色政治词语的勃兴和流变》，一篇3.6万字的论文，2001年秋完成。这仍然是林彪研究的一部分：研究和文革的起源密切相关、源自军队的红色语言演变。有三人参与讨论和修订。首先是景明，她打电话到广州，从立论、表述到标题，切磋甚详。还有朱学勤和高华，这两位历史学家，敏锐地意识到一种新方法可能进入史学领域，对我的研究饶有兴趣。我选取论文的一章，以《从解放军报（1956-1969）看"阶级斗争"一词的传播》为题，发表在2003年6月号《二十一世纪》。

2003年，我拎着那一皮包《解放军报》，到香港大学新闻及传媒研究中心访问，次年，应聘担任中国传媒研究计划（CMP）联席主任。CMP部分复制了USC，如访问学人计划。而萌生于USC的报纸数据库检索分析方法，在CMP开始了快速生长。

我在港大工作的十多年里，互联网上了快车道，网上的各种数据库大量出现。在港大图书馆网站，我发现了《人民日报》图文数据库，就像谭先生做的一样，可以全库搜索，无须一张一张取读光盘；我发现了香港"慧科"（WiseNews），可以检索1998年以来内地、香港、澳门、台湾的报纸；我发现了上海图书馆的"全国报刊索引"，可以检索中国大陆历史报刊资料（我在那里发现了熊景明曾祖父的任职新闻）；我发现了阅读检索台湾报纸的"台湾新闻智慧网"；还有台湾中研院史语所的"汉籍电子文献资料库"，可以使我把搜索语词的触角伸向先秦两汉……

我们的研究方法，在应用中打磨。从中国传媒重大事件的报道（如"非典"、汶川地震），到内地舆论制度（我在2006年6月号《二十一世纪》发表了《导向．监督．改革．自由——透过媒体语词分析看中国新闻传媒》），到政治制度研究。2008年的1月、6月、7月，我有三次机会，到中大不同的研讨会上演讲《中国传媒上的"政治体制改革"》。"政治体制改革"当时命运未卜，现已尘埃落定。《人民日报》上该词的词频图显示，语词高峰在十三大前后的1987、1988年，此后一路下坡，在21世纪初有微弱起伏，到2019年，几无影踪。这不合时宜的口号，被正式停用。我在2019年年度语象报告中写道："词语如有墓碑，请将此图勒石"。

"语象"，是我给语词检索分析方法起的名字。它和观念史研究、话语分析以及社会语言学、语料库语言学等，有同有异。紧密结合中国历史、充分发掘运用互联网大数据，可能是我们的特色。国外有朋友认为这是观察中国政治的一个有用的工具。我应邀先后在查理大学、隆德大学、柏林自由大学、维也纳大学、牛津大学介绍过"语象"方法。

感谢景明,给我穿上了一双"红舞鞋"。从USC起步的"语象"研究,停不下来了。

每一步,我都清晰地记着。2008年4月27日,我和朋友正在香港仔行山,接到景明的电话:"钱钢!高华要我告诉你,你的文章写得太好了!"高华说的,是《"红心"的故事》,一篇结合语词分析和我个人经历的文章。当时在网上热传。

这就是"语象"——一种研究方法萌芽、生长的故事。其实,这又何尝不是我个人难以忘怀的成长经历?

为此,我向景明,向USC,深深鞠躬。

钱钢,原香港大学新闻及传媒研究中心中国传媒研究计划主任。著作包括:《唐山大地震》,香港中华书局,1986;《海葬》,香港中华书局,2014;《语象诡谲》,香港大学新闻及传媒研究中心,2015。(作者照,见42页下图右二)

花开花落自有时

詹晶

我与中国研究服务中心的缘分始于2004年。彼时我是加州大学洛杉矶分校政治系的学生，还在为博士论文绞尽脑汁。我的研究题目是中国的1994年分税制改革和中央地方关系，听从先师鲍瑞嘉教授的建议，我来到香港中文大学拜访曾一手推动分税制改革的王绍光老师，并到中国研究服务中心收集材料。第一次到中心，我好像一个小孩进入了糖果店，五花八门的数据资料让我心醉神迷，十分庆幸我发现了这个宝藏之地。满载而归的我在接下来两年里完成了博士论文，然后找工作的时候又非常幸运地得到了吴逢时老师的指引，申请并拿到了中文大学政治与行政学系的工作，从此正式加入中大，成为了政政系的一员。

入职中大之后，我成了中心的常客，教课时间以外，我往往泡在中心，徜徉在年鉴、县志和各种内参资料的海洋里，呼吸着陈年纸墨的味道，总是能让人平静而愉悦。就算没有什么特别的研究目的，我也喜欢随手拿出本地方志翻一翻，享受发现一段隐秘历史的快乐。有一次，我竟在一本我家乡的地方志里发现了我儿时好友的父亲，感觉好奇妙。一段时间下来，我对中心藏书的摆放位置了如指掌，不用查阅目录就能知道在哪儿能找到我要的资料。中心已经成为我进行中国研究不可或缺的一部分，不仅因为它提供了各种其他地方很难找到的数据，也因为它的海量收藏提供了拓展知识面和发现各种研究议题的可能性。后来我带研究生时，对初到中大的同学的一个建议就是到中心去，去那里发掘资源和寻找灵感。

中心对我的价值也在于它常年举办的午餐研讨会和公开讲座。只要是和中国政治沾边的题目，我几乎从不缺席。幸得熊景明老师的交游广阔，在这里我见到了很多以前如雷贯耳却无缘得见的人物，几乎把全世界中国政治研究领域的学术领袖都听了个遍。这大大提高了我的学术鉴赏能力——见过山顶的开阔，就很难去将就低谷的逼仄了。犹记得最后一次在中心参加的讨论会，是2020年1月23日傅高义教授的讲座。老先生和在座的师生们坦诚地分享了他漫长的研究生涯并给出了深具智慧的建议。讨论环节中我也提出了我对目前海内外中国研究现状的担忧，没想到散场时老先生紧紧握住我的手说他的想法和我一样，令我这个后辈觉得能和老先生所见略同真是三生有幸。可惜2020年底傅高义先生驾鹤西去，这次讲座竟成绝唱，令人好不唏嘘。

除了海外研究中国的学界泰斗，中心也常年邀请内地学者来访学、讲座，让我们这些身在香港的人能及时了解到内地的最新状况，听到海外很难听到的中国学者的声音。除了高华老师等大家耳熟能详的学术前辈外，中心自2008年以来在高琦副主任的操持下，特别注重邀请内地虽名气不彰但是扎扎实实做实证研究的中青年学者，来分享新鲜出炉的第一手研究。他们的午餐研讨会通常是在非常轻快活泼的氛围下进行的，听众往往各自捧着一个饭盒围坐一起，就着演讲下饭，吃完饭后再对讲者进行轮番拷问或者所有人一起进行激烈的辩论。大家坦诚相见、互不设防，往往能够讨论出非常有意思的东西，听众和讲者都收获满满。偶尔有人因为水平不够或者用官样文章糊弄听众，也会被驳得体无完肤；相信这样尴尬的经历也会鞭策讲者回去做真正的学问。我自己则通过这些讲座学到了好多冷知识，获得了无数灵感，也结识了不少学术伙伴。如果说我对中国政治能有什么独到见解的话，一多半都归功于中心听到的讲座。而我的一位长期合作者曾明老师，就是在中心认识的，我们因相似的研究兴趣和人生态度而惺惺相惜，一起发表了数篇文章和出版了一本书。甚至我自己在内地第一次进行真正意义上的实地调研，就是因为在中心结识了贵州省某县委书记而成行的。正是2009年这次调研，让我得以开拓一个全新的研究领域，即中国的资源诅咒。此后十年，我跑遍了中国许多矿区，也翻阅了中心无数的资料，获得了一系列令人激动的发现。经过几年尤其是2018年在中心九楼一个格子间里的潜心写作，现在我终于能将这些发现总结提炼为我人生的第一本学术专著——*China's Contained Resource Curse: How Minerals Shape State-Capital-Labor Relations* (Cambridge University Press, 2022)。就如我在书的致谢词中所说，这一切，都要感谢中心。所以，说中心是我研究生涯的起点和福地一点也不为过。

流年似水，不知不觉我已在中心度过了十几个年头，其间也见证了中心的人事变动、数位管理者引起的争议，更目睹了中心试图从一个图书馆转型为一个研究机构的艰难尝试。最近两年，因为香港的社会运动也因为新冠疫情的影响，中心少有人来访，学术交流活动也被迫中断，让很多关心中心的人不得不反思其将来的发展方向。可惜出乎所有人的意料，中大校方竟在2020年底仓促决定关闭中心，令这个举世闻名的中国研究机构的运行嘎然而止，让深爱中心的人们痛心不已。所幸中心的馆藏资料将并入中大的大学图书馆，据说会继续保存并扩充，但愿以后所有人都能够自由地使用这些珍贵的数据资料。但是与书比起来，我觉得人更重要。是多年来包括关信基教授、傅高义教授、尤其是熊景明老师在内的一群对中心尽心尽力的人，赋予了中心自由的灵魂和温暖的气质。可惜中心曾经极富人情味和想象力的管理方式将一去不复返，即使中心的学术交流活动可以被别的机构接手，也很难重建中心汇聚东西方学者进行深度学术交流、思想碰撞的能力。作为中国研究的"麦加"，中心在过去半个多世纪见证了一代又一代中国学者的成长，他们对中心的热爱与宣传又吸引了更多他们的学生来到中心，这种深厚的感情又岂是任何一个其他的学术机构可以取代的？

　　自1963年成立，1988年移交中文大学，中国研究服务中心已经走过了半个多世纪，见证了历史的变迁和香港的起伏。而现在，中心的终结又见证了一个历史的节点，这不仅是关于中心的，也是关于香港的。这好像一个隐喻，预示着什么呢？无论如何，我希望中心自由开放、融汇东西的精神，还能够以某种方式保存下去，一如我对香港的期望。

　　詹晶，香港中文大学政治学教授。著作包括：*China's Contained Resource Curse: How Minerals Shape State-Capital-Labor Relations*，剑桥大学出版社，2022；在The China Quarterly、Journal of Contemporary China、The China Review、Asian Survey等期刊上发表多篇学术文章。

从黑白到彩色：我在大学服务中心的岁月

何若书

当初几次去中大的大学服务中心时，我对它并不了解。那时即将大学毕业，我在去北京学习普通话的路上，在中大稍停，去见雅礼协会推荐的联系人。毕业后，我在长沙教了两年英语，假期中来到中大。得知我对中国历史感兴趣，雅礼协会的在地主任马克·谢尔顿（Mark Sheldon）邀请我参加USC举行的讲座。坐在研讨会的桌前，对着午餐盘和盒装饮料，我仍然对中心的传奇历史一无所知。然而，在随后的几年里，随着我的语言和研究能力提升，USC就像一张黑白照片变成了彩色照片，然后变成了一张动态照片。作为一名研究中国的学生，它一直是我成长和发展的核心。

研究来源

说到底，USC首先是一所研究型图书馆。翻阅我的档案，便看出其馆藏资料如何对我的探索及想法，以及项目最终得以完成起到了关键作用。论文研究刚起步时，我需要参阅有关湖南地方历史的书籍。当我转向文化保护时，我在《内部参考》中查看有关梁思成以及地方展览的线索。我用在上海档案馆找到的材料补充了中国各地的文化志，这类书在USC唾手可得。在这里我还应用了宋永毅编辑的文革资料光盘。那时，资料数据化刚刚开始，我得以通过全文搜索来阐述文革中的关键事件，并找到与我研究相关的重要人物的讲话。当把论文写成书的时候，我对如何把研究结果变成令人信服的叙述有了更好的认识，而且有USC可资利用。我再次搜索《内部参考》资料，深入了解各种运动，也去隔壁的中大图书馆寻找官方文件加以印证。期间获得的宣传材料，给我的书提供了新的层面。尤其幸运的是，2013-2015年，我在中大的中国研究中心担任助理教授，USC简直成了我"家"的图书馆。

交汇点

对我及其他许多人而言，USC的意义超越了研究馆藏，它也是一个聚会点。至今我在这个领域的许多朋友中，好些都在USC首次相遇，有的是后来在这里碰见。大家中午去范克廉楼餐厅吃饭，相碰者几个小时坐在一起，交流各自的研究发现。我记得曾在中大图书馆外的广场上，对一个朋友提起那些令人迷惑不解的社会主义教育运动的文件，他讲到"和平演变"的概念，令我一下子明白了这些复印资料的意义所在。USC也组织更为正式的活动，有助学者之间的互动。十分幸运，我应邀作为香港中文大学"以中国研究作为主要领域"的计划参与者，分享各自在校内外所做的研究，介绍中国研究档案和图书馆。此时，USC八楼的会议室给人的感觉就像一个实验站，把历史学家聚集在一起，谈论文化大革命的教学和研究。USC的国际中国研究博士生年度会，反映出最新一批学生的最新研究状况。2014年的五十周年纪念活动，第一代中国领域的学者重返中心。我们在场的人不由想到该如何继续USC的传奇。

材料收集

如今这个网络与和数字时代，点击一下按钮就能获得相关材料，常常令人惊叹。但我们应该记住，拥有书本收藏是多么的关键，多少研究取决于偶然性和机遇。当然，我和其他人一样依靠关键词搜索和扫描的PDF文件，但我对资料来源的感觉来自于翻阅它们。例如，使用《内部参考》中的资料进行写作，历史学家必须知道这是什么样的资料，同一时期还有哪些其他类型的报道，以及当代人可能在同一页上看到什么。同样的概念也适用于USC无可匹敌的报纸收藏。我在USC发现许多其他大学馆藏中所没有的地方报纸，在报上曾发现同一页面的两篇文章提供的信息相互矛盾。利用报刊数据库，（如《人民日报》数据库），是不可能看出来的。USC这个资料库，不仅令我成为一个更好的研究者，而且使我成为更有效的教师和指导者。走在它的书堆里，让我接触到了一些在他处不会遇到的材料。这个学期，我指导一名本科生使用《中国妇女》杂志写一篇研讨论文，那是我在2019年从书架上取资料时偶然发现的资料。

我希望未来的USC能保留其历史上的所有这些功能。今天，中心的特点比以往任何时候都更能创造一个网络，为未来几代中国学者奠定基础。

何若书，耶鲁大学二十世纪中国史助理教授。著有《策展革命：毛泽东年代的政治陈列》，剑桥出版社，2018。

（熊景明　译）

联结研究世代的学术场域

简博秀

如果当时没有选择"中国研究"这个主题，恐怕不会有机会接触到中国研究服务中心（University Service Centre，以下简称USC）这个顶尖的研究场所；如果当时没有我的学业导师——姜兰虹老师的介绍，恐怕我也不会和USC产生如此紧密的联系。我把这个联结视为我研究历程的一个重要养分，透过这个养分，持续不断地灌溉我的研究成长。对我而言，USC不仅成就了我的研究表现，更重要的是，来自于它累积世代的中国研究成果与学术网络，扩大了我的国际观察与跨领域学术的理解，让我成为一位具有国际观的研究学者。

从未踏上中国土地的我，在1999年（博士班第一年）决定带着我的第一份研究作品，参加由中国中山大学在广东中山市所举办的中国城市地理国际研讨会。在那次的国际会议中，幸运的是，让我当面见到了许多位曾经拜读过文章的学者，如Kirkby、Pannell、郭彦弘、李思名和陈金永等，以及众多当代中国重要的地理学者，如严重敏、周一星、崔功豪、许学强、叶舜赞、宁越敏和顾朝林等人。身为学习的后进晚辈，第一次见到众多研究"大腕"学者，像是个"粉丝（fans）"，难掩兴奋之情。这次的会议不仅让我开拓了学术殿堂的国际视野，同时也建立了未来中国田野调查的研究人脉基础。重要的是，在与会许多国际学者与教授的推荐下，我第一次知道了香港中文大学的USC——这个拥有大量中国研究资讯的地方。然而，真正推动我拜访USC的动力，则来自于台湾大学地理系的姜兰虹老师的推荐。在台湾，姜老师是中国研究的先锋学者，在1998年即开始中国大陆广东省乡镇企业外来女工流动人口的研究，曾经到过南海、佛山、顺德等地考察，也接触了许多广州中山大学的人口及区域研究学者。而她与中心的关系是非常早的，而且是经常到访的，且与中心的同仁熟识。所以，在我的博士课程学习过程中，姜老师便非常鼓励我前往中心拜访。

来回于USC与中国之间

我自己已经记不得来回USC几趟了，只记得自2000年起在进行中国研究的田野调查工作后，都会利用借着在香港转机的机会，到USC停留个两-三天，搜集一些与研究主题相关的资料。可是在经历了几次USC的短暂拜访后，仍是意犹未尽；于是在姜兰虹老师的建议下，我决定了一个长期研究的停留计划，目的是希望可以对进行中的研究主题，推动完整的资料搜集与检核的工作，而突破当时自己的研究瓶颈，也是其中一个重要原因。于是，2002年8月初，在台湾科技部计划的补助下，我正式进行维持了一个月在USC的研究访问工作。记得那段时间，正好遇到USC所在的田家炳楼外墙进行粉饰工程。施工的鹰架围砌着整栋大楼，出入建筑虽保有通路，不会限制使用者进入大楼的各楼层，但仍比平时麻烦许多。最重要的是，香港的夏天，室内冷气开得很强，由于门窗的隔音效果不错，虽不让灰尘跑进来，亦不至于严重影响到大楼内部公务工作的进行，但是外面施工的进行仍无法避免嘈杂震动，这使得在USC的学者仍无法避免受到波及。因此，当时停留在USC的研究者较少。我于是在这个研究环境之下，继续自己的工作——这个困惑的条件，却未明显影响我的工作情绪。至今回想那当时，记得正在惊喜地和积极地享受USC所提供的各项图书资源，每天也为搜寻到的资料兴奋与开心，似乎也忘记外界的干扰了。若不是在之后遇到USC助理主任熊景明女士提起，我可能都不曾想起那段时间因施工的打扰而有所困惑过。的确，这段时间的学习，对我而言，是研究历程新阶段的开始，新主题正开展中，这端赖当时USC所提供的宝贵资源，让我全力开展有关区域治理主题的博士论文。

对2000年初那个世代的中国研究而言，研究资讯不像现今网路发达所带来的便利，同时也不像现今中国的研究环境与资料如此蓬勃发展，且对中国研究的社会与政治氛围亦趋于传统与保守。换句话说——那还不是一个资讯全球化的年代——资讯不是在"家"可及的，相对的纸本资料便弥足珍贵。然而，中国研究服务中心却是相当国际化的，它扮演了一个介于"中国"与"中国之外"研究的桥梁。举例来说，那时对中国统计资料的应用态度仍是相当保留的，而且有关中国各政府的统计资料（年鉴）是有限的，不只是深度（年期与期间）、或是广度（空间范围），但是在中心一楼（田家炳楼七楼）的政府统计资料纸本，却是非常丰富的。相较于台湾的陆委会和政治大学国关研究中心的图书馆，是完整许多的，甚至中心可以使用到以地方政府——"地级市"为单位的统计资料。这些资料对初入中国的研究者而言，在对研究地区基本的理解，提供了一个非常清晰的轮廓。这更不用说，还有许多其他国营企业，或是产业发展的相关资料了。更重要的是，放在中心二楼的资料宝库——许多在国际上所熟悉且具代表性的报章杂志、专书和参考期刊，在这里几乎都找得到。过去在台湾必需来往寻找许多不同图书馆的资料，在这里"一次购足"，甚至是必需到这里才找得到。这丰富的矿山，对正要展开研究主题的学者而言，帮助尤其明显。在思考题目是否可以进行，或是尝试要与理论或先验研究接触前，这里都提供了与研究目标的可以连接与对话的场域。所以，说"中国研究服务中心"是进入中国研究的入门砖，一点也不夸张——不只在进入田野调查之前，或是架构研究主题之前，皆是。只是，在那个没有智慧型手机与随身硬碟的年代，"影印机"成为我停留在中心的最佳伙伴，笑说是我每天的聊天的对象、好朋友。中心的同仁经过时，有时都会纳闷问我："你从刚才（几小时前）就站在这里？还没离开吗？"是的，这就是纸本最原始的魅力——虽然不同于滑动、快闪荧幕所带来的大量讯息与炫丽耀眼，却是最扎实与最真诚的研究芳香——它存酝在心底，不曾抹掉。我在每次拜访过中国研究服务中心以后，最大的收获不只是在脑袋里的想法与创意，还有那重重一叠的纸本Copy资料，以及接续下来，充满自信的研究道路。

中心时常在中午不定期举办学术演讲，或读书会，分享给在中心与邻近学术单位的学者与学生。过去在我停留USC的时候，曾参加过两次中午所举办的午间研讨会。中心会邀请一些与中国研究有相关研究或论著的作者，分享他们的研究成果与经验。讨论会不分领域与无限议题，这使得学术视野大开。这对笔者跨领域知识的认识与整合有直接的帮助——不只是国际观，还有研究广度，不仅学习开始从不同研究领域看待中国的研究，同样也尝试把不同研究领域的知识带到空间研究来。

在中心与其他学者的学术友谊建立，也是另一件令我难以忘怀的故事。在当时与拜访中心的两位朋友——Mark Jacobs（美国康乃尔大学社会系博士生）、徐相文（韩国汉城大学政治所博士生）成为共患难的好队友，后来也成为长期交流、互相帮助的好伙伴。当时，每逢星期三晚上，三人便约同一齐到学校附近的店家吃饭聊天，聊着彼此间不同的研究话题，批判着彼此间不同的文化差异，甚至分享与比拼今天在中心挖到的学术宝藏。我们这群初出茅庐、有样学样的小伙子，俨然模拟的像是大师般的评论，却是一群大言不惭地、不知天高地厚地盘算中国研究的过去与未来，却也是春风沉醉地、相互安慰地填补自己研究的苦涩与孤单。后来，我因为脚伤无法外出，只能待在房间自习，Mark还亲自代买午餐送至我住的宿舍。这份年少轻狂的昔时，"立即式的友谊（instant friendship）"，却成为三人彼此之后见面回忆与追寻的过往。

真诚的年代与真诚的研究

最后，我必须非常感谢中国研究服务中心，让我在研究旅程中有如此美好的经验与舒适的环境。当然，能够享受这个自由且开放的学术殿堂的洗礼，这都感谢来自于许多学术前辈的引荐，如姜兰虹老师和陈金永老师等人。这个学术的传承，让我可以如沐春风地享受这个绝无仅有的知识大宝藏。曾几何时，再三回味：那个登阶而上的旋转楼梯、那个私人独处的研究小间、开放自由取阅的书籍期刊、门口旁访客休息交谊的书报空间，还有那群热心亲切的中心助理们——每当找不到资料、少了影印卡都要麻烦她们。午间研讨会分享的宝贵经验、共同打拼的研究伙伴们，多年来编织的学术网络，都为这近六十年来的来往研究学者留下深刻的烙印。

现在知道USC将走入历史，让人不胜感叹。是时代的变革？抑或是传统的逝去？令人无法舍得的是——那个过去曾为研究辛苦奋斗的日子；舍不得的是——那个真诚的研究氛围和美好的环境，那个只能在回忆里而无法再去触摸的事实。

谨以此文怀念那个曾经带给我们最真诚研究的那个年代，它连结了世代中国研究的优秀学者，也连结世代中国研究的丰硕成果，这是USC的年代。

简博秀，台湾世新大学地理学教授。

心中的中心

秦晖

　　我应该是最早受惠于香港中文大学中国研究服务中心的内地学者之一。记得那是在1996年，中心负责人熊景明女士来信邀请我到那里（当时还叫"大学服务中心"）去做访问学者。当时香港尚未回归，我还是办了英国签证去的。如果从1978年"三中全会"算起，那时中国改革开放已经十八年了，但回想起来当时中国其实还是相当封闭。中国人持有私人护照还很少。我也是为此特地办的护照。虽然全部经费都是中心承担，但按规定我还是以"因公出差"的名义，通过清华外事处申请办理护照和签证。

　　我从1982年就在大学教书，1992年就已被"破格"升为教授，但作为清华教授的我直到1996年赴港才第一次"出境"。不过从那以后，出境出国就变得频繁起来。直到2020年因疫情"锁国"之前，我的多本护照都是没有到期就因签证页用完而提前更换，不仅访学、客座、考察、开会，还有很多纯粹的私人旅游。所以，我个人从"封闭"走向"开放"，其实就是从那次中心访学开始的。

　　那次在中心访问的经历，对我这个第一次"出境"的人来说确实终生难忘。尽管我们这代中国人从小就被灌输"胸怀祖国放眼世界"，当年在连走到公路边都要步行一天的大山里务农时写日记，都要关心布雷顿森林体系的瓦解和柬埔寨"鱼钩地区"的战事，但实际上闭目塞听。我这个清华教授只不过跨过了罗湖桥，却好像刘姥姥进了大观园，什么都觉得新鲜。从靠左行驶的交规，到林立的屋村高楼（香港屋村今天以拥挤被吐槽，但九十年代内地刚搞房改，三代同堂等分房的局面开始变化，高层小区仍寥若晨星，我也是2000年搬入蓝旗营清华"教授楼"才第一次住进十层以上楼房的），从中心提供给访问学者的"高薪"（跟香港大学的正规工资没法比，但与当时内地大学几百元的月薪相比已经令人咋舌）到昆栋楼的"空调房"（那种小客房住上一个多月今天已经很难想象，但九十年代内地大学不仅低薪，经费也极其紧张，我们出去查资料往往都住地下室小旅馆）……但是，令人最感动的当然还是中心对学者的服务热情和温暖的人际关系。

说起来，此前我也经历过在内地查资料的冷热变化：作为文革后第一届研究生我出道很早，1979年第一次赴京沪等地泡图书馆。那时文革后"读书热"还处在公共阅览阶段，研究性查阅者很少，而各大图书馆的"老人"尚在，经历十年斯文扫地之后，他们对"读书人"十分热情。而且当时规章制度也尚未严格，什么善本、古籍之类的管制较松。觉得你是个识书肯读之人，他们真是能帮的就帮。记得当时我凭导师的介绍，经上图老馆长顾廷龙顾老打招呼后，当时的古籍组长吴织就给我买了他们馆内食堂的饭票，这样我就能足不出户从早到晚泡在里面；甚至有几次中午闭馆时，就把我反锁在古籍阅览室里让我继续在里面看书。

后来看书的人多了，规章制度严格了，"老人"不见了，再加上人情冷漠与体制弊病，图书馆越来越像个衙门。读者就像给他们找麻烦，接待你是老大的恩赐，巴不得门可罗雀他们好清闲。这图书馆就不那么好泡了。

这时档案馆、尤其是基层（如县级）档案馆又一度成了好去处。八十年代，我国学界还没有兴起利用基层档案做研究的风气。我作为较早打这种主意的人跑档案馆还比较顺利，也有很大的收获。那时一般县里的档案馆（很多还是机关"档案科"）主要是官场接待单位，查档的多是政治性"外调"，最常被查的主要是人事档案，不是为入党升官查三代，就是整人审干搞专案。那规则是官大一级压死人，省里可以派人查县领导，县里就不能去查省领导。只要有足够级别的"上级"公文，要查什么一般都让查。人事档案之外的其他档案，那时的开放程度更高，只是编目往往简陋，查起来费劲罢了。由于我供职的大学"级别"足够高，拿着学校介绍信在县里的档案馆那时还能唬人；但到了九十年代中期，学界查档案搞研究渐成风气，档案馆也发现来查档的多是些书生，好像也不是完成什么"上级"任务，查档写出的东西还往往有"负能量"，搞不好会给他们带来麻烦，于是那限制和刁难就越来越多。档案馆的楼越盖越高大上，搞研究查档案却越来越难了。

只有在中心，我才找回了七十年代泡图书馆的感觉。当然确切地说，是比1979年时还要好得多。中心设施的硬件不要说是文革刚过时的内地图书馆没法比，中心收藏的现代中国研究资料之丰富也是全球罕见的。而中心的同仁更比内地图书馆的"老人"更加古道热肠，尤其是中心负责日常工作的熊景明女士，给我们这些访问学者提供的方便是全方位的。有时时间紧迫，我甚至可以拿到景明提供的中心钥匙，在节假日及下班过后仍然留在中心找书——比1979年我在上图被反锁在馆内看书还方便。

当然，那时的中心远不只是一个使用方便、服务周到的图书馆，它还是一个国际化的中国研究同行交流平台。它接待来自各国的学者。就在这次访学中，我认识了同样以访问学者身份来中心的陈佩华（Anita Chan）、崔大伟（David Zweig）、戴慕珍（Jean C. Oi）、潘鸣啸（Michel Bonnin）等，许多国际知名的汉学家和更多的中国问题研究专家。他们有的早已成名，有的出道未久，有的当时还是为写博士论文收集资料而来访中心的年轻人。就在这次访问中，我也有缘拜访和结识了香港本地和内地居港的学者金耀基、陈方正、关信基、金观涛、刘青峰、王绍光、吴国光等人；甚至许多内地学者，包括久仰而缘悭一面的及新知而成旧雨的，如高华、李永刚、张鸣、汪晖、贺雪峰等，我也是在中心第一次认识的。

这时我也就发现了中心的一大特点，就是不拘一格、广结学缘，真理面前人人平等，交流学问没大没小，君子之交坦荡自然，助人为乐古道热肠。在中心看书，累了就在休息室与人海聊，不管碰到的是大名人还是小学生，到了中心都是朋友。中心的午餐学术讨论会是一大特色，很多同仁都介绍过，我就毋庸赘言了。治学之余，自由结伴外出聚餐，游山逛水，也是常有的事。在中心交往，无论主客无论是否供职于此，通常不论辈分，直呼其名。大家公认的中心灵魂人物熊景明，我初时按内地习惯，称呼她熊主任、熊老师等，后来就发现大家都"景明""景明"地叫她，洋派、港派点的就叫她Jean或锦鸿。其实也不光是景明，当年的中大中国文化研究所所长、前辈学者陈方正教授，在这里也被"方正""方正"地叫着。当然正式场合，那规矩（中式或英式）还是有的，甚至很严格；但下了场，大家就是朋友了。

其实不光是称呼问题。中心的一个特色就是"帮助最需要帮的人"，它其实很少邀请那些不愁经费和机会的"大腕"，却经常邀请那些有学术潜力、但没有资历也拿不到研究经费还缺少交流机会的年轻学人。景明就多次问我们和来过中心的朋友，有没有发现一些这方面的"苗子"，中心也确实帮助了不少学术新人在学界立足。USC在这方面的贡献，可以说绝不亚于它作为一个学术资料中心的作用。

我虽然第一次来中心时已经当了三年多的教授，但是来中心仍然是我走向国际学林的一大机缘。九十年代以前我是一个中国古代史领域的考据派学者，那以后我才更多地关注现当代史乃至现实问题。在这方面，我的第一本内地以外出版的学术著作就是在中心完成的。中心过去对来访学者有个并非必须的希望，就是希望学者提供一部作品由中心出版。过去这些学术作品都是英文的。我的《江浙乡镇企业转制案例研究》（香港中文大学·香港亚太研究所，1998）是中心出版的第一本中文书。为此，当时的中心主任关信基教授亲自把关编辑，按国际学术规则提出了许多修改意见，如当代田野调查案例在发表时的"学术代称"可还原性问题等。中心及其同仁对我的帮助，我是终生难忘的。

我从来不相信什么"头悬梁锥刺股"、"学海无涯苦作舟"，我觉得做学问的第一大推动力就是爱智求真的乐趣和探索欲。苦熬着看书、甚至昏昏欲睡要用锥子扎腿才能打起精神，那种状态能做学问吗？不过读书本身是乐趣，与读书的环境是否让人心旷神怡还是两回事。当年我在农村插队时也以读书为乐，但那时的环境显然与心旷神怡差得太远。其实就是在今天的大学里，很多乌烟瘴气的事也让人没法心旷神怡；但是在中心的那段时光，确实是一段心旷神怡的岁月。我因此和中心结下了不解之缘。尽管在中心做一整段时间的访问学者就这么一次，但是后来我在香港和中大其他单位访学、开会、讲学和任客座教授、兼任教授时，乃至去国外其他地方路经香港时，仍然几乎每次必到中心访旧和看书，并参加午餐讨论会等活动。有一年我妻金雁在中心做访问学者时，我恰也在中国文化研究所做访问学者。当时两单位给我们在半山安排了一处住所，那更是一段令人怀念的快乐时光！

但是现在中心已经没有了。听到这个消息时我正好因疫情把中大的课改成了远距离网课，当时给中大的校长段崇智教授和中心时任主任赵志裕教授各写了一信：

> 您好，我叫秦晖，原是北京清华大学人文学院教授，博士生导师，社会创新与现当代史研究中心主任，两年前退休后以兼任教授身份在香港中文大学任教，本学期刚结束了研究生网课。
>
> 近日听说中大要把中国研究服务中心撤并于图书馆，甚感关

切。我听说这样做的理由是这个机构原来是为国外的中国研究提供资料服务的，现在任务已经完成。我个人觉得此议应该慎重。

诚然，该中心创建于中国改革开放以前，当时中国对外封闭，国际汉学界与中国研究学界同仁极少可能进入中国，中心当时提供的服务在国际上是饱受赞誉的。而在改革开放后，尤其是香港回归后，一方面该中心经过几十年积累，有关中国研究的各种资料收藏规模更大更全，在国际上仍然难有匹敌。另一方面随着内地开放，中心对于中国两岸三地和国际上的学术交流功能更得到了前所未有的发展，尤其是对国内学界的支持和合作更是享有盛誉，早已不是当年主要服务于国外学界的情况。中心不仅有宏富的资料收藏和多种特藏，而且建立了广泛的学术人脉，提供周到的、针对性的服务。其接待和资助各地访问学者、识拔人才、开展学术交流的平台作用，实非一般的图书馆或研究所能够代替。拥有这样一个独特平台也是港中大的优势之一。

我本人多年来就是该中心的使用者、受益者和合作者，国内学界同仁与该中心联系密切如我者和胜于我者更是甚众。我们都希望港中大能保留中心的建制，并给予更多的支持。请校长予以考虑。

　　即致

教祺

　　　　　　　　　　　　　　　　　　秦晖

很快赵志裕教授便回复如下：

秦老师如见：

　　多谢您给中国研究服务中心的支持和爱护！

　　中大打算将USC馆藏交给图书馆经营，并不是要将之束之高阁。反之，如我在回信给熊景明老师时说："将USC服务升格（scale up）是USC服务变革的原因，这是大学的共识。升格必须保留服务的亮点，包括妥善保存珍贵的知识资源，宾至如归的服务态度，持之有效的编码方法。这些亮点，我会尽力争取保留。另一方面，服务发展需要大学投入大量资源，包括缮藏和数码化的资金，学术知识管理的专业学问。这也是我们一直在争取的东西。"

在我回信给阿古智子老师时，我也是这样说的：

"阿古教授足下，容禀：

我是香港中文大学（中大）中国研究所辖下中国研究服务中心（中心）主任赵志裕。多谢您对中心发展的关怀。正因为中心一直得到您和其他学者的支持，能够为弘扬中国研究的事业尽点绵力，我在此代表中心向您真诚致意！

中心馆藏的经营正陷于一个困局。我自2017年上任，眼看着馆内的珍贵藏品，因长期风化，渐渐化作残章断简，心痛不已！若不及时用专业技术保存，恐怕中心数十载珍藏的学坛瑰宝，将变成一堆碎纸；前辈鸿儒多年来的辛苦经营，亦将化为乌有；后进学者，即使来到中心，也只能凭吊馆藏昔日的光辉，嗟叹今日的凋零。加上年来冠疫肆虐，馆藏虽在，学者造访之心依然殷切，中大为诸贤服务之热情未冷，但学者已无法亲自到访，学术发展因之蹒跚不前，实在令人惋惜。

中大一向以弘扬中国研究为己任，亦肩负着保存壮大中心馆藏，使之能造福广大学术社群的重责。任重道远，经数年深思熟虑后，中大决定将中心馆藏交图书馆保存经营，并将部分馆藏分阶段数码化，使馆藏能不受疫情阻碍惠及广大学者群。中心馆藏通过图书馆专业团队的管理，并在海内外专家的指导下，将继续增长；现时中心的人员，亦将会在图书馆继续为各位服务；图书馆的其他人员，亦将会以他们在数码人文知识管理的精博学问为学者提供优质服务。

中大会继续礼贤天下学者，中心现时的学术活动，将会从服务中心活动的层次提升到研究所活动的层次，得到中大更大力的支持；能亲访中国研究所的学者，除了能在位于中心现址下层的图书馆内使用优化了的中心馆藏服务外，亦可到毗邻的中国研究所参与多种学术交流活动。中大既以弘扬中国研究为己任，当诚惶诚恐，先意承志，上不愧中心先儒创业的深意与劬劳，下不负新进学者的期望。

爱之深，责之切。我们非常感谢您对中心的关怀。我期待重组中心的管治后，中心现时的服务，会如天蚕化蝶，走出现时的困局，为中国研究提供更有力的支持。中大亦会坚守诚诺，道之所在，不辞劳苦，迎难而上。多谢您的真切关怀，并希望您能继续指导我们，为学科建设一起努力，并向学界仝人传达我校的善意。

今年天地不仁，明年是二零二一年，是二零二零「得一」之年。《道德经》上说："昔之得一者，天得一以清，地得一以宁，神得一以灵，谷得一以盈，万物得一以生"。穿凿古人，附会老聃，罪过罪过！但仍期望明年否极泰来！

志裕顿首拜上"

秦老师：2021年是USC发展的关键时刻，希望能继续得到您的支持和指导，为USC的事业筑建更坚厚的基础，作为我们留给后进学者的一份礼物。

志裕真诚致意

我只能回复：惟愿如此！愿重组后中心的事业能够更上一层楼。

　　秦晖，清华大学历史系退休教授。著作包括：《田野诗与狂想曲》，中央编译出版社，1996；《共同的底线》，江苏文艺出版社，2013；《市场的昨天与今天》，东方出版社，2014。（作者照，见33页下图右一）

中文大学田家炳楼，中心位于第八、九层。

第三部

吐露港畔的学术家园

难忘吐露港畔的学术家园

高华

    我听说大学服务中心是在八十年代初中期的事了。那时国门初开，有关海外中国研究的讯息开始传入内地的高校，研究生都如饥似渴地读着费正清的《美国与中国》一类书，在南京大学图书馆港台阅览室海外赠送交换的书刊中，我第一次知道，在香港有一个叫大学服务中心的收藏研究机构，据说那是美国为收集大陆信息在六十年代创办的，这时虽已是改革开放的年代了，但那些资料在介绍这个中心时，还多少有些意识形态的色彩，似乎大学服务中心不同寻常。

    1993年，我对大学服务中心的印象突然生动具体起来了，我在南京大学中美文化研究中心的学生李比特（Pierre F. Landry）多次和我谈起大学服务中心。李比特是法属留尼汪人，当时是美国密歇根大学的博士候选人，他在南大中美中心由我指导做"江苏省干部的结构和来源"的研究，他告诉我，为了完成这个题目，他去了香港中文大学许多次，在那儿的大学服务中心收集资料，特别是地方志资料，每次都要待三周甚至更多的时间。于是我知道大学服务中心已并入香港中大。李比特只要说起大学服务中心，都会向我提到，他在那里得到一个叫Jean的学者的很大帮助，她英文很好，非常了解学界的情况和学者的需要，他建议我以后如有机会去大学服务中心，也应认识Jean。

    1998年秋，我第一次应邀来香港中文大学访学，也是第一次来到大学服务中心，我发现这里没有任何神秘色彩，中心已进入一个新的发展阶段，就是一个收藏丰富、服务周到的学术交流机构。在这里，我结识了熊景明（她就是Jean）、关信基教授，还认识了郭小姐、

Karen、Betty、阿梅、谭先生、芬妮、刘小姐等中心的工作人员。在这以后，我每年都会来中心，或者应中心之邀来做研究，或是应中大其他单位的邀请访问中大，不管是什么名头，只要我去香港或途经香港，我都要来中心。无因它由，就是中心使我难忘，不仅在于它的丰富的收藏，更因为这里的人——他们的热情、周到、细心，使得来访的学者有宾至如归的感觉，这是一块令学人流连忘返，真正属于学者的"学术家园"。

中心的来访学者来自世界各地的大学和研究机构，九十年代以来，中心加强了与内地学者和研究机构的联系。几年前，"大学服务中心"也正式改名为"中国研究服务中心"。中心的负责人关教授、熊老师，以真诚、友善、热情的态度对待造访的每一个学者。不管是学界享有盛誉的名人，还是初出茅庐的年轻后学，中心选择来访学者的唯一标准就是看他的研究是否在当代中国研究领域，他的研究是否有真知灼见，而绝非以头衔和"名头"见人、待人。中心既邀请过秦辉、朱学勤、萧功秦、何清涟、谢泳、金雁、曹锦清、沈志华、徐晓等知名学者；也邀请过民间研究者胡伯威、刘宗秀；后起的李永刚、葛新斌、陈辉等也曾应邀来做研究。

以后我知道，Jean一直有一个想法，这就是中心要尽量为那些在偏远地区从事实证研究的学者提供学术交流的机会。正因为有了Jean的这个想法，我在中心见到了做"青海省贫困地区能源替代研究"的朱华女士，她是她所在的青海省贫困地区研究中心第一个有机会外出学术交流的学者；我也看到专门研究农村女童问题、来自安徽省淮北煤炭学院的青年女教师赵惠芳；显然，如果没有中心的支持，她们都难有机会前来香港中大研究。因为人们早已司空见惯了这种现象：国外、海外的学术机构，一般只会把目光投注到少数大城市的名牌大学和研究单位以及知名学者的身上，唯有Jean和关教授别具眼光，中心把关心和支持投向内陆，把机会慷慨提供给那些卓有成就、或具有研究潜力而资源又比较缺乏的内陆中青年学者。

中心的重要意义在于给来访的学者提供了一个广泛交流的、开放多元的平台。在午餐讨论会上，来自相同学科和不同学科的学者聚集一堂，共同分享交流看法。只要能抽出时间，关教授都会主持讨论会，他的谦和、善良和对学术的尊重使每一个见到他的人都倍感亲切。在另一些情况下，Jean又会邀请在该领域有研究的来访的学者做讨论会的主持人，沈志华和我都曾忝列主持人之位。中大的陈方正、金观涛、刘青峰、刘擎、萧今、苏基朗、叶汉民、郑会欣等许多教授经常来参加讨论会，香港其他大学的中外学者也会从不同的地方赶来参加讨论会。在会场，我也每次都看到刘淳、小何等博士生。虽然与会者有时也会就某个问题发生颇为激烈的争论，但在关教授和Jean的智慧幽默的话语中，争论者都会"化干戈为玉帛"，因为大家都知道，发展学术的唯一途径就在于兼容并蓄。

在中心，讨论和交流并不限于午餐讨论会，Jean是中心讨论的灵魂。当新来访的学者到达中心后，她会把客人介绍给已在中心的研究同行。在她的影响下，中心的来访学者们都会打破学科界限，自然而然地讨论起各种学术问题，先来者也会自觉给新来者各种帮助。小葛——来自华南师大的葛新斌是Jean"任命"的今年（2003）春季来访学人的"班长"。他除了热情为大家服务，没有任何"特权"。每晚小葛率领我们一行十一人沿着雅礼宾馆去山下的大道，散步到吐露港的海边。我们听沈志华聊朝鲜战争，朱华谈青海农村情况，"丘县长"（江西师大的丘新友曾挂职江西某县副县长）说乡民自治，王志筌（河南《法制世界》副主编，大学毕业后主动去西藏工作八年）说西藏和河南卢氏县那个腐败的杜二旦书记……我们每晚天南海北的神聊虽无主题，但每个人都真切地关心着国家的发展和我们社会的弱势群体，都希望自己的研究能对社会进步多少有一点帮助；也都由衷地感谢中心给大家提供了这么好的交流和彼此学习的机会，让我们相聚在中心这个如此美妙的"学术共同体"。

中心创造的不仅是一种尊重学术的气氛，它更是一块提升人心灵的人文净土。2003年春SARS肆虐香江，最严重时中文大学宣布停课，诺大的校园一片冷清。在关教授和Jean的带领下，中心照常运转，一切如常，来访的学者们依然沉静地在做着研究。就在这样的日子里，一个周末，Jean在中心安排了一次诗歌朗诵会。细心的她特别采撷了校园里几枝怒放的野花摆放在桌上。来的人中，不仅有所有中心的访问学者，还有香港乐施会的朋友。诗人郑丹衣和他的美国太太（也是诗人），刘淳、小何等一些中大的博士生也来了。在王志筌朗读了他诗选中的一篇"哀农夫"（他也是诗人，出过一本诗集）后，每一个参加者都朗诵了自己喜爱的诗歌，最后，Jean带着大家唱起了岳飞的《满江红》。在人们精神低迷的日子里，《满江红》激昂的旋律激励起人们的信心和希望。

中心对人的关心和关怀体现在一切方面。当你来到中心，你不需为没有港币吃饭而担忧，Jean早已想到，她会事先做好一切财务申请事宜。访客到的当天，阿梅就会带你去校财务处领取生活费的支票，并陪你去银行兑换成现金；她也会把刷洗干净的口杯送到你的研究室；当你为使用计算机的事操心时，脾气特好的计算机专家谭先生会立即来帮助你，几分钟内就解决了难题；今春我在使用校园快照时出了麻烦，那机器吃下钱但不吐照片，我随意和秘书郭小姐说起此事，郭小姐很快和快照公司取得联系，一周后我就收到了快照公司寄来的退还25元港币的支票；几年前我来访被中心安排住在"新研宿"的单人宿舍，Jean想人之所难，到达的第一天，郭小姐就带着阿梅给我搬来电视机、电话和一些生活用品；而Betty 和Karen在任何时候都是那么亲切友善，她们永远会不厌其烦地教我如何使用那台"高精尖"的复印机。在Jean的影响下，中心的工作人员都是那么敬业，在他们的身上真正体现了"服务"的精神，而这一切又都是如此自然。看到中心一个个如此善良的好人，怎么不让我们生活在内地、看惯了衙门办事人员冷脸的学者生出无限的感慨？

由Jean组织的中心每周六的郊游活动，也给来访者留下美好难忘的印象。关教授特别买了一辆大的越野面包车做为私用车，为的是多载一些学者去郊游；萧今也是开一辆面包车，多次专门来雅礼宾馆来接我和其他学者。有一次我不慎扭伤了脚，伤不重还能走，于是Jean就安排当日的活动不去爬山而是去看海。那天我们一行二十多人，其中有来自武汉、现已六十多岁的胡伯威先生，也有来自北京对外经贸大学的年轻的董瑾，大伙儿三三两两，坐在海边听沈志华讲朝鲜停战问题。那种亲切随意而又充满人与人友善的场景，至今还历历在目。

在中心，我又几次见到我过去的学生李比特，他现在已改名叫"李磊"，已是耶鲁大学的教授了。和过去一样，李磊还是每年来中心，为他的新的研究查找资料。自1998年我第一次来中心后，我个人的研究也从中心获益很多，我利用中心所藏的丰富资料，修改补充了我《红太阳是怎样升起的：延安整风运动的来龙去脉》一书的书稿，该书于2000年由香港中文大学出版社出版。以后，我又利用中心的资料，撰写了有关"鞍钢宪法和鞍钢工人生活"、"饥荒和四清关系"等论文，并在中心开始了我的两个新的研究：《阶级出身问题研究》和《文革中的社会控制研究》。我在中心的体会和收获是如此丰厚，我由衷的感谢中心，感谢中心的所有朋友，感谢在这里相遇的每一位学友。

上个月中旬，我在从台北返回途中再次来到中心，景物依旧，只见又一批研究者正在孜孜埋头研究。Jean还是那样忙前忙后，她正在准备中心为配合中大成立40周年而举办的历史上最大的一次有关当代中国研究的国际研讨会，届时将有来自世界17个国家和地区的学者聚集中心，我为有事不能来参加会议而深感遗憾，在此预祝会议圆满成功！在中心，我见到了老朋友、来自中国人民大学的张鸣。我停留时间较短，没有机会听张鸣的报告，请求Jean开一个特例，让张鸣先讲一次。Jean征求他的意见，张鸣慷慨允诺，我这就和大家一起，愉快地分享了他的有关"义和团和民族主义"的新见解。

一拨学者回去了，另一拨学者又来了，这就是中心——一个新思想、新学术、新人生态度的孵化器。我难以想象，如果不是关教授和Jean在主持这个中心，中心的这种功用和人文氛围是否还能维持下去？正是在这里，我感受到一种新的学术和生活的方式，这是远古"Academy"的声音在现实世界的回响。未曾料想，在红尘万丈、物欲功利横流的当下，在关教授和Jean的辛勤耕耘下，在中心，我竟然能找到那种只有在典籍中才能体会的"学术家园"的感觉！

能不忆中心？

高华，原南京大学历史学教授，曾多次来中心访问。著作包括：《红太阳是怎样升起的》，香港中文大学出版社，2000；《革命年代》，广东人民出版社，2010；《历史笔记》，香港牛津大学出版社，2014。（作者照，见18页下图左一）

中心不是什么

李连江

中心是"大学服务中心"，创办于1963年，跟我同岁。我还能写文章，中心已经不在了。但是，中心真的不在了吗？中心是什么？在是什么意思？不在是什么意思？这些问题，乍看起来答案似乎清楚明白。仔细一想，明白就变成疑惑，越想越不明白。我脑筋迟钝，凭空想不明白就动笔想，希望动笔能帮我想明白点。

一动笔，忽然记起四十年前翻译的一本书。作者是Armand A. Maurer，书名是*Medieval Philosophy*（《中世纪哲学》）。欧洲中世纪经院哲学是基督教神学家的哲学，他们探讨的核心问题是如何理解上帝。上帝是什么？如何证明上帝存在？开始，哲学家们很快就达成共识：上帝全善、全知、全能。根据对上帝的这个理解，他们构建了关于上帝存在的种种论证，最有意思的是本体论证明和目的论证明。本体论证明是：上帝尽善尽美，因而一定存在，否则就不尽善尽美了。目的论证明环节较多：上帝创造天地万物，以人为目的，"万事都互相效力，叫爱神的人得益处"（《罗马书》8章28节）；个人自有目的，人类的终极目的是上帝；生命的意义是生命之间关系，若无上帝，个人的一生有意义，但人类的存在没有意义；所以上帝一定存在。

可是，过了段时间，有些哲学家发现，不能用善、知、能这样的概念定义上帝，否则会陷入两难境地。比如，读《创世纪》，会觉得全知与全善有矛盾。伊甸园的蛇引诱夏娃吃智慧果，上帝事先知道吗？事先不知则非全知；事先知道则非全善。读《旧约》中耶和华的神迹，会觉得全能与全善有矛盾。为什么以色列人遭遇那么多外来的与自生的灾难？上帝有意愿有能力一劳永逸地消灭人间一切苦难吗？有意愿无能力则非全能，有能力无意愿则非全善。考虑到这些逻辑困境，有些哲学家提出一种新的神学理论，即否定型神学（negative theology）。大意是，人的智力有限，人创造的概念只适用有限之物，不适合无限的上帝；我们可以说上帝不是什么，但不能说上帝是什么，否则就把上帝贬低为有限之物了。上帝是无限的、神圣的，有限的人不能用人的有限语言定义神，也不能用人的有限语言论证上帝的存在。

回忆起这些，我明白了：我说不清中心是什么，想不通中心是否还在，因为中心在我心目中与上帝有相通之处。凡是神圣的，都是不可言说的。维特根斯坦说："凡可说者，皆可说清；不可说者，应当沉默。"不舍或不宜保持沉默，勉强说不可说者，最好是从否定入手，先说不是什么，说清楚了，也就大致说清了是什么。

中心不属于香港中文大学。中心的全名是"大学服务中心"（Universities Service Centre），"大学"是复数，严格翻译是"各大学服务中心"。中心是全世界各大学的，因而不是任何大学的学术资产。中心根本就不是学术资产，不能用资产眼光衡量中心。中心是全世界研究当代中国的学者的精神会所，这些学者不代表其他国家对当代中国的官方态度，只体现其他民族对中华民族的好奇心与同理心。中心像个家族的祠堂，家族成员是有兴趣深入认识当代中国的学者。世上最可怕的不是有根有据的批评，而是无根无据的敌意；不是偏见，而是无知；不是不了解，而是没有兴趣了解。来中心的学者是散人，散居地球村的各个角落，无论在哪里谋生存求发展，都不是主流。中国弱，他们陪着中国受轻视；中国由弱变强，他们陪着中国受人猜忌。这些学者来到中心，如游子还乡。游子必须浪迹江湖，但是，有中心，就有一块心灵向往之地。在这个意义上，中心属于全世界各大学，属于全世界，当然也属于中国。

中心不是研究单位。中心的灵魂人物熊景明不是学者，然而胜似学者。她没发表多少"学术成果"，不是不能，是把热情、智慧、时间和精力投入了更重要的"服务"。"服务"不是端茶送水，不是安排食宿，是根据学者自觉、半自觉甚至不自觉的需求搜寻研究资料，是用学者的眼光组织排列资料。更重要的，对年轻学者来说，熊老师的"服务"是高明的指导。她在中心的前十几年交往的年轻学者，已经成长为学界领袖。熊老师不仅见证这些大学者的成长，更辅助这些大学者的成长。研究者的心得，也是她的心得；研究者看不到想不到的，她根据自己祖传的智慧和亲身经历看到想到。她只是不须动笔，只是慷慨无私自然而然地分享她的洞察与创见。这是熊老师的"高"。

熊老师还有她特有的"明"。大学者无论多么天才，都不能不自觉地收束自己的研究兴趣，深耕一块沃土。熊老师不受学科藩篱的束缚，多年浸润从不同学科对当代中国的研究，形成了全面的、历史的、既内省又客观的独特视角。她不仅清楚中国研究的现状，也看得清研究的动向。十几年前，有些博士生问我如何选择论文课题，我的答复是：去中心找熊老师，她顶八个博导。

熊老师独特的"高明"像魔法。她不是单兵作战，神奇地把中心变成了互信的中心，从而变成创新研究的孵化器和加速器。来到中心的学者，自信满满，这不奇怪。神奇的是，自信的学者一旦来到中心，不论资深资浅、内向外向，都自然而然地轻松健谈，毫无保留地讲自己的新体会，论证自己的新观点。为什么？因为有信心，相信中心是风云聚会的学术创造圣地，相信凡是在中心有缘相见的都有为求知而求知的科学精神，从而相信分享一分会收获十分。

中心也不是中心。中心是午餐研讨会，用三十分钟听专家讲几个月、几年甚至几十年苦心研究的心得，在问答时间想到让自己惊奇的新颖想法，说出令自己佩服的中肯评论。中心是游泳池边的学生餐厅，是范克廉的午茶。中心是周末行山，是大埔滘的蓝路、黄路、红路，是石岗军营盛开的木棉花，是遥远的塔门岛，传奇的新娘潭。中心是在熊老师"大呼小叫"的提醒下，欣赏美丽落寞的鲜花，注目标志生态良好的青苔。中心是听熊老师用英语呵斥拦路抢书包的猴子。

中心辉煌地存在过。中心还在吗？

李连江，香港中文大学政治学教授。著作包括：《不发表就出局》，中国政法大学出版，2016；《戏说统计》，中国政法大学出版，2017；《学者的术与道》，上海交通大学出版社，2022。（作者照，见43页上图右二）

如同母校——我与USC

赵树凯

对不少中国学者来说，进入USC是"睁眼看世界"的开始。诸多朋友谈到USC，多有此感，我本人亦然。

历史上USC为西方学者而建，初心是为西方学者研究中国服务，西方学者主要在大学，所以称为"大学服务中心"。近六十年间，全球中国研究学者几乎无不受其滋养，看看众多著作的作者致谢，这么说并不夸张。中国改革开放以后，特别是九十年代中后期开始，USC锐意开拓，不仅面向西方学者，而且面向中国大陆学者，成为汇通中西学者的学术之家。USC为中国学者研究服务，是对世界范围内中国研究的又一种巨大贡献。

在新旧世纪之交，USC开始专门从中国大陆邀请访问学者，每个访客两个月，中心提供往来香港的交通、住宿等生活费，支持大陆学者利用中心图书资料开展研究。访问学者项目是USC的创新，在此之前，USC只接待来访查阅资料的学者，不为学者访问并提供资助。这项服务通常不提供给西方学者，只针对大陆学者，这对当时的大陆学者来讲非常重要。USC从大陆邀请访问学者，不仅面向高校，还面向有关政府机构。比起大学来，政府人员访学机会甚少，二十多年前情况更严重。以我为例，如果没有邀请方经费支持，单位不会批准。上世纪九十年代后期农村问题爆发，三农问题受到普遍关注，USC特别邀请了若干农村研究学者，对中国三农问题研究是重要推动。尤其重要的是，USC还邀请了一些县乡干部，支持这些三农问题中人，依托自己独特条件研究三农，这更是通常西方的大学所做不到的。在农村研究里，我们这些曾经的访客一起谈感受，最突出的是开阔了视野，深化了思考，提升了事业。回顾改革四十年来的农村研究，USC功不可没。

我第一次到USC是1998年秋季，那是一个关于农村改革的会议，我提交了一个关于农民上访问题研究的报告，认识了熊景明老师和关信基教授。2000年春，我到USC访学两个月。那次访学已二十余年过去，至今想来历历在目。利用USC丰富的资料开展研究，熊景明老师给予我全面指引，还介绍认识了不少海内外学者。熊老师对农村问题有深入的调查研究，我们常一起讨论，收获很大。关信基教授是著名政治学家，曾多次给我讲解当代政治学的新进展，特别是给我讲亨廷顿的政治制度化理论，犹如茅塞顿开。

世纪之交，我在北京组织了北京八所高校的学生利用假期开展农村调查，受困于经费难以持续，熊老师给我提供了大力的支持。受熊老师委托，我在北京做了一些学术联络工作。那时互联网还不发达，访问邀请不能通过互联网申请。熊老师交给若干访客申请表，代为宣传和物色推荐访问学者。我推荐物色到的学者，主要是从事农村研究的，包括一些有善于思考的基层官员。熊景明老师还介绍我到驻北京的亚洲基金会担任中国乡村治理项目顾问。在我的研究道路上，USC是非常重要的支持者。

在USC访学之后，我又有若干次美欧游学，比较下来，USC别有洞天，独树一帜，其核心优势为诸多世界名校望尘莫及。USC的图书资料优势，特色集中于"当代中国"。在当代中国研究领域，USC馆藏的丰富性、及时性，放眼全球，无出其右，即便哈佛费正清中国研究中心图书馆、燕京图书馆、斯坦福大学东亚图书馆也有所不及。USC特色，不仅在于馆藏，还在于系统、全面、高质量的学术信息和资料服务支持体系。USC本身不是研究机构，没有自己的专业研究人员，没有自己的研究取向；这恰恰成为他们的优势所在，真正以访问学者的研究需要为中心，对访问学者有更广阔的包容性、更细致周到的研究支持。在USC的访问，学术收获不仅是资料方面，更重要的是与各路学者的交流。丰富的学术交流活动，穿梭来往的中西方学者；既有学界名流，也有年轻学子；既有济济一堂之讨论，也有三五相邀之出游；皆快然自足，其乐融融。

USC的主任通常有中文大学的教授兼任。长期以来，熊老师作为中心的助理主任主持工作，是USC名副其实的"核心"。熊老师对我们所有访客充满关爱，为支持我们的研究竭尽所能。在中国研究领域，熊老师堪称"胸怀全球，目迎八极"，全球范围内中国研究的各方神圣无不熟悉，中国研究界风云际会无不洞察。熊老师并非某个研究领域的专家，但她对所有的专门研究提供不可或缺的支持引导。我非常认同连江兄文章中的话："有些博士生问我如何选择论文课题，我的答复是去中心找熊老师，她顶八个博导！"

二十几年间，我多次到USC，或开会交流，或写作需要，三天五日，甚或一天半日。即便别事访港，也会到USC，在一楼二楼转转，与熊老师小坐，否则心里有所失落。最近一次到USC，是2019年1月，为"国际中国研究博士生研讨班"讲座。这是USC主办的年度项目，在海内外学术界具有广泛影响，吸引了许多优秀的青年学人。这次在港逗留一周，与熊老师、中心主任Perry Langry教授多次见面讨论，还谈到今后可能的合作。想到USC，我的内心充满温情与敬意。那种感觉，犹如想到求学生涯某个时期的母校。

现在，作为机构的USC已经不复存在，但是USC的辉煌贡献，USC的工作精神，已经深深铭刻在中国研究学术史上。

赵树凯，山东大学政治学与公共管理学院教授，曾任国务院发展研究中心信息中心主任等职。著作包括：《乡镇治理与政府制度化》，商务印书馆，2010；《农民的政治》，商务印书馆，2011；《农民的新命》，商务印书馆，2012。（作者照，见20页上图左一）

当代中国研究的海外基地

沈志华

今年春天，我接受香港中文大学所属大学服务中心（The Universities Service Centre）的邀请，作为访问学者在那里进行了两个半月的研究和收集资料工作。离港之际，我最大的感触是，倘若国内的图书馆、档案馆和资料馆都能够办成如该中心一般，那可真是中国学者的福音和幸事了。

解开两个先入为主的谜团

初到香港之时，我心中存在两个疑问：第一，望文生义，"服务中心"大概是负责来访学者衣食住行的接待单位，具体研究工作自然另有部门承担；第二，听在港访问的大陆人说，该中心原是美国中央情报局创办的，故来此做研究当格外小心，以免再招惹是非。

后来，对于中心历史的逐渐了解，为我解开了这两个谜团。大学服务中心的确是美国人创办的，但与CIA并无任何关系。相反，它的成立恰恰是抵触当时政府对华政策的结果。五十年代在美国猖獗一时的"麦卡锡主义"以及朝鲜战争在美国人心中留下的阴影，形成了一种特殊的政治和社会环境，很多对研究"红色中国"感兴趣的人因亲共或通共之嫌遭到联邦调查局审查，致使美国学者谈"共"色变，谈"华"色变。因此，学术界的中国问题研究一直处于低潮。到五十年代末，一批有远见的美国学者决心冲破政府设置的种种樊篱，他们认为，不能漠视新中国这一泱泱大国的存在而将其排斥于国际家庭之外，必须开创西方对中国研究的新局面。

然而，在当时中美关系的状态下，要进入中国境内收集资料和开展研究，简直是痴人说梦，学者们便决定在香港设立一个资料收集和研究的基地。经过多番努力，终于在得到私人基金会的赞助下，于1963年建立了这个大学服务中心。从英文Universities的复数状态可以看出，该中心的宗旨是为各大学学者提供服务的。七十年代初，美国学者联合会委员会成为该中心的管理和经营机构，并依靠卡耐基、福特、米兰、鲁斯、全国人文等基金会的慷慨解囊，继续使中心担任着西方学者研究中国问题的远东大本营的角色。

七十年代末，中国的大门渐渐打开。随着中国改革开放政策的实施，西方学者直接到中国进行实地考察和收集资料已经不再是可望而不可及的事情了。由此，中心申请资助遇到困难，加上香港租金日益上涨，迫使美国学者联合会委员会1988年做出决定，将该中心迁至香港中文大学校园，并于1991年正式移交中大。中心主任现为中大政治行政学系教授（兼系主任）关信基博士，日常管理工作由助理主任熊景明女士负责，大政方针则由一个包括香港及国际学者组成的顾问委员会决定。

中心收藏丰富、使用方便

大学服务中心规模不大，但专业性很强。八十年代初，鉴于中心已不再是西方学者研究中国的唯一基地，当时的中心主任John Dolfin颇有远见地提出改变中心的工作重点，即集中人力和财力收集资料、文献。中心转入中大以后，进一步加强了这方面的工作，特别是地方性资料的收集。至今，位于田家炳楼第八-九层的中心阅览室已经收藏了大量有关当代中国的中英文图书、报刊和其他统计资料。

除了50000多册中文藏书，5000多册英文藏书，2000多种大陆期刊，80种港台期刊，以及80多种有关中国研究的英文学术刊物之外，我以为，中心的过人之处在于其收藏完整的地方报纸和地方志，以及各种年鉴。其中中央和各省报纸总计约400余种，大多收藏自四十年代后期和五十年代初的创刊号。以广东省为例，便收藏有《南方日报》、《广州日报》、《广东农民报》、《广东侨报》、《湛江日报》、《韶关报》、《佛山报》、《深圳特区报》等凡28种。收集较全的地方报纸还有上海27种，四川10种。此外，尚有全套电子版的《人民日报》、《光明日报》、《解放军报》和《中国人民大学报刊复印资料》，以及装订完好的多种文革时期红卫兵小报，可谓"品种齐全"。我在此进行研究时，能够在几天之内搞清建国初期中苏经济交往的概况，即是查阅电子版报纸的结果。

展现在读者面前的840种各行业年鉴和县级专业志（如粮食志、水利志、教育志等）、1500种由省到村一级的地方志和大量其他统计资料（如历次全国人口普查资料等），既是中心管理人员引以为荣的资本，更是中心能够吸引各国学者的优势。由于发行渠道阻梗，这种出版物往往印数极少，中心只能依靠自行建立的采购渠道才可辗转收集到这些珍贵资料。例如，贵州省印江县花费7年功夫出版的县志，仅印制了20册，当中心托人询问该县时，只剩下4册了。幸而中心信息灵通，并有私人渠道，才如愿以偿。这些看起来不起眼的地方史料，其实颇具参考价值。我在访问期间，临时接受了韩国国家电视台的采访。当电视编导提出了一个我未曾研究过的问题——朝鲜人迁入中国东北地区的历史背景和中国军队中朝鲜籍战士的状况时，我临阵磨枪，立即想到利用中心收藏的东北地方志和人口统计资料及有关报纸。结果，仅用几十分钟便解决了问题。真是"踏破铁鞋无觅处，得来全不费功夫"。类似的感受，同来的访问学者也时有谈起。

实际上，更令读者满意的当属该中心的服务水准和待人之道。我在此没有见到"为人民服务"一类的标语口号，但在日常接触中却深深体会到中心管理制度的目标取向和中心服务人员的敬业精神。凡来此查阅资料的研究人员，无需办理任何手续，也不用交纳任何费用，只是在入口处签个名而已。至于国外学人，不仅不用办理专门申请，中心还可以帮助他们办理签证、安排食宿、聘请研究助理及解决其他问题。这里的所有书报期刊均是开架的；计算机和复印机的使用，以及上网查询资料也完全是"自助餐"，极其方便。中心只有8名职员，从采购到编目，从设备维护到日常管理，工作安排紧凑，井然有序，其效率之高，可见一斑。这里的工作人员除粤语外，都会讲英语和"国语"（尽管目前香港正在推广普通话，但会讲者仍在少数），他们对任何来访者都是有求必应，有问必答。我接触较多的露丝、芬妮和小谭，待人热情，服务周到，让人感觉他们就是自己的研究助手。更令我感动的是，身兼数职、工作繁忙的中心主任关信基教授，竟答应以其所长帮助来访学者去市场选购笔记本电脑。

中国问题研究者聚集和交流的理想场所

我在访问期间不仅收集到不少有用的资料，并写出数万字的研究成果，更结识了一批不同专业的各国学者，掌握了许多相关学科的学术信息。这在访问者来说是意外收获，对于中心，则是其刻意营造出来的一种独特的学术交流氛围的必然结果。

除了面对本校和本港从事当代中国研究的教师和研究生外，中心每年还要接待数十位港外学者，平均每天有三十几位研究者同时在此工作。特别是近年来，中心每年还资助一批大陆学有专长的研究人员来此做访问学者。有人想到，如果把几十本来中心查询资料的学者登记簿整理出版，就是一部世界各国的当代中国研究者名录了。在六十至七十年代，西方学者聚集在这个位于中国大门口的研究基地，取得了不少重要的学术成果，大大增进了外界对中国的了解。据八十年代初一份不完全的统计，西方学者利用该中心资料进行研究而出版的学术专著已逾两百部，其中不乏业内人士必读之作。此外，也有一些来此访问的学者后来成为各国政府的中国问题顾问或外交官，如澳大利亚首任驻华大使Stephen Fitzgerald和前任香港总督卫奕信（Wilson），都是曾经造访中心的学者。

我即在访问期间结交了一批来自德、日、韩、美、英以及大陆和香港的学者。与参加国际会议进行学术交流的效果不同，由于中心的精心安排，大家在此可以有充分的时间认识和交谈，而不仅仅是礼节性的寒暄和互换名片。能够有此机会，在很大程度上有赖于中心组织学者进行交流的两个特别的传统项目——别开生面的午餐研讨会和"行山"漫谈。

中心每星期举行一至两次午餐研讨会，由中心的客座研究人员或过路来访学者主讲，每次一个专题，均为讲演者长期研究的心得体会。参加者二十至五十人不等，其中既有本校师生，也有在港的各国学者。这种研讨形式颇有益处，专家们会聚一堂，各抒己见，切磋争论，固然各有所得，对此专题感兴趣的业外学者参加讨论或旁听也受益匪浅。由于是利用午餐时间开会，所以既不耽误自己的研究，又能在最短的时间里吸取别人长年研究的成果。我对中国粮食政策、农村教育问题、社会团体的发展及其作用以及大陆学者的民主改革思路等专门知识的了解，即得益于这些研讨会。中心还经常在周末组织来访者到郊外爬山，这不仅是工作一周后放松身心的活动，也是学者之间交流思想的好机会。漫谈之中，加深了各路"英雄豪杰"对彼此学科的了解和认识，由此引发的灵感往往不亚于读书所得。

由于北京有事，我不得不提前结束在中心的研究工作。临行话别时，熊景明女士引路登高，俯瞰中大校园，谈到该中心的目标是要办成一所服务国内外学者的"当代国史馆"。就这两个多月的亲身体会来说，我相信这决非戏言，也衷心地祝福他们实现自己的宏愿。

沈志华，华东师范大学历史学教授。主编《苏联历史档案选编》

（凡36卷），著作包括：《朝鲜战争揭秘》，香港天地图书有限公司，1995；《毛泽东、斯大林与韩战》，香港天地图书有限公司，1998；《苏联专家在中国（1948—1960）（第三版）》，社会科学文献出版社，2015。（作者照，见23页下图后排右二）

梦失故乡

苏阳

那年去邻近一间大学听讲座，认识了一位同行前辈，聊得很好。读过他的两本书，能跟作者交谈是难得的快乐。事后才意识到我跟他是USC的"同乡"。他这两本书的研究，都是凭借USC为据点展开的。我曾与来我们系访学的一位学生结成合作伙伴，起初的彼此认识也因为USC。那时我在中心收集研究材料，他是香港中大的博士生。仔细想来，几十年来我在学术界认识的人中，不少的老师、合作者或者朋友，都因USC这条纽带串起来了。

我脑子里的"乡亲意识"，可能和我本人跟USC关联紧密有关。用英文来说，我可以算是USC的Native Son。用中国话可称为同谱同宗。我的博士论文是应用在USC收集的县志写成。我的导师、我的导师的导师，以及我的导师的导师的导师，都是通过在USC的访谈完成的博士论文。几代师生中的每个人在毕业后也一直跟USC保持密切的关系，结下终生的不解之缘。

如果你曾侨居异乡，会理解这样的噩梦：越过千山万水归来，故乡已不存在。熊景明老师约写这篇文章后，一年来，我梦中有时出现一个情景：中大校园的山坡上，USC所占第八和第九两层的田家炳楼体仿佛雾里危楼；有时则梦见香港挂起了热带风暴预警风球，雅礼宾馆在巨大的海浪里时隐时没。梦中醒来，不由念道：故乡你还在吗？

虽说是故乡，我很晚才知道USC的存在。待终于来到，才明白它跟我已经有了很多年交集。早在八十年代在北京求学时，我便读过USC"同乡"的作品。此时对文革灾难记忆犹新，社会上弥漫着反思、解剖中国社会和体制的气氛。大学生在对台湾社会的评析中，看到"深层文化"的影子，狂购龙应台的散文集，学着她断喝："中国人你为什么不生气？"北京的书摊里买到一本从英文翻译过来的《毛主席的孩子们》。该书通过采访十几名当过文革红卫兵的人，研究他们的社会政治人格。作者探视中国社会的外来者视角，令人耳目一新。当时没有留意作者的研究怎么做的，在哪里进行。在海外留学的同学也说起英文版的《陈村》，只是国内当时找不到这本书来读。

原来，冷战期间很多美国学者用香港作为研究落脚点，通过采访来自大陆逃港者或者合法移民，来研究中国社会。这个现象，直到我在美国读博士的时候，读了Andrew Walder（Andy）所著的*Communist Neo-Traditionalism*一书才意识到。只是当时还是疑问重重。我第一个疑问是，天哪，谁在香港帮他们啊？人生地不熟的，谁来招募，谁来联线，谁来翻译？我的第二个疑问是，这样采集到的材料能研究出什么有见地的结果吗？

对于第一个问题，书中有很细致却不完整的回答。Andy说他在1979-1980年去了两次香港，一共住了12个月，对80个受访人进行了232次访谈，历时532小时。受访人一般是从大陆来港的工厂员工。为了得到多角度的信息，他设法采访各式各样的背景的人，车间干部、技术人员、一般工人；也按不同的年龄、文化水平、和来港前的政治背景选择被访者。

作者介绍的这些细节，令人想象得到研究的复杂性和难度。这样一个课题，就算在中国大陆的实地展开，没有语言、文化或者政治的阻隔，也十分不容易做到。我想，Andy当时在香港，一定会有一个协助他的支持系统，帮助他安排种种细节。那是一个怎样的系统，由什么人构成，做了些什么？九十年代中期，就在我读这本书而为这些问题疑惑的时候，Andy从另一个大学加盟到我所在的学校，成了我的老师。经常在他办公室进进出出，我居然一次都没有问过他当年在香港做田野的事，何许人帮助过他。

我更多的疑惑在于：以"隔空打炮"的方式，远程来研究一个社会，能搞出什么名堂来吗？当时我不知道Andy曾得过几项学术大奖；也没有胆量和视野去评述其学术。但是我却有一个"本土者"的资格鉴别书的真实性与价值。我在毛治下中国长大，毕业后在北京一个大型国营企业工作过。Andy写到的那种既带有原则性又有个人之间的特殊性的庇护关系我见得多，也经历过。我的结论是Andy写得很"接地气"，处在其中的人反而未必能够总结得出来。另外，他对人际关系复杂性的描写，袪除了一个关于红色中国"极权主义"的迷思，让外部世界觉得中国社会跟其他社会一样可以理解。对Andy研究结果的佩服，加深了我对他在香港进行研究这个奇怪方法的好奇和想象。

我读到的另一本奇书是傅高义（Ezra Vogel）所著*Canton Under Communism*。那时我在准备文革研究的博士选题，开始阅读有关广东的地方历史。首先引起我注意的是它引人入胜的情节，以及描述的细致程度。我自己是广东人，也听讲过"地方主义"、派系斗争云云，但是对精英政治的来龙去脉一无所知；此等敏感话题，中文材料里也少有记载。所以，当我从书中读到古大存和方方等等本土干部怎么在陶铸等人手下倒霉的故事，我的惊鄂程度不可言状。后来注意到，此书比Andy的书早出版十几年，是USC作品中的先驱之一。Vogel写该书时是信息更加封闭的六十年代，也没有能进入广东。隔着远距离在香港读大陆的报纸，同时在USC住下来采访在政府任过职的来港人士，成就这部杰作。

费正清（John Fairbank）在该书扉页上写的推荐中，特别提到了这个研究"方法"。这应该是对USC的一个间接的赞美："本书将成为社会学者从外围世界研究共产主义中国的杰出范例。最近十年，许多经济学家和政治学家的同类著作层出不穷，但《共产主义下的广州》一书更为公允，更符合史实，方法更为得当"。

据说我的导师辈用过的USC是香港城里的一个小楼。到了我们这一代，中心已经搬到了郊区山里的中文大学。时代变了，我们收集资料的方式也迥然不同。

我第一次去USC是在2000年夏天。一排排的书架，安排得有条不紊；收藏的规模很大，让人感到自己很渺小。室内空调通常有点冷，让我这个来自加州的人不太习惯，得穿上外套。外面是炎热的夏天，几站地铁之外，大都市车马喧嚣。而这里书多人少，另成一个安安静静的小天地。

几周下来，每天都按点来按点走的人当中有我和Pierre Landry。现在回想起来，我们两人使用USC的方式很相像，可能代表了文革后开放时代的USC新模式。可以说，USC对Vogel和Walder，以协助访谈为主；文革结束后，USC之于我和Pierre，以提供资料馆藏为主。

Pierre是法国人，他的书里有个颇有趣的说法，他来香港要跨越"两个大洋"（my incessant travels two oceans away）。此说令人费解，法国和香港明明没有大洋阻隔啊？原来，他要从法国先到美国（越过一个大洋），再从美国来到香港（越过另一个大洋）。这个经验和感受，其实我也类似。虽然我是广东人，但我抵达香港的路线也是先从中国到美国，再从美国到香港。

当时Pierre是密歇根大学毕业的新科博士，之所以会来这里当然也是因为USC的"家族"关系。他的博士论文指导老师里，Michel Oksenberg和Kenneth Lieberthal跟USC做过研究的人物关系密切。另外，傅高义（Ezra Vogel）的博士生Martin Whyte在USC研究完毕后去了密歇根做老师，而Whyte也安排自己的博士生Andrew Walder（Andy）去USC。我自己呢，则由Andy安排从斯坦福来这里。

出门之前，我已经在加州跟从USC复印过来的县志资料打了好几年交道。我是Andy的文革研究课题组的一员，用电脑录入他历年来收集的文革历史。这种对资料的用法，始于Andy的另一个老师Charles Tilly所开拓的事件历史分析法，广泛应用于美国社会运动研究领域。熊景明的一篇回忆文章中说，Andy每年都要去USC一两次，估计积累和复印县志是其行程的内容之一。根据定量的数据，我们已经把中国农村文革的深度和广度做了一个描述，发表于《中国季刊》。由我经手的数据，收集了1556个县的文革情况。我毕业后，这个课题由Andy带着学生继续进行，最后涵盖了2243个县市，研究成果丰硕。

我到USC的任务，是重新翻看一本本县志，获取更多的变量。已经复印到斯坦福的部分，只是关于文革事件本身和一些县为单位的基本情况。为了对比分析武斗或者屠杀的严重程度，我提出了一些假设，需要更多的数据来检验。比如，县委县政府最高层的人员构成——有多少个是南下干部，有多少是本地干部。又比如，一个县的偏僻程度、人口构成也可能有关。等等。我一个人做不了那么多，就集中收集三个省的资料。

Pierre研究的一个中心问题是解释中国政体的稳定性。为什么一个在政治上高度集权的体制里，经济上却广为分权？经济上的分权难道不影响到政治权力的集中吗？他大量使用了USC馆藏的地方志以及年鉴，建立了定量数据库。这些数据，不仅使他能够测量全国各地分权的程度，与其他国家进行比较，而且用来探讨为什么地方官员在拥有经济权力的情况下仍然服从中央。他跟我的研究有所不同的是，他除了运用USC的资料收藏之外，还在USC等单位的协作下，对大陆部分地方官员进行了问卷调查。

以上两个项目令人看到USC资料收藏的价值之大，在于它的完整性。以Andy和我从事的文革项目为例，最后收到的资料包括了1967年中国行政划分的96%的县市单位。拿Pierre的项目来说，USC丰富的年鉴收藏，也令他可以比较完备地分析全国各省、各市、以及各县的官员的数据。这当然是中心工作人员不懈努力的结果。熊景明介绍说，在某一个时间点，订阅期刊达到2000多种、报纸400多份之多。说到年鉴，"收集统计资料的人十分卖力，他直接到统计局购买。"关于地方志："我们开始托人四处搜罗。我看到内地召开方志工作会议，想到只要找到一位行业中人，请他帮忙，便可一网打尽。"

然而，资料的完整性是中心特色导致的结果。与此相关，USC也不仅仅是一个图书馆或者资料中心。USC能够起到本文所述的作用，是因为它的工作人员创造性和激情、以及它跟研究者的关系。如果把USC当做一个图书资料库来管理，不可能取得它过去几十年的成绩。在中国的体制的急剧变化过程中，信息和资料的产生没有一定之规可循，所以收集工作只能是积极的、具有创造性的。如果没有特别的使命感和激情，不可能做到。另外，资料收集的过程在研究者信息反馈和指导下完成。没有研究者积极创新的使用，收集不会有方向感，收来的资料也是死的。从这一点来看，USC的其他"研究服务"功能就显得同等重要。它提供了一系列便利，有时候还包括一些经费。用高华的话来说，它成了学人的"家园"。于是，除了它的资料，多年来USC成为英才聚集之所在，无怪乎有人称之为"中国研究的麦加"。

毕业以后近二十年来，我经常回USC去做其他课题，每一次也同时是"返乡探亲"。有一次居然在USC碰到并且认识了Anita Chan——那个《毛主席的孩子们》和《陈村》的作者——和她的丈夫Jonathan Unger。其时，我和他们不但因学术而神交已久，而且彼此有很多共同的"亲戚"，一般都跟USC有关。就在他们当年做研究的地方见到两个作者，那是一个多么神奇的感受啊，满足了当年在北京街头的书摊第一次看到《毛》书的好奇和想象。同样神奇的是，另一次在USC，在一次熊景明组织的"行山"活动中，同行的人群里居然有龙应台。对，就是写《中国人，你为什么不生气》的那个龙应台。我已经远远过了做粉丝的年龄，所以那天行山路上跟龙应台交谈时，故作镇静。

那真是个"谈笑有鸿儒，往来无白丁"的地方。有一次，熊景明老师约了去山坡下食堂吃饭，高华坐了过来。"江南儒生的白面，却有粗密刚利的头发。白面和头发之间，双目炯然。"因为我研究毛和文革的缘故，高的著作《红太阳是怎样升起的》是我最推崇的学术典范之一。在一篇纪念他的文章中，我记述我们相识的一个细节："香港的八月，闷热得象蒸笼一样。那天还似有似无地下着细雨。我们所住的雅礼宾馆门前正好有一段难得的平坦路面，一二百米长短。高华就在这一小段平路上走路，来来回回，一遍又一遍。他笑笑对我说，'我这样的身体，不能停下锻炼'……在繁华闹市的尽头，在癌症的阴影下，高华开辟了一小片自由的空间。此时他正在泰然自若地利用着、享受着这一点点的自由。远处有迷蒙的海湾和迷蒙的楼群，稍近处不时传来高架桥上汽车的轰鸣"。

　　每次从美国"返乡探亲"，除了去香港，一定少不了探访另一个故乡。或者在山舍里访旧，或者在田埂上行走；或者在飞机上俯瞰广州和深圳的楼群，或者在高速火车里穿越于三个都市之间。想想中国在文革后几十年经历的变化，每每感怀之心不已，感恩之念有加。

　　如果中国的腾飞是一个奇迹，我经常思考这个奇迹背后的另一个奇迹：当初，一旦中国愿意走向世界，世界痛快地说"好啊"，而不是因为种族文化偏见或者意识形态偏见而阻挡反对。"当中国与西方彼此敌对时，我们仍将中国人当成人类社会一员看待。"要知道，做到这一点有多么不容易！

　　在这些思考中，我会想到很多USC"同乡"的和这些人所做过的工作。从他（她）们身上，可以为后一个奇迹寻求一个可能的解释。就是说，USC所代表的对中国社会的深入研究方式，它为学人提供的比较符合实际情况的知识，具有打破种族和意识形态偏见的作用。正如傅高义（Ezra Vogel）在一次发言中所总结："如果不是来到香港，得到中心的支持，我们何以了解当时中国人每天的生活？我们在此学到东西，成为在大学课堂上讲授当代中国最核心的内容，这些教授教出来的一代代学者、记者、政府官员、律师、商人，其后均成为中国向世界开放的桥梁。"

傅高义这里说的教授们，很多是我在USC遇见过的可敬爱的"同乡"。当记忆和梦境交错，所记得一幕幕是不是真的曾经发生过？我真的见到了法国学者Lucien Bianco，《中国革命起源》的作者，他的书（英文版）我每年给学生讲一次的那个？印象中他是如此热烈，用口音非常浓重的英语跟我交谈，大声说起文革研究；我认识了傅高义Ezra Vogel后我们是不是照了相？我问起《邓小平传》之后他的下一个课题时，他说他在写胡耀邦；还有那个文革研究的泰斗Roderick MacFarquhar吗？我们先到的几位已经把晚饭都吃到了一半了，他才推着一个行李箱出现在饭堂门口，风风火火，虽然当时他已经83岁。那一天，香港天气预报有飓风，海边挂起了"八号风球"。

苏阳，美国加利福尼亚大学尔湾分校社会学教授。著有：*Collective Killings in Rural China During the Cultural Revolution*，剑桥大學出版社，2011，并由香港大学中文大学出版社翻译出版。

社会关怀与社会科学

苑鹏

来港前，就听说中大大学服务中心的中文图书馆藏在海外首屈一指，是目前世界上最大的当代中国研究文献数据库。来到一看，果然名不虚传。这里收藏着门类齐全的海内外中国问题研究的中英文期刊，现代中国问题研究中英文书籍，各种行业年鉴、统计年鉴、普查数据及工具书等。特别是省市一级的地方年鉴、地方报纸和地方期刊，以及部分省、市、县乃至乡（镇）村的地方志，极具特色。以我所从事的乡镇企业研究专题为例，大学服务中心所收藏的十来种乡镇企业研究的专业期刊中，绝大多数是地方性期刊，这些地方性期刊我在北京基本上没有见到过。他们所刊载的学术性文章虽然有限，但所提供的各地乡镇企业的发展现状和问题却十分丰富，有助于读者及时了解乡镇企业的发展动向。然而，两个月的访问，令我感到惊讶的不仅仅是其富有特色的馆藏，而且它为前来这里从事研究的众多海内外学者所营造的浓厚的学术氛围。而令我感想新奇并久久不能忘怀的，是这里为学术交流所注入的强烈的社会关怀的情结。

刚到大学服务中心，就被它独特的午餐方式所吸引。中午吃饭时间，来访学者们陆续来到中心门口，然后一同到食堂就餐。大家买好饭菜、围坐在一起，自由漫谈也自动地开始；往往围绕着某一个主题展开热烈的讨论与交流。访问学者的学术背景各不相同，包括社会、经济、政治、文化等多个学科，因而讨论内容涉猎广泛，天南地北、包罗万象。从研究兴趣到研究方法；从调查观感到时事评论；从研究困惑到研究心得，话题大多围绕着"学术研究"而展开，宽松、悠闲的午餐环境为来访学者提供了充分利用零散时间、无拘无束地相互沟通的好机会，不少学者在切磋中摩擦出了火花和研究灵感。一位在台湾某大学教书、正在攻读美国普林斯顿大学在职博士学位的学者告诉我，他已经多次来中心收集资料，取得资料之外，他觉得最大的好处是能够经常保持与同仁进行自由自在的学术交流，他的博士论文选题就是从午餐漫谈中得到启发而确定的。我也深有同感，两个月下来，眼界开阔了，了解到许多在正式研讨会场合下不易涉及到的学术文化背景、学术研究策略和技巧，同时增进了与海外学者之间的相互理解和友谊，对于我今后所从事的研究工作无疑大有裨益。几位香港及海外学者对中国基层农民生活状况的深切关注和了解，则让我这个从事中国农村研究的人感到汗颜。

除了平素的午餐漫谈外，中心每周为来访学者组织一至两次午餐研讨会。大陆习惯看到研讨会上午举行、主办者提供免费午餐。中心的午餐研讨会12点开始，下午2点钟前结束。参加者自备午餐，或请中心代订饭盒。主讲人若要不饿肚子，得提前到，先吃饭。研讨会开始，主讲人动口开讲，听众动口吃饭，边听边吃。研讨会热烈的气氛、"批判"精神更是大陆所不及。与会者往往单刀直入、开门见山，提出各种尖锐问题，不必有顾忌。来访者一般都在访问期间做一次专题讲座，我也以"脱下乡镇之帽的中国乡镇企业"做了一次主讲。原以为没有什么人对此感兴趣，不料吸引了不少校内外的学者、研究生以及社会工作者参加，房间坐的满满的。我的发言刚结束，提问接踵而至，讨论十分热烈。有的要求我对某些问题或情况作进一步的解释和说明，有的询问我对乡镇企业发展一些问题的观点和看法，有的对我建立的研究框架提出完善和修改建议，还有的则特别要害地对我研究的关注点、研究视角乃至研究结论提出质疑。我感到意外的是，海外学者更加关注乡镇企业改制对职工与社区农民的影响，而非企业效率的变化。要给这些提问者以满意的答复或者自圆其说，仅仅反应灵敏不够，须要有扎实的研究功底。因此，从某种意义上说，举办研讨会也是对主讲人研究综合水平的一次检阅。几个欧美学者在会后分别找到我，肯定我的演讲内容，让我感到欣慰。和他们交谈，才体会到举行研讨会的目的，就是邀请各方面的学者"找毛病、挑刺儿"，提修改意见和建议，这与大陆报告成果的研讨方式大不同。

在午餐研讨会之外，每年的10月至次年的5月，中心都在每周六下午组织来访学者到郊外远足。不难想象，这种方式更加充满情趣和活力，更有利于激发学者的创新力和加深相互间的了解。可惜的是，我未能有机会参加。毫不夸张地讲，社会关怀情结如同无处不在的空气，充满了大学服务中心的每一个角落，它既直接体现在对来访学者的从生活到研究的人文关怀上，同时也体现在引导学术交流对现实焦点热点问题、特别是弱势群体的特别关注上。

从香港回来，匆忙赶赴北欧参加一个学术研讨会。在飞机上，随意翻看钱穆大师四十年代写下的《湖上闲思录》，读到了钱先生关于人文科学研究特点的一段话，不禁产生了共鸣。钱先生论述了人文科学的价值观问题后，写到："人文科学家不应该像自然科学家一样，对他研究的对象，只发生兴趣，而没有丝毫的情感，如自然科学家般的冷淡和严肃。所贵于人文科学家者，正在其不仅有知识上的冷静与平淡，又应该有情感上的恳切与激动。"可叹的是，正如许多学者所意识到的，随着人文科学研究的职业化，社会科学研究与改造社会的联系日益弱化，学者志向也从十八世纪和十九世纪的社会承担和民族承担转向了二十世纪以来的专业承担，没有了前两个世纪学术在人生、信仰以及终极关切方面的意义。学者一旦掉入竞争求存的漩涡，便身不由己。曾经有过的改造社会、造福人类志向往往被发表论文、著书立传以求升迁所取代，结果是不少社会科学成果失去了社会价值。

值得庆幸的是，我此次访问的意外收获、也是最大的收获，是更加强化了个人学术研究的社会责任感，更加感到只有研究方向与时代变革的需要结合在一起，研究成果最终转化为服务于社会进步、服务于广大农民生活质量的改善，学术研究才能保持长久的生命力。

　　苑鹏，中国社会科学院农村发展研究所研究员。著作包括：《合作社理论与中国农村合作社实践》，首都对外经贸大学出版社，1991；合著《联合农户与市场》，中国社会科学出版社，2016。

在那个时候，曾见证了那样的存在

陈映芳

　　与中国研究服务中心的结缘，始于2003年。那时我从日本留学回国不久，正投入到一系列城市调查活动中。有天在家里接到一个电话，对方说："我是香港中文大学中国研究服务中心的熊景明，听说你在上海从事农民工问题的调查研究，我们希望你能来我们中心作访问研究……"

　　这一幕，在景明，大概只是她长期主持中心期间，很平常的一次沟通工作，却给我留下了非常深刻的印象和影响。

　　后来我得知，是因为那以前我曾在凤凰电视台的《凤凰大讲堂》作了一个讲座（《中国城市的新移民问题》），景明的弟弟看到后，向景明推荐了我。身为一个刚刚进入大陆社会学界不久的非著名学者，原先与景明等中心工作人员也没有过任何交集，仅仅因为当时我比较早地关注农民工群体的状况，而竟能获得蜚声中外学术界的中国研究服务中心的热忱邀请。这个切身的经历，在那以后，成了我观察中国大陆的大学文化生态、以及中国学术界各种现象的一个重要参照。事实上它也曾是我在学校兼任行政职务期间的一个无声的提示。

　　后来我曾几次听景明聊到，对于实现服务于国内外学者这样一个宗旨来说，对公共性的坚持，是她极为重视、而实践起来亦不无挫折的一项原则。中国研究服务中心曾经的存在方式及其特殊成就，无疑与景明的长期主持有关。将中心建设成一个真正的公共服务平台，同时致力于构建拥有共享规范的学术共同体——我以为，对公共性和共同性的兼顾、平衡，恰是中心传奇的秘籍之一。景明与中心的相互成就，让我们许多学者有了一段难得的学术生活体验，并留下了丰富的宝贵记忆。

接到中心邀请后，由于2004年我有另外的外访安排（记得中心有"驻访学者须是当年没有其他国际访问"一条），2005年的11月，我有幸来到中心，过上了一个月紧凑而愉快的驻访生活。

现在回想起来，由于当时自己是紧贴着中国大陆的城市化/城市开发大潮，面对急剧变化的社会，边展开实证调查、边尝试对现实作出学术的解释。相对而言，如何将学科化的问题放入到中国社会的整体转型过程中来审视，或如何结合当代中国社会变动的历史维度来认识现实问题等等，这些都是当初的我力所不逮的课题（这是最近十多年我逐步尝试拓展的议题）。也因此，除了对一些与自己研究兴趣或正在写作的论文相关的文献资料有所涉略外，不无遗憾地，我当时对中心所藏的大量国际国内所少见的中国研究的学术资料、以及各种宝贵的当代史档案等等，都并没能真正地好好利用。

不过，在阅读文献资料以外，中心给我带来了更多预想外的收获。中大和服务中心的学术氛围，无需多言，会让每位置身其中的学者进入理想的研究状态。而一次次午餐会上各路专家的报告，以及与同期朋友们的各种形式的讨论，无不给我的思考带来直接、间接的启发，让我得以在社会学的学科范式之外，反思我的研究。令人难忘的还有学者间各种非正式的聚谈，如周末的集体游山活动，朋友们自发组织的周末一日游活动等等。还记得我曾和王海光、陈伯君一起到西贡，兴致勃勃地走到渔村里边，参观了那儿的民居建筑，并在海边渔市的露天小店品尝了新鲜美味的海鲜产品……在中心驻访的每一天，几乎都成为我吸收不同学术领域朋友们的知识、思想的大好时光。同期学者中，印象最深刻的，无疑是张鸣教授。研究中国近现代政治史的他，对现实问题具有非常敏锐、深刻的洞察力，这倒并不太令人奇怪。难得的是他身上那种似乎与生俱来的正义感，加上不同于一般学院派书生的率真性格，让他每次的发言，都可能将一些复杂暧昧的假问题一下子给终结了。让人见识到知识分子的思想和表达，原来可以有这样的力量。我曾感慨，这样的中国书生怎么像是从二十世纪上半叶穿越过来的。也因此，从香港回上海不久，当我从网络上看到人大教授张鸣由于为同事打抱不平而得罪领导的消息时，一点也没有怀疑——没错，这个张教授应该就是我在香港认识的那个张鸣。

我在中心时的一个主要议题，是对当时大陆城市中产阶层维权运动中的行动逻辑的解释。几个星期的静心思考，让我对纷繁的田野发现逐步有了一个较清晰的解释框架。随之我在访问结束前的午餐会上，作了题为《中国市民社会的想象与现实：都市运动中的中产阶级》的汇报发表（这项研究的成果次年发表于《社会学研究》杂志，题为《行动力与制度限制：都市运动中的中产阶层》）。非常感谢同期朋友们，以及景明和参会的学者们，他们给予我的研究的热忱肯定，成为激励我后来持续推进相关研究的无形动力。

当然，作为一个当时正投入各种城市调查活动的社会学者，在服务中心的一个月，还成为我了解香港社会的一个极难得的机会。在那以前，因缘巧合，我和香港浸会大学地理系的邓永成教授，都参加到了大阪市立大学都市研究中心的亚洲城市研究网络团队中。由此，每当我访问香港，邓教授和他的研究生们，都会热情地带着我，去参观他们的一个个田野调查点，向我详细介绍香港的土地开发问题和城市贫困问题。印象里，那一个月间，他们曾带我到过湾仔开发区、天水围、元朗老街，还有市民们正在展开抵制政府开发规划的利东街运动现场……这样的实地考察，还有和邓教授师生团队的交流所得，成为我之后教学和研究的重要素材，也是我思考上海及大陆城市的开发运动和市民行动的一个重要角度。尤其是利东街运动（这个运动前后持续了十多年，在香港的市民运动和城市开发历史上都具有重要影响），在持续的关注后，后来成了我对两岸三地的市民行动的异同展开比较研究的分析案例之一（论文《行动者的道德资源动员与中国社会兴起的逻辑》）。如今回溯自己的学术历程，真要感谢中心在那样一个时期给了我那样一种机会。只是不知为什么，当初我好像并没有把自己在香港的走访考察纳入到我的研究计划中，而只是当作了自己在中心研究工作之外的私人活动。还好景明大度包容，倒也没有细问我们的日程安排。不过估计她当时也会有点纳闷吧："陈映芳在忙些什么呢？"

香港中文大学及其中国研究服务中心留给我的记忆，当然不止上面这些。记得当时中心每年办有定期的研究生研讨班，中心希望学者们多多鼓励大陆的学子申请这个项目。后来我的两位研究生曾先后获得了参加研讨班的宝贵机会。我自己在那以后也曾有几次机会回中文大学参加学术研讨会，并认识了两岸三地一批令人尊敬的知识分子。每回在中大见到景明等中心工作人员，或来到"天人合一"等景点，都会有一种难以名状的特殊感触——那里不只是一所大学或一个研究机构啊，那里有一大群坚守理念的文化知识人，有一批又一批追求理想的年轻学生。美好的事物、美丽的风景，或许会遭遇变化或消逝的命运，但毕竟它们存在过——它们的存在曾经被我们所见证，我们该为此骄傲。

陈映芳，上海交通大学国际与公共事务学院教授。著作包括：《秩序与混沌：转型中国的"社会奇迹"》，台湾大学出版中心，2021；《城市中国的逻辑》，北京生活·读书·新知三联书店，2012；《"青年"与中国的社会变迁》，社会科学文献出版社，2008。该文写于2022年1月28日上海市。

民间记忆的家园

艾晓明

1988年冬，我在香港中文大学访学期间，有一天一位学友说图书馆有个地方需要帮忙，有空去一下，好像还有钱给，具体多少我忘了。我们在中文大学图书馆入口左侧的一个屋子里开始给报刊上架，我记得那里还有一位说普通话的老师告诉我们怎么做（她是不是景明老师呢？）。那年我刚满35岁，如今即将进入俗话说的古稀之年，我还来不及感觉个人的生命老去，而这期间发生了那么多的事情，竟然要学着写出回忆了。

我太爱中心了，我是最应该写出有关回忆的人，可是我也一直拖着没有落笔。怎么写？好像一个人要写出离去的家园一样，飘忽的词语写不出沉重的生命，遑论情感。

1988年，我第一次走出罗湖桥，二十年里，很多次去过香港，在中文大学、香港大学、岭南大学、香港教育学院都曾有短期的停留，那是多么宝贵的时光啊！每次一过罗湖桥，心情简直像放飞的风筝，顿时感觉空气也洁净了很多，胸怀豁然开朗——那是自由的感觉。

我第一次去中国研究服务中心访问则是在2003年，那时中心已经搬到图书馆八楼。每次进入电梯，就像上班一样，去一个亲切又安宁的地方。那年，我们每个到访者都有一个小小的工作间，你可以在中心搬用任何书籍杂志到这个工作间里自由阅读，如果你不出门也没有人来打扰。在我右手边，是一面对着图书馆开敞广场的落地玻璃窗，两边是依山的道路，有校车上下。去图书馆的路上，一直有红花绿树。我的中学在文革期间，基本是空白，大学在县城，那时是工农兵学员。硕士和博士读得匆匆忙忙，只有在这里，啥都不用想，拿着额外的生活补贴，一心读书，仿佛弥补学生时代的亏欠。

每逢中心来了新人，景明老师常常过来召集我们吃饭，我还被封了个"班长"，也吆喝左邻右舍一起去范克廉楼下。来自内地或境外的学者围绕着一张饭桌，笑语喧哗。不过笑多了也有问题，一位来自美国的年轻博士生说：她点菜点得那么少，没有吃饱啊！可见，那时我们年轻啊。

中心于我，最重要的是，它收藏了我们的纪录片作品，成为了我们纪录片工作者的创作归宿，也是精神家园。

2003年临近10月，按惯例我应该做发言分享。那时我们在推动为湖南女教师黄静争取法律公正。我认为黄静死于约会强奸，但是当时人们没有这个概念。当地公安也不把熟人强奸当做一回事，多次不立案，立案后尸检也出了很多问题。其中有一次尸检是在我们中山大学的法医鉴定中心做的，负责的法医专家陈立川教授时任中山大学副校长。我们当时在中大设立了性别教育论坛，对此案进行跟踪报道和讨论，我也对陈校长做了采访。所以我的英语发言就围绕这个案子来讨论。那时我们用的是普通的家用摄像机，为了将采访内容译成英文，我花了很多时间。例如中文的"公检法"三个字大家都明白，英文里这是三个机构还有不同层级；类似"起诉"、"驳回"、"尸检"等法律方面的专业词汇很多，我同时还要现场播放采访视频，基本上是手忙脚乱，说话也不利索。

这次分享结束，听众一如寻常地友好。景明老师认为不成功，我也觉得没把握好时间，没表达清楚观点。但我也申辩了两句，我说多媒体是一个方向，新技术提供了新的条件，我们应该如何如何。

转折发生在第二年春天，2004年春，我们依然在跟进黄静案；春节前丁东先生从中心访问回来，给我们推荐了胡杰先生的纪录片《寻找林昭的灵魂》。我当时都不知道有林昭这个人，看了片子，万分感动。那年三八节活动，我作为项目负责人邀请了胡杰夫妇来访问，并放映了他的作品。接下来学校也以更大力度支持我们做性别教育和多媒体教学，我们又得到岭南基金会的项目支持，我和胡杰先生开始了纪录片的合作。我从他那里学到了如何拍摄和剪辑，这个合作一直到持续到2010年。

在那些年里，因为粤港本来就很近，我有很多机会重访中心。每次我们完成新的纪录片，我就会告诉景明老师；她几乎毫无疑问地让中心成为了首映式的地点。而且，由于中国研究服务中心的信息发布，我们有机会和中文大学的传媒研究、性别研究的学者建立联系，也得以和其他院校纪录片工作者、爱好者交流。中心并且联系了更好的放映场地，我记得不仅是在中心，在中文大学中国文化研究所那栋楼的小礼堂放映了《中原纪事》，在另一个视听效果非常好的礼堂，放映了《开往家乡的火车》，记得那天景明老师是主持人，另一位主讲嘉宾是诗人北岛。

每次去中心，就好像探亲一样。中心里的工作人员都特别谦和友善，记得主管电脑网络的谭先生，不厌其烦地处理各种技术问题。负责纪录片收藏项目的张宏丽，特别耐心地和我们沟通各种细节。即使是打扫卫生的大姐，也是微笑服务。中心里又有那么多看不完的资料和书籍，有一天我特意没有回宿舍，就待人们都离开了，我在那里看书写字，晚上在沙发上睡了一夜。

那时我不会想到，我后来的工作方向逐渐转到了研究当代中国社会和历史，用纪录片的方式和文字的方式。如果不拍纪录片，我是不是就不会进入到这个面向呢？也许吧，人生总有各种巧合。但中心是为研究中国服务的，在中心的经历无形中播下了这个种子。我在中心看了很多个人传记，有许多是当代社会政治运动幸存者写的，这些书籍在我眼前揭开了一个未知的世界，好像是不合法的知识，但又无可否认的真实。

我也在这里看了其他人的纪录片，如冯艳经过十多年努力拍摄的纪录片《三峡》等，非常好的作品，也引起我思索。但我明白，我走的是不同的路子。时代在变化，那些年，网络开始普及，公民社会这几个字开始从概念进入现实。与此同时，从2008年的川震发生，公民志愿者的处境不仅艰难，而且危险。作为拍纪录片的人，我同时收获了光荣和荆棘。

然而，始终让我觉得欣慰的是，中心一直收藏着我的作品，也让它得到推广和使用。为此，中心设置的纪录片收藏项目以及相关的工作人员，发挥了巨大的作用，也不知付出了多少心力。来自中心的回馈，使我们能够帮助纪录片的参与者与合作伙伴，如乡村的艾滋病权益志愿者，也得以支持性别教育的项目。更重要的是，让我们作为创作者，感受到了尊严和温暖。我把中心视作民间记忆的守护者，同时也是记录人的精神家园。其实不仅是精神的，也是情感上的。

记得我是2009年3月17日离开香港的，当日到了深圳，参与深圳向阳花小组的一个放映活动。结果那天晚上来了许多警察，不仅没能放映我的作品，而且这个民间小组的放映设备也都被没收了。我十分懵懂，竟然不知道自己的名字是这场恶果的原因。

而且，从那天开始，我再也没能跨过罗湖桥，直到今天。但回想起来，我对中国研究服务中心的感谢是永远的。它认证了我作为纪录片工作者的创作价值，也让我明确了作为知识分子的使命。我希望自己一直不辜负中心的厚爱，并带着这份爱与珍重，继续完成应该做的事情。

艾晓明，中山大学中文系退休教授，独立纪录片导演。作品包括：《太石村》，2005；《中原纪事》，2006；《夹边沟祭事》，2017。

中心与大陆独立纪录片

胡杰

我第一次到香港，就是香港中文大学中国研究服务中心（以下简称中心）邀请的。那是2004年5月，中心邀我去放映《寻找林昭的灵魂》。在去中心之前，我已经从几个朋友那里听到过香港中文大学中国研究服务中心的名字，知道在那里汇聚着国内外研究中国的一流学者，并正在产生着改革开放以来丰硕的思想成果。

记得我初到中心时，我住在雅礼宾馆，从宾馆的窗口就能看到山下广阔的海面和岸边像插满筷子的高楼。从翠树掩映的雅礼宾馆沿车道去中心，一路都是上坡，先是拐向校内的公路，再拐向山坡的教学区，一侧是有钢索网拦着的山崖，另一侧是教学楼的坡道。坡较陡，刚走上几分钟就有点气喘，但路面像水洗过得那样干净。走过大学图书馆路就平了，到了田家炳楼，乘电梯到8楼就是中国研究服务中心。中心古香古色很安静，工作人员谦和地用目光对我招呼，如同中心的格局与气质。中心助理主任熊景明老师听说我来了，就热情迎过来。她典雅充满自信，步履轻盈。熊老师也是我来之前就听说的中心负责人，她的开朗和快乐一下子消除了我的陌生感。

她先给我介绍了身边的同事又带我熟悉环境，还不时给我引荐擦身而过的学者。让我惊讶的是：这里保存着难得一见的1949年之后的各地报纸、地方志和珍藏的内部刊物等等。我当时有点来不及记这些本要记住的人名和资料，信息量有点太大。熊老师就开始告诉我本周中心为访问学者安排的活动：她邀请了袁伟时、龙应台一起到她家聊天（袁老师是我敬重的中山大学教授，而大名鼎鼎的龙应台那时还没有当台湾的文化部长），还安排了周四在会议室放我的影片，周六和中心主任关信基先生、萧今老师等等学者行山。行山是什么意思，我也没有好意思多问。最后我们回到了她的办公室，她又给我介绍了在那等候的一个很干练的中年人。她说：我给你介绍一下，这是著名的记者王克勤，他在香港大学作访问学者，我请他来做你的香港导游。这位记者王克勤后来成了我的好朋友。

然而让我困惑的是，周四在放映纪录片《寻找林昭的灵魂》时，是定在中午吃饭的时间。这是一个叫"午餐研讨会"的项目，就是中心利用午餐前后两个多小时的时间，由观众在网上报名，并交钱委托中心定午餐盒饭，边吃盒饭边听报告，听完后讨论。这个"午餐研讨会"大都请的是在大陆有工作经验、有研究成果的人来讲。那天大概来了三十几位看电影的观众。但我的内心依然因感恩而难以平静，这部影片承载了那么多的心愿，这些大地的儿女终于在影片中走到一起。他们艰难地走过千山万水，走出海关来到香港，来到中心这样重要的文化机构和观众见面。我默默看着观众拿着盒饭坐在会议室的各处，渐渐会议室的空档被挤满，窗帘被拉上，影片在投影机的屏幕展开……

影片放映完后是一片沉寂，好像会议室的空间使人喘不过气来。有几个观众提问后散会的时间就到了。我记得有两个人留了下来，他们很凝重地和我讨论林昭的几个思想源头。我记得其中有一位是凤凰卫视评论员，叫马立诚。

在香港的时间安排紧凑丰富。熊老师介绍我认识了儒雅的中国文化研究所所长陈方正先生，他的领域从科学跨到文史哲；还有影响过一代人的《唐山大地震》的作者钱钢老师，他在香港大学新闻系授课。我在和熊老师聊天时，我觉察到她已经深度地注意到了在大陆用民间的视野挖掘历史和纪录现实的纪录片。她在思考着用什么方法在中心呈现这些纪录片。那时我也很关心在一些城市、一些有热情有想法的人们一直在夹缝中以独立电影的名字放映着的影片。

几天后，熊老师提出了一个设想：就是收藏大陆的独立纪录片。她的思路是：中心拥有众多国内和国际知名学者的人脉，还定期举办年轻学者和学生的研究班，放映纪录片可谓天时地利人和。尽管在大陆这些影片有地下放映或非官方组织的民间电影节，但传播的圈子和人群有限，这些影片国内外的学者不一定有机会看到，也很难看到，如果把它们收藏过来，放在中心观看这些纪录片就方便了。而且这些影片也会为学者的研究提供一个影像的角度。

又过了一年，大概是2005年的下半年，熊老师在电话中告诉我，她已经申请到了专项经费并聘请了宏丽兼职负责纪录片的工作。就这样他们开始了为大陆独立纪录片服务的工作。

收藏纪录片，建立一个独立纪录片传播的窗口，这无疑是开辟了"服务中心"一个新的服务领域。它既服务了从世界各地和国内来的研究者，也服务了艰难生存的纪录片导演。中心可以帮助导演们卖DVD光盘，使研究者和导演直接建立联系，为他们的影片打开了一个面对世界的窗口。

或许研究中国独立纪录片的学者们只注意到了在国内轰轰烈烈的"独立纪录片现象"，却没有注意到香港中文大学中国研究服务中心，在静静收藏和传播中国独立纪录片。当时大陆独立纪录片的生存处境是艰难的，国际电影节对它的出现反应很迟钝，国内的电影界又不去触及它；电视台对这些影片有私下的鼓励，但不能有经济的有效支持，民间导演们基本是自生自灭的状态。难能可贵的是，总有一些人坚持了下来，而在他们身后又不断涌现出朝气蓬勃的新面孔，他们不断地把触角伸向了更广阔的生活底层，伸向了被遗忘的历史深处。从不同侧面挖掘即将消失的影像和记忆，以及当下严重关切的法律、人权、污染、贫困等等问题，呈现了一个时代的精神特征和思考，使它形成公共记忆从而推动社会文明。而中心收藏的时间又恰恰在中国大陆独立纪录片发展的重要结点上。

2008年初，熊老师又邀请我来中心。这次是放映纪录片《我虽死去》。这个影片讲的是文革初期北京师大女附中的学生们活活打死自己女校长的事情。这次放映已经不是在"午餐研讨会"上了，而是晚上7点在灯火通明的教学楼。学校的广告区、教学楼门口都贴有放映广告，宽敞的阶梯教室观众已经坐满。宽大的放映银幕横过讲台背后。在阶梯教室的门口还摆上了一个长桌子，上面放着将要放映的DVD光盘，由中心工作人员帮助导演热情销售，这标明中心所推动的纪录片传播已经成熟。

那次去香港我还巧遇和高华同在雅礼宾馆。更巧的是还目睹了一件神奇的事情。雅礼宾馆旁边是学校医院，上午我见高华在校医院门前犹豫。原来，高华在南京带来的针剂学校的医院不给他注射，因为这不是学校医院开的处方，这是校医院的规章。我就和高华夫妇一起去中心找熊老师想办法。熊老师那时候已经退休，但她还是天天来上班，她好像一直也没有休息过，只是她的办公室从中心的工作区谦和地换到了书库里的一间小屋。熊老师听完高华的解说后就说：我来给你打。

我还在半信半疑，注射毕竟是门医疗的技术。

但高华爽朗同意并把一次性的针头、针管、消毒用具都交给了熊老师。

熊老师问：就在这打吗？高华说。就在这打。

熊老师说：不关门吗？别人看到你的屁股了。

也许那个房间实在太小，而东西又太多。

高华说：不用关门。

这时高华的夫人下意识地用身体挡着敞开的门。于是熊老师很麻利地消毒、扎针、推针、拔针，一下就给高华把针打完了。我事先征得高华和熊老师的同意抓拍了两张熊老师的"工作照"。

我问熊老师是不是她下农村时当过赤脚医生？她说：我妈妈长期生病，也去不到医院。我14岁的时候就学会了给妈妈打针。

有一次我和艾晓明老师想了解曾经轰动一时的陕西户县农民画，就想起了人称"学术红娘"的熊老师，与名称相符的熊老师马上就给我们介绍了户县文史专家段景礼先生。在段先生的热情协助下，我们一下就进入到了当年那批农民画家的核心中间，既了解到农民和土地生动的艺术关系，也了解到被组织起来的农民艺术家他们的生活与创作。我们回来后制作了《为革命画画》这部纪录片。

后来我了解到，从2005年下半年起，中心启动了收藏和播放大陆独立纪录片的工作，到2020年的十五年间，中心有序地和中国大陆的236位纪录片导演签约，囊括了大陆独立纪录片最重要的影片和导演，全面地向国内和国际呈现了大陆独立纪录片的原貌，成为研究中国独立纪录片的重镇。值得一提的是：中心是在国际上率先第一收藏与展示中国大陆独立纪录片的机构。到目前为止，中心共收藏了415部大陆纪录片。这些纪录片还通过香港中文大学出版社对海外学术机构发行。

中心还设立了一个"回望"的纪录片观摩项目。每年举办九次展映，共"回望"了50部纪录片。每次都是中心的人员集体出动服务，在放映后，导演与观众见面交流。而每次熊老师都像过节一样高兴地参加并当展映的主持人。我的三部影片《星火》、《辽西纪事》、《麦地冲的歌声》，都是在中心举办的"回望"中获得首映。熊老师选的是可以容纳150人左右的大课堂，每次都坐得满满的。放映会后观众提问热烈，让我不解的是：观众中大多数是来自大陆的大学生，他们更渴望了解历史和现实。中心还与香港民间电影机构合办过两次"华语纪录片节"，第一次展映15部，第二次展映23部。

我不清楚熊老师他们是怎样把这项复杂的工作做得快快乐乐生气勃勃。我也没有打听过她遇到过什么困难，后来读了熊景明老师写的回忆录《家在云之南》（人民文学出版，2010年版），才从她举重若轻的平静文字下面看到历史的大波澜，看到含而不露的精神高度：她承载着祖辈、父母辈细致和丰富的生命，她能在巨大轰鸣的历史和艰辛的现实中看到那一点点星光，并被它点燃。她热忱地燃烧并把光投射到更远，而这也构成了中心服务的精髓。她没有把中心当一份工作，而是把它当成一种实现理想的生命状态。

2014年的一天，我接到熊老师的电话，她在电话那头快乐而惊喜地告诉我：在云南连绵起伏的大山里，她听到了极为美妙的歌声，并坚定地要我去拍一下。看来这歌声实在美妙，好像不拍就会把熊老师给凌空钩走。她还急切地告诉我：在昆明已经组成了后援团，他们是严玲玲、伍宗兴、台文和她本人，她们把去那里拍片的日用品、防蚊剂、手电筒等等都准备好了。我也立刻和我的爱人芬芬收拾行装奔赴昆明和熊老师汇合，这就是《麦地冲的歌声》影片的拍摄契机。麦地冲的歌声，使我们把一百年前云南大山里面生活在奴隶状态下的苗族民众，和伯格里、张志清、王志明等一连串的名字美好地联系起来，把基督之爱和深山里的苗寨连接起来。

就在2020年12月新冠病毒依然在全世界流行的年份，熊老师听到《麦地冲的歌声》获得了雅歌文艺视觉艺术一等奖，她又启动了一项新的在网上观看纪录片的项目——她和中心的主任李磊、助理主任高琦预先在ZOOM的平台反复调整试播，并教我如何使用ZOOM。而那时我已经很惊讶地听说中心将被关闭的消息，在一种失去家园的感觉中也更惦念熊老师，但她依然和平时一样在快乐工作；而且熊老师还安慰我说：中心的纪录片会由大学图书馆收藏。

胡杰，独立纪录片导演。作品包括：《寻找林昭的灵魂》，2004年；《我虽死去》，2006年；《麦地冲的歌声》，2016年。（作者照，见31页上图前排左二）

当代中国研究者的福地

何蜀

2001年10月下旬，我应邀到香港中文大学中国研究服务中心（原名大学服务中心），以访问学者身份在那里度过了难忘的二十多天。

中文大学座落在香港沙田一片风景优美的山坡上，内地已是霜降后的深秋时节，这里却是阳光灿烂，绿树成荫，鲜花盛开，一派绚丽多彩的亚热带风光。中国研究服务中心是一所为中国及世界各地从事相关研究的学者提供无偿服务的中国研究资料中心，设在校内一幢颇气派的大楼田家炳楼的八、九两层。最初进入田家炳楼，看到底层大厅里通常我们习惯于是供放毛泽东塑像的位置，高高的基座上立着一尊胸像，既非毛泽东，也非孙中山，不认识，我有些纳闷，再一看，旁边墙上嵌着中、英两种文字的金字铭牌，方知这是捐资建此大楼的田家炳先生。后来我才注意到，在大学雅礼宾馆发给住宿者的中文大学地形图上，随处可见以人名命名的建筑，都是以捐资建楼者名字命名的。我们下榻的雅礼宾馆曙光楼是一例外，那是捐资建楼的蒋震博士自己取的名字。据说捐资者会在税收方面得到政府的奖励或优惠。这种鼓励实业家捐资援助文化事业的作法，值得内地提倡。

第一天到中心报到并领取了中心资助的生活津贴后，中心助理主任熊景明女士首先带我顺着一排排书架浏览了他们的资料收藏，并针对我主要想看文革资料的计划，向我作了书籍、报刊各方面的详细介绍，哪里是记叙和研究文革的书籍，哪里是文革时期的报刊，哪些专题类书籍中可以检索到有关文革的内容，哪部分书刊可以有助于了解文革的起源等等。她不仅对所藏资料了如指掌，而且能对来访者的研究专题提供十分内行的有益建议——以后，我还常见到熊女士向新的来访者介绍收藏资料，对外国学者，她用一口流利的英语作介绍。

介绍完后，问明我是否使用电脑，她给我安排了位于第九层阅览厅旁配有电脑的工作间。后来我了解到，中心给每个邀请来访的学者都要配备专用工作间或专用书桌。我使用的2号房，有可锁抽屉的书桌、电脑、一把可旋转的电脑椅和一把扶手椅，若拉起窗帘，从大落地窗可眺望远山及海湾景色。平时在工作间里看资料，作笔记，使用电脑，十分清静，不会受到打扰，只偶尔有一清洁工来给房间吸尘，占用几分钟时间。这在内地任何图书馆或档案馆，都是不可能有的条件。

在访问期间，我深为中心收藏资料的丰富而惊叹。除了对研究当代中国有参考价值的50000多册中文藏书和5000多册英文藏书外，他们收藏的当代中国报纸有400多种，杂志有2000多种，中文杂志除常见的主要刊物外还包括省、市级政府机构及从属研究机构的刊物，80种香港、台湾与中国有关的期刊，并订阅有80多种与中国及亚洲研究有关的英文期刊。许多报刊都是从五十年代（有的从1949年）创刊开始就存有全套。从中心网站上的介绍可知，他们收集的报刊中，北京出版的杂志有608种，报纸有94种，上海出版的杂志有116种，报纸有29种……西藏最少，也收藏有杂志6种，报纸3种。各类《年鉴》，他们长期订购超过800种。我因对近年来某些《年鉴》以"有偿"报道、变相广告占据了太多篇幅而不大感兴趣，认为这样的《年鉴》收藏起来既占地方又对研究作用不大。熊女士说，他们收藏有一个原则：不以自己的喜好来代替学者选择资料。这使我深感佩服。确实，你今天不喜欢的不等于明天就没有研究价值，书到用时方恨少，中心能把握住这一原则是很有远见的。

我因自己的研究专题，着重看了中心收藏的文革资料。其中，有当年中共中央办公厅、国务院秘书厅文革联合接待站编印的文革文件汇编若干卷、当年湖北省革委会印发的中央文件汇编若干卷，前些年国防大学党史党建教研室编辑出版的文革文件汇编三大卷……基本上襄括了文革时期起到过重要指导作用的绝大部分中央文件。还有美国哈佛大学出版的《红卫兵资料续编》十几卷，主要是文革中的红卫兵文章、中央首长讲话、中央文件等，还有在美国出版的《新编红卫兵资料》，厚厚的二十卷。全是文革中的红卫兵、造反派小报，北京地区的最多，有三卷是军队系统院校及文艺团体造反派组织的小报。我在这些小报中看到了许多久已想找的资料。此外，还有各个时期在大陆、香港和台湾出版的有关文革的书籍。大陆近年出版的有关文革的书籍，我所知道的这里都有，还有些是我从未在重庆的书店看到过的（也许是发行量少，也许是发行渠道不畅），他们也买到了。香港近年出版的两大卷《文革博物馆》图册（主要是文革时期的照片及文物图片），我以前只听说而未见到过，这次也看到了。而文革时期港、台出版的有关文革的书籍则是我闻所未闻的，有些是当时的红卫兵、造反派的回忆和当时的研究者及时搜集整理的第一手资料。这些资料的价值，可用一个例子来说明：不久前，我在互联网上看到过两篇记叙广州文革中红卫兵组织的发展和广州武斗情况的文章，作者说明他在广州多年来花了许多精力搜集这方面的资料，我读后十分佩服他所作的努力，深知能写到这种程度的不容易。但在中心收藏的文革书籍中，我却看到一本早在文革中期的1972年在香港出版的书，对广州文革情况作了相当详细的记叙，并在每一章后都附有当时有代表性的传单、讲话、文件等资料。近30年前就已经有了如此详细的记载，而我们今天的研究者却还在艰难摸索！

在中心资料收藏中，有相当部分是各地的年鉴、地方志、专业志。他们除收集全部已出版的综合类省、市、地、县、乡镇、村的新方志外，还着重收藏了财政、税务、农业、粮食、水利、土地、交通、教育、卫生、文化艺术、新闻、出版等专业志和大量统计资料

（如历次全国人口普查资料等），全都分门别类排列得井然有序，十分便于查阅（我就分别在教育、文化艺术、新闻、出版等专业志书中查找到了一些有关文革的资料）。使我惊叹的是，他们搜集志书的数量之多，覆盖面之广，工作之细。比如，重庆的志书，除去重庆市志和各部门专业志，各市、区、县志外，我还看到了江北区华新街的街志，沙坪坝区覃家岗乡的乡志，上桥村的村志……这是完全出乎我意料之外的。至于各省的县志，我浏览了一下，有些偏远的县名我从未听说过，更不要说会想到有这本县志了。据了解，贵州省印江县的县志只印20册，他们就争取买到了一册。这种为研究者竭诚服务的精神实在令人钦佩。

中心收藏的杂志，除近期的散本另有期刊室陈列供阅览外，以往的全部按时间顺序装订成册，皮面精装烫金字。不同的杂志以不同颜色封面区别，一目了然，查阅十分方便。有的未能收齐的，就以复印件或缩微胶卷尽可能补齐。此外，他们还购有全部电子版《人民日报》、《光明日报》、《解放军报》、《中国人民大学报刊复印资料》，还订有一些网上资料，除中文网上杂志外，中心订有美国出版的网上FBIS（外国广播信息服务）及英国的SWB（世界广播摘要远东部分）。网上链接的报刊400多种及570多种中国机构网站。除去应邀来访者专用工作间有电脑外，在中心两层阅览厅里，到处都有公用电脑，需要者随时可以免费上网查阅。

在内地查阅资料遭遇过种种不便和烦恼之后，在中心查阅资料简直可以说是享受了。这里不仅没有收费一说，还能得到十分优良的服务。这里的书籍、报刊全部开架，分类目录在书架上标志得清清楚楚，你可以随便自取想看的书籍、报刊资料，用后可以自己放回原处，也可以放在任何一个书桌上，每天中心的工作人员会按照编号替你归还原处。若需要复印资料，两层阅览厅里到处都摆着复印机，每天一上班就开着，随时可以使用。

令人感动的是，中心除去主任（中文大学政治与行政学系主任关信基教授）和负责日常管理的助理主任熊景明外，只有七个工作人员，从资料采购、编制目录到设备维护、接待安排来访者等，各有分工，配合默契。在这里从不会见到在内地图书馆常见的那种几个人闲得无聊围在一起议论家长里短的现象，当然更不会有对所询问的资料一问三不知或干脆答复"找不到"的情况。还值得一提的是，他们多少都会讲英语、汉语，也会讲普通话和粤语，对不同的来访者他们就可以用不同的语言交流。这在内地图书馆可能难于办到。到这里来查阅资料，无需办任何手续，也不交任何费用（联想到国内某些有着"公益事业"名义的图书馆从借阅资料、查找图书到临时存放提包都要收费的情况，真让人感叹不已）。唯一的要求（也并不强求）是请来访者进入和离开中心时在入口处签名登记到达和离去的时间，这也主要是为来访者着想，以免在下班关门时将在角落里埋头读书忘了时间的来访者锁在屋里。

中心有一个颇具特色的活动项目：午餐讲演会（或叫午间讲演会）。讲演是小范围的，就是利用午餐时间，在中心的小会议室里，由中心请来的访问学者或路经中心临时来查阅资料的学者，就各自研究的专题作一小时左右的讲演。事前中心会印发通知，到时候，中文大学（有时也有港岛内其他大学）的教师或研究生中对所讲题目有兴趣的就会前来。可以自备午餐，也可以先登记报名，中心代为准备午餐，届时，在每个座位上就放好了一个托盘，里面摆着快餐盒饭或是三明治，外加一杯热茶，一盒多维奶之类饮料。每次有讲演会，中心的郭女士就会很客气地一个个工作间来轻轻敲门，询问要不要参加听讲。我们当然都是不愿放过这样的机会的。一般来听讲演的，十来人到四五十人不等。人少时，就逐个进行自我介绍，以增进了解，以利于交流。讲演后，听讲者不论是教授还是学生甚至老外都可以举手提问，由讲演者解答，提问都是探讨性的。从提问可知，有些听讲者对相关问题有相当深入的研究。我在那里的二十多天里，就先后有过几次不同专题的讲演，一次是上海曹锦清教授（《黄河边的中国》一书作者）讲关于中原农民负担问题；一次是中国社会科学院哲学所郭良（曾在《南方周末》发表过不少有关电脑、网络知识等生动有趣的连载文章）讲互联网在中国的使用状况及影响；一次是云南来的侯明明教授讲云南省两种发展方略的碰撞；我讲的则是文革中重庆的"全面内战"；另外还有中国社会科学院社会学所谭深讲社会变迁中的大陆农民工（她追踪采访了原深圳致丽玩具厂火灾死难女工及伤残女工的情况并进行了大量相关研究）。曹锦清教授和郭良的讲演听众最多，会议室屋里坐满了，门外还坐了一些听讲者，郭良还用了投影仪展示他的一些统计数据、图表，听讲者中还有老外用汉语向他提了问题。中心的这种讲演会制度十分有益于学术交流。云南侯教授是临时来中心查阅资料而应邀讲演的。像他这样临时来查阅资料的人经常都有。我在那里的第二周就有一位来自丹麦的女大学生，能说一口流利的汉语，来查阅了几天资料。无论来自哪里，中心都会热情接待，周到安排。

每到周末的星期六下午（上午他们还要上半天班），中心都要安排我们这些来自内地的访问学者和另几位在中文大学进修的内地学者一起去远足，他们叫"行山"（即爬山），或到海边游玩，这也是增进学者间了解和交流的一个好机会。每次这种活动，中心主任关信基教授都亲自开车前来参加并承担接送任务。当夜幕降临，华灯初上，我们兴尽而归时，关教授还得开着自己的车（绝非公车）把我们送回住地，这真叫人感慨不已。须知，他们这样的活动并非偶尔为之，而是形成了一种长期坚持、乐此不疲的"制度"。而中心每年都要资助内地一批批不同专题的研究人员来做访问学者，对每一批来客都要组织这样的活动。他们既不从中获取报酬，也不是哪个"上级"给他们安排的任务……

中心的未来目标是建成一所服务于国内外中国研究学者的"当代国史馆"和世界第一流的研究中心，谁也没有想到中心于2021年初关闭了。

何蜀，文革研究网刊《昨天》创办人及主编，曾任《红岩春秋》杂志编辑。著有《为毛主席而战：文革重庆大武斗实录》，香港，三联书店，2010。（作者照，见22页上图后排居中者）

亲切的往事

张鸣

　　活了半个多世纪的中国研究服务中心被埋葬了，埋在什么地方，我也不知道，有没有坟，当然就更不知道了，但是，作为一个曾经在这个中心访学甚至工作过一小段的人，有理由对这个已经被埋葬的中心，做一点回忆。坟有没有，也无所谓了。

　　第一次去香港中文大学中国研究服务中心访学的日子，我拼命回忆了好几天，只能勉强记得，大概可能是2002年。那一年，我写了一篇关于1949年之前土改的文章，摘要登载在《二十一世纪》杂志上，因为这篇文章，我被中心管事的熊景明女士发现，于是，给了我一个邀请。

　　虽然，那时我已经是教授了，但是，作为一个事实上学界的后来者，对于学界，乃至于学术，基本上是懵里懵懂。后来成为我朋友的高华、秦晖，在我来中文大学访问的时候，已经是这里的常客了。而我对于这个地方，则完全一无所知。我根本不知道中国研究服务中心原来叫做大学服务中心，早在上个世纪六十年代，就已经是远东中国研究的重地。

　　当我拖着行李，下了城铁，进入中文大学的时候，真叫两眼一抹黑。中心派来接我的人，硬让我错过了。走了好些弯路，才摸到所住的雅礼宾馆。此时，中文大学给我的印象，就是走到哪儿都要爬山。

　　中国研究服务中心人很多，哪儿的学者都有：美国的，英国的，法国的，韩国的，台湾的。来自大陆的，也是四面八方。我这个人不善交际，对人兴趣不高。好在中心的资料可真叫多，好些东西，在大陆我们根本看不到，这里，就随便一排排摆在架上。我就像饿了多年的乞丐掉进了粥锅里，拼命地吃。那时，我还不习惯复印，就是用手抄，一本本地抄。当时的心理，就是入宝山不能空回，怎么也得带点东西出来。其实，后来我的研究兴趣转向，对当代史没了兴致，抄的东西基本上没用上。

有了第一次，就有第二次，第三次。特别是中文大学历史系办了一个研究生班，需要开一些中国当代史的课，在熊景明推荐的四位中国学者中，我有幸得中，在历史系开了一学期的课。中间大把的空闲时间，依旧泡在中国研究服务中心。服务中心跟中文大学图书馆在一个楼，所以，进图书馆也很方便。中文大学图书馆藏书丰富，而且很清净，在那里读书写东西，也很合适。

待时间长了，人就慢慢熟了。中国研究服务中心真是个好人堆，所有人，都好得不得了。连维护系统的，打扫卫生的，都个个和蔼可亲，服务周到。关信基和萧今，也为中心做了好多事。每次行山，他们都开车送我们。关信基据我所知，是个最爱香港的人。有一次，香港的学生请我去家里吃饭，他说，香港学生，一般不请老师去家里做客的，你是不是特别爱香港，感动了他们？贪杯的我，还在萧今的家里，喝了好些她丈夫收藏的法国葡萄酒。酒喝完了，跟她丈夫下棋，照样把人家杀得大败，一点不留情面。

依我的观察，中心的灵魂，毫无疑义是熊景明。真的没法想象，她瘦小的身躯，能装下那么多的事情。世界各国凡是研究中国问题的学者，几乎没有不认识她的。在中心，好像每一个角落，都有她的身影，所有的事情，她都能照顾得到。我第一次访问，正好赶上中心成立四十周年，各国飞来的贺电，像雪片一样，大多是赞美她的。她看了之后，说先放着，等我死的时候，做悼词用。

跟高华的友谊，其实多半是在中心形成的。前前后后，我跟他在中心，一起待了好几个月，这杆老烟枪，因为中心资料室严禁烟火，只能下楼来抽，每次抽烟，都要拉上我陪他。虽有同样的爱好，那时研究领域也差不多，但我们却海阔天空，什么都扯，偏偏不聊学术。

在香港，跟秦晖夫妇也多有来往，我印象最深的是，有一次我们一起打出租车从外面回中大，夜已经很深了，我是两眼一抹黑，但秦晖却好像眼睛上面生了个夜视仪，走到哪儿，他都知道，真是让我羡慕嫉妒恨。

中心最著名的学术活动，要数双周学术沙龙。参加者要事先报名，交一份盒饭的钱，但讲的可以免费吃一餐盒饭，一般都是边吃边讲，讲完，也就吃完，然后一起讨论。当然，讲座也有一些学术水平不大高的。很不幸，这样的讲座大部分都来自大陆来的人。但是，绝大多数的讲座，水准还是相当地高。凡是在中文大学读过书的中国学生，访问和路过的学者，对中心的学术沙龙，印象都相当地深刻。

我在中心做的第一场讲座，是讲义和团的。讲完之后，被金观涛先生批得一塌糊涂，依我的脾气，如果在大陆，是一定会发火顶回去的，但是，当时我居然忍了，尽管，我对他的批评并不服气。后来我又做了好几讲，但现在回想起来，好好坏坏的，都没有印象了。看来，人还是对于挨批的印象比较深。不过，挨批之后，金观涛家里的家宴，居然肯请我去叨光了。据说，他们家的家宴，可不是随便什么人都能去的。

几个研究中国问题的中大博士生，也会把他们研究的题目拿到中心来讨论，只要让我赶上了，他们就会挨批，批得体无完肤。但是，说也奇怪，他们居然非常高兴，确切地说，是既害怕又高兴，没有赶上的，还特意来找我批批。

中心的学术交流和碰撞，在香港，在大陆任何地方都是没有的，在这里，几乎经常可以看见各国研究中国问题的学术大腕出入，什么问题，都可以爆发激烈的争论，争完了，一起去行山、野餐，一起碰个杯，相视一笑。下次再见，依旧吵得一塌糊涂。

在中国研究服务中心期间，还有一个小的插曲，那是中国人民大学的校长纪宝成突然造访中文大学，但香港人的规矩，不事先预约，是没有人接待的。我服务的大学的校长来了，我总得出来应酬一下，带着他转了一圈，临走的时候，大概我给他留下的印象还不错，他塞给我一个名片，告诉我上面有他的手机，让我有事可以找他。我当即把名片给推了回去，说：对不起纪校长，我没事找你。据说，就因为这个，我把他得罪了。后来，我跟我的院长因同事评职称问题发生冲突，他就站在院长这边。

这样的一个中国研究的重镇，就这样莫名其妙地被埋葬了，据说人员和图书资料，已经分散到了图书馆和中国文化研究所。这样一折腾，人员和资料的损失，恐怕很难避免。很可能，六十年的积累，一朝倾覆，以后再想重建，恐怕就难了。呜呼，我实在找不出要毁掉这样一个中心的理由，难道，中国不需要研究，只有张维为、金灿荣之辈拍拍马屁就可以过日子了吗？静下来想想，现在是一个发生奇迹的时代，什么人间奇迹不能发生呢？

一个灿烂的中国研究服务中心已经被埋葬了，在这个清明节，在它的坟前，早已被禁言的我，写下如上文字。

张鸣，中国人民大学历史学退休教授。著作包括：《乡土心路八十年》，上海三联书店，2008；《乡村社会权力和文化结构的变迁》，陕西人民出版社，2008；《辛亥，摇晃的中国》，广西师大出版社，2011。（作者照，见29页上图左坐花坛者）

与世界顶级中国研究者相遇

汪永晨

2003年12月，应香港中文大学中国研究服务中心邀请，我在这里做了一个半月的访问学者。我的身份是中央人民广播电台记者，一下子被当成了学者有点受宠若惊。中心秉承"学术为社会服务"的宗旨，拆除学术高墙，让我这样的民间环保人进入学术大观园。

当时，中国媒体人正在为留住中国唯一一条还在自然流淌的大江——怒江呼吁。在香港中文大学，站在这个独特的国际平台上，令我自己的视角，以及传播的范围，都有了与国内不同的高度。在中心的午餐研讨会上，我介绍了中国媒体如何为留住怒江而做出的努力，香港的几家报纸、电台做了长篇报导。后来温家宝总理对外界谈到他对保护怒江的看法，起到关键作用。不知道有没有"出口转内销"的效应。

之后数年间，我几次路过香港，都到中心讲讲大陆的环境保护。令景明念念不忘的，是我的"厚脸皮"。每次演讲完毕，就拿出一堆书来售卖。有一次带去太多，卖剩一大堆。待人散去，林达轻声道：我都买了吧，放在中心送人。无论在国内讲学，还是到国外开会。我这个小贩都乘机售卖我们"绿家园"出版的，关于中国环保和江河保护的书。卖书的钱用来买书捐给我们"江河十年行"项目关注的大江大河边的小学。靠义卖自己出的书，在中国的大江边捐了快100所小学阅览室。景明曾经推荐许多做有关中国环境，特别是中国江河保护研究的国内外学者给我及另一位关注江河保护的于晓刚。她对"学术媒人"的角色很尽心呢。

在中心一下子认识了数名国内外研究中国的顶级学者，包括美国哈佛大学的傅高义教授，耶鲁大学的戴慧思教授；还结识了中国的学者张鸣，徐友渔，作家章诒和、林达等人，之后相互往来，受益匪浅。张鸣说我是环保狂人，也就认了。几年后我在美国访问期间，意外收到戴慧思教授邀请，让我去耶鲁大学讲讲中国的媒体与民间环保组织对环境的关注，以及保护怒江等案例分析。戴教授甚至自己出钱让学生陪着我去参观大峡谷。她说：这也算是我对中国的环保做的一点贡献吧。

著名的中国研究学者傅高义教授说："没有这个中心的话，当代中国研究当何以进行？"来到中心，才知道名不虚传。我大学念图书馆系，从图书管理的角度看，中心的这套制度非常有创意，读者在这里很容易找到自己所需要的书，不是一本，是一批。除了书，我在这里还找到一位朋友熊景明。我和她都是不可救药的乐天派，关心环境。人类对自然的破坏令人伤心，做环保会处处遇到令人沮丧的事，但我们随时不忘赞美、感受自然之美好。两人见面，先说一声"幸福死了"，然后哈哈大笑。她女儿李立后来到北京工作，我和景明的这份交情，延续到她的下一代。

在中心留下的遗憾

我计划在访问中心期间完成"中国的传媒与环保"，很遗憾没有如愿。此地诱惑太多，和那么多用现在的话说是大咖学者在一起，听他们滔滔不绝的言谈，与他们讨论，简直就是精神大餐。大牌学者一个个坐在那里看书，可以随便去向他们请教，记者的本能让我不要错失良机。一次去到坐在角落里的傅高义教授跟前，和他聊起美国建了胡佛大坝后对当地环境的影响。在学者和民间的呼吁下，美国已经开始拆除一些年久失修的水坝，检讨美国的东水西调对加州生态影响。如果不是在一个屋檐下，和这样的学者讨论问题或采访，想都不敢想。

来到中心才了解到它的前世今生。1963年，一批特立独行的美国学者，在当时麦卡锡主义横行的情况下，既不满美国国内对中国资料的片面摘取，又无奈于大陆的封闭，于是申请了私人基金，来到香港开办了"大学服务中心"，收集来自大陆的各种研究资料，为全球的中国研究者提供服务。1988年中心移交香港中文大学，并改名为中国研究服务中心，继续收集中国研究资料，服务海内外学者。凡去过中心的人都知道，熊景明在收集资料上奉行"一本都不能少"的原则。中心的骄傲之一是收藏了全世界最齐全的中国地方志和专业志。内地某县县志出版时仅印刷了20册，中心收藏到最后的四本之一。为何有这样的能耐，是另外的故事。

熊景明也采用"守株待兔"的策略，对访问学者"雁过拔毛"。她在中心门口放了一个表格，请大家推荐图书，上面写着："不用赞美这里的资料齐全，请告诉我们还缺哪一本书，哪一份期刊。"1988年熊景明接手时中心的图书收藏只有一万多册。等她2007年退休的时候，中心已有馆藏十多万册，报纸二百多种，杂志二千种，成为海内外同类图书馆中的佼佼者，为海内外学者所称道。与其他综合图书馆相比，中心的藏书规模并不算大，但这里收藏着最好最齐全的研究现代中国的资料，而且还有一套独一无二的资料编码系统，查找起来很方便。

面对这样丰富、完整的收藏，而且许多资料国内看不到，我将写作放到一边，每天在中心查看和生态灾难有关的报导，为今后的考察和报道做功课。还有一个原因，"学术媒人"熊景明的朋友太多，应付她给我安排的采访，约稿以外，还有周六行山和行山后的副产品及各种饭局聊天。这些热闹对我来说，也是求之不得的。景明拉着我两次参与和香港中国文化研究所所长陈方正教授的中午聚餐。文革开始时我只上到小学五年级，对什么是中国文化传统不甚了了。见到文化精英，肃然起敬，席间听他谈话，十分享受。

上书香港渔农处

熊景明说：访客来到中心，通常说不上三句话，就会接到我发出的周六行山通知，香港人称为"行山"。作为导游每次在行山中，我都会骄傲地告诉大家，香港和你想象的不一样，从空中望下来，九龙半岛和香港岛竟然绿色为主，自然覆盖的面积占整个香港的75%。在一次我们去马鞍山吐露港海边行走，去到乌溪沙村。村里的一棵古老的樟树曾经被村民奉为神树，而今枯死。在她的"怂恿"下，我给香港渔农处写了这封信。

致：香港渔农处

　　我们是应香港中文大学中国研究服务中心邀请，来自北京、云南、安徽、陕西和美国的访问学者。我们中有研究中国历史的专家，有研究教育的大学教师，也有对环境问题有较深研究的记者。

　　一个多月的香港生活，我们都不同程度地对香港有了新的认识，让我们感触最深的是它的绿色。我是其中来自中央人民广播电台的记者，已经发回北京一篇文章"享受郊野"并已在中央台播出，在报纸上登载，让更多的国人除了知道香港是一个国际大都市以外，也了解到香港还是全世界森林覆盖率最高，人均享受郊野面积最大的大都市。嘉道理森林小径的兰花，西贡青山绿水中的夕阳、东坪洲的页岩和绿田园的有机耕种。这些来自香港郊野的绿色信息，深深地感染着我们来自内地和美国的学者。

　　2004年的第一天，我们一行人漫步在乌溪沙新村的海边，清澈的海水，蔚蓝色的天空，和海边那被依然留在岸上的，多姿多彩的一颗颗贝壳，让我们再次陶醉在香港人与自然的和谐之中。

可是让我们没想到的是，在香港的朋友建议我们去看看那里的一棵古老的樟树时，看到的竟是这棵几个人都抱不过来的老樟树，已因政府在树的周围铺了水泥，窒息，而结束了它饱经风霜的一生。残存的只有不愿离去仍然寄生在苍劲的老树上的条条青枝和小小的失去了生命供给的嫩叶。

当时，我们这些已深爱香港绿色的学者们，无言以对。因为这对我们来说真是太遗憾了。我们的脑子里刚刚装了太多的香港绿色；我们的心中本充满了对香港人能与自然和谐相处的感动，我们本准备回去让朋友们看到我们用相机记录下的一棵棵香港的大树、小树和花朵。而这些记录中，本没有这样一棵，也是我们多么不愿意加上的一棵树啊。但是，它实实在在地，于2004年1月1日下午5点20分出现在了我们的眼前。

我们知道，大树之所以能成为大树，是因为它生命力的旺盛和坚强；我们知道如果早点把水泥从大树的周围除去，大树或许还有回归生命的可能。

在此，我们恳请渔农处的你们，也到乌溪沙新村枯死的大樟树旁走一走，看看这棵千年大树还有没有可能不因我们一时的举措而丧生，重还生命并继续荫及我们的子孙。也让我们这些来自北京、云南、安徽、陕西及海外的华人再次来到香港，再次来到乌溪沙新村时，在和我们这个地球上所剩不多的，但香港还有的一棵棵千年古树留影时，也有乌溪沙的这一棵。

享受郊野

12月第一个周末，北京是大风降温，寒风袭人，而在祖国的香港却是阳光明媚温湿适宜。和几位喜欢山的朋友同行，走进了香港新界的大埔滘郊野公园。也是香港渔农署所辖的自然保护区。拾级而上的山门，把我们带进了大自然之中。

在一般人的心目中，香港是一个国际著名的商业城市。可在走进香港的这片郊野时，香港中文大学的熊景明女士告诉我，香港是世界上人均拥有郊野面积最多的城市。

让我再次举起相机的是这样一幅展板"今日郊野火情讯号"。在这样直观的提示中，每一个进山人，总会约束自己的行为了吧。

记得2003年8月，我和朋友在北京松山国家级自然保护区爬山时，很为那里树下立的标牌深感遗憾。写的都是什么呢？黑桦：木质坚硬，是用于室内装修的好材料；蒙古栎，可用于火车枕木、电视柜、高级家具等。

明明是国级的自然保护区，可给游人们提示的不是树的生态价值及其多样性，却是让人类如何利用。

相比之下，大埔滘郊野公园的牌子让人享受的是自然的丰富，及人对地球上其他生灵的认知与理解。而这一过程，其实正是我们从郊野中得到的享受。我一直认为，我们目前有关环境保护的宣传，对自然的关爱，还停留在口头上。真正要想达到热爱自然的目的，得到与自然朋友般相处的享受，必须要从认识自然开始。

在大浦滘郊野公园里，有很多这样的观鸟点，向游人们介绍着的是这里会有哪些鸟出现，它们的习性，它们的歌鸣是录下音来的，游者只要点到哪种鸟，它的鸣叫就会响在你的耳边。此外还有它们寒来暑往的迁徙路线。这些指点会让我们在认识它们的同时，也不由地会关照起鸟们所生活的家园来。

从个体再到整个环境，自然保护区向人们展示的本来就是我们人类与地球上的一切生灵共同居住的地方；而不是所有地盘都被我们人给占领了的都市、田野和村庄。

这里是树的路，标牌上显示着我们怎么认识它，并与它同在。在树的家里，我们和自然界的其他朋友，都能享受到在它们的生涯中为地球家园所提供的空气清新、水源丰足。

　　那天，就在我于心，于情都在享受着树的奉献时，突然一个毛绒绒的东西跳在身边，定神之后发现，是只站起来比人矮不了多少的猴子。熊景明说，我一定是和动物有缘，不然怎么拍到过那么多动物。她几乎每个周末都会走进这片郊野，可看到猴子的时候却很少很少，而我一来，就撞上了。这只猴子显然不怕人，不然它怎么会跳到我的眼前。

　　当这只被我们人类称之为猴子的它慢慢地走远，离开我的视线，寻找着林中的干果时我想，这只猴子在这片郊野公园与人交往中，一定没有受过伤害，也没像峨嵋山它的同族似地被宠坏，只会向人索取食物。

　　在大埔滘的教育小径中，我尽情地享受着的还有树林中看光谱。12月北方的冬天很难让我们再走进林中。而在亚热带的香港，漫步树林中时，稍加留意就会发现，阳光是穿过树顶，照在地面或地面上的植物上的。

　　从森林中的教育展板上我知道，阳光中的红光，对光合作用最为有效。若植物呈现的绿色愈鲜艳，即表示植物吸收了愈多的红光。道道阳光，就是这样透过树枝、树叶，照在地面的植物上。植物身上所呈现出来的绿色深浅度，就是所谓的光谱了。一个神秘的词汇，一个神秘的科学现象，在大自然中解释得如此活灵活现，如此之形象。

环境教育

　　在大埔滘自然教育径中，要想了解自然的奥秘：林木的结构、空气湿度、附生植物、森林更新及落叶腐殖层的关系等有趣知识，都会找到答案，运气好的话，更能看到十七种本地的雀鸟。

　　12月的香港郊野公园，我们边走边真的是常常驻足侧耳倾听鸟们在林中多声部的合唱与悠扬的独唱。再就是边走边认识着亚热带地区的植物们：樟树、银柴、杉木、牛矢果、八角枫、罗浮枫、笔罗子、红花羊蹄甲、树头菜、土沉香、白肉榕和密莱黄。

让我有一点遗憾的是，这些树下有的只是它们的中英文名字，而没有它的生态特性及生境介绍。而这些在欧洲和美国的一些国家公园里做得就非常充分。后来从森林管理人员那儿得知，正在制作之中，不久就可以和游人见面了。

大埔滘林中的标牌给予游人的并不完全是动植物的认知，还有一些很有人情味的提示：像小心水深的一只手呀，水深勿涉的红色警告，大狗要牵着走及两人坐着的下棋状小息处。细心的管理者还把路标分成不同颜色，让游客根据自己的时间选择是走三公里的山路，还是爬七公里的山路。颇有人文色彩的标识，在规范人们的行为举止时，自然使人心领神会于平和的心境中自觉地接受。相比我们一些农村写着的计划生育的标语："超生多生，上房拆瓦"要舒服多了。

冬日香港郊野公园的山间漫步，让我不仅在繁忙的工作之余梳理了心情，享受了自然，更认识了自然，并学会了应该怎样去认识。可谓受益匪浅。

而香港中文大学中国研究服务中心每周六的行山，除了认知自然就是边走边聊的，不同学科，不同经历的人一起在这样的自然中交流，那份过瘾也是让人能记一辈子的。

2014年1月4日的行山，我们同行的人有刚刚出版《往事并不如烟》的作家章诒和。行山路上，我还听到她透露出来的写作计划，"先知为快"。从美国来的作家林达，那时已经和景明一起在做口述史了，对这个项目的种种设想，也是那次行山中，我们大家共同的话题。

那时担任中国人民大学政治学系主任的张鸣，之后写了一本又一本的书普及历史知识。他后来写过一篇文章发表在《中国青年报上》，题目是"环保疯子汪永晨"。文章的开头是这样写的，"认识的人都知道，汪永晨很疯，爱笑也能哭。我只见她笑来，没见过她哭。朋友讲，2006年为了阻挡有关强力部门在怒江建设三级水坝，汪永晨像疯了一样，玩命地到处申诉，四下呼吁，不管多大衙门，推门就进，进去就说，一说就滔滔不绝，最后，水坝项目暂停，消息传来，正在怒江的汪永晨，突然号啕大哭，惊天地，泣鬼神。"

汪永晨，原中央人民广播电台记者，民间环保组织"绿家园志愿者"召集人。1994年制作的广播特写《这也是一项希望工程》获中央人民广播电台优秀节目一等奖，中国环境新闻一等奖。（作者照，见29页上图后排右一）

回首灯火阑珊处

吴逢时

三月的悉尼，原本是蓝天白云耀人眼的夏末天气，今年却突如其来地下了十多天的雨；每当遇到类似的雨季，无论在哪里，我总是只想起一个地方——香港吐露港畔的中文大学，想起曾经在中大渡过的"青椒岁月"。

2005年8月博士博文答辩通过以后的第二个星期，我就兴冲冲地飞越太平洋到中大的政治与行政学系入职。新界的马料水，远离人们印象中的繁华香港；中文大学就建在这里，顺山而上。政政系在山尖，大学图书馆、中国研究服务中心在山腰。此后除了2008-2009年在哈佛燕京访学，我在中大这座山上渡过了教学生涯的第一个十年。2015年1月，海内外研究现当代中国问题的学者、学子聚会一堂，用各自的研究发表来庆祝大学服务中心成立五十周年，我也有幸受到邀请发言，谈一谈自己在环境政治方面的研究心得。开场白，我简单概括了自己和中心十年来的关系：我原本的博士学位是国际关系理论和比较环境政治，助理教授期间在中心读了第二个博士学位——当代中国政治！

这样概括没有一点夸张。记得2005年1月我面试中大助理教授的那天，当时的政政系主任关信基教授在结束了所有的流程以后，即兴提出去一个他认为我"会有兴趣的地方"——大学服务中心（他当时卖了关子，没告知他其实还是中心的主任）。去到中心，见了当时的副主任熊景明（手腕骨裂绑了纱布，但是毫无影响生动的表达和暖心的交流）。也许关教授当时就有灵感，已经感受到我和中心即将开始的缘分？会和中心一起经历轰轰烈烈、起起伏伏？

如果助理教授期间没有参与到中心日常的科研交流，我大约不会深入到广西、广东、河南、甘肃、新疆等地区的乡村，近十五年的学术发表会大为不同；研究的发展路径也许不是大相径庭，但至少是不同的曲线。在马里兰大学博士期间，花了不少精力走通西方政治哲学、当代实证主义认知论、比较政治研究方法这一路，博士论文是从理论到现实；博士后十年，在中国各地的"田野"生活和观察，在大学服务中心的多层次的学术交流，与同行们的切磋，"接地气"，回归了现实，重新在纷繁无序的细节里提炼理论和抽象的发现。现在回想、梳理自己的科研经历，博士的六年是新手上路，在中大的十年才炼成职业的研究人员，才有了自己的学术风格。

"青椒"这个词之所以被造出来，大约是有其可信的原因的。新科博士们在各自第一份工作的岗位上，不乏青涩、苦辣、孤立无援的感受。相比之下，我庆幸自己当年还沾了点"旧制度"的光，还曾有过点"在翰林院行走"的飘飘然，还过了两年没有"发表压力"的日子，还有些读圣贤书、不申请额外研究经费的时间，还能投入地听一些跟自己的研究毫不相关的学术报告。对于那个时候的我，服务中心的存在，简直是可遇不可求。每周几乎都有精彩的研究分享午餐会，各路英雄各显神通，主题不分"风雅颂"，听得是有没有下功夫。两个楼面的书籍、报刊、县志、影像资料，可以快速地完成研究的前期案头工作，背景数据几乎是触手可及。

中心各类的学术交流活动，"广泛撒网，重点打捞"，比如文革研究，中共党史、地方自治等相关领域，几年下来几乎所有学术界的领军人物、新锐都到中心"打卡"，对于我这样的"博士生"等于是上了精读课，由核心学者亲自导读，参考最前沿的实证调查，并且还能直接连线"田野"里忙乎着的同行。因为中心在现当代中国研究领域的知晓度，在中心"守株待兔"，就可以与Ezra Vogel、Lucien Bianco、Roderick MacFarquhar直面交流，提问他们对各自关注的政治领袖的判断；和中大文化研究所的陈方正教授、南京大学的高华教授、澳洲国立大学的Anita Chan、Jon Ungar教授伉俪、首尔大学的Jae-ho Chung教授慢慢成为忘年交；听斯坦福大学的Andrew Walder团队讲解他们对于文革初期平民武斗数据处理的细节，多伦多大学吴亦清教授研究文革背后的心路历程。现在回想，才更多体会当年"青椒"的我是多么地幸运。

高华是极其难得的学者朋友，课堂、餐厅、行山，甚至最后在医院、病榻，似乎每一句话都是在听他讲课，生活谈话都最终汇合到对于中国1949年以后的政治整体发展的思考，他对于自己的研究的熟悉程度和热爱令人无法不倾佩。与方正教授最初也是在中心组织的行山活动中认识的，让我仰止的经典的学者，居然饶有兴趣地听我谈了对于中世纪阿拉伯哲学的几个观点；之后的几年里，我们还能抽空具体地交流《继承与叛逆——现代科学为何出现于西方》提出的命题和答案（2010年我在哈佛燕京网刊发表了该书的书评）。马克思评价自己是把黑格尔的政治学理论来了个翻转；方正教授把"李约瑟命题"也来个倒推反证！上面用"幸运"这个词是不精确的，不足以表达我对于那段日子的怀念和珍惜。

在中心的"撮合"之下，我遇到了太多的国际和国内的同行，其中谈得来、互通有无的不少；更珍贵的是，有一些坐一席胜读十年的大师（读者们已经反复读到他们的名字）；还有一些惺惺相惜、相互提携的同辈读书人。从2004年开始，中心每年年头主办国际中国研究博士生研讨班，邀请的是世界各地的在读博士生，请他们来中大讲讲自己的论文，关于中国的某个方面的实证研究。在中大任教期间，我基本参加了每一次的研讨会，后来中心和我也有了默契，每年都有一场是和环境政治相关的报告会，基本由我来主持。十年下来，感觉这个领域开始不冷门了，年轻的同行多了起来。这样精心安排的相遇，我得以和同样关心环境和气候变化的博士们有了长谈的机会，大家都有"踏破铁鞋"的感觉。当时爱丁堡大学的博士生、现在广州中山大学的方芗教授,第一位跟踪国内反核电运动的学者;当时正在写关于内蒙草原社区建设论文的南京大学博士张雯,后来毕业任教于上海海洋大学转做海岛社区研究。我和这两位都是在中心的活动中认识的。因为研究的理念和信念,虽然天各一方,一直保持着交流。现在我们都为人母,教学、研究、事业都到了新的拐点,不需要多言,彼此知晓,就是执着和坚守最佳的佐证。

这次中心的变故发生得突然,而且不给任何回旋的余地。和这本集子的很多作者一样,我们都还打算着疫情过去以后重返吐露港,上山、回中心、翻书会友呢。大众心理学诊断"哀伤"有五个阶段,我觉得我还在第一个阶段:否认现实。熊老师两个多月前就让我考虑写一点回忆文字,怎么能不写?社科是载体,人文关怀是永久的内核。我深受中心的滋养,滋养人文情怀,心性的滋养;在中心获得的学术积累伴随我在世界各地教学和研究。台湾舞者林怀民访问中文大学的时候带来一句话:"在水泥地上种花。"在中大、中心的近十年让我有了类似的"种花"的勇气,哪怕南洋再往南,也可敝帚自珍,不觉行囊单薄。以前中心每年不同时间的传统节目里,有一个是在正月十五提灯笼在中大校园里行山;从远处望去,可以想象,点点烛光,那么小却又那么亮。蓦然回首,我的灯火阑珊处,居然就是那副暮色山景,被小小的却跳跃着热切的烛光燃起的无限温暖,升腾起来。

也许这本集子只是一个开始,也许会变成一个延续的写作平台,我们这些和中心一起成长的学人可以常常地写一些东西在这里分享。景明在《家在云之南》里写到:把父亲、母亲、喜爱的人的故事写下来,似乎就可以一直将他们留在身边。那么,也用文字把中心留在我们身边吧!

吴逢时，澳大利亚新南威尔士大学政治学教授。她发表过一系列关于中国的环境政策、国家与社会关系、中国及亚洲的地域管治的学术论文，并主编专著*China's Global Conquest for Resources*，Routledge，2017。（作者照，见36页下图前排左一）

我与中心的不解之缘

常成

　　2006年夏天，我刚从斯坦福大学的东亚研究硕士班毕业，即将到加州大学圣地亚哥校区（UCSD）师从周锡瑞（Joseph Esherick）和毕克伟（Paul Pickowicz）研究中国现代史。还未入学，我就收到未来的大师兄周杰荣（Jeremy Brown）转发给所有同门博士生的一封电邮。他强烈推荐Universities Service Centre，说这是研究中华人民共和国史的必访之地（a can't miss stop），并鼓励我们申请参加2007年1月举办的第三届国际研究生"当代中国"研讨班。那时我还没有论文，自然就没有申请。而当时UCSD政治学系博士生Jessica Chen Weiss参加了这届研讨班。2008年夏，她给全校的中国研究博士生转发第五届研讨班的申请资讯。此时，我刚写完关于志愿军战俘的第一篇论文，于是提交申请，不久就收到录取通知，自此开始了我与中心的不解之缘。

　　当时我并不了解中心的历史，也不知道我的多位老师与中心的深厚渊源。1963年，中心成立。第二年夏天，刚从哈佛大学本科毕业的周锡瑞来到香港学习中文，就此成为中心的常客。1970年10月，毕克伟来中心作博士论文研究。次年6月23日他与十余名聚集在中心的"亚洲研究学者委员会"成员走过罗湖桥，成为第一批受邀访问中华人民共和国的美国学者。7月9日，基辛格秘密访问北京，15日中美双方同时宣布尼克松总统将访华。四天后，周恩来、张春桥、姚文元在人民大会堂接见这批美国学者。该历史性访问团的另一成员谢淑丽（Susan Shirk）后来成为UCSD政治学教授，九十年代，她曾在克林顿政府担任负责东亚事务的副助理国务卿。而她的学生Weiss博士毕业后先后在耶鲁、康奈尔大学任教，2021年进入拜登政府，担任国务卿布林肯的中国事务高级顾问。

我的博士论文委员会成员、社会学家赵文词（Richard Madsen）七十年代来到中心，与陈佩华（Anita Chan）、安戈（Jonathan Unger）合作访问大陆新移民，合著经典之作《陈村》。再往前推，我在斯坦福读硕士班时期，深受来访的法国历史学家毕仰高（Lucien Bianco）的影响，决定从政治学转向历史，但我当时并不知道这位改变我人生轨迹的历史大家与中心的渊源。当时我也不知道，我的硕士班导师、政治学家戴慕珍（Jean Oi）曾在中心访问大陆移民，而她的一位受访人后来成为她的研究助理，后来更成为中心的助理主任和灵魂人物——此人就是熊景明。

2009年1月7日，第五届研讨班开班，我趁会议间隙找到熊景明老师，向她转达高华的问候，而她却回答："高华已经告诉我你要来。"十几天前我在上海，在华东师范大学老校区历史系留守处意外地发现高华的电话号码，立刻拨通电话，告诉他我是UCSD的博士生，这学期在周锡瑞老师的史学研讨班上刚刚读完《红太阳是怎样升起的》，写了一篇长书评，有很多的感想和问题，想向他请教。随后我来到高华在长风路的临时宿舍，从下午三点畅谈到六点，临走时他叮嘱我到香港后向熊老师问候。看来，我还没到香港，他们就已经通过电话了。巧合的是，这一届博士生学员中有两名高华的弟子：刘握宇和周孜正。我们一见如故，成为朋友。

研讨班的几天非常繁忙，除了开会，绝大部分学员都抓紧时间在中心搜集资料，浏览《内部参考》的两台电脑几乎从来没有空闲。中心同仁急人所急，特地延长开放时间，为远道而来的各国学员服务。听到我的研究题目，熊老师立即带我到书架，找出四卷本的《韩国战争时期的中共军文书》。这套由韩国翰林大学团队从美国国家档案馆的海量文献中精选出来的美军缴获志愿军文书，包括第九兵团《临时军法纪律》、第三兵团第179师行军日志、第180师军法处分文件、士兵家书等极其丰富重要的史料，替我省下了至少几十天远赴华盛顿查阅档案的时间。我后来发现，这套丛书相当罕见，在美国也只有国会、哈佛、斯坦福及密歇根等几家图书馆收藏，我不得不惊叹中心选书人独具慧眼。

在这次研讨班的最后一天，我还有一个收获：我终于通过熊老师联系上了钱钢，他是志愿军战俘研究第一人、原解放军作家于劲的丈夫。此前两年，我在大陆访问张泽石、钟骏骅等归国战俘，他们都托付我寻找三十年前曾采访过他们的于劲。他们对她和钱钢深深感怀，念念不忘。我和钱钢约定，下次在香港见。此时我并不知道，于劲已经病重，我再也没有机会见到她。

从2009年秋到2011年夏，我以台北的中央研究院近史所为基地，在台湾查阅关于志愿军战俘（在台湾被称为"反共义士"）的档案，在两岸作口述访问。2009年夏，龙应台的《大江大海一九四九》在港台出版，引发轰动。利用回大陆的机会，我把一本《大江大海》辗转送到高华手中。后来，他在病榻上写下了一万七千字长文——"六十年来家国，万千心事谁诉——读龙应台《大江大海一九四九》札记"。

2009年10月31日，我坐在从四川乡城到云南中甸的长途客车上，在深山峡谷中意外地接到熊景明老师打来的电话，交给我一个任务：与独立纪录片导演胡杰一起去访问在上海治病的高华。这是她构想的与高华系列对话之一，对话者包括秦晖、张鸣这样的资深学者，还有我这样的年轻学生。胡杰当时在四川采访，日夜兼程，赶往上海。11月15日，我和胡杰来到高华在东方肝胆医院附近租住的简单公寓，听他讲述写作《红太阳》的缘起。

刚刚做了肝脏微创手术的高华面对摄影机，追忆十八年前下笔的时刻：

"我记得我真正动笔那天，是俄国1991年的8.19事变那一天。当时我家里有一个老式的收音机，我一边在听苏联发动叛变（推翻戈尔巴乔夫）的那个紧急委员的临时通告。……一边开始写红太阳的第一章。

"我感觉到，我应该写。这件事很重要……我觉得我是学历史的，研究历史的，我似乎也看了很多东西，我自己可以把我这部分感受先写下来。

"至于写得怎么样，将来能不能出版，当时都没有考虑，是完全不考虑的。"

"如果当时考虑到禁忌啊、危险啊等等，这本书是写不出来的。"

"应该摆脱内心的恐惧，摆脱内心各种各样的禁忌。"

在两次手术的间隙中，高华坐在病床上接受采访。他面带微笑，从容不迫地道出一个历史学者的追求与坚守。此时我坐在他身旁，深受震撼。由于种种原因，对高华生前最后访谈的计划被中断了，这成了仅有的一次。我深感幸运，却万分遗憾……

从2009到2011年，我多次到香港，目的地都是中心。博士生预算有限，我就睡在中大朋友叶竹盛宿舍的空闲床位或客厅沙发上，或者在吕迅的宿舍打地铺，却仍然乐此不疲。每次来到中心都是兴奋、快乐的体验。我当时就想，博士毕业后要是能来香港教书有多好。

2011年12月初，我收到香港科技大学人文学部的邀请，飞来香港面试，结束后还在中心做了第一次午餐演讲。然而，26日高华去世。六天前，他还关心我和刘握宇求职的进展，也叮嘱我与胡佛档案馆联络沙飞文物的捐赠事宜。我很幸运地拿到科大的教职，却不能与高华在他念兹在兹的"学术家园"相见。他最后一次来香港，是2009年6月来中心参加中华人民共和国六十周年学术研讨会，留下了他最后一张学术会议照片：祖尧堂上，他满头银发，羽扇纶巾，侃侃而谈。他身后是周杰荣，身旁是高峥（1948–2021）。

2012年8月我到香港科大入职后，自然而然地成为中心活动的积极参与者。尽管此前几年，我已经把中心馆藏中任何跟志愿军战俘相关的材料都几乎搜集完毕，我还是常常到中心听讲座、参加研讨会、看纪录片，或周末行山。从科大到中大路途遥远，乘坐公交必须换乘三次，每次单程耗时至少一个半小时。一年半后，我买了一台二手车，交通时间缩短到二十五分钟，来往中心就方便多了。

在中心可以与秦晖、杨奎松这样的顶尖学者无拘无束地学习交流，也可以跟年轻的学者切磋，特别是长期占据八楼拐角处书桌的吕迅。作为研究生研讨班的受益人，我也有幸回馈中心，担当研究生研讨班的主持人。回顾过去十几年，研讨班的很多学员博士毕业后跻身名校教授之列。仅以我直接参与的两届研讨班为例：第五届的刘握宇今在南京大学，周孜正在华南师范大学任教；第十届的刘诗古在厦门大学，赵晋在华东师大，何志明在四川大学任教。中心慧眼识人，令人惊叹。

中心的收藏丰富，独一无二，即使是我熟悉的哈佛燕京图书馆、费正清图书馆、斯坦福东亚图书馆也有所不及。中心的服务更是专业而亲切，谭先生、吴璞周、宏丽、Celia、阿梅、芬妮对每一位来访者都热情、周到、耐心，令人感怀。

中心更是一个连接学人、学术与社会关怀的平台，这是其他图书馆或研究中心无法企及的。自九十年代起，中心的主要服务对象从西方学者转向国内学者、基层干部、纪录片导演，特别是具有潜力但缺乏资源的内陆及体制外研究者、实践者。

在我看来，最能代表中心兼容并蓄、不拘一格精神的一次午餐演讲，是一场我没能参加的演讲，而讲者大概是所有讲者中最年长的。2012年10月，时年83岁的前志愿军归国战俘张泽石从北京到台湾探亲，受学生团体之邀到新竹的国立清华大学演讲；回程经香港时，中心也邀请他演讲。这位清华物理系学生自1948年辍学离开清华园后，这是他第一次在大学演讲；不过，他的讲坛不在母校清华，而是台湾清华大学和香港中文大学。因为时间冲突，我没能到中心聆听张泽石回顾他的传奇人生——如何从一个基督徒到中共地下党、解放军、志愿军战俘、右派，文革后又成为作家——以及他对朝鲜战争和中美关系的反思。在现场的熊景明老师感叹："中心很少有听众如此被感动的演讲会。希望将来内地的年轻人能听到这般见证历史，并能够反思个人及国家行为的感人言说。"

张泽石演讲结束后，大概是被现场听众的热情感染，他放下心中的顾虑，接受了美国之音中文电视台的访问。面对镜头，他回顾归国战俘的遭遇，问道："党、祖国不是我们的母亲吗？哪有这么残忍的家庭，这么残忍的母亲？"但他又说："宽容是人心里面非常美好的一种东西。"他把自己和战俘们遭受的苦难归因于制度与观念，强调"我们民族所具有的沉重的那种皇权思想和奴隶思想所带来的非常严重的这种后果，对人的不尊重，不光是对战俘"。他最后说："如果这样理解的话，我们的努力的方向就很明确了。"张泽石在中心讲出的这段话成为美国之音五集纪录片《志愿军战俘》的剧终绝响。尽管大陆的观众很难翻过防火墙观看，这部纪录片却已经在YouTube创下超过三百万次的浏览量。然而，直到张泽石于2021年3月去世，他也没有机会登上内地大学的讲台来讲述自己的经历与思考。

2020年12月21日，中心的创始人之一傅高义在美国剑桥去世。四天后的圣诞节当天，中文大学校方向媒体宣布"重组"中心。此举在全球中国研究学术界引发震撼，两天后数百名中国研究学者联署公开信，请求中大校方重新考虑，不要仓促关闭中心。2月9日，拥有6500名会员的亚洲研究协会正式请求中大暂缓计划。然而，早在2021年1月1日，中大就已经从行政上解散了中心，五十七年历史的"中国研究服务中心"被毁于一旦。

2010年高华在病榻上写下长文"读龙应台《大江大海一九四九》札记",在文末借梁启超诗句而感怀:"家国六十年,河山千万里,'世界无穷愿无尽,海天寥廓立多时'。"

今天,中心已经消失,我只能祈盼中心的精神——自由、开放、友爱、快乐——能随几代学人的文字和实践,开枝散叶,长久流传。

常成,香港科技大学人文学部副教授。著作包括:*The Hijacked War: The Story of Chinese POWs in the Korean War*,斯坦福大学出版社,2020;中文版《被劫持的战争:中国人民志愿军战俘与朝鲜战争》,将由香港中文大学出版社出版。(作者照,见36页下图后排左一)

访学记

白磊

很早就从各种资料中得知，在香港中文大学有个中国研究服务中心，那里不但有丰富的关于中国大陆各类人文历史资料的馆藏，更有熊景明老师这样一批致力于研究和服务的学者在为之努力。中心已逐渐成为海内外中国现当代史的研究领域的圣地，高华、宋永毅、沈志华、杨奎松、何蜀、印红标等国内外现当代史学名家都曾有过访问中国研究服务中心的经历。而从他们的文章中，知道中国研究服务中心的历史沿革与变迁，从上世纪六十年代中心成立至今，中国研究服务中心吸引了很多学者慕名前往，查阅、使用中心馆藏资料，完成了上百部关于中国大陆研究的学术研究书籍。如高华先生那本享誉海内外的《红太阳是怎样升起的：延安整风运动的来龙去脉》，就是他多次在中国研究服务中心访学查阅资料的结果；高华先生通过利用中心所藏的各种资料，修订完成这本当代史学界划时代的研究著作。而高华先生又利用中心馆藏的上世纪六十年代的《参考资料》，完成了《1949年到1965年中国社会的政治分层》，以及《鞍钢宪法的历史真实与"政治正确性"》、《大饥荒与四清运动的起源》等一批极有分量的当代共和国史研究学术文本。这些文章的完成，都与中国研究服务中心是密不可分的。

2014年夏天，经重庆研究文革史的何蜀先生推荐，我成功申请到为期一个月在中心做访问学者的机会。按照中心与我商议好的访港日期，我踏上香港的访学之路，开始了我的中国研究服务中心访学历程。这次访学，对我来讲是极为难得的，因为按照中国大陆的学院派规范，我的这种学术身份和学术资历是不入其法眼的；而我所研究的课题在当今的中国大陆也是被禁忌的，极为敏感的文革史研究，更遑论会让我登堂入室，随便查阅自己所感兴趣的资料。而在中国研究服务中心，这些都不是问题。因为中心主要致力于为中国大陆以及海外研究中国现当代史的学者搭建学术平台，并不完全看重他们的个人身份和名誉地位，只会选择那些在研究领域是否有自己的真知灼见的史学研究观点的学者，并给予年轻的学者来港交流研究机会。所以中心邀请的访问学者，既有像高华这样声名显赫的知名学者，也有来自偏远地区，如我这样的名不见经传的独立研究者，这是在中国内地的学府不可想象的。

这次访学，给我最大的感受就是"三多"，即看到很多稀见资料，遇到很多学术界的前辈老师，感受到香港与内地的多种差异和不同。当然"三多"是戏言，不过是概念形象化之词，其实还有更多感受，如资讯的开放、学术的自由、人与人之间的平等和自律，都给我留下了极为深刻的印象。

初到中心，工作人员就引领我仔细参观了馆藏所有资料，并在二楼给我一间单独的办公房间，以用于查询资料写文章。中心丰富的馆藏资料让我大开眼界，甚至是瞠目结舌。中国研究服务中心迄今收集了840种中央、省、市、乃至县级的年鉴、统计年鉴及各行业年鉴，大部分都始于创刊号。中国2882个县中，中心已经收集到将近2800个县的县志，并收集到大量鲜为人知的专业志，数千种由省到村一级的地方志和大量其他统计资料。这些基础的研究资料，包括中心的报纸、杂志收藏的丰富和完整，超过国内外的任何同类收藏。难怪2003年高华先生在中心受访时，临时接受韩国国家电视台的访问，当电视编导提出一个他从未研究过的问题——朝鲜人迁入中国东北地区的历史背景和中国军队中朝鲜籍战士的状况时，他临阵磨枪，借用中心的东北地方志和人口统计资料，几十分钟就解决了问题。到中心来的各国学者都有类似感受，很多踏破铁鞋无处寻的资料，在中心却是得来全不费功夫。

如我关注的与我研究课题有关的文革史资料，也是蔚然大观，且不说中心出版的收集上万卷自1960年早期至1970年末期的关于文革的中共党史资料、中央领导讲话记录、红卫兵资料和文革时期的官方报章内容的《中国文化大革命文库》光盘，单是当年中共中央办公厅、国务院秘书厅文革联合接待站编印的文革文件汇编若干卷、当年各区革委会印发的中央文件汇编若干卷，前些年国防大学党史党建教研室编辑出版的文革文件汇编三大卷，还有美国哈佛大学出版的《红卫兵资料续编》十几卷，以及在美国出版的《新编红卫兵资料》，厚厚的二十卷。全是文革中的红卫兵、造反派小报，北京地区的最多，其中有三卷是军队系统院校及文艺团体造反派组织的小报。我在这些小报中看到了许多久已想找的资料，包括我的母校解放军艺术学院的红卫兵小报《星火燎原》，竟然还是从创刊号开始。要知道，军艺"星火燎原"在文革初期的1967年是军内有名的造反派组织，属于中央文革观点的少数军内造反组织，他们肆意揪斗军内老干部乃至冲击军区，无所顾忌。1967年发生在北京的"5.13武斗"中的"三军冲派"，就是以这个组织为核心的，无怪乎晚年的邱会作将军与我聊天时，听说我是军艺毕业的，老人眉毛一挑，用很浓重的江西口音讲：你们军艺的那个"星火燎原"厉害啊，没有他们不敢干的事情！此外，还有各个时期在大陆、香港和台湾出版的有关文革的书籍。大陆近年出版的有关文革的书籍，我所知道的这里都有，还有些是我只听说过却无缘一睹的，他们也有收藏。在这里查阅资料，对我来说无疑是"老鼠掉进米缸"的幸福与满足。几年前我去北京拜访徐友渔先生，他提到有人写了厚厚几大本的关于山西太行武斗的书稿，我这次也在中心看到，即山西作家赵瑜写的《牺牲者：太行文革之战》三卷自印本。回到西安后，我通过朋友联系到赵瑜先生，邮购了这套难得的山西文革武斗的报告文学。在中心馆藏的文革资料中，我还看到了陕西文革时期的红卫兵小报，有工联的，也有工总司的，有属于"东派"的西安交大的《人民交大》，也有属于"西派"的西安电讯工程学院的《新军电》。而在陕西师范大学的文革小报《新师大》，竟然还看见整版的批斗我朋友的外公、文革时任陕西师范大学党委书记的批判文字与照片。我立即用手机拍下发给在西安的朋友，朋友当即回复短信，请求我帮他复印下这珍贵的资料。

我在中心二楼的办公房间，推门即是馆藏报纸库。这里收藏的杂志，除近期的散本另有期刊室陈列供阅览外，以往的全部按时间顺序装订成册，皮面精装烫金字。不同的杂志以不同颜色封面区别，一目了然，查阅十分方便。就连军内的文艺刊物《解放军文艺》、《解放军生活》和空军内部的文学杂志《中国空军》也应有尽有；有的未能收齐的，就以复印件或缩微胶卷尽可能补齐。而在中国内地难得一见的《今天》、《北斗》、《展望》、《知识分子》、《当代中国研究》，乃至《开放》、《动向》、《明报月刊》更是自创刊至今，整整齐齐在书架上供人查阅。此外，他们还购有全部电子版《人民日报》、《光明日报》、《解放军报》、《中国人民大学报刊复印资料》，还订有一些网上资料，除中文网上杂志外，中心订有美国出版的网上FBIS（外国广播信息服务）及英国的SWB（世界广播摘要远东部分）。网上链接的报刊400多种及570多种中国机构网站。除去应邀来访者专用工作间有电脑外，在中心两层阅览厅里，到处都有公用电脑和复印机，供需要者随时可以免费上网查阅复印所需资料。

熊景明老师那时已经退休，负责中心的"民间历史项目"，在中心仍常见到她。从高琦博士，到每一位普通工作人员，事无巨细地为来访学者尽心服务；平日无论是生活还是工作，都会主动询问有什么问题需要帮忙，从中心复印机的使用，到馆藏资料的摆放位置，有问必答，且极为耐心。周末更是精心组织访问学者参加各种活动，高琦博士就曾经多次邀请我周末组织来访学者打网球或者登山；而我自小不喜体育活动，现如今依然"恶习不改"，白白辜负了他们的热情邀请。印象最深的是中心邀请我们同批访港的学者参加中文大学出版社的活动，对于书虫的我来说怎会轻易放过这个好机会？更况且所有中文大学出版社出版的图书均以六折出售，我一口气买了《中华人民共和国史》中尚缺的六卷和徐庆全著《革命吞噬它的儿女：丁玲、陈企霞反党集团案纪实》、王柯著《东突厥斯坦独立运动：1930年代至1940年代》；厚厚一堆书可谓收获颇丰，用手机拍下照片发到读书的QQ群，书友们听说是六折购得，纷纷大呼"真便宜"，"白菜价"，而我心中的喜悦与得意，自不必说。而熊景明老师也邀请我们同批的访问学者周末到她家中做客饮茶，每个人做了自我介绍及当前研究方向，其乐融融。我趁机向同是研究文革史的金大陆先生讨教问题，获益良多。而在我的午餐演讲时，中心更是提前约请金大陆先生来主持我的演讲。金老师详细分析了文革研究的发展，肯定了基层文革研究的未来和意义，肯定了我的研究成果。我的午餐演讲效果不错，高琦博士还亲自跑前跑后地摄像拍照，使我非常感动。套用中国内地官方一句流行话语，中心的服务真是充分体现了"以人为本"的学术关怀，这些在内地是绝不可想象的。

中心每周都有一至两次午餐讨论会，来自海内外不同机构的学者在这里，就自己所研究的学术问题进行讲座，讲演利用午餐时间举办讲座。一次是南昌大学尹利民教授讲中国大陆基层的信访与治理问题；一次是同济大学的谢岳教授讲新型城镇化的政治经济；我讲的则是陕西文革运动的初起与背景。无论什么内容的讲座，对我来说都是极好的学习机会。通过中心，我不但认识了熊景明老师、金大陆老师，更认识了余汝信、李逊等以前只在书封面和学界口口相传的人物，更认识了一些从事其他研究课题的学者和教授；无论是平常的私下交流，还是正式场合的学术讨论，我从他们身上学到很多东西，包括治学，包括为人。临离开中国研究服务中心之前，我去道别，却遇到了曾毕业于军艺文学系的师兄——写《唐山大地震》而声名鹊起的钱钢先生，我不揣冒昧，上前自我介绍自己也是军艺文学系毕业的，现在从事文革历史的研究。钱钢先生鼓励我好好利用中心邀请访问的机会看些资料，写点东西。我们简短交流，并留下相互的联系方式，可谓意料之外的机缘巧合。

在中国研究服务中心一个月的访问学者经历，想说和可说的太多，无法在杂乱的文字中一一详说。如果说要讲我的个人愿望和梦想，那就是希望再有机会去中国研究服务中心做访问，坐在吐露港畔的中心那间小而精致的办公房间，阅读文革资料，仔细梳理现当代史平常文字中所隐藏下的历史诡谲，这就是我的"中国梦"！

白磊，文史学者，就职于陕西省政协文化文史和学习委员会。主编"陕西文史资料"丛书。

并非学者

徐小棣

2013年3月上旬香港春花怒放的时节，我有幸访问了香港中文大学的中国研究服务中心（下简称中心）。

我的身份并非学者，只是一个写文革经历的作者和民间历史的业余采访者、记录者。我鼓足勇气向中心这样一个学术机构提出访问申请，与一位青年学人向我对中心所做的介绍有关。几年来，他几次告诉我，中心收藏有丰富的书籍和资料，与研究者、写作者的实际需求非常贴近，并不一定注重访客的头衔，而是在意其实际的研究与工作，那里能对就中国问题从事研究和写作的人提供切实的帮助。他的介绍使我建立起对中心的亲近感和信任感。去年年底，我向中心提交访问申请的想法终于成为了行动。

我的申请被接受。当我收到中心的邀请函时，想到自己的教育程度，忽然为能否胜任访问而感到不安。我写信给中心的熊景明老师，她立刻给予我真诚的鼓励，与我具体联络的陈小姐也一次次及时解答我的问题。尚未动身我已倍感温暖，在到达之前已感受到了中心的诚意和友情。正如那位青年学人所介绍的，中心十分尊重人，而不是尊重头衔。

到达中心以后，我见到了负责人高琦博士。他讲普通话，待人热情，工作高效。他似乎对我的情况有所了解，商议我将要进行的午餐会讲演事宜时，帮助我调整了我原定的题目。这一修改使题目醒目得体，有效传达出讲演的主要信息。

在访问期间，我强烈的印象是中国研究服务中心的"服务"二字不虚。中心积累收藏的资料极其丰富，却并没有不可接触的神秘和不便取阅的繁冗环节，所有的资料都通过完善的检索系统和准确的分类编目而井然有序，全面向读者开放。在查阅资料的过程中，中心的工作人员会对检索的技术细节耐心做简明说明，提供具体指导和帮助，直到你完全排除障碍。这方面，我给陈小姐添的麻烦最多，她从来都百问不烦，有求必应。这些技术上的服务做得细致周到，以至于我的感受是，他们简直是我的新朋友，完全理解我，也在鼓励我：查阅资料很便利，尽可安心阅读和研究！为了记住中心优秀的工作人员，永不遗忘他们的名字和容貌，我在离别那天分别拍照了他们在岗位上的工作照片，并请他们将名字"陈婉萍"、"朱丽群"、"甘贝尔"、"阿梅"写在我特地购买的香港中文大学校园风景明信片上。

中心的场地布置得别具心意，高贵的中国气质见于古朴温雅的陈设，识辨这种文化，自然宾至如归。在承载厚重历史的书架、报架之间穿行寻觅，我激动不已，也不禁想到了曾往来于此的学者和他们的成就，比如高华。

午餐讲演会对我来说是新鲜事物，参加之后，感慨良多。它名曰"会"，却不带有任何我所熟悉的"会"的特征。它的与会者是自愿报名而来，没有身份的门槛，也没有任何强求。如果你对海报发布的午餐讲演会的内容感兴趣，如果你愿意一边用餐一边听听讲演，那就可以自付20元餐费按时前来。主讲者所讲的内容不需要被审查，也没有人会为之"把关"，只是自己必须对自己的言论负责。你必须遵守时间，尊重听众，你无权放大自己的兴致而随意延长讲演。主讲者也没有报酬，只免费享受那份其他人需要付20元费用的午餐。如此轻便朴素的午餐讲演会，却为研究者们搭建了理想的交流平台，也能容纳严肃话题的深入探讨和展开。

我讲演的题目是"大历史中的小人物"。听众不多，大部分是八九十年代出生的青年学人，大部分是我的同胞们，写出大饥荒史实的冯客教授和另一位碧眼金发的学者也在座。讨论中提问的环节原是我最担心不能应对的，可是在现场，提问者真诚友善，我回答时实话实说，交流得完全顺利。中大年轻的吴逢时教授，在会后与我的交谈使我格外感动。我的表达能力未能精确提炼的意思，被她简要地概括出来反馈给我。她说，她感到我讲的不只是文革中的个人遭遇，教育造成的知识欠缺加之生活阅历的狭窄闭塞，能使人轻易相信某种标签，受旗号的蛊惑而置身于造成灾难的行动，这很值得警惕，也必须力求避免，因为那种动荡和伤害，最终要由具体的人特别是底层的人群承受。翌日，冯客教授对我进行了访谈。他针对"大历史中的小人物"提出看法，认为历史中的人并没有"大"与"小"之分。我们如同朋友交谈，没有障碍。冯客教授把他的书赠送我，附言"for Xu Xiaodi with friendship"，我也将我写的《颠倒岁月》敬奉。

中心的收藏浩繁，《内部参考》是馆藏之珍。借阅这份资料需要办理简便的批准手续，借阅人要签字承诺对其爱护并正当使用。《内部参考》是了解中国现代历史和社会的重要史料，从对牵动社会神经的大小事件的无所隐瞒的详细报道中，能清晰窥见各个年代真实的中国社会。我选择了1957年全年的《内部参考》精读。虽然我想寻找的北大右派学生、《东阳江》的作者，青年诗人蔡根林的情况没有找到，但资料所反映的五十多年前的社会事件还是深深地吸引了我，令我感慨万般。由于我的阅读速度慢，时间越来越紧，面对资料力不从心，更多阅读的计划最终没有完成。在最后一天，我提出想看1966年的《长江日报》，这部分报刊在田家炳楼以外的书库存放，但负责资料的甘贝尔女士没有难色，立刻准备去提取（但后来检索结果显示这一年份的该报中心没有收藏），实在令人感动。我的计划没有完全实现，很是遗憾。不过我深知每个人的力量都是有限的。我相信，只要存在中心这样一个丰富的资料库，只要有一群致力于不断发掘、建设、保护、完善它的人，就必然会有研究者慕名而来，从这里获取资源，资料必会得到利用，体现它的价值，也必将产生应有的作用。

最后要记的是中心周六的联谊郊游，它也如同中心的整体风格，那么美好、健康、朴素。没有公派车辆和公费餐饮，只由具有凝聚力的熊景明老师做召集人，她的两位朋友热心为我们开车，高琦博士慷慨为郊外的聚餐买单。我们在地铁大学站集合，先到太和站，再从那里前往木棉花盛开的"石岗军营"。在这次郊游中，我认识了来自台湾的佩华女士，这位青年学者正协助她的先生做韩战历史的研究。她很关注文革历史，我也希望了解台湾的生活。我们一路交流做民间调查和采访的体会，居然坐过了太和站，只得又返回一程。那一天是3月8日，天色晴朗，远山横黛，蔚蓝天空下木棉花红满枝头，又落花遍地。远望时，鲜红的颜色高低错落，一片连着一片。在春草萌生的原野的路边，留着其他游人用木棉花朵摆出的一个丰满的心形——若干大朵大朵的木棉花，造出一颗热情奔放的心。我们就以那火红的心为前景，春风满面，留下了合影。

徐小棣，退休中学教师，文革研究者。著作：《颠倒岁月》，北京，三联书店出版，2012。

庆幸有你——港中大中国研究服务中心

申晓云

2021年春节才过不久，微信群里一则关于"香港中文大学中国研究服务中心将面临重组"的信息引起大家关切。座落在港中大半山腰田家炳楼第八层的这个中心对这个历史研讨群不陌生，一时议论纷纷。为什么要重组？重组后会怎样？还会是那个为不少同道学人视作"学术家园"的中心吗？……我是中近史研究学者，现当代史是我关注重点，曾因此多次访问过中心，这则消息事关中心存续，闻之感吃惊，更多的是不安和不解。脑海中那些与中心有关的记忆鲜活了起来，让我与中心建立起联系的有关人和事接踵而至地来到眼前……

知道港中大有个中国研究服务中心是因为高华。我在人大党史系念的博士，毕业后到南大历史系任职，从事民国史研究。开研究生课程，我是党史专业毕业，于是便与高华相商，一起为研究生开门"中共党史研究"课程，我讲前半段，主讲建党、国共合作和大革命失败后红色根据地的开辟。高华讲后半段，长征、第二次国共合作和延安整风。同开一门课，交流便多了起来，得知高华正写一本关于毛泽东与延安整风的书，很欣赏他的努力；但在当时开放程度十分有限的大陆，书的出版是个问题。一次和他聊起，高用他惯常的幽默笑着说："树上有只鸟，名叫管不了，写了再说吧！"终于有一天，在校园遇见，他兴奋地告诉我出版有望，是香港中文大学的出版社。我为他高兴；也就是那天，我从高华那里得知香港中文大学有个中国研究服务中心，那里不仅有关于中共党史和当代史研究的丰富资料收藏，还能看到来自不同方面、观点各异的书刊。上世纪九十年代，虽然经历了八十年代的思想解放，很多方面禁锢仍在。一些在境外出版的书刊有流入大陆的，数量极少，且多半被归在"禁书"之列。对我们这些近现代史研究者，尤其是民国史研究者来说，这些书刊是非常重要的资料来源。长期以来，大陆历史研究领域基本为革命史学的一统天下，文革中历史学更堕落为政治的奴仆。从事历史研究的人思想禁锢颇多，加上与外界少有联系，对国际学术界的研究动态几乎一无所知。就拿我从事的民国研究来说，多课题仍是个少有人触碰的禁区。真正意义上的研究在改革开放后的八十年代，面临的困难是史料难觅。位于南京的中国第二历史档案馆虽收藏了不少民国时期的档案，但阅档受到限制。

随着改开步伐的加快，两岸交流频繁起来，到九十年代，不仅到二档为查档者打开了方便之门，大陆学者也开始有机会到海峡对岸的文献收藏部门去查档，台湾高校和学术机构编纂出版有关民国历史的资料汇编、人物自述、日记、传记等台版书也渐渐流入大陆，大大推进了民国研究的深入。现在想想，若没有这样的开放过程，又怎会有如今大陆民国研究方兴未艾的局面。反倒是做当代史研究和做中共党史有关课题的困难了起来，首先是选题限制，很多有争议的课题不让公开讨论，阅档更成难事。虽然从中央到地方各级档案馆设施都很完备，但能让学者调阅的文档却十分有限，应用也有种种规定。时逢建国五十周年，某国际基金会在瑞典隆德大学举办了一场"国际学术研讨会"。为准备参会，我选择了一个有关建国后私立学校兴衰的课题，选点就在南京，本以为近水楼台，该题目也并不敏感，收集资料应该不难，但做起来方知做当代史研究史料收集的难度，实不亚于做民国历史。即便像民间办学、私立教育这样课题，调档手续繁琐不说，能调到手的也就是些零碎的皮毛，更不要说有所禁忌的课题了。在得知香港中文大学有这么一个"服务中心"后，不免心生念头，待有机会一定要去造访。

上世纪九十年代末香港才回归不久，访港并不容易，曾因赴台参加学术活动，途径香港两次，都因逗留时间有限，无缘探访。不过，此间我在学校中美中心兼课，开设《二十世纪的中国》课程，由于备课需要，我把相当一部分研究精力转移到审视中共建国后历史，尤其是对那场历时十年之久的文革浩劫的研究。我是五十年代初出生的，也算是"共和国同龄人"。近些年网络上流传一首歌叫"我们那一辈"，唱到我们那一代人从孩提到长大成人所历经的沧桑，正值青春年华时所遭遇的那场所谓的"文化大革命"，最刻骨铭心。那场"革命"，让我们那代人中断了在校学习的机会，尚未完成学业，却被称为"知识青年"，在"革命"口号的忽悠下，去到"广阔天地"，一晃就是七、八年。幸亏那场灾难还有结束之日，当他们历经坎坷，终于回到城里时，年龄大，知识贫乏，除少数人在恢复高考后能再次跨进学校大门外，多数人面临的是居住、就业、娶妻、生子等一系列人生难题，只能听任命运的安排，成为了"该读书时下乡，该就业时下岗"，不幸的一代。如今文革结束了，但这场浩劫是怎么发生的，为什么会发生？给国家、民族带来了怎样的灾难？有着怎样的教训？对于这一系列问号，虽然官方有一纸《决议》，但由于该决议的形成遵循的是"宜粗不宜细"的原则，实际上是文过饰非，结果不仅文革罪行未得到很好清算，很多真相也被有意无意地掩盖了起来，总结经验教训就更无从谈起了。我们这些专事中近史研究的人，有一种沉重的失职感。

文革当年，因为是五年制中学，我初中提前半年毕业进高一，旋即被红色风暴裹挟，当过红卫兵，参加过"破四旧"，目睹了荒诞无比的造神运动和个人崇拜而导致的光怪陆离现象，看到了造反运动骤起骤落，政治风云瞬息万变，个人命运起落无常。虽然就个人而言，我是个幸运者，但文革当时目睹的一切，在记忆中难以磨灭。觉醒在文革中已开始，自"913林彪事件"后，脑子里就有了那么多困惑和怀疑，由于真相不明，不得其解。而今，命运让我成为历史学者，兴许是职业的本能和惯性，探寻真相，乃历史学的真谛，回首文革，不能满足于简单地揭批"四人帮"。尽管主业是民国历史研究，我对文革研究不能忘怀。文革才过去不久，以为资料应该不难找，着手去做时才发现，欲做与文革有关的课题研究，其难度远超预想。首先是政治禁忌多，口径定于一，任何与为文革定调的《决议》不同的说法，都被视为逾矩；二是缺少学术开展和交流的平台，研究者多为零散的"个体户"，研究心得找不到人切磋，即便整理成文，也很难找到可供发表的刊物；三是资料收集难，利用更难。尽管文革已过去多年，但有关文革的大多原始文献至今仍被尘封在各级档案馆中，无法自由查阅。而散落在民间，或保存在个人手中的一些文革史料，也因无人收集整理而无从发挥作用。海内外不少想做文革研究的人，因难为"无米之炊"而不得不罢手。所幸上世纪九十年代中期后，随着改开的重启，大陆对书刊的出版管控有所放松，一些文革重要当事人的自述稿、回忆录和一些反思文革的著述问世，内中有关于文革当时高层政治的某些内情披露，也有解读文革事件、透视文革真相的，但以港版书为主，设法寻觅，偶得一二，便十分高兴。

文革发动四十周年临近，从已到手的史料研读中，我对文革发动的背景、过程和幕后运作逻辑有了较为深入的了解，也从既有的一些大而化之的文革叙事中发现了不少破绽，很想也就文革中一些重大事件探求真相。一旦着手去做，就面对一堆问题。首先是没有多少学术意义上的前提研究成果可资借鉴，能用作参考的似只有"官说"一种，最大的问题仍是资料的匮乏。由于文革文档的不开放，研究者能够获得的多半是一些从不同渠道搜罗来的零散文献，内容很杂，记载不全。一些出自文革当事人的自述稿、回忆录等，虽有参考价值，但多半主观性强，内容水分多，需要与更为可靠的原始文献进行比照和互证后，方敢加以援引。于是几次想动笔，都不得不停了下来。

进入新千禧年后，终于有了一个令人振奋的消息：从推动文革这一重大历史课题研究的目的出发，在香港中文大学中国研究服务中心通力合作下，由北美地区来自中国大陆的几位学者和一位台湾学者于1998年组成《中国文化大革命文库》编辑部，他们用了将近四年时间，走遍了世界各地的亚洲图书馆，征集了众多的私人收藏，抢救了无数第一手的文字资料，在数以百万计的官方和非官方的文献中进行专业性的编辑校勘，汇集成了近三千万字之巨、有关文革研究的第一个和最大的网络数据库。这一史料编纂工程，不仅规模浩大，而且编排合理，检索灵活，使用方便，为有志研究文革的学人提供了最方便、最重要的原始资料汇编。得知这个消息后，我立即设法获取，最初听说购买很贵，但不管怎样，也要一睹为快，为此专门跑去了北京，从工作在中央党史研究部门的老同学那里，免费得到了一张刻有全部资料的正版光碟。那时系里董国强老师对文革课题研究也是酝酿已久，苦于缺少资料来源，正着手于口述史料的采集。回南京后，我立马将光盘信息与他作了分享。董老师后来在文革研究上独树一帜，在谈到他的研究起步时，有感于这张文革光碟给他其后研究带来的信心和助力。

光盘收集整理的丰富资料，令我得以对文革中许多重大事件重新审视。不仅拓展了思路，也发现了问题，以往在脑海中盘旋多时的叩问，有了头绪，顺藤摸瓜，答案逐步清晰。动手撰文，赶在文革发动四十周年时，写成《文革中毛、林之争的初次交手——武汉"七二0事件"真相》，重新解读1967年中"夺权"高潮时的武汉"七二0事件"。文章投给了香港中文大学《二十一世纪》杂志，刊于第54期的网络版上。文革光盘资料引路，我开始对文革中一桩桩被称为"谜团"的事件探究的兴趣越来越浓，如广西文革武斗和屠杀事件，贺龙、陶铸、杨成武倒台事件，以及林彪"叛逃"事件等，解开这些文革之谜。大陆文革资料至今仍被严密封存，倘没有《文革文库》光碟的问世，文革研究寸步难行。我从心底里感谢那些为编纂文库付出辛劳的海外同仁，庆幸有港中文大学中国服务研究中心的存在。

机会终于等到。儿子到香港高校就职，我可以赴港探亲。不久，我更为幸运地申请到了亚联董提供的大陆学人赴港高校交流计划，于2009年夏到香港浸会大学执教一年。浸会离港中大不远，交通也便利。我知道中心收藏有二十世纪下半叶以来与中国研究有关的最丰富的原始文献资料和出版物。来到后，在书架上立即发现踏破铁鞋无觅处的图书和学术期刊，欣喜不断。百闻不如一见，相见恨晚。中心的阅读环境一流，资料开架任取。馆藏按研究专题编目整理，贴上明显标识，得来全不费工夫。在八至九的阅览室成了我常到之处。室内光线敞亮，座椅舒适，阅读台桌面很宽，可摆放电脑和书刊。

九楼南翼左右，有十多间单人书房，给访问时间较长的学者使用。八楼朝东、九楼向北的沿墙靠窗处的书桌隔间供学者登记使用。空置的时候，其他访客也可以去使用。中心大部空间都被活动书架占满。中心资料从研究者的角度分类，标识清晰，很容易从一排排塞有满满当当各类书籍的书架上中找见自己所需。图书馆四角皆有复印机，读者购卡后即可自行使用。环境好，资料触手可得，少见如此理想的研究环境。中心的常客包括中大和香港的在读研究生。他们干脆带上自己的电脑，边阅读，边写文章。

八楼还有一个小型会议室，中心著名的高人气的午餐研讨会在这里举行。我注意到八楼辟有一个备有自助茶水的小空间，几张沙发，一个报刊阅报架。我最初以为是用来喝水的地方，后来才知道，那是访者交流的地方。中心给人宾至如归的感觉，这里就像个小客厅。到中心来的多为同道学人，来此除寻觅资料外，常有意外收获，在这里遇到良师益友。这样的"偶遇"在中心却时常发生。

说到在中心结交同道学人，自然想到熊景明老师。中心加入中大后"华丽转身"，她是关键人物。因为本身对学术研究的兴趣，对社会的关怀，成为中心很多学术活动的倡导人和组织者。去中心找她的人有享誉海内外的中国研究著名学者，也有来自大陆的年轻学子。中心每年在确定来访者名额时，有对偏远地区申请者倾斜的政策。因为这一政策，一些大陆边远高校年轻人有机会访问中心。早年读过高华那篇《难忘吐露港畔的学术家园》，熊老师的形象印在脑中，总想也有机会能当面请教，尤其在做文革课题后，深感无人切磋的寂寥，除盼着有机会去港中文的中心外，有机会见见熊老师也是一个念想。景明老师2007年退休后，在中心负责"民间历史"项目，经常到中心来。不巧，头天去中心时她外出，没见着。次日再去，心想要能见着就好了。电梯里一位女士对我微笑，仿佛心灵感应，我觉得她就是熊老师。一问，果然是！我高兴极了，自报家门，一见如故。她听到我正尝试研究"军队与文革"，马上推介了一些资料，告诉我相关研究动态，令我深受鼓舞。她告诉我八楼角落那间小屋是她在中心的办公室，我可以随时去找她，提醒我别错过中心每周都举办的午餐研讨会。

我昨天已经看到中心布告板上的海报，讲题直击社会热点，立即感受到久违了的一股开放、自由、前沿、多元的气息。在港期间只要有时间，我都会去中心看材料，去听讲座。讲座对社会开放，听众有学者、记者，有年轻学生及各色人等。参加者也自掏腰包，边用餐，边听讲，一举两得，既省了时间，又饱了耳福，不亦乐乎！在港期间我参加过多次，也曾应邀在中心做过两次演讲。香港《明报》还报道了我关于民国时期西部开发模式的讲题。

中心另一特色服务是周末的"行山"。有一次去塔门岛，大家一起坐船前往，一路欢声笑语不断，兴致勃勃。我中心行山活动时结识的朋友，至今还保持联系。景明老师被称为"学术媒人"，她在海内外中国研究学者中有着极好的人缘和口碑。许多人来港，不管是找资料还是路过，都来中心来找熊老师侃上两句。景明曾将我引见给他们，或帮助我与他们建立联系。我得以在中心会了好几位在文革研究卓有成就者，如港大的冯客教授、加拿大多伦多大学的吴一庆老师，做"文革中军队"研究的于汝信等人。宋永毅老师是文革数据文库发起人和主要编纂者，熟悉文革史料，见解不凡，我心仪已久。景明老师给了我他的邮箱，后来我到美国洛杉矶大学去看文革资料，得宋老师帮助不少。还有一位对文革素有研究的丁望先生，早在文革高潮时期的1967年，他就出版了《中共文革运动中的组织与人事问题》一书，之后编印《中共文化大革命资料汇编》1-8，极有史料价值。我很想当面请教，却不知道如何联系。殊不知"万事通"景明不仅知道此人是谁，还安排了见面。就约在景明老师的家中，让我十分感动。由于景明的引介，我在中大幸运地见到了慕名已久的秦晖、金雁老师。在景明邀约下，一起吃饭聊天。景明还介绍我认识了香港城市大学纪录片导演魏时煜老师、大陆著名的民间历史学者傅国涌老师、画家李公明夫妇等人。尽管与之接触时间很短，交谈也就三言两语，却感觉到心灵的契合，吾道不孤。我感激景明老师的引介，但她总说："那是你与这些学者之间有'缘'，要不怎么这么巧同时来到中心呢？"有次我将"服务中心"称作"史料中心"，景明立即说："不是史料中心，是服务中心"，在说到"服务"两字，她特别加重语气。当时我觉得两者并无大差别，而今我终于领会到中心之所以前面冠以"服务"两字的真谛。联想到而今中心面临被"拆解"的理由，大概有人认为史料跟服务可以两不相干，"服务不重要，发表重要"。

中心之所以世间独一无二，给在海内外到过中心的无数学者留下难以磨灭的印象，正因为它将学术服务作为使命。当中心将被拆分和重组的消息最初传出时，舆论一片哗然，据闻有170多名顶级世界中国研究著名学者为此联名写信向大学进言，希望中心得以存续。这个中心不仅是港中大的，也是无数从事中国研究的中外学者共同打造的品牌，是大家的集体记忆。我曾心存侥幸，港中大是具有自由之风的国际著名大学，中心在海内外诸多学人中已获得"中国研究麦加"之至高声誉，对学校无异是块响当当的金字招牌，也是一份值得珍视的无形资产，校领导能不知道它的分量吗？然而，坏消息还是传来了，重组后的中心将被肢解，换言之，原来的服务中心将消失。我确信，中心不会因其不再存续而被人淡忘，它曾以它出色的服务，为推进当代中国研究作出了卓著的贡献。作为一个普通的史学工作者，我由衷地感谢有你！庆幸与你相遇！得知这一消息当天，我在给友人的微信留言中写下："有形的家园会不再存在，但心中的家园是抹不去的，它将永驻！"

申晓云，南京大学历史学退休教授。著作包括：《民国政体与外交》，南京大学出版，2013；《民国史实重建与史论新探》，上海三联出版社，2013；《桂系元戎李宗仁》，兰州大学出版社，1998。

如"家"的USC

邱格屏

2008年夏天，我申请到USC的青年学者方法学训练营学习一周。然而，一周过后，我意犹未尽，特别想留下来挖掘USC的宝藏——从硬件（资料）到软件（人）的宝藏。于是我向当时任中心主任的关信基教授提出想自费来中心访问一年的想法，关教授马上给予支持和鼓励，让我向时任助理主任李永刚博士提出申请，由中心出具邀请函。

2008年的中心是个人事变动特别大的时段，7月我提出申请的时候跟关教授、李永刚博士接洽，但后期对接人就变成了王绍光教授、萧今教授和高琦博士。不过，我的访学安排一点都没耽误，我于同年9月底就来到中心，同时还带来了我儿子王子书和我的博士生王晓晶。

在中心访问的这一年，真是收获多多，快乐多多。首先是利用中心刚刚建成的大陆报刊数据库，研究了大陆黑社会在过去六十年里从偃旗息鼓到黑白红三道通吃的全过程，在学术上完成了此次访学的计划和要求。其次是让我儿子在中心度过了一段愉快的时间，让我们母子对中心有家一般的感觉。

我在中心访问的那一年，中心的长期访客并不多，但短期访客却不少，我见过的就有从中国大陆来的高华、萧功秦、艾晓明、戴晴、蔡霞及从美国来的苏阳、杨国斌等。大家到了中心就像回到家一样。中心在物理设计上就是访者们的家，每个人在这里都觉得很自在，比如进出都自己登记，不查看身份；比如每个人都可以自己到书架上取书，然后自己找个书桌静静地看，不担心被打扰；比如中心出售喝水的纸杯是简单的投币式，任何人渴了都可以花五毛钱拿个纸杯解决身体上的需要，不投也没人找你要；比如中心那些窗台、角落里的花草和装饰，不像图书馆倒更像家里的客厅和书房……中心的人文环境也像家一样，不管访客什么来头，来到中心大家都平等相待，高官、大佬在中心都只是中心的访客，是讨论问题的对象。在中心，不管你是学生还是教授，午餐会上都可以随意提问和参与讨论；在中心，你不用担心说错话，所有的话题都不在禁区；在中心，可能遇到你尊敬的学者，却不会有人在这里觉得自己是权威，当年我五岁的儿子就是在这里跟高华老师成了朋友。

说来惭愧，我一个南大人，居然是在中心认识了高华教授。以前在南京大学历史系求学时，他在我们心目中只是一个神一样的存在，从来都只听说他的故事，未见过真人，更不用说跟他交流。

2008年冬天，高华老师到访中心，我特别想尽一个学生的情份，请他吃顿饭。我知道高老师跟熊景明老师关系很近，就去找熊老师商量，熊老师不由分说就安排第二天中午在田家炳楼坡下的那个鹿鸣厅（我不记得是不是叫这个名字了，这个餐厅是我们经常请客的时候去的地方，平常我们就去食堂），跟高华和中心的其他访问学者一起聚餐。

点菜的时候，熊老师也是当仁不让，拿起菜谱三下五除二就点完了，我想再添一两个菜，熊老师坚决不让，她坚持自己非常有经验，多少人吃多少食物她很清楚，大家八九分饱就可以，不能浪费。后来有其他访问学者要请客，我们也是去这家餐厅，也是熊老师点餐，让大家吃八九分饱。我知道，熊老师特别体贴我们这些大陆来的学者，总是要替我们省一点。但是，我们吃饭快结束的时候，熊老师又加了一道点心，还吩咐服务员打包。等我们吃完，她才叫服务员把打包的点心拿过来交给高华老师，并说：这个是你今天的晚饭。

我当时就被震惊到了，熊老师对高华老师的样子，多么像一位疼爱弟弟的姐姐啊！只有心疼弟弟的姐姐能这么用心，能考虑得这么周到。十几年来，每当跟熊老师提起高华老师，这一幕就在我眼前清晰地呈现，姐姐对弟弟的那种呵护与关爱模式就会盘旋于我的脑海。

高华老师到访的这个周末，我们一起去爬了太平山，一起去熊老师家里聚会并在马鞍山的商场里吃云南米线，以至于我家那个一向黏着妈妈的五岁小娃娃也感觉到我们对高华老师态度不一样，在太平山顶行山时就一直要拉着高华老师的手一起走，到熊老师家就喜欢赖在高华老师身边听大家聊天。

2010年，病情危重的高华老师在东方肝胆医院住院，我有两个周末带子书去看高华老师，一次是在手术前，一次是在手术后。大概医院的氛围和高华老师的虚弱的身体，让子书意识到这次见高华老师不能那么随意了，他一直都严肃地站在高华老师的病床前听高华老师轻松地讲自己的病情和身体反应，再也找不到一年多前在香港太平山顶在高华老师身前身后乱窜的样子了。

但凡来中心呆过一周以上的人都知道，中心每周末的行山活动甚至比学术讲座活动更有吸引力，因为不仅爱好学术的人，一路上依然可以跟志趣相投的学者继续交流学术问题，更重要的是这一路会让我们结识更多的有共同兴趣爱好的人。作为一个宝妈，我更是期待每个周末的活动帮我分担一个人带孩子的单调，也期待我们的活动给孩子一个更加快乐、充实的周末。

每个周六上午我都带子书到中心的办公室，我写文章，他看书，中午大家约着熊老师、高琦、吴璞周、林绍亮等一起吃饭，下午则跟着中心的职员和访问学者一起去行山。中心的规矩，每次访问学者来到，都要选一位班长，我记得我们第一个周六去大埔滘郊野公园，大家推选一位东北的男老师担此要职，然后让五岁的子书小朋友做班副。可以想见，一位长期被管束的小朋友是多么热衷于管事啊！此后在无数次行山过程中，这位班副都没少爬在班群成员的背上独享他的快乐时光。高琦、吴璞周、刘军强、叶竹盛都是他经常发嗲的对象，一旦爬上他们的背，班副的脸笑得就像盛开的花一样。我记得2009年2月14日情人节，中心组织去西贡行山，子书跟着军强在小岛的礁石上上蹿下跳，累得回程途中呼呼大睡。有萧今教授的打油诗为证：

> 子书小哪吒，礁石上下蹿。吓坏萧大妈，童子喜洋洋。
>
> 小儿依母坐，妈妈最得意。鼾声如小雷，乐坏一车人。
>
> 军强已有妹，七月是佳期。先练教子功，来日派用场。

子书是个极其会黏人的小家伙，跟熊老师特别亲，每次来中心，看见熊老师就激动地一边拉长声音叫"熊老师……"一边飞奔过去，扑进熊老师怀里。2020年暑假，我跟熊老师在中心"避暑（避疫）"，偶尔跟在美国上学的子书视频，这个离开中心十一年且身高已经183cm的小伙子，只要看到连接田家炳楼八楼和九楼的楼梯，就知道我是在中国研究服务中心，就知道这里有个熊老师。

访学结束后，我经常因为个人私事去香港，而每次去香港，中心都是必去的打卡地。疫情前的十年里，我去过无数次香港，每次办完事，我便去中心跟老朋友们聊聊天，从来没有去逛过有购物天堂之称的香港的商场。就像高华先生说的那样："只要我去香港或途经香港，我都要来中心。"虽然总是来去匆匆，但我跟中心牵着的那根线却始终没有断。2020年，这根线又把我拉回了中心，跟熊老师一起在中心度过了一个愉快美好的夏天。

2020年是神奇的一年，疫情让全世界突然停摆，我则先被困美国后被困香港，时间长达九个月。可是，对我而言，这九个月算得上是人生中最幸福的九个月了，因为被困美国时每天可以享受跟儿子在一起的喜悦，这是过去五年里的第一次。而被困香港时，我依然有USC这个"家"可以回，甚至依然可以感受到这个"家"的温暖、包容。

在酒店隔离期间，我跟熊老师说接下来想在中心学习一段时间，熊老师马上帮我向官方申请了一间办公室。特别幸运的是，疫情期间来访学者比较少，我顺利地得到一间办公室。但因为是暑假，中心在星期二、四、六都不开放，我就每天都跟着熊老师进进出出，早上乘班车上山到中心，下午聊着天走路下山。这一个多月跟熊老师相处的缘分让我后来有幸认识了李立，更重要的是李立随后成了子书大学申请的免费顾问，让子书得到了完美指导，此是中心这个家带给我和我儿子的另一段奇缘。

如今，中心虽然并入到大学图书馆，以后再也不会有USC，但我与熊老师一家子的缘分却刚刚开启另一个篇章。

邱格屏，华东政法大学教授。著作包括：《世外无桃园——东南亚华人秘密会党研究》三联书店出版，2009；《人类基因的法律地位》（社会科学家杂志，2008年第一期）等多篇学术论文。

中心像一片潮间带

张雯

　　与香港中文大学中国研究服务中心（USC）的缘分，主要是在2008至2009两年间，弹指一挥已匆匆十多年过去。然而，有些人与事的影响一旦发生，便会在你的生命里留下难以磨灭的印迹，甚至成为自我的一部分。即使平时不常提起，心里也是清楚明白。

　　2008年1月，那时我还是南京大学社会学系博士二年级的学生，有幸获得中心的资助赴中文大学参加第四届国际研究生"当代中国"研讨班（GSOC）。这是我第一次去香港，也是第一次带着自己的研究参加学术研讨会，对于一个初出茅庐的学术"菜鸟"而言，这趟旅行的新鲜劲儿和兴奋感可以想象。

　　那年是在老家过完元旦，乘坐火车前往深圳，在深圳住宿一晚，次日一早再通过罗湖口岸进入香港。仍然记得那个天蒙蒙亮的早晨，在罗湖口岸附近的茶餐厅吃早餐，好奇地观察着来往于深港两地的游客和列着长队的警察，想象一河之隔的"另一个世界"的样子。

　　位于新界的中文大学依山傍海、景色宜人，中心在半山腰的田家炳楼。前助理主任熊景明老师为我们介绍了中心的历史。1963年，孔杰荣（Jerome Cohen）、傅高义（Ezra F. Vogel）等西方研究大陆的学者促成了"大学服务中心"的设立，专为从海外到香港从事中国研究的学者服务。随着中国的改革开放，中心不再只是外国学者了解中国的窗口，也成为大陆学者走出去的"第一站"和"回望"大陆的支点。借助中心的访问计划和学术活动，中外学者在这里进行广泛交流。尤其值得一提的是，由于中心对二十世纪五十年代后中国报纸、期刊、年鉴、统计资料、内部资料、地方志、研究专著、纪录片等的丰富收藏，令它成为拥有当代中国国情研究资料最齐全的地方，享有"中国研究圣地"的美名。

在蒋经国学术交流基金会的支持下，从2004年开始，中心每年举办国际研究生"当代中国"研讨班，我所参与的是第四届。从1月8日至12日整整五天，十二页的议程排得满满：共包含七场主题演讲、二场公共演讲、二十二个不同主题的分论坛（不少还是平行论坛）以及一场纪录片观看讨论，研讨主题包括政府管理、法治、外交关系、城乡关系、民族政治、金融、税收、资源环境、女性书写等丰富多样的中国研究议题，工作语言是中英双语。论坛参与者包括众多来自内地、海外、港台的研究生和老师们，而演讲嘉宾、论坛主席中也不乏像关信基、李连江、王绍光、高华、钱钢、Pierre Landry，Alexey Maslov这样的知名学者。因此这个跨学科、跨地域的研讨班像是一场持续五天的学术盛宴，充分满足了莘莘学子的好奇心和求知欲。还有，给我留下崭新印象的是中心研讨氛围的自由、开放和平等，特别是对于当代中国的一些历史和政治问题并不讳言，而是勇于探求它的真实。另外，我们虽然是学生，但是面对学术名家时仍然可以较为平等地进行学术讨论甚至争论，并不因为双方地位的不同而有所限制。

在研讨班上我参加的是"资源与环境"分论坛，报告了当时正在做的关于内蒙古草原沙漠化的环境人类学研究，论坛的其他几份报告涉及核电问题、干旱地区用水问题等。论坛主席是香港中文大学政治与行政学系的吴逢时老师（马里兰大学的环境政治学博士），他学识广博、知性优雅，使用中英文进行主持和评议。在论坛上我还认识了另一个报告人方苈，当时是爱丁堡大学的博士生，热情开朗、乐于助人。当我在做presentation时幻灯片突发故障，她立马站起来帮忙修复。值得一提的是，论坛上结成的情谊也得以延续。与逢时老师，我们一直保持邮件往来，她常常热心地发来一些学术信息。在她的帮助下，2019年我有幸前往澳洲新南威尔士大学（UNSW）访学深造。方芗在论坛之后就"失联"了，最近因为纪念中心的原因重新取得联系，她已经是中山大学社会学系的副教授了，我们相约再见。

参加完自己论坛的其余时间，我们乐于进出其他论坛听报告。一次进到一个会场，一位穿着淡色格子西装、头发花白的教授正在进行评议。坐在他旁边微笑着听讲的是我的南大师姐邓燕华，当时正在中文大学攻读联合培养博士。会场中还坐着李连江、萧今等老师。评议人当时正在批评一位报告人研究中国当代知识分子时，没有注意到根深蒂固的官权与知识分子的地位、心态之间的关联，他思路清晰，观点鲜明，说起话来有抑扬顿挫之感。我无意间用相机把这一段录制下来，后来才知道他就是高华教授。虽然与高老师都来自南京大学，但却无缘认识和向他求教。而在中心的这次偶然相遇，也竟成了唯一一次当面聆听他的思想的机会。

除了研讨班本身之外，与研讨班有关的一些细节也给我留下了亲切而深刻的印象。住宿被安排在了中大里面的"雅礼宾馆"，绿树浓荫之间的一栋小楼。我和一位来自哈佛大学的美国女孩同屋，房间位于宾馆二楼，面积不大然而整洁。一楼是西式餐厅。每天早晨，一楼煮咖啡的香味就悠悠地飘到我的窗口，将我唤醒。如今回想起来，这种感觉依旧美好。研讨班期间包括会议、用餐、茶歇、用车的各项会务安排也很周到，让人感觉方便和舒适，但我们知道中心的工作人员为此付出了很大心血。还记得中英文流利的刘小姐是主要会务人员，几天操劳下来，原本身材娇小的她又明显瘦了一圈，脸色憔悴，让人看了心疼。白天我们专心开会学习，晚上就与在研讨班认识的来自世界各地的伙伴们一起逛旺角吃鱼蛋，上太平山顶看夜景，到维多利亚港吹海风，可谓不亦乐乎！五天高强度的研讨班结束之后，中心的萧今老师还带着我们一起去"行山"，一面在香港的青山绿水之间放松大脑的疲劳，发掘和感受自然的美，一面延续着研讨班上的交流。

参加完研讨班，我从深圳飞回南京。一月的南京春寒料峭，从机场坐大巴出来，夜幕之下回到校园。一位关系好的女同学来接我，记得在路灯下她有些惊讶地看着我的脸说："你变美了！"啊，这难道是"新世界的探险"以及智识和心灵上的收获所带来的变化么？

　　2009年，我将中心的研讨班上所作的报告加以丰富完善，形成了《草原沙漠化问题的一项环境人类学研究——以毛乌素沙地北部边缘的B嘎查为例》一文，并以此文参加了香港中文大学——蒋经国基金会亚太汉学中心举办的创意中国研究论文比赛，幸运地获得新视角组别的"最佳论文奖"。2009年8月，我再度来到中心参加论文颁奖典礼和"汉学新方向"学术研讨会，还见到了金耀基、朱云汉、于兴中、Helen Siu、梁其姿等著名学者。

　　从一个环境人类学者的角度，我愿意将中心比喻为海陆交汇处、充满活力的"潮间带"。以河口湿地、滩涂、岛屿、红树林等地形为代表的潮间带，在海陆间起到重要的过渡缓冲作用，降低自然灾害，维持着生态系统的平衡；同时潮间带也是藻类、鱼类、贝类和其他动植物的繁衍栖息地以及迁徙鸟类的中转站，蕴含着丰富的生物多样性和生命活力。随着人类筑堤、填海等开发行为，越来越多的潮间带遭受破坏，海陆边界变得分明，不仅动植物失去了它们栖居的"家园"，而且引发了愈加严重的海洋生态危机。

　　景明老师告诉我，从2004年开始，每年年初中心都举办国际研究生"当代中国"研讨班，一共办了15期，至今已成为历史。希望这篇小文，能够为曾经惠及众多学子的研讨班留下一张"快照"。对于个人而言，我感念中心对于一个学术"菜鸟"的耐心与温暖，接纳与培养。中心对我的影响是多方面的，特别是学术研究中对于"自由思想、独立精神"的坚持，以及打破界限和开放对话的意识。我也怀念在中心结成的友谊与合作，曾经受到善待，让我也学着温柔地处事待人。甚至于生活中爱喝咖啡、爱去港式茶餐厅，大概也是受到这段经历的一些影响……

尽管作为物质载体的中心可能遭遇变故，但是每个人心中都有一个关不掉的中心，正如苏东坡在《前赤壁赋》中所写的："自其不变者观之，则物与我皆无尽也。"

张雯，上海海洋大学社会学教授。著作：《自然的脱嵌——建国以来一个草原牧区的环境与社会变迁》，知识产权出版社，2016。

纪念美好的USC

张正

在USC的两年时光改变了我的人生。于2019年搬到香港之前，我在大陆接受学术训练，期间几位师友曾和我提起香港中文大学的中国研究服务中心。第一次访问后，我便迷上了这里，尽管那时世界已开始土崩瓦解。我开始了驻扎在USC收集研究资料的生活。在浩瀚馆藏中寻宝成为生活的一部分，我对中国的困惑被一一解答。这两年在很多方面都很艰难，但山穷水复之后，总是柳暗花明。

我对1949年后中国的大部分认识，都归功于USC的丰富馆藏及紧密相联的学术社群。来美国访问后，我对USC杰出之处体会更加清晰。大量的开架图书可媲美北美主要东亚图书馆的馆藏总和。我与史料相伴的日子，惊喜总是不断，除了收集正关注的资料，偶遇那些重塑认知的关键档案成为生活中的日常。USC于我，不仅是资料室，还是我逃离外界纷扰的庇护所，是我醒来第一个想去的地方，是一个每天结束时我智识得到满足的地方，我在这里找到了内心的宁静。USC的美妙之处在于它滋养的学术社群。这里的工作人员，特别是熊老师，给我们家一般的温暖，所有它的美好源于他们不懈的支持，高效的管理和对卓越的追求。我对USC的同仁心怀感激，我的导师李磊（Pierre F. Landry）、熊景明、吴璞周，他们支持我，启发我，鼓励我为梦想努力，阿梅、Fanny、Celia和宏利，待我如家人。当我们分析关于当代中国的研究时，许多学者都提到他们在USC收集资料的经历和感激之情。他们把这些美好回忆分享给学生，我们的集体记忆令我们的精神家园——USC——永存。

2020年快结束时的日子，是我人生迄今最艰难的时光。当听闻"重组"决策时，我特别惊愕。最失望的是学校管理层轻视USC的馆藏和不可与之分割的社群。熊老师此后常常对我说，你成为了中心的最后一个访客。历经了整个关闭过程，我痛苦地意识到，与USC紧密相连的、被整个社群呵护的人文关怀，于须臾之间消失。各界为拯救USC奔走的画面，我难以忘怀。不幸的是，所有国际关注与努力都没能改变学校的决策。USC的植物被搬走了，生气顿无。用来分割办公区域的门窗开始疏远访客。这里毕生工作的同事相继离开岗位。学术争鸣的美妙声响从此消失在田家炳楼的八楼。就在最近，大学以装修之名，摘下了USC的标识，再没挂回。对很多人而言，他们没机会和他们热爱的USC与曾经帮助过他们的同事说声再见。纵然如此，我相信USC崇尚的开放，包容以及对公共福祉的追求已经播种在我们内心。我能想到的，最好的的纪念方式就是铭记这些精神财富，与它们同行，传播给更多的人。

　　几十年的心血建成USC。它所在的土地，厚重的历史，以及整个社群同仁的付出令它与众不同。它是一个神圣的地方，来自不同背景的研究者分享见解，重塑对中国的认知。当我们缅怀它过去的荣光时，不应忘记它永续运转的意义。USC的独立运转，才能制度化长期收集珍稀资料的努力，整个学术社群得以延续，这本是USC对世界的贡献。

　　从1963年到2020年，USC见证了东西方的变迁。尽管它的组织实体已经消失，我相信它曾启发的研究，以及它促成的友谊，会延长它的生命。整个社群为拯救它付出的努力，以及这种与管理者保持对话的信念，必成气象。USC会一直存在，于我们讲述的真相，于我们发出的声音，于我们被它改变的精神世界。

　　张正，香港中文大学政治与行政学系，（2021-）博士候选人 。
（作者照，见43页上图左二）

中心一角

第四部

天时地利人和：USC 1988-2007

熊景明

USC中心建立起最完善、且使用方便的当代中国研究馆藏,被西方学者称为中国研究的麦加。九十年代中期开始,每年有超过五十名大陆访客前来做研究。历史学家高华写道:"一拨学者回去了,另一拨学者又来了,这就是中心。一个新思想、新学术、新人生态度的孵化器⋯⋯正是在这里,我感受到一种新的学术和生活方式,这是远古'Academy'的声音在现实世界的回响。"

我曾经在亚皆老街时代的USC工作,从1988年到2007年间任中心助理主任,也是实际上的负责人。仅就记忆所及,写下USC二十年间的所作所为,以及令它成为那样一个独特机构的因素。

在中大安家

大学的使命

　　无独有偶，香港中文大学与大学服务中心均成立于1963年。大学建校时，将弘扬中西文化、促进中外交流作为使命之一。一大一小，两个素不相干的学术机构"心有灵犀一点通"。1988年初，中国文化研究所所长陈方正，代表中文大学与美国学者联合会委员会谈判中心的移交。他写道："'大学服务中心'是冷战的产物，基本上是美国人的'田野工作站'，为那些寻找、接触、访问流亡难民的人服务。可是，经过二十多年发展，它成为了一个有传统、有丰富图书资料的小型学术研究中心，培养出许多代中国研究专家来了。"（引自陈方正《迎接美妙新世纪》）

　　随着中国大陆开放，海外学者可直接进入，结束了依靠在香港访问难民研究中国的时代，中心失去向基金会申请资助的主要理由；再者，香港回归已成定局，带来的变数引起种种揣测。亚皆老街的USC看来完成了它的历史使命。而中心何去何从，将它搬回美国抑或移交给香港当地学术机构，尚未在美国的中国研究学者中达成共识。谈判并非一帆风顺，陈方正回忆道："中心能够谈判成功，主要得力于两位学者的支持和斡旋。一位是哈佛的傅高义，他对中国的当代发展有深入研究，以《日本第一》一书成名，在八十年代初曾到中大演讲，和我很谈得来，自此相熟。另一位是麻省理工学院的政治学教授白鲁恂，中心发起人之一。谈判始于1987年夏，持续了将近一年，双方达成协议：中心连同一切资料无偿移交给大学，大学则保证，它永久向外界开放。"

1988年春末，我从中大一位教授那里听说USC并入中大已成定局，虽然每周六带女儿去亚皆老街，却未听John Dolfin提及，我以为他对我保密。据说牵涉他个人利益，美国的上级对他封锁消息。John任中心主任十六年，全心全意投入，功莫大焉，被蒙在鼓里，感受可想而知。John不仅是我的上司，也是我到香港后遇到的第一位可信赖的朋友。他认为连我也瞒着他，非常失望。人生有些误会，是无法消除的。余先生为中心的惜别会准备了美味食物，孩子们在花园里追逐玩耍，我的女儿在内。她从一岁多就每个周六跟随妈妈来上班，在这里度过许多快乐时光。拍合照时，我强忍泪水。照片的背景是成堆纸箱。完全没想到，几个月之后，我将负责将这些纸箱打开，为中心另外布置一个"家"。

重返USC

大陆的门渐渐为西方学者打开后，亚皆老街155号的中心关门只是迟早的事。我1983年申请到中文大学"中国法制研究计划"研究助理的职务。离开USC，就像离开一艘曾经久久载我航行的沉船，依依不舍而无可奈何。John Dolfin和许多学者年复一年为中心争取经费，并努力将中心转型为研究图书馆。然而，散场的时候终于来到。

传闻USC员工均被大学续聘，但John Dolfin决定离开，大学公开招聘执行主任。听到这个消息时，我和Jon Unger在云南，参与澳大利亚政府的农业技术援助项目。Jon认为我是适合人选，建议我去申请，我觉得异想天开。试试无妨，还是申请了。进入最后一轮的候选人，均有博士学位，也都是研究中国的学者，除了我。面试的前一天晚上，想起和Jon站在满眼翠绿的高原牧场上，他说，"想得到这个职位的人，大概都希望利用中心做研究，而你知道如何令中心更好地为研究服务。"我顿时开悟。第二天，信心满满地走进面试"试场"。职位遴选小组的陈方正、李沛良、关信基等人的决定，决定了中心后来的发展。据说，曾做了我五年上级的关信基的推荐，起了关键作用，那是另外的故事。

中心移交协议上百页，繁琐冗长。其中有一条：将有三年过渡期，到时候通过国际学者评估，才正式移交。没有这关键的一条，想来大学不会让一个没有什么资历和名气的"大陆妹"来主持中心的工作。不过，我虽然得到这份工作，职位从招聘广告上的"执行主任"，改为"助理主任"。工作内容与要求（terms of reference）不变，薪酬降了六级。关信基教授兼任中心主任，他的"主业"是政治与行政学系教授兼系主任。直到2007年我从中心退休，二十年间，我得到关教授毫无保留的信任和支持，他也是我的良师益友。

来到大学的USC，是堆积在图书馆地库的数百个装满报纸、书刊的纸箱。这一年，中大迎来第一批来自内地的访问学者。他们成了安顿中心的主力军（学生助理每小时20港币的报酬按内地标准是高薪）。这批能干苦力活，懂汉语拼音，已经是大学老师级别的帮手，好似"天兵天将"。我和他们一起动手，做卡片，开箱，上架。周末、节假日照样工作，将十岁的女儿带来和这些大哥哥大姐姐一道忙碌。记得一次大家去餐厅吃饭，围满一台，多出两人，只能另外坐，女儿立刻过去加入他们（这样的情景，做母亲的不会忘记）。没有规定的开门日期，我们则像被人鞭赶一般工作。春节，大学食堂不开，从超市买来食物和"搬运工"们一道在中心聚餐。我像一个严厉的监工，甚至开除了两位上夜班打扑克的人。回想起来，实在过份。

USC开张前夕，是个星期天，我和女儿去旺角花墟买植物来布置中心。挑了八盆荷兰葵，一人提着四盆去赶巴士，途中车熄火，下来转车又逢雨，在雨中对望彼此狼狈的样子，大笑。荷兰葵放在间隔读者专用书桌的矮书架上，绒绒的枝条散开，生气盎然。地库光线不足，每张书桌配上台灯，有点家中书房的味道。许多细节需要打理，女儿帮我替平面指示图涂上颜色。我们一直弄到晚上将近十点，心满意足地回家。

大学图书馆地库

谁也没有料到，北京的枪声，令内地成为去不了或者不愿去的地方。中心迎来的第一批海外学者原非专程来香港，其中耶鲁大学教授Deborah Davis，以及密歇根大学三名博士生：韩国人Jae Ho Chung，法国人Pierre Landry，美国人Susan Whiting待的时间最长。三人自称"密歇根帮"。1992年我去密歇根大学见到他们的导师李侃如（Kenneth Lieberthal），他说，你见我的学生的时间比我多。此话不假。日本人高原明生 Takahara Akio也是地库时期的访问学者。三十多年过去了，而今他们都是杰出的资深学者，依然是中心的朋友，也是我的朋友。Debbie后来出任中心国际顾问委员会主席，Jae Ho、Akio分别代表韩国和日本的中国研究学者，加入委员会，Pierre后来担任中心主任。何等有缘分呵。

在澳大利亚国立大学念博士的由冀，是USC有史以来第一位有大陆背景学者，之后还有耶鲁大学的元简。协助中心搬家的内地学者，以读者的身份成为中心的常客。有一位到社会学系访问的叶XX，曾经参加过中大李沛良教授在内地开办的社会学培训班，后来在报上看到他出任国家的高级干部。这些内地访客对图书资料兴趣浓厚，羡慕香港有如此收藏。他们令我想到中心未来应当不仅仅为西方学者服务，也要让内地学者前来使用。

萧规曹随，亚皆老街时代的氛围在中大图书馆地库继续。来到的访客不仅仅是使用者，user也是我们的客人。一朝为研究助理，永远是研究助理。我像所有人的研究助理，了解他们的课题，帮他们找资料。那时中心只有一万多册中文图书，四百来份杂志，熟悉起来并不难。Pierre后来常说，我向他推荐的一本书，奠定他今后的研究方向。我负责挑选图书，买到难得的资料，十分兴奋，推荐给人，两人一道兴奋，令我尝到做图书馆员的乐趣。

中午大家约同去游泳池旁的餐厅，各人买一份饭，在室外围坐一桌，中央一把大大的遮阳伞。我们称之为阳光餐厅，但我总是选择坐在伞影下。饭很快吃完，聊天则没完没了。大学的雅礼宾馆还没有建成，这些博士生在外面租房子住。我那时和女儿住离大学只有一个站的银禧花园，曾介绍好几位访问学者去租房住，做了邻居。

中心随即开始大量购买图书资料，除了通过北京的图书进出口公司，找到一些私人代理，我们用"发动群众"的办法收集图书资料，我自己在别无选择的情况下创立了一套图书管理系统，受到USC读者的欢迎，也受到美国亚洲图书馆同行的称赞。故事后面再详细讲。中心声誉不胫而走，到1992年，中心图书资料收藏规模扩大了数倍，资料编目、排架方式为人称道，没有人怀疑中心并入中大的决定正确。过渡期满之前，伯克利大学Joyce Kallgren教授，康奈尔大学的Tom Lyons教授应邀评估中心，对中心的成绩肯定有加。Kallgren的信写得很生动，说她虽然和我初次见面，"几分钟后便明白此人非常干练，她对USC运作的重要性不可低估。"

我每天忙忙碌碌却很有满足感，与来到的各位访客很快成为朋友。中心气氛融洽、欢快。而此时的香港，将迎来100年来最大的转折，回归大陆。几年前令人不安的事件还压在市民心头，大学里人心惶惶。走不了但对未来不放心的教授，安排妻儿移居海外，"独守空房"的丈夫被称为"太空人"。1992年6月，新加坡最大的中国资料收集中心，东亚哲学研究所邀请我去评估他们的收藏。到了没几天，让我去见当时的荣誉所长，新加坡副总理郭庆瑞。他说，开门见山，我们打算聘你到东亚所任图书馆馆长。我全无心理准备，也丝毫不为所动，只高兴地想到：USC的名声也传到新加坡了。

田家炳楼八楼

大学图书馆地库只是中心临时安身之所。USC的永久居所田家炳楼1990年动工，1993年落成。那时政府要将中文大学从四年制改为和港大一样的三年制，大学不同意，和政府闹得很僵。在大学图书馆旁的停车场上建田家炳的方案已定，而只有USC这个用户的拨款得以落实。我欣然成为八层大楼唯一的"甲方代表"，与大学建筑处工程师讨论内部格局，商量如何安放书架以尽可能利用空间，同时令每个区域"一目了然"，想到用旋转楼梯连接上下两层楼。我小时候的志向是从事父亲的职业——建筑工程师，这回才明白那是件要叫你去日思夜想的差事。

和第一次搬迁不同，此时已有远道而来的学者。他们每天来到，中心不能为搬家关门。我们让地库和田家炳楼两边同时开放，资料用书车搬运，保持排架的顺序。从各个系聘请了二十多位从内地来的年轻访问学者做"学生助理"。经过1988年第一次搬迁，我已经是富于经验的搬运工工头。同样，在和他们"同吃同劳动"的一个多月里，彼此成为朋友。没料到和他们的结识与中心的馆藏建设有关。

中心在田家炳楼最高两层安了家。这里几乎是校园里最好的位置，居高临下，近处看到大学核心区"百万大道"，远处层层青山。内部装修，每一个空间，每一面墙都费思量。许多事情要从头学，用笨办法，了解活动书架就直接去几间大学的图书馆参观，确定到哪里去买。我希望将中心布置成一个温馨的书房，拜托认识的园丁送来几株高大的盆栽；周末行山，采来芦苇、形状别致的干枝，配上绢花，做成一瓶瓶"插花"置放在靠墙的矮书架和读者书桌上。请金耀基写了"中国研究服务中心"的招牌（那时大家都向饶宗颐求墨宝，我们找与中心有缘的金公），送去深圳的作坊制作，顺便挑选几块木刻。去找内地一位画家画了大幅画作，去文化所文物馆借来古画复制品。

电梯大堂的设计费太贵，干脆自己来。请我弟弟在昆明买来剪纸，中式门环做装饰。还有太多太多的琐事，不一而足。回顾当初，废寝忘食，几近疯狂，这样的事一辈子做一次就够了。记得带Lucian Pye教授参观中心，他留意到许多细节，说处处见心思，令我感动。

我和关教授共用一间办公室，宽敞明亮，安放了一大一小两张办公桌。按规矩，大的一张归主任；关教授说他很少来，不由分说用小的一张。我将那把高大的座椅给他，指给访客看，这才是中心的"第一把交椅"。2007年我退休，决定由两位助理主任接替我的工作，将办公室隔成两间。相信风水的话，后来发生的事……

两位"校长"的小故事

由香港本地大学接管USC的决定需要通过香港政府。香港大学早在预测中心关门之前就做了准备，派人去视察，甚至丈量地方。据说有人建议在红磡另辟场所，将中心作为各大高校共用的图书馆。当时的港督不是别人，恰巧是资深的中国研究专家卫奕信。他曾到亚皆老街的USC待过，后来出任全球最富声望的学术刊物《中国研究季刊》（China Quarterly）主编多年。议论起他来，大家最津津乐道的是他曾经参加登山队，登上珠穆朗玛峰。

按英国的制度，港督兼任各公立大学的校长。大学没有正校长，只有副校长Vice Chancellor。我们还在图书馆地库时，名义上是中大校长的卫奕信港督来参加中大毕业典礼，顺便到中心来。我正在为一位日本学者介绍中心的报纸馆藏，关信基带他走进来，说：Jean，我们来了一位朋友。地库里光线昏暗，直到这位高个子走到跟前，我才认出他来，脱口而出："哦，是你呀！"事后觉得自己傻极了。中心搬到田家炳楼时，他已经离任回国。一次他到访香港，来USC看看。这次他才提到是他做主答应美国方面提出的条件，并让中文大学接管USC。

大学为USC迁入田家炳楼举办了隆重庆典，请来的客人包括彼时的港督彭定康。新落成的大楼不争气，居然将他和校长高锟困在电梯里，幸而只有几分钟。关教授向彭定康展示中心收藏的《人民日报》创刊号，1946年5月15号。被香港人称为肥彭的港督问：这是在哪里出版的？有人随口答：北京。他皱起眉头：北京？我在一旁插嘴道：河北省的西柏坡镇。肥彭得意地笑了：我做过功课了呢。（其实我也错了，是河北省邯郸。）从1993年USC迁入田家炳楼到2000年初，中心有点像中大的"模范厨房"，大学贵宾，尤其来自内地学术机构的领导和参观团必到此地参观。除了骄人的馆藏，宜人的环境不无贡献。我虽然每周花不少时间任导游，乐此不疲。

中国研究图书馆

USC馆藏建立

亚皆老街时代中心的图书馆开创时，便奠定收集第一手资料为今后的方向。据说这是当时负责收集图书资料、后来在哥伦比亚大学任教的白思鼎Tom Bernstein所建议。八十年代初中心得到一套各省到中央部委办的报纸，成了USC的"镇馆之宝"。一直到现在，都是国内外图书馆中仅存的五十年代到七十年代后期的报纸完整收藏。对这个时代的研究，仅有报纸显然不够，建立研究当代中国的馆藏，需要收集到这个时代的资料，例如报刊、年鉴、地方志、实证研究专著、回忆录、传记、纪录片……一切好像命中注定，USC在恰当的时候，有恰当的人协助，最终建立起被称为"中国研究的麦加"之馆藏。

不拘一格收集资料

八十年代大陆许多机关单位盖了新的办公楼，迁入时，过往订阅的杂志、期刊通常当做废品处理。一个收购旧报刊的机构应时而生，据说在北京的狮子胡同。当时我一概不知。协助中心搬迁的访问学者陆续回国前，我托付大家回内地后帮忙中心收集资料。此时他们对中心已经十分了解、认同，也因为彼此的朋友关系，答应试试。其中一位来自数学系的访问学者，推荐她下岗的姐姐帮忙。收到她寄来狮子胡同那家机构的可供书目，我惊呆了。有始于五十年代初几乎最重要的刊物：《新华半月刊》、《新华文摘》、《红旗》、《中国工人》、《中国青年》、《中国妇女》、《经济研究》、《作品》等等。还有1949 – 1964年的《内部参考》。这份刊物属于"秘密"，虽然已经过了保密期，但通常邮寄不出来。不记得过了多久，十多个盖着"邮政"绿色印记的麻布邮袋送到中心。整个下午，我坐在九楼翻看从来没见过的《内部参考》，简直不敢相信是真的。

大陆境外的图书馆，大学图书馆在内，购买图书均通过两家大陆国营机构：中国图书进出口公司，北京图书对外贸易公司。他们提供书单让客户从中挑选，但不接受书单以外的选购、订阅。虽然那时大陆进入经济双轨制的时代，国营的图书进出口似乎依然有垄断权。1989年7月，这两家公司和国家图书馆联合举办中国研究资料收集国际研讨会（名称不一定准确）。中心是他们的大客户，我应邀出席。那个外宾罕至的夏季，我们被外交部长黄华接见。此行最大的收获是终于有机会请教国营图书公司的领导：中心是否可以请私人代购图书。他毫不犹豫地回复：当然可以。

我们先试试请内地大学的图书馆和地方图书馆帮忙，找到在复旦大学、深圳大学、昆明市图书馆等等机构工作的个人协助提供书目，购买图书，订阅报刊，也继续请前来中文大学的访问学者回去替我们找寻资料。"采购队伍"最庞大的时候共有60位之多。原则上，委托提供信息的人代购，并付个人服务费。"依靠群众"让中心得到地方出版物的信息，几年后，订阅的期刊达2000多种，报纸400多份。重点收集反映国情、民情的资料，例如各省的法制报，刊登地方政府公告和文件的政报，地方社会科学院的刊物。南加州大学的Stanley Rosen教授每个暑假必来中心，查阅有关青少年研究和电影研究的期刊。

年鉴、统计年鉴

1993年后，中心有了稳定的资料采购渠道，一方面通过国营图书公司购买，另方面找到几位个体"专业户"，各自负责为我们收集不同主题的图书资料。收集统计资料的人十分卖力，直接去到统计局购买（下面会讲到他）。统计年鉴出版不久，海外图书馆还没有看到图书贸易公司发放的目录，USC已经上架，而且我们付的费用要少得多。每个省开始编撰年鉴和统计年鉴的时间不同。广东省总是先走一步，创刊号在1983年，其他各省陆续跟上。我发现创刊号的统计数据往往追溯到五十年代初，于是委托各地朋友去帮忙补齐，居然也都找到了。每找到一本，心生喜悦，让我想到古董收藏家。

九十年代初，美国几家大学的东亚图书馆出一份联合的年鉴收集通讯，每两个月公布各馆收到的年鉴。USC加入后不久，他们就停了。因为中心收集到的，比其他图书馆加起来的总和还多得多。一位山东社科院的学者曾打算比较国家图书馆与USC的年鉴收藏，去国图待了一周后来到中心，我带他看了这里的年鉴。次日，他告诉我说不必比较了，无法相提并论。

地方志

八十年代末，大陆开始一项大工程，编撰1949年以后的新方志。地方志编撰在中国有上千年的传统。旧时的中国，各地政府指派当地最有学问的人主持编写地方志（民国年间，我的曾祖父熊廷权曾经负责撰写《新纂云南通志》中的"边裔考"）。建国三十年后，政府立意恢复传统，在各省、市、县成立地方志编撰办公室。地方志完全符合中心收藏的方向，但由当地出版，需要托人四处搜罗。后了解到内地定期召开方志工作会议，想到找到行业中人帮忙。幸运地，我们找到福建省方志办的主任。他的父亲曾经是民国时期福建师范大学图书馆馆长，热衷收集古代到清末出版的地方志。有机会协助香港的一间大学收集一套完整的方志，符合他的心愿，并非为一点服务费。最后，中心有了全世界最完整的一套新编地方志，而这位先生本人却遭遇极不公平的对待、磨难。听到别人夸奖这套收藏，想起这位功臣，不免心中黯然。

地方综合志之外，各种专业志也很宝贵，例如水利志、粮食志、教育志，乃至公安志、卫生志，不一而足。这些志书，由相关部门编撰，很多都不是正规出版物，收集颇有挑战性。依赖中心在内地的"朋友"，有不少斩获，包括700多种各地的水利志。那不仅是研究水利，也是研究政府管治和地区之间关系的好素材。九十年代后期，大陆对出版的审查、控制逐步严格。之前十来年出版的新编地方志留下大量真实记录，成为弥足珍贵的史料。

其他特藏

为配合相关研究，中心设法收集了中央和各省相关机构办的刊物，例如：各省司法厅、公安厅的杂志，各省的法制报，地方政府政报，案例汇编，调查材料；1949年以来的各项政治运动的资料，包括土改、思想改造运动、三反五反、公私合营、肃反、反右运动、反右倾、大跃进、大饥荒、文革等等。文革以前的各项运动的材料很难收集到。这些资料之所以在内地图书馆查不到，主要因为被视为"敏感"材料，即便馆藏有，也不开放使用。非常有趣，一个研究党史的大陆官方机构，派来多位研究人员，参看中心收藏的一套《内部参考》，究竟因为他们的资料室没有，还是不允许查看，说法不一。

中心在每个时期花功夫去搜罗和当时"热门"研究主题有关的资料。八十年代末到九十年代，中国研究领域的重要课题有改革开放和历史反思两大类。前者包括法制建设、司法改革、经济制度改革、农村问题、教育问题、中央地方关系等等。民间组织的研究也成为一时之选，我们特地添加了一个分类子目录，但不久就淡出了。

知道哪一类图书重要，更需要知道出版信息。除了依靠国营的图书公司提供的书目外，我们让私人图书代理提供书目。前面提到，原则上，谁提供的书目委托谁购买，以资鼓励。此外，中心也请使用者提供书目，在门口放一张推荐图书的表格。

不收集什么，同样是建立馆藏的重要考虑。注重基于第一手资料研究的作品，以摒除千古文章一大抄。尤其到2000年以后，出版成为学者升迁的踏板，这类作品层出不穷。越到后来，图书公司的书目中，值得购买的越少。英文书籍，大学图书馆通常依靠教授推荐选购，中心则只购买"畅销书"，基本从中国研究的杂志附的书评中挑选（数不清我收到多少学者的赠书，我只能翻看大概，然后由中心收藏）。

为研究者寻找有用的资料，是我们的简单思路。下面将提到，中心的图书编目和分类、排架都是为了方便研究者。USC好像一个能力强大的助理，无论你研究什么，都希望你能在此找到有用的、唾手可得的资料。

回忆录、传记和口述史

一百多年以来，中国人经历民国革命、抗战、内战，之后迎来不平静的和平时期。各种政治运动此起彼伏，文革是各种折腾的高潮。在动荡中生长的两代人，痛定思痛，有写下自己经历的冲动，为历史做注，希望以史为鉴。这些人陆续退休，有了时间；电脑时代到来，令普通人可以写作。2000年初，回忆文字涌现。有一位叫李乾的老人寄来他的自印的书稿，回忆他自17岁参加志愿军，一生遭逢的磨难。他写道，"我终于明白老天爷让我经历这一切，是要我作为证人，要我写下来，警示后人不犯同样的错误。"

这一时期大量回忆录出版，大多写的是名人。除了购买这些公开出版的回忆和传记，中心更希望收集普通人的回忆，于是开启了"民间历史"项目，并建了"民间历史网"，希望通过它征集普通民众的作品。我在中心的国际顾问委员会会议上报告有关想法，有委员担心我们没法应付大量来稿。事实证明这是过于乐观的估计，因为谁也估计不到政策的走向，我们只能"姜太公钓鱼"（后文会谈到）。

至今USC收集到6000多种回忆录类的书籍。同时通过"民间历史网"收集到100多部长篇，近两万多短篇回忆。我曾为这套收藏的排架与编目费了一番脑筋，最后想到按"传主"的出生年份排序，可以让同年出生的人之生平，体现一个时代，有助研究。例如了解五十年代的小学教育，可以参考1942—1952年左右出生的人的回忆录，架子上它们都排在一起。这套馆藏及民间历史网刊，纪录片收藏、播放，统称"民间历史档案"项目。我2007年退休后作为中心的兼职顾问，负责该项目直到中心关门。

除了图书资料收集，并与内地致力推广家史写作的NGO合作，我应邀出任他们的项目顾问。我先后撰写、编辑了《家在云之南》（北京，人民文学出版社，2010）；《史家高华》（香港，中文大学出版社，2012）；《中外学者谈文革》（香港，中文大学出版社，2018）；《长辈的故事》（香港，中文大学出版社，2021）等书；网刊编辑林达撰写了《历史在你我身边》（北京，三联，2014）。项目还促成了一些回忆录的出版，包括董时进的《两户人家》。不知不觉，项目开展了十多年。家史写作本来就是中华民族的传统，在内地越来越成气候，我们有幸开风气之先。

收集和播放纪录片

两方面的原因促成中心收集纪录片。西方教关于中国课程的教授中，有人采用电影及纪录片，例如南加州大学的Stanley Rosen教授。对于从来没有到过大陆的学生，电影带来直观的印象，文字难以做到。2006年有学者推荐纪录片导演胡杰到中心来播放他单枪匹马制作的纪录片《寻找林昭的灵魂》，十分震撼。中心决定收集此时在内地出现的，反映国情、民情及记录历史事件的纪录片。中国这一时期出现一批十分优秀的纪录片导演，胡杰、艾晓明、周浩等算是先驱。通过他们几位及到中心访问过的内地学者，或者在网上获得信息，至今中心已经收集到将近400部纪录片。

2017年起，中心每月在校内播放一部纪录片，一直继续到2019年。每场有一百左右观众，其中一部关于农民女诗人余秀华的纪录片《摇摇晃晃的人间》有将近1000人观看。

电子信息时代的挑战

进入二十一世纪，图书馆面临电子信息带来的挑战。"社科期刊网"出现以后，中心订阅的期刊迅速调整，到2007年我退休时，从原来的两千多种减到七百多种。政府部门和商业机构的统计资料可在收费网站查找后，关于中心的相关收藏作何调整咨询中心的使用者，却得不到统一的答复，我们只做了相应的缩减，保持收藏年代较长的条目。

出版成为衡量学者的主要标准，导致低质量作品大量涌现。一些地方年鉴也成为表现部门政绩的场所。一方面出版物大幅度增加，另方面作品的参考价值成疑。如何去伪存真，去腐存精，对图书馆是很大的挑战。

依靠文献资料研究已不再是主流，加上网上找资料很大程度取代泡图书馆，到中心的使用者减少是必然趋势。2000年后，我们陆续开展的项目，均为应时而生，可以看成是USC的转型，下文将提及。而传统的资料收集，依然是中心的强项，是它成为最完善的当代中国研究图书馆的使命。

幕后功臣

"发动群众"让中心在短时间内建立起十分可观的馆藏，但并非毫无掣肘。首先，按大学的财务制度，代购者得自己垫付书款，收到书后才付款给对方。那时普通人的工资不过几百元，大学允许我们委托私人采购图书，已经很通融了，但报账的程序不可改变。关教授听说后，毫不犹豫地拿出十五万港元，开了一个银行专用账户，给私人代理作为预付款。后来不够"流动"，我也从自己可怜的银行存款中拨出一笔，以敷使用。

网络时代到来之前，长途电话费贵，和大批"图书采购人员"通讯，需要写邮件、写信。包括与中心的Users通信，我每天写许许多多邮件。有一天从上班写到下班，数一数，居然70封。当然，大多数都只是三言两语。经过几年的淘汰，替中心找书购书的个人只留下几位。1990年初，有一位同时为我们和美国几所大学采购图书的专职私人图书代理，自己忙不过来，将他做电工的弟弟推荐给中心。小伙子能干又勤奋，渐渐"承包"了中心购买年鉴类图书，以及订购不在图书进出口公司供应范围的期刊的业务。后来干脆辞掉工作，买了一辆车，满北京跑，专门替中心买书。我每次到北京，都与他见面，曾去参观他的新居，吃他太太包的饺子。我们通信时，除了业务，也会聊聊家常。

八十年代，大陆图书十分便宜，统计年鉴每册也就二三十元。图书代理的服务费等同于书的售价，也合理。书价一路上涨，我对所有私人代理提出，服务费将不再与书价挂钩，固定为几个等级，从10元到30元不等。替我们采购年鉴的小伙子受影响最大，但他欣然接受。他从小丧父，哥哥将他带大，也带进了采购图书的行当。美国的图书馆依然按100%书价支付服务费，同样的工作，哥弟俩的收入差数倍。哥哥坚持要他与我们讨价还价，弟弟则认定了中心，说自己不光考虑钱。从此兄弟不和，让人不安，也没办法。

他与人交往，态度诚恳谦卑，令人信任，敲开许多门，替中心买到难得的出版物，成为不可或缺的"代理"。他好像中心的一员，以此为荣。每年底，他惯例写一封长信给我，列出各种理由，要求增加服务费，理由是一年下来，他的银行账号上没多少钱。每一年，我都给他回一封长信，感谢及鼓励他之余，对他解释为什么不可能答应他的要求。同时将他这一年的收入列表统计，说明他的收入中很大一笔是预付书款，他的银行户口显示的，大大低于实际收入。然后他回信表示完全理解，表明会继续努力工作。第二年底，我们又重复同样的信件往返。此刻我想到，中心和他的关系理顺后，我本人很少和他通讯。他每年那徒劳的长信，也许是希望听到我的表扬和答谢。另外一位幕后功臣，是前面提到的协助中心收集地方志的人，若不是他们认同中心馆藏的意义，死心塌地为中心工作，就没有今天USC的特别收藏。

图书分类、编目和管理系统

亚皆老街时代的USC，直到八十年代初中心才重视收集中文图书及资料，1988年并入中大时，积累了一万多种书，都经过认真挑选，有些已成为孤本。这些书统统按照书名的汉语拼音顺序排在书架上，只是权宜之计。建立图书分类制度，将馆藏编目是首要任务。大学图书馆用国会分类法，USC如果沿用，需要聘用一位专业的图书馆员，每天只可以完成四到六本书的分类，将原有图书分类，耗时成年累月，何况中心的编制都是低薪的图书馆助理，"养不起"专业图书馆员，建立简单易行的图书分类与编目制度迫在眉睫。

我花了大约一个月时间，找各种图书分类的书来看，国会分类法并不适用USC这种专门图书馆，它的无数类别中，中心所需要的只是其中极少一部分，而这一部分远远不够详尽。从苏联搬过来的大陆的中国图书分类法，是在政治挂帅的斯大林时期制定的。例如关于妇女的书籍，属于政治类。无论哪一种正规的分类法，每一本书的编目长达数页，连插图有多少都需要注明，对读者没有多少用处。我只好自己来制定一套从研究者的角度编目、排架的分类系统。唯一的经验和底气，来自过去十年研究助理及图书馆助理的经验。

其实简单，先借用国会分类法的代码，分为60个大类；每个类别再以研究题目细分为若干小类，所谓研究主题导向（research subject oriented）；同时照顾中国特色，例如教育类中有："农村教育"，"德育"，"留学"。当新的研究题目出现，自然就有这类的图书出版，系统可以随之添加新的类别。例如："贪污"、"民间组织"都是后来添加的主题。到2007年我退休时，系统有500多个小分类。分类的符号采用类别字面上的意思，用汉语拼音的字头表示。例如"工业"这一大类之下有十多种类别：qc=汽车，gt=钢铁。有位美国来的教授Maria Morgan研究中国的汽车工业，我带她在电脑上，不到一分钟便找到她有兴趣的书，这些书在书架上也都排在一起。

这套分类制度的另外一个特点是地区代码。中国太大，改革开放后，地区差异越来越明显，相信未来的许多中国研究会专注某个地方。将不同主题的同一个省、市、县、甚至乡、村的资料在书架上集中，需要有地区码。我采用中国邮政编码作为直辖市和各省的代码，"2"代表北京，"4"上海……再下一级则用S代表市，X代表县，然后用地名汉语拼音的字头为地区代码，例如云南省通海县：64，Xth。设计这套系统时，图书管理还靠卡片，待电脑出现，分类码的优势更加明显。Maria在电脑上看到汽车类的图书，还能按地区集中，瞪圆了她那双大眼睛。

1989年初，图书按这套"自创"的分类系统上架后，大学图书馆派了李直芳先生（好像是副馆长）带领的小组来评审。他们做出结论说，这一套系统适合USC的收藏。终于令我放心了。1989年北京的海外中国研究图书馆国际会议以后，时任华盛顿大学亚洲图书馆副馆长的吴燕梅女士顺道来中心参观，十分肯定这套制度，临走前留下字条："你将USC整理得那么合情合理，给我极深切之印象。""合情合理，简单明了"，正是我的追求。

1992年，中心最早的访问学者戴慧思（Deborah Davis），邀请我到耶鲁大学访问，向耶鲁的亚洲图书馆介绍USC的图书管理制度以及采购方式。听到我的讲解，几位图书馆员的反映是编目太简单，包含的信息只有书名、作者、出版社、页数，就这么几行字。我从来没有去过美国，Debbie（戴慧思教授）替我安排，让我有机会访问从东岸到西岸，多间著名大学的东亚图书馆，顺便介绍中心。为了替我节省开支，所到之地，她都找到人负责接待。他们多为中心的老朋友，机场接送不算，让我住在家中。此行，我一共在九个美国家庭中住过。

去耶鲁当然住在Debbie（戴慧思）家。早晨她在厨房准备早餐，同为耶鲁教授的钢琴家丈夫Michael坐在一旁，朗读报上有意思的新闻，情景历历在目。Michael机智幽默，和他聊天十分开心。从此，和Debbie的友谊不仅是两个人，也在两家人之间。二十年后，我已退休，夏天住在昆明，他们夫妇得以来相聚。我将他俩介绍给我在昆明的几乎所有朋友。

等我对图书管理这个行业有更多的了解后，才明白自己是初生牛犊不怕虎，居然敢去自创编目系统。实际上，当初别无选择，三年的过渡期要求中心尽快对外开放，另外不可能让图书并入大学图书馆。这套系统算是经得起考验，图书管理电脑化后，它的优点更加明显，除了user friendly的检索和书籍排架以外，图书馆编目人员很快可以上手。目前，USC特藏的图书，从采购到编目，都由一位来自内地，从来没有受过图书馆训练的人担任。问题是缺乏图书管理学位或证书，他很难得到晋升。

西方来的学者，将对中心印象带回，1993年以后，经常有图书馆的同行来中心参观、交流。美国国会图书馆前后来过好几位，我也曾被邀请到美国东亚图书馆年会介绍中国馆藏及管理。九十年代中傅高义来到，我向他示范中心的电脑检索系统。他不停地说：Amazing，amazing。那时他在为《邓小平时代》找资料。2011年书出版，特地在"前言"写了一段话感谢我，提到我为中心"收集并创造性地整理了……"。"创造性"三个字对我意味深长。

电脑管理

八十年代电脑开始普及，中文大学的教授中有几位电脑迷，关教授是其中一位。他热衷摸索程序写作，对电脑的功能佩服之极。1993年中心在田家炳楼安家后的头等大事便是图书管理电脑化。关教授敦促下，我四下打听，了解到中国大陆最先实现图书馆管理电脑化的，正是我们的邻居深圳大学。时机正好，他们的小团队有热情和时间推广这套系统，我们简直是送上门的生意。

结果这套系统我们无法直接采用，于是他们的两位电脑技术员来到中心，与我们自学成才的电脑技术员谭先生一道，加上我这个用户代表，用不到一个月的时间另写程序，系统后来经过谭先生几次更新，沿用至今。当时大学图书馆还在研究采用美国通行的两大系统中的哪一种，正所谓"大有大的难处"。

从此，电脑检索功能成为我给中心访问学者的"见面礼"。了解到来人的研究兴趣之后，一道坐在电脑面前，动动手指，他们需要的图书像被吹集合哨的士兵，整齐排列在眼前。对关注某个地区的研究者，示范如何看到有关该地区的各类资料。我带中心朋友去爬马鞍山，最开心的一刻是来到昂平高地，请大家向左转。突然之间，童话般的西贡海湾出现在眼前，众人不由"哇"一声。这与中心读者看到自己久久寻找的资料唾手可得，心情一样。我这个带路人跟着高兴。有人说，在儿童图书馆和研究图书馆工作的人最幸福，我深有体会。图书馆的"咨询图书馆员"（Reference Librarian），直接与读者深入交流，会相得益彰。我在这里工作了二十年，也如上了二十年的学。

报纸馆藏微缩胶片制作及数据化探讨

USC在亚皆老街年代收藏的这套独一无二的，五十至七十年代末的地方及中央部委级报纸，奠定了中心馆藏的基础。另方面，保管这套纸张发黄，脆弱的陈年老报，责任重大。八十年代，《纽约时报》率先电子化，对我们这样的小图书馆，资料保存、数据化、加工整理，无论资金、技术，都可望不可及。唯有先制作微缩胶片。

第一个问题是版权。我在中国法制计划工作时，认识了中国社科院法学所研究版权的权威郑教授。写信咨询，他回复道，中国目前尚未加入国际版权法，故在香港加工及运用大陆报纸在法律上没有问题。我们找到在珠海的一家微缩胶片制作公司，1990年开始这件麻烦无比的工作。因缺乏经验、监督不力，几个月后全部制作完毕，我去珠海验收，才发现质量不能接受，重新来过。

制作微缩胶片目的在于保存，最费事的工序在于将报纸合订本拆开，一页页拍照。当初以为将来用微缩胶片制作电子版便容易得多（后来知道并非如此）。这套报纸中，有些年份缺失，得请中国图书进出口公司的微缩胶片部设法补齐。和他们来往的过程中，想到一道合作，促成报纸数据化。拿着方案去接触多家报纸，四处碰壁。出版机构计算过收支，顾虑到内地盗版严重，只有一、两家报纸表示有兴趣。1996年，得知《人民日报》准备出数据光盘，我去北京登门拜访，他们将中心作为试用用家。我们提出几项改进建议，包括增加标题检索功能，他们都采纳了。

中心报纸馆藏数据化之后一再提上日程。中国1992年10月加入《世界版权公约》后，版权成为拦路虎。在香港制作的话，遵照香港版权法，版权在该出版机构结束后七十年版权才消失（因为这个规定，USC后来制作出版的数据库，转到哈佛大学出版）。1990年制作微缩胶片，复制多套，费用分担。现在如果制作报纸电子版，只能在中大图书馆使用，不能上网，不能出售，或者赠送。

微缩胶片制作后，中心没有地方安置阅读器，让读者去用大学图书馆的阅读器。直到我退休，十七年中，没有一个人来借过报纸微缩胶片。原因想来是地方报纸和《人民日报》的重复率相当高，都是党的宣传工具，能反映的社会现实有限。比较重要的报纸，例如《人民日报》、《解放军报》，已经有了数据光盘。除了《人民日报》、《光明日报》等原件放在中心，其余存放于校园内的仓库中。每年只有极少的使用要求。

有个应用USC馆藏旧报纸的故事。曾经担任香港美国商会会长的美国人康原（John Kamm），偶然的机会帮助了大陆一名被误判入狱者。他得到启发，在九十年代初成立"对话基金"，搜集犯下"反革命"罪的普通人的材料，交给司法部门的高层官员，请求重新审理。他亲自去了北京一百多次，递交过上千人的信息，结果大部分获得释放或者改善待遇。这些信息绝大部分是他本人或助理从中心的旧报纸上找到的。每发现一个，他都很兴奋，给我看，用中文说：救人一命胜造七级浮屠。他给我讲过许多五花八门的案例。有个农民因为喊"反动口号"，判了好多年。"反革命罪"后来被取消，但他被遗忘了。直到John Kamm从五十年代的一份地方报纸上看到，将他救出来。

2000年左右，我推荐一位中心访问学者去珠海北师大分校讲课，陪同他前往，看到该校新落成的图书馆，24小时空调，条件非常好。我问校领导，是否可以将USC这套报纸存放到到该校图书馆，他们欣然同意。方案在中心那时的督导委员会（Steering Committee）上讨论，委员担心文革再来，这些资料再次被禁止查阅，一致否决了我的提议。据说几年前探讨报纸数据化方案，有大陆的制作公司提出优惠的条件，同样被校内顾虑"政治"风险的人拒绝了。

1949年后政治运动资料库（1999—　　）

发起及制作这套数据库的核心人物是在美国任大学图书馆员的宋永毅。文革时他是一名上海中学生。他和七、八位大陆背景的美国学者，致力收集文革资料，得到台湾蒋经国学术交流基金的资金的支持，九十年代末已经收集到上千万字的资料。他来到中心，希望与我们合作，出版一套文革资料丛书。我们提议出版数据库光盘，由中心的同事谭先生负责编写电脑程序。中心与宋永毅牵头的学者签订协议，将之作为一个可持续的项目，出售光碟的收益，大部分由中心掌握，用来支付未来资料录入的费用，很少一部分作为付给编辑的酬劳。

直到我2007年退休时，合作顺利。资料收集由编委会和中心同时进行（中心本来就收集文革及各种政治运动的图书资料），宋永毅统筹；决定录入的内容，中心交托给负责录入的公司或个人，检查质量、付款。宋永毅将条目分类、编辑，然后由谭先生加到数据库中。最开始的一批资料数量庞大，中心曾聘人协助校对。每年宋永毅前来中心一次，一方面与谭先生沟通，另方面编校文稿。他是一位工作狂，分秒必争，每晚在宾馆做到深夜。

网上有这套数据库的说明：《中国当代政治史数据库》，收录了三万多个文件，近三亿字。数据库的第一到第三部分：《中国文化大革命数据库（1966–1976）》、《中国反右运动数据库》、《中国大跃进——大饥荒数据库（1958–1964）》，先后于2002、2010和2013年由香港中文大学出版社出版。第四部分《中国五十年代初中期的政治运动数据库：从土地改革到公私合营（1949–1956）》，由美国哈佛大学费正清研究中心出版。

前面提到，转到哈佛费正清中心出版的主要原因是版权法的考虑。无论中心，还是北美的编辑委员会，参与这项浩大的工程均出于使命感。无论个人还是机构均未想过，也无可能从中获利，或者有什么政治目的。双方达成共识，待数据库最终完成，将开放免费使用，同时从海量的数据中挑选出精品，出版纸质史料。

前来中心的学者中，有不少利用中心馆藏为个人研究而建立数据库。中心的荣誉研究员陈剑光博士研究大陆的基督教。他发现中心收藏的近三千种县志，介绍了当地基督教的历史与现状，于是连同中大宗教系的老师和学生，将相关资料录入电脑，制作数据库，并制成光盘，免费提供研究者使用。

数据收集（1995—2001）

量化研究在社会科学研究中越来越受到重视，关教授建议中心收集当时涌现的调查数据，供学者使用。中心于1996年向政府申请到一笔经费收集数据库，我们开始接触拥有最多调查数据的国家统计局。与统计局城市调查队沟通顺畅，向他们购买了一批城市居民生活状况的调查数据。他们只提供三年以前的数据，对学术研究不是问题。与农村调查队的接触没那么顺利，但他们同意与中心合作，将一批没有输入的问卷输入电脑。问卷装在几个大麻袋里；回忆起来，我弄不清楚是看到麻袋，还是我的想象。

此外最有成效是与北京一个研究单位的合作，他们连续提供了十多年的私营企业调查数据。按中心收藏数据使用的政策，学者须支付数据获得费用的1/16。向中心提供个人完成数据的学者，可以无偿使用其他数据。这个想当然的方案只获得康奈尔大学经济学教授Tom Lyons一个人的支持。他对中心无偿提供了一套福建某些县的调查数据。

收集到的数据大多需要清理，中心聘请了一位技术员专门负责。清理数据的花费很大，令项目的持续性存疑。而最大的问题在于政府发布了针对问卷调查和数据公开的政策。涉及境外机构或个人参加的调查须经严格审批，数据一律不能向境外提供。中心的数据银行项目无疾而终，但收集的数据至今依然可以提供使用。已经有不少学者应用USC收集的数据完成其博士论文和研究，包括香港科技大学现任的人文社科学院院长Kelly Tsai。

2000年后，数据提供渐渐商业化。密歇根大学一个专注收集大陆数据的中心与国家统计局的"外围公司"合作，制作统计数据库出售。他们发现最齐全的统计年鉴在USC而不在统计局，专程来到，建议三方面合作，说明将来制作的数据光盘只卖给海外机构，不向内地机构提供，原因是内地盗版成风。从商业的角度，这样的考虑有道理；但有关大陆的统计资料库，将大陆用家排斥在外，令我们无法接受，决定不参与其事。

中国研究网上论文库（2006—2015）

网络出现，给社会人文科学研究带来极大的便利，用时也有麻烦。从前，教授要求学生充分把握信息时，常打比方说：将每块石头都翻过来看看。而今，海量的信息出现，这做不到。铺天盖地的论文良莠不齐，中心的"网上论文库"从网上只收集基于第一手资料的实证研究论文，按主题分类呈现，可以筛去"千古文章一大抄"的作品。我们幸运地找到一位内地的年轻学者，他本人对此十分有兴趣，有判断力，每天上网"打捞"合适的研究论文，分门别类放到网上论文库内。工作在2015年停止了。"网上论文库"对2006及之前数年到2019年之间的论文查找仍有帮助。

民间历史网刊（2007—　　）

我曾经希望邀请一位学者到中心来，写一本关于文革的书，针对没有经历过文革的香港年轻人。2003年，有人推荐在美国的作家林达。北京三联曾经出版过她的"近距离看美国"系列书，深受年轻人欢迎。我读了她写的《带一本书去巴黎》，更加确信她能够胜任。这个设想没有实现，却促成她与中心的缘分，从2007年中起，她负责编辑中心的"民间历史网刊"。

网刊通过大陆的一间公司，在内地的公安部门登记注册，另设网址，方便内地读者投稿、阅读。我们尽量低调，目的主要在于收集网上的回忆文字，同时鼓励普通人写回忆。网刊自2006年创办至今十余年来，收集了近一百二十部长篇回忆录，近两万短篇回忆、原始文本、老照片和回忆录书籍的评介。一些读者在阅读"民间历史网"之后，尝试写下自己的经历，变为作者。有几部长篇在林达的协助下，得以修改出版。

民间历史项目从2007年起，获得中大亚太所南中国研究计划支持，其后每年评估得到肯定，资助一直延续到2018年该计划结束。之后有四位我和林达的私人朋友捐款维持。林达和我是志同道合的好朋友，办网刊是我们的工作，也是爱好。

县级资料数据库 BOCD（2012—　）

数据库来自中心馆藏中各类全国性及地方年鉴、统计年鉴的县级资料。这是2007年我退休以后的项目。

中国研究者的家园

不止一次，有人建议将中心的名称改为当代中国研究中心，关教授回应道：世界上有许多中国研究中心，只有我们一个为研究服务的中心。中心从成立的时候起，服务的对象就不限于某一所大学。中文没有复数，故而字面上看不出这是说的"大学"为众所学校。同时，为研究服务，为学者服务始终是我们的方针。这并非一句口号，而是一种态度。亚皆老街时代，到中心来做研究的年轻学者，往往一呆几个月、半年，USC不仅为他们提供研究的方便，也关心他们的生活。许多人回忆起来，都觉得USC如同他们在香港的家。

中心在大学的编制是图书馆，预算只包括购买图书经费，以及管理图书的人员工资。理论上，我们的工作任务只是收集并管理图书资料（一如目前中心并入大学图书馆一样）；但关教授和我都将中心的user看得很重，关心他们的研究之外，也操心他们的日常生活，到哪里去住，周末如何度过。除了遵循中心的传统，更因为中国人的待客之道，以及我们的家教所致吧。

九十年代中，中心开始接待来自内地的访客。他们在这里享受学术自由，在志同道合者中找到支持和友谊，许多人将中心看成精神家园。1993年，为USC的宣传单张写中心的简介，我想到三条宗旨："建立完善的当代中国研究图书资料收藏；促进中、外学者交流；提倡研究社会服务"。我拿给关教授看时，心中忐忑，想不到他一字不改地接受了。在USC工作的数十年中，有些难忘的瞬间，这是其中一刻。内地访客来到，中心确立其宗旨，标志USC进入一个新时期。

中心的大门向学术圈内外的使用者敞开。前来的人以学者为主，也有关注社会问题的媒体人、作家、撰写回忆录的普通人、纪录片导演、研究农村问题的基层干部等等。他们参与中心的午餐研讨会、周末行山。学者乐于与他们聊天、交往，让我想到亚皆老街时代的"受访者"；不同的是，他们自己也是研究者。那是整个民族中有那么多人在探索未来的特殊时期。

内地学人访问计划

九十年代初，大陆和香港收入水平相差颇大，内地学者一个月的工资还不够到香港来住几天。为寻找资金以邀请内地学人来访，我们四处化缘，却四处碰壁；到1995年，终于从政府的教育研究经费中申请到300万港币的一笔资助。一半用于开展中心的数据银行计划，一半用于大陆学人访问计划。这笔经费用完以后，向香港利希慎基金递交了申请50万港币的建议书。基金会负责资助事务的雷兢璇中大毕业，他陪同利希慎家族一位什么人到中心参观，很有兴趣地听我讲解。几天后雷兢璇来电话说，中心给他们极佳的印象，建议我们申请145万。该基金对USC大陆学人访问计划延续到我2007年退休之后。项目每年支持50位左右学者到中心访问，每人停留两周到两个月不等。

我们决定优先邀请做实证研究，关注基层和弱势群体的学者。在网络未出现的年代，要了解内地学者的又难又不难。掌握他们的状况，也有简单可行的途径，从为数不多的学术刊物上面寻找。从中大出的《二十一世纪》、北京的《战略与管理》上，我看到几篇很出色的文章，通过杂志联络作者。中心邀请的第一位学者是清华大学的秦晖教授，当时他并不出名，后来别人夸奖我"慧眼识人"，令我啼笑皆非。我其实以为他研究农村。中心随之邀请了数名做农村研究的学者：赵树凯、曹锦清、张乐天、萧唐镖、李昌平、于建嵘等人。说不清是因为他们而令中心开展农村研究项目，还是反过来。

我弟弟从电视看到上海华东师范大学教授陈映芳接受访问，谈到上海的农民工，在电话里告诉我说，她看来是你们要找的人。我写信去找到她了解了更多的情况后，果真符合我们邀请的条件。等到认识了一批学者，要找其余就方便了许多。我对关教授说，我们需要寻找的有社会关怀的"健康力量"。后来发现来自不同地方的受邀请学者很多彼此认识。关教授笑道：你说的健康力量估计两卡车就能拉完。

2000年后，学者出国的机会多了，当然主要限于北、上、广这样的大都市。我们希望将机会留给不曾出过国的学者，想到一个"取巧"的办法，在访问申请表上，除了写明个人的研究计划，填写"社会调查经历"等内容外，加上一条："出国及赴港、台学习、考察经验"。申请人往往以为这是资历证明，殊不知……一些边远地区的学者，例如来自安徽的赵慧芬、青海的朱华给我留下很深的印象。她们觉得到中心访问是人生的转折。还记得赵慧芬离别那天，我送到电梯口，她强忍眼泪的样子。高华的文章"吐露港畔的学术家园"概括了许多访问学者的感受。他们来到，成了USC的一员，归属感并不因为离开中心而消失。中心关门掀起那么大的波浪，不足为奇。

多亏于建嵘在中心访问的两个月中，每天写了详尽的日记，记下中心的日常，记录彼此的交谈；读来像时光倒流，令人回到那个每天有那么多有趣的事发生，那么多思想碰撞的学园。于建嵘常开玩笑说，我这辈子做过最大的官，是熊老师封给我的班长。我在访问学者中挑一位班长，并没有特别的职责要求，各自发挥。最认真的一位是来自陕西的老段，他让大家早起锻炼，傍晚在校园走路，弄得自由散漫惯了的艾晓明叫苦连天。2003年底的访客有张鸣、章诒和、汪永晨、林达，都是名人，另外还有云南民族大学的杨国才等人，校园里一张提防野狗的告示把他们笑翻了，从此自称"野狗班"。

"集体生活"

没有午餐研讨会的日子，大家一道去学校餐厅午餐，围桌而坐，不乏健谈者，像是非正式的研讨会。出发前在门口聚合，总有废寝忘食的人需要用麦克风召唤。挪威学者Borge Bakken的名字我怎么也念不对，Jon Unger从我手中接过话筒，用英文传呼道："挪威人，所有挪威人注意了，请到门口集合。"中心下午6点关门，之前5分钟播放音乐提醒。大家希望中心晚上能开放，诸多原因做不到。有个调皮的美国研究生离开时高声唱，"今晚我可以留下过夜吗？"我建议大家去市区走走，他们大多还是宁愿去大学图书馆，或三五成群聊天。

每年10月开始到次年5月的周六下午，是USC行山的日子，是我自己最盼望的好时光。二十年来，活动几乎从未间断。访问学者来到，常常还没来得及介绍中心，我便急不可待地发出周末行山的通知。有位当时四川联合大学的副校长来中心参观，正逢周五。"己所欲，施于人"，邀请他参加次日下午行山。他说：我不去了，我在重庆，天天爬山。毫不掩饰对我的不屑。能者多劳，关教授除了教学，还担任系主任、学生事务主任等重要行政职务，不过周末行山却是他紧凑的日程中的重点。他特地买了一辆七座位的车，带我们驶向郊野。访客都不放过这难得的机会和他交谈，我一路必须不断提醒各人留意四围景致，别只顾说话。

九十年代末，中大教育学院来了一位教授萧今，这位云南同乡很快成为中心活动最积极的参与者。行山从此有两辆车，可以容纳十多人。萧今上小学二年级的女儿小天天时常参加。她批评我说：Jean，你是队长，应当照顾大家，看到危险要提醒。之后有她在队伍中的话，我便"让贤"。她的确比我称职，跑前跑后，不时发出号令。萧今热心好客，许多访问学者都接受过她的款待。

我住在马鞍山吐露港边，窗外风景如诗如画。我似乎把它当成中心客人必到的"旅游点"，邀约访问学者来"参观"。农历新年内地称为春节，是中国人一年中最盛大的节日。访问学者因为签证和费用等问题，总有人留在香港过年。每年除夕，我在家里举办"无家可归者"除夕晚餐。多少温暖的回忆,多少有趣的故事,写不完。1997年秋,女儿到美国念书,我希望令她保持对中文的兴趣,每个星期天给她写一篇"中文读物",有的信记录了中心的活动,也收到这本书中。

2003年春天非典爆发,每天传来患者去世的消息,整个香港愁云惨淡,医护人员的牺牲令人敬佩又为之扼腕。中心此时有八位内地访客,其中河南警官学校来的王治荃是一位业余诗人,出版过一本诗集。他写的乡下老人、小孩、写卖菜的旧同学十分感人。我们举办诗歌朗诵会,由USC访客读他的诗,并邀请其他人参加。结束前大家合唱一首两岸三地都会的歌"满江红"。记得中大历史系的苏基朗教授也出席了,歌声特别响亮。这首歌悲怆而奋发激昂的意境与当时的气氛吻合,刻在我对非典的记忆之中。大概因为诗歌朗诵会激发的情绪,我给访问学者写了一封信,附在文章后面。

相遇在此

不止一人在离开中心时对我说,这是他们一辈子最开心的日子,到过海外学术机构访问的学者,更觉得USC独特。高华写的"吐露港畔的学术家园"一文,收入他生前出版的最后一本书《革命年代》。他躺在病床上,接到编辑的电话,说这一篇与整本书的主题无关,建议拿掉。高华说,没有这个中心,就写不出这本书。必须保留。

有些分秒必争的学者,开初有点不大情愿参加中心的活动,觉得这些社交浪费时间(Debbie在她写的"饮水思源"中提到过),很快,他们会发觉这还不仅仅是令人轻松愉快的"课外活动"。将中心的馆藏比作一席盛宴的话,出席者相互交谈和美食同等重要。在中心的"偶遇",可能带来意想不到的收获。例子比比皆是。九十年代初,傅高义的学生、哈佛社会学系的博士生David Wank来到中心。他大学的期间到Oberlin的伙伴学校,山西农业大学做交流生。此时打算去山西做研究，却受到阻滞，颇沮丧。他住在中大雅礼宾馆，认识了一位厦门来的学者，此人热心地建议他去厦门大学，改变了他的计划，却令他顺利完成了研究。运气最好的莫过于伯克利大学的博士、日本人武内宏树。他在中心认识了农村来的访问者，协助他去访问了三十多个村庄。我在"木棉花缘"一文中，写到钱钢和Patricia在中心赏花会结下的缘分，成就钱钢的书《留美幼童》，及中央台制作的电视纪录片。

有同样研究兴趣的学者常在中心结识，巧得令人吃惊。2000年初的某一天下午，杨继绳、曹树基和香港大学的冯客同时来到。他们彼此素不相识，也不知道在做同样的研究。我将他们拉到中心"聊天角"沙发上坐下，不敢相信这是真的。这次见面，对三人日后的研究、出版都大有帮助。高华2011年去世后，我编写《史家高华》时，才发现有十来位学者初次与他相识，竟然都在USC。他1998年9月第一次来到中心，以后多次来访，其间有半年在历史系教课，每天必到中心来，成了自己人。中心一位同事为他离世伤心落泪，她说：自从我父亲去世后，我没有哭过。而对高华而言，在中心的日子无疑是下半生最愉快的时光。回忆他的样子，我脑海中呈现的尽是他的笑容。

和而不同

2020年大学决定关闭中心后，一名西方记者打电话问我：USC当初有没有接待过人权人士。我回答道，你好像问餐厅老板，有没有人权人士在这里用过餐。作为研究图书馆，USC对所有人开放，甚至不看证件，不问资历。初次来访，只需要填写一张表格。中心将之录入电脑，目的是建立可以按研究题目检索的研究者档案；经来者同意，也会纳入中心的通讯目录。如前所述，中心的内地学人访问计划，优先考虑做实证研究，关注社会底层及社会问题的学者；并不问，也无法去问各人的政治态度（那是网络时代到来之前）。不过访客来到，随便交谈，便能看出立场和观点。而内地学者，尤其男性，大多非常关心国家大事，我笑称为他们为"候任总理"。

曾经有一位著名作家和一位体制内研究党史的学者同时来到，彼此的猜忌和防范很明显，不怎么搭理。同桌吃饭，一道参加活动，隔膜渐渐消除。其中一人离开前夕，我们三人一道晚餐，她俩相约回北京再聚，我暗自高兴。我后来对人转述这段故事，说XXX准备回北京给XXX送一条咸鱼呢。对方听得莫名其妙，原来用我的云南普通话说出来成了：送她一条嫌疑。

在USC与太多人相处后，始明白立场和观点难以改变。比如无论如何也没法让一位崇拜毛的人接受他犯过祸国殃民错误的事实，即便此人聪明善良。我和另一名学者很欣赏内地来的一位年轻人，他特别崇拜毛，我们觉得有责任"开导"。听完我俩罗列的种种事实，他说：你们说的我都知道，但不能用做人的标准衡量毛，毛主席是一位神。无言以对，算是长了见识。

2016年以后，在USC结识的中外朋友中，观点越来越分化。我常常提醒自己，我和这些多年朋友之间的友谊，比中美关系，比美国、中国、香港的政治都重要。

了解社会，激发善念

西方学者回忆USC，时常提到中心最大的特点是：来这里应用资料、写作或参与研讨的人，并不限于学术界。中心邀请过作家、撰写回忆录的普通人、纪录片导演、NGO人士、乡镇干部等各色人士到访，在这里形成一个多元的社区，受到彼此启发，从不同的角度观察和认识社会。不仅获得知识，存在个人心中的善念，得到启发。

来自淮北师范大学的教师赵慧芳写道：

我2003年11月6日抵达，2004年1月5日离开。十五年一晃过去，依然时时想起中心，想念在中心相知相遇的人。平生第一次知道可以午餐时研讨，第一次在周末行山时谈论如此丰富的话题，第一次在讲座中看到听者流泪，哽咽难言……

正是在中心的感召和支持下，2004年4月19日，我发起成立淮北煤炭师范学院大学生薪火义务支教社。中心的老师和"中心之友"，曾先后向薪火社捐款一万余元。十四年来，九千余名薪火社志愿者赴淮北市周边三十多所小学开展近七万个课时的教学活动，并为各所小学举办图书漂流、趣味运动会、及各种活动。

多年来，想起中心，脑海中回荡起那句"慢慢张开你的眼睛"的歌词和旋律。在中心，我才慢慢张开眼睛，发现自己跟世界有了更多关联，发现自己并不孤单，总有依靠。我也许是访问中心最不起眼的学生。我唯一跟去过中心的学者们相似的地方，恐怕在于我跟大家一样，把这里看作家园，看作圣地，享受着交流的幸福、思考的自由与学习的满足，汲取动力和勇气。

午餐研讨会（1989—2020）

午餐研讨会是USC从亚皆老街留下的传统。访问学者离开中心之前，午餐时分享自己的研究，大家边吃饭边听。中大的USC没有自己的厨房，只有学校餐厅买来的饭盒，中心同事准备的一杯清茶，一盒纸包饮料。来到中大后第一位讲者是Dorothy Solinger，她研究当时最热门的题目——下岗工人。社会学在内地刚刚恢复了几年，我们和中大亚太所商量，合作出版USC午餐会系列，针对当下的社会问题，也推荐研究方法。Dorothy的是第一集："China's Transients and the State: a Form of Civil Society."

研讨会开始每个月一次。1996年内地学人访问计划开始后，几乎每周一次。听众有教授，有研究生。来自不同学科、不同背景的人交流，会提出令讲者意想不到的问题，引发有趣的讨论或争论。倾听其他领域的研究，得到的启发也常出人意表。中文大学做中国研究的学生是最大受益者，有一位社工系，来自内地的博士生，几乎从不错过，多年后成为一位出色的学者，他十分感激在中心参与的活动，遇到的学者。

对大陆学者而言，中心午餐研讨会最大的特点是这里的气氛。人人可以畅所欲言，无需担忧会因为观点，因为说出全部事实，因为如实呈现研究的发现而会惹麻烦。这就是所谓学术自由。我曾经听过一位学者在浙江大学就五十年代的土地改革研究做学术报告。他细说对土改的三种看法，很明显，他本人的研究证明第三种看法有根有据，而他不能直截了当地说出来，也不能做进一步的推理，不能将土改放到近代史的长河中去阐述其深远的影响。午餐研讨会后来成了中心最活跃的一项活动。通知按通讯名单，发至校内外研究中国大陆的学者乃至对之感兴趣的普通人。曾经来过的访客，研究生也都在名单之上。

农村研究（1991—2003）

中心开展的研究并非先写出建议书，申请经费，而是因势利导，自然形成。"农村研究"，一方面和来访的学者中有不少从事农村研究的学者，也和我本人的兴趣，和当时农村状况有关。我曾经在云南做过三年的乡村教师，在亚皆老街的USC做研究助理时，关注的也是农村问题。1988年，澳大利亚国立大学中国研究中心负责人Jonathan Unger，应邀参加澳大利亚对云南农村的技术研究项目，让我去做他的帮手。项目组长是一位新西兰的农业专家。长话短说，之后我成了新西兰对大陆农业研究项目的顾问，每年利用中大一个多月的研究假期，去大陆农村参与这类国际扶贫项目。我个人的动机主要在于缺钱，同时做点有益的事，我称之为双向扶贫。我参加过在云南、贵州、福建、山东、甘肃、新疆等地的农村项目。2000年后，渐渐少去了。这段经历，让我对农村社会有了真切的认识，是人生的宝贵经验。

中国的改革开放，从农村公社解散、实行包产到户开始，农民终于摆脱了二十多年半饥半饱的状态。此时走进乡村，才知道万废待兴，基层组织建设、教育、医疗、技术推广、农产品营销都问题重重。农民的种种需求，有呼无应；农民负担一年比一年重。报刊上许多关于"三农问题"的报道。研究农村的学者，符合中心的大陆学人访问计划的方向，我们邀请了一批从事农村研究的学者到中心访问。之后召开过两届有规模的"农村基层建设"研讨会。

我在《乡镇论坛》杂志上看到一些乡村干部写的文章很不错，邀请他们来中心访问，看资料，和学者交流。二十多年后，当初邀请来中心访问的乡镇干部中，李昌平、李昌金、贾建友、胡小芹等人，还在做农村研究或实际项目。有一位陈文胜则成了学者，加入湖北社科院，办杂志、做研究均有成就。2002年，于建嵘准备在午餐研讨会讲他最近在农村的调查。我们特地邀请那时在中大的杨振宁参加。他听完后问：这些情况，高层领导知道吗？正是我们希望他问的问题。中心访问学者多次讨论，并建议废止农业税，据说也有人给政府打了报告。2006年1月1号，农业税废止。

我参与国际农村扶贫项目的一项工作，是让外国农业专家了解农村社会，我希望找一本书介绍农村各方面的情况，遍寻不得，于是约了二十多位农村研究的学者，分别描述乡镇政府、村级组织、粮食、土地，直到婚姻、宗族、教育、卫生等的历史和现况。《进入21世纪的农村》，2000年由光明日报出版社出版。中国社科院社会学所所长陆学艺参与了书稿的两场讨论会，并写了序言。这本书，被中国社科院农村发展研究所指定为博士生考试必读作品。多年后，一位研究大陆农村，来自以色列的博士生告诉他的导师Jonathan Unger，这是他读过的关于现代中国农村最好的一本书。问他哪里可以买到。"你不是去编者家吃过饭了吗？你自己问她。"原来他曾经是"无家可归除夕晚餐"的客人。

文革研究

和农村研究一样，文革研究并非中心设立的项目，只是自然而然的结果。文革是中国近代史上的重大事件。党和政府的正式文件明确指出，因为当时的领袖错误地"进行了大量祸国殃民的罪恶活动，酿成十年内乱，使党、国家、人民遭到新中国成立以来最严重的挫折和损失，教训极其惨痛"。但在大陆，文革史料的收集和文革研究不仅没有受到鼓励，甚至被压制。

中心的馆藏包括完整的文革时期的报刊，后来收集到的一套一百多卷的文革时期造反派办的小报，以及国内外研究者关于文革研究的专著、及大量的回忆录；仅知青的回忆录就超过两百部；加上后来与美国学者合作编辑出版的文革资料数据库，令海内外研究文革的学者将中心视为必到之地。斯坦福大学的Andrew Walder教授每年到中心至少一次，查看地方志中关于文革的资料。有学者开玩笑地总结道，文革发生在中国大陆，文革研究的重镇在海外，在香港。

研究文革的访问学者通常会在中心午餐研讨会上宣讲。对我这样经历过文革的人，印象最深刻的不是他们的研究，而是许多与会的年轻学者，例如中文大学的研究生对文革的无知。他们将文革看成是"造反派"和"走资派"的斗争，甚至以为是一场民众狂欢或百姓动乱。2016年，文革开始后半世纪，我邀约曾到中心做研究的学者，合力写下一本《中外学者谈文革》，旨在平心静气地对年轻人讲述文革，以史为鉴，藉历史的烛光照亮未来。（该书2018年由香港中文大学出版社出版。）

年度国际中国研究博士生研讨班（2004—2018）

2003年，中心准备举办一次成立四十周年的盛会，邀请过往的学者重聚，并举办研讨会；所以更想到同时举办中国研究博士生研讨班，邀请海外和两岸三地博士生参加。当时蒋经国国际学术交流基金会正好在香港设立分支，培训青年学者是他们主要的方向，一拍即合，他们同意支持这个项目，而且答应支持USC将之办为年度活动。到2007年我退休前，每年邀请约60位博士生参加，来自内地及海外大约各占一半。这成了每年USC的盛会，一直延续到2018年。

博士生按研究主题分为小组，由本港或在USC做研究的教授担任导师，评审论文及宣讲，主持讨论。内地著名的历史学家高华、张鸣都曾出场。张鸣直言不讳，一针见血的批评，且妙语连珠。到后来，他站起来，还没开口就引发满堂笑声。我编排日程时，挑选最好的论文作者，安排在第一节。几年后，其中有几位走上香港的大学讲坛。网络时代到来，倚重图书馆研究的学者越来越少。我们当初曾希望借研讨班让年轻学者了解USC馆藏，吸引更多的人来使用。看来收效甚微。

年度青年学者方法学训练营（2004—2008）

大批海外归来的学者进入高校是后来的事。了解、把握社会科学研究方法，是当时在高校任教的老师之急需。我们"得寸进尺"又向基金会提出申请，举办针对内地大学年轻教师的方法学训练营。有一位参与者写了两万多字的日记，记录她在方法营充实的七天。看后令我感动。一年两度大型活动，令中心同事招架不住，也因为没有申请到足够的经费，方法营停办了。

协助举办学术活动

记不清中心举办过多少大型国际研讨会，多少工作坊。印象最深是中心迁入中大后，也为了"公告天下"，举办了国际中国研究研讨会，以及2004年中心成立四十周年的研讨会，国际中国研究著名学者几乎一网打尽。会上宣讲的论文翻译为中文，由香港中文大学出版社出版：熊景明、关信基主编，《中外名学者论21世纪初的中国》。

既然是服务中心，USC将配合校内外、海内外学者举办研讨会及学术活动视为本职。2003年举办的"市场经济下的中国工会与工运研讨会"，记得是与中国工运学院联合举办。上面提到的农村基层组织研讨会，是与香港浸会大学联合举办。后面的推手是研究农村的李连江教授。

天时地利人和

中心被称为中国研究的"麦加",盛名之下其实难副。中心的确成为了当代中国研究收藏最丰富、使用最方便的图书馆,也是海内外中国研究学者研究与交流、富有人情味的学园。后面的原因是什么?耐心又细心的读者,此时都会得出结论。USC的每一种重要收藏,皆为应时而生的产物。人为的努力后面,当时的大环境是必要条件。一切好像天注定,要在香港这个特别的地方,这个特别的时期,为世人留下一个当代中国研究的收藏。换言之,时至今日,纵有三头六臂,也没有可能重复同样的功业。

我身在其中,当时并没有这样的自觉。USC的名声传开后,台湾、新加坡、日本都有学术机构希望效仿。他们来到,我们热情接待,毫无保留地介绍中心收藏资料的方式,甚至将替我们收集图书的代理推荐给他们。中文大学人类学系的乔健教授,希望为家乡出一份力,特地引荐了山西大学的同行。他们派来一队人,不仅详细了解图书馆建设的各方各面,还拍了录像,一个角落都不放过。我认为以大陆的条件,要建立一个同样或者更好的馆藏,只是迟早的事。可惜迟迟没有发生,原因自不待言。

中心关闭,引起各种猜测,众说纷纭。写这篇文章,回顾以往,意识到无论这个决定是否由大学自己做出,今日的大学与八九十年代的大学,理念已经不同,大学由理想主义者统领的时代已经过去,这或许不仅在香港,也在内地,也在西方。

大学的理念

USC来到中大，备受学校重视，和大学当时的理念及气氛有关。对国际中国研究提供交流平台，为来自各国的中国研究学者提供服务被大学视为己任。中心不隶属任何某一个部门，直接向一位负责学术发展的副校长负责。大学的领导看来，USC馆藏不仅仅是为当下的师生，而是长久的资产，为今天和将来的使用者服务。这个图书馆并起到促进国际的中国研究和中外交流的作用，令中文大学有条件成为国际中国研究的重镇。为中国大陆现代化服务的理念，也获得香港社会人士的支持。工业家蒋震先生九十年代初捐款建雅礼宾馆，以接待内地访客。

八十年代的中国，否极泰来，万废待兴，国家及国民对未来充满希望。物质依然匮乏，而精神生活日益丰富，知识分子尤其。那时的香港是怀有中国情结的理想主义者的春天。我1983年夏天来到中文大学，在当代亚洲研究中心的"中国法制研究计划"做一名研究助理，立即有了参与中国改革的感觉。今天难以想象，一个大学里的研究计划，由当时香港法律界最高官员、杨铁樑按察司主持，中大政治与行政学系主任翁松燃任秘书。除了中大、港大等校的教授，还有律师、社会人士参加。大家心照不宣，觉得能够，也希望帮助大陆的法制建设。1983年香港启动了法律文件中文翻译的计划，优先翻译经济、金融类法律法规，对深圳改革开放的法律制度建设起到关键作用。

计划成员每两个月聚会讨论，为了将就杨铁樑，有时在高等法院。我们1983年底在中大召开的宪法研讨会，乃中港台学者首次聚会。中国社科院政治研究所所长严家其从国外回来，在香港停留，应邀来聚会上演讲。他谈到香港人政治冷漠，认为这是市民信任政府的表现。翁教授在《明报月刊》发表关于未来中国实现邦联制的可能。香港学者此时觉得学有所用，摩拳擦掌；大陆决策者中也有人这么看。胡绩伟专程从北京来，为起草中的新闻法征求香港学者的意见。王沪宁来拜访翁教授，我陪同一起午餐。他后来成了名人，我使劲回忆，也想不起他们聊了些什么，只记得两个小时内，我一言未发，两人也当我不存在。

中大社会学系李沛良教授，1980年应邀到北京举办的首次社会学培训班讲课，之后多次到内地讲学。他和金耀基、乔健等联络两岸三地社会学家，在中文大学举办"现代化与中国文化研讨会"，成为校内两年一次的盛会。二十年中，办了八次，费孝通多次出席。1980-1981年，社会学系的本科生听到大陆社会学终得重开，困难仍然很大，捐款支持，今日看来，不可思议。

1986年陈方正出掌中国文化研究所，几年后开辟了研究当代中国的领地，创办《二十一世纪》，得到校内社会科学与人文科学学者的支持，举办大大小小的研讨会。还有新亚的"钱穆讲座"、崇基的周年会，再加上USC每周一次的午餐研讨会——此时的中文大学，有点像中港台及国际学者交流的嘉年华，各种研讨会、讲座令人目不暇接，也参加不过来。钱穆等创校先贤定为他们当年带来的火种燃成火炬而欣慰。翻看当初的《中大通讯》、《中大学生报》，令人觉得那时与今日的大学两个天地。关心香港、中国与否；在大学建立世界一流的中国研究图书馆，成为中国研究重镇；所有这些，都不在大学排名的度量标准之中，只和大学的理念有关。

到2020年中心关闭，三十多年过去了，时过境迁。我试图联络不同部门的领导，希望将中心的"民间历史网刊"继续办下去，以为人力物力不是问题，应当能够找到主办单位……累累碰壁之后，终于明白此事与学者本身的事业无关，也无助于单位评分、大学排名，已无需奢谈所谓对历史，对社会的责任了。

中心团队

关教授任中心主任期间，同时身兼系主任、学生辅导长等繁重的职务，无暇顾及中心的事。他说自己是无为而治，但重要决定我都会请教他。我们对中心发展方向看法往往一致，而具体操办他则不干涉。李连江在"中心不是什么"一文中对我的溢美之词，愧不敢当。但我十分认同他对中心精神与特点的总结。而这一切后面，其实就是常识和直觉的判断，对我是天性；而对关教授这样一位受过严格学术训练，熟知大学行政的学者则是一种胸怀，同时需要担当的勇气。我全凭"应当"做出许多非常规，甚至有点"疯狂"的决定，例如邀请非学术界人士来访，关教授本可以轻易否决，多亏了他，才成就了这个中心。

关教授在大学的信誉，令中心与校内部门打交道顺畅。他平易近人，对中心员工真诚关心，赢得大家尊重。每次外出开会，他都给同事带回"手信"，过年过节，请大家吃饭。平时见面，亲切招呼。有同事生病请假回到办公室，他过问细节。这些作风我们习以为常，待他离开中心后才觉珍贵。

前面提到过，中心请私人代购图书，关教授拿出自己的钱作为周转金，否则无法推行。有一年，中心的内地学人访问计划资金青黄不接，关教授捐出15万港币（那时不是个小数目）。高华回忆中心的文章中对他的描述很准确："只要能抽出时间，关教授都会主持讨论会，他的谦和、善良和对学术的尊重使每一个见到他的人都倍感亲切。"他非常重视中心每周六下午的行山，亲自开车，出发前仔细研究地图。这是他和访问学者交流最好的机会。记得一次去榕树澳，顺海湾行走，萧功秦和他聊了一路，大概两个小时。

大家常夸我们的行山活动安排得好，总是我走在最前面，关教授殿后。真相是我自顾自往前冲，关教授担心有人掉队，走在最后压阵。一次在大埔松仔园行山中途，发现两个人不见了。关教授一路小跑将踏入歧途者追回，自己崴了脚。一次去大屿山，回途等巴士的队伍长得看不到尽头，等差不多排到，关教授失踪了。原来他去村口小店理了个发，时间观念和淡定可见一斑。

大学的贵宾来到，主任最好出场。听他慢条斯理介绍USC，我忍不住插嘴，噼里啪啦接下话题。关教授不以为忤，后来每每只讲个开场白，就说，"让Jean为你介绍……"如果换成我，大概无法容忍如此喧宾夺主的下属。

关教授是一位虔诚的基督徒，中心秘书郭少玉（Ruth），管理期刊的Karen也都是表里如一的信徒。Ruth待人亲切出自真心而非职业要求的礼貌，加上毫无张扬的能干，给每位访问学者留下美好的印象。曾经有位访客要求中心替他出具一封信函，待他离开我的办公室时，坐在外间的Ruth已经将信打印出来。Ruth结婚，中心全体同事和访问学者出席婚宴，坐满一桌。她生孩子，我们都去医院探望。我退休前几个月，Ruth辞职投身为教会服务。Ruth是凝聚同事的核心人物。

中心有谭先生简直是运气。他毕业于华南师范大学数学系，对电脑很感兴趣。1993年加入中心，自学成才，负责USC图书收藏电脑管理系统设计及运作。当年深圳大学的电脑技术员，来到中心和他一道工作了一个多月后对我说，你们的谭先生是位电脑高手，比我们都厉害。直到2021年退休，他的职务只是图书馆二级助理。有位德国来的女学者到中心几个月，每天从开门坐到关门。她问我，中心的同事人人工作这么努力，是不是工资比大学其他部门高。我大笑，告诉她正好相反，中心所有员工都是助理，我是助理主任，还有三名图书馆助理，Ruth是助理文员，另有两位办公室助理。

唯一的非助理阿梅，工人职称。她将中心的图书资料放得井井有条，悉心照顾植物。我将家中开谢了的蝴蝶兰带到中心交给她，之后一连数年重开。我退休前总是第一个到中心，最后一个离开，阿梅常常是倒数第二个。办公室助理Batty原在内地的职业学校教书，年年被评为模范教师，她在中心也是一位模范员工。我们当初协助访问学者在校内聘学生助理，帮忙影印、查找资料等。找不到人时，请Batty帮忙。几年后，她成为一名受学者欢迎的研究助理。有的美国教授到中心来之前，会"预约"她的服务。同样，她做到退休，也只是一名办公室助理。退休后，她回到广东，每次来香港，会来中心探望旧同事。

我们不知道中心员工各有职责而彼此帮忙，在大学里并非普遍现象。在依赖邮政通讯的早些年，大家围坐，用口水封信封，回想起来像是电影镜头。有时，读者需要一本书，信息不全找不到，立即成为所有人的任务，连阿梅都出动帮忙。实在找不到的话，由我出马，记得都是以胜利告终，虽然靠运气，令我有点小得意。在中心待的时间较长的学者，往往将中心当成他们在香港的家，和中心同事相处愉快，交往不限于"公事"，彼此有说有笑，给在中心工作的员工带来满足感。并非每一个人都是优秀员工，而这样的团队令我觉得非常幸运。高华去世前两天，我和他通电话，他让我问候中心的同事，一一念出各人的名字。

中心也像是我的家。我女儿对此最清楚，2010年她离开香港去北京工作时，我已经退休，夏天回昆明，其余时间在香港。在港时，周日多半到中心来，在我的小房间写书，为"民间历史"做事。女儿临走前来中心告别，对大家说：我妈就交给你们了。2012年她回来生孩子，糯米满月，中心全体同事来家探望，拍了一张"全家福"。戴慧思教授将照片收入她与中文大学交往五十年纪念册，标题是：2012 USC Welcomes Nuomi。中心的同事，也是我的邻居宏丽，至今对我照顾有加。

中心团队是成就USC的三要素"天时、地利、人和"之一；我们这些"服务人员"在这里形成的人情味，令来者宾至如归。久而久之，许多学者成为中心的自己人。有人路过香港，哪怕只停留几小时，都会"回家来看看"，这些不速之客令人感动。

中心的贵人

傅高义参与中心的初创，从此他自视为中心的一份子，而中心也一直依靠他的支持和引导。我曾翻看亚皆老街时代中心与学者的通讯，最厚的一叠，便是中心主任Dolfin与他的往来信件。七十年代末，各基金会对中心的价值存疑，他竭尽全力，每年为中心筹款。USC最终并入中大，也靠他成全。而他在此前就认识陈方正，不知是否命运安排。

1993年到2015年间，他出任中心国际顾问委员会主席。傅高义对中心的影响，也像他对西方中国研究的期许那样："希望在中心做研究的学者对中国发生的事有深刻的认识，中国研究学术领域得以发扬光大；希望我们的研究能够有助于中国进入国际大家庭；希望与中国学者携手合作，加深彼此的了解。"

他是一位有赤子之心，厚道、诚恳、睿智的学者。我从八十年代初在亚皆老街USC便认识他及他的夫人。那时我是一名小小的研究助理，却得到他很高的评价，受宠若惊。USC来到中大后，他每次来访，我总是匆匆忙忙对他讲一大堆中心的事，而他的点评总是非常到位。他留意到别人不会在意、而对我非常重要的许多细节，例如上面提到图书分类制度。他毫不吝惜称赞别人，并让你知道那不是客气话。他每次签名送我他的著作，会写下一句话，从不重复，令人久久思索。

傅高义无论做人还是对待学术，对待国家——自己的国家或者外国，均真诚而心怀善意。当他成为有影响力的学者后，遇事总问：我能做点什么。他写邓小平，写中国与日本，不仅仅当成一项研究，而是自己的职责所在。他希望国际社会能了解中国的改革，希望能改善中日关系。近年中美关系恶化，他在哈佛主持网上论坛，投入很多时间联络讲者。

近年他开始写胡耀邦传，我看到相关信息都会传给他，他开玩笑说，你传的速度比我看得快。傅高义与USC密切的关系延续了半个世纪之久，不仅他本人。他的学生Martin Whyte曾任中心主任，Martin的学生Andrew Walder是中心忠实的用家，Andy的学生苏阳已经是第五代USC用家了。傅高义2020年底去世前，在病床上听到中大打算关闭USC，问我道：我写信给大学领导有作用吗？三天后得知他已经永远离开，不胜悲痛，也仿佛得到某种暗示。

大陆学者中，高华是代表人物，也成了中心的一份子。他的"吐露港畔的学术家园"，生动又精准地说明了中心的特质。他和傅高义其实是同一类学者，责任心和使命感支撑他们孜孜不倦地研究。高华所处的环境不同，他还需要不一般的勇气。傅高义和高华代表西方和大陆、与他们理念相同的学者，能够为他们服务，给我带来莫大的满足感。

中心的另一位贵人，是文章中多次提到的耶鲁大学戴慧思教授。她是傅高义的学生，接替傅高义任中心国际顾问委员会主席，承继了同样的"遗传基因"。她是一位不知疲倦的学者，助人为乐的教授，大概也是访问中心最频繁的教授。不仅自己来，不仅推荐学生来，还在中大为耶鲁和中大的学生组织夏季工作坊。她应聘参加香港政府教育研究项目评审，将所得的报酬捐给民间历史项目。2006年初的一天，她捧着生日蛋糕进到我的办公室，中心的同事唱着生日歌跟在后面。此情此景，毕生难忘。

中大的陈方正和中心十分有缘，并多年担任中心国际顾问委员会委员。物以类聚，他也是傅高义、高华的好朋友。他博学而富于行政经验，而且直言不讳，给予中心和我本人的帮助，不计其数。中心另外两位"贵人"是曾经担任中大校长的金耀基、高锟。金校长是研究中国的著名社会学家，也在中心国际顾问委员会服务多年。他和高锟校长任职期间，来到中心的知名学者被视为大学的贵宾，被他们约见。高锟校长离开中大前，我在校园里看到他，鼓起勇气过去和他告别。他说：许多访问学者都对我夸奖你，夸奖你们中心……"一句好话暖三冬"。

2021年最后一天，在赶这篇文章之际，收到复旦大学一位教授的问候："熊老师新年好！记得那年去中心就是元旦，你害怕我孤单，第一次见面您就约我去家里晚饭。此情此意，铭刻在心。愿您新年健康快乐。"一点小小的善意，别人可能会记住一辈子，这就是"服务人员"得到的回报。中心的访问学者，往往在他们发表的专著中感谢我。实际上，个人只能在天时地利之中，起到配合的作用。

尾 声

1979年底，我从昆明来到香港不久，命运让我去到九龙亚皆老街的USC。在这里我感受到中心独特的气氛，了解它的运作，似乎为了让我有朝一日能够传承USC的服务精神。再想想，我受到的父母、师长之教诲，一生的经历，以及自己的兴趣爱好，好像都是为了让自己担负这份职责做准备。我是USC最大的获益者，十分幸运能在此服务多年，它从来是我的学校。我在这里结识了许许多多优秀的人，与他们结下的友谊温暖人生，也是我留给女儿最大的遗产。

有形的中心不复存在，无形的USC存留在我心中，也存留在一代又一代到过中心的人心中；记下这些珍贵的回忆，留下一段传奇。

注：本文写于2022年2月14日。

阅览室兼会议室

附录一
中心访问日记

于建嵘

编者按：于建嵘的中心访问日记详尽地记下他2002年9月底到2003年1月初在中心的日子。

他每天从早到晚的行踪，在中心认识的中外学者，彼此的对话；参加的学术活动及他本人的感受；对参考的重要图书资料做了摘录；也记下中心午餐研讨会、周末郊游，以及他对香港的观察。其间，中心及中大的学者协助他安排访问台湾、美国做学术交流，均一一描述了细节。

日记不仅仅生动地描述了中心的功能和日常运转，并如实记录了那个年代有理想、有关怀的学者之所思所想，以及他们之间的交流。

9月23日 星期一 阴 傍晚有小雨

上午7时，我就来到深圳罗湖海关，准备出关前往香港中文大学。我这次是应邀到香港中文大学中国研究服务中心做访问学者的。这是我第二次接到该中心的邀请。第一次是在2001年6月，中心邀请我在同年10月前往进行学术研究及写作。当时我还在武汉华中师范大学中国农村问题研究中心攻读博士学位。而接到邀请时，正处在毕业期间，人事关系和户籍都发生了变化。这就为办理有关手续增加了许多困难，等北京的通行证办下来后，已经是11月了。经与中心联系，决定取消这次访问。但中心还是希望我能在适当的时间前往访问，并在2002年5月31日，重新将邀请信发到了我现在从事博士后研究的中国社会科学院农村发展研究所。当我向所里领导提出访问要求时，很快就得到了批准并帮我办理了全部手续。按照约定，我今天应该到中心报到。

我是9月8日离开北京的。先到了武汉，13日陪华中师范大学徐勇教授、李亚雄副教授、湖南师大的周作翰教授及湖南湘潭总工会的王立成，到了江西萍乡安源煤矿，主要是为了对我长达一年多的安源调查进行总结。当参加完安源大罢工80周年纪念等活动，已是中国传统的中秋节了。昨天当我孤独地登上南下的列车，真是感慨万千。因为，这一天刚好是我40岁生日，10年前，也正是在30岁生日这一天，为获得生存和思想的自由，我辞掉了体制内那份有保障的工作，开始了南方特区的漂泊之旅。10年过去了，沧桑写在脸上，而漂泊的命运并没有多少改变。好在我生性自由，心灵也向往漂泊。

可能是刚过完中秋节的缘故，今天罗湖海关的人特别多，经过大陆和香港两边的检查，已是9点钟了。香港的火车很方便，在9时27分就到了大学站。走出地道口，就到了香港中文大学。

香港中文大学校园座落在新界沙田新市镇以北，北临吐露港、远眺八仙岭，依山面水。校园占地面积约134公倾，110多幢建筑物沿多层平台而建，平台高度由海拔4.4至140米不等，构成了一幅美丽的山水画。这所大学是1963年根据政府法令成立的一所采用中英双语教学、中西文化融会的高等学府。它现由崇基学院、新亚书院、逸夫书院和联合书院4所成员书院组成，现有学生13000多名，其有7个学院，分别为文学院、工商管理学院、教育学院、工程学院、医学院、理学院及社会科学院，连同研究院，共提供200多项本科及研究院课程。经过这许多年的努力，它已经是香港名列前茅的大学了，有香港的"北京大学"之称。

中文大学中国研究服务中心设在校园中心区的田家炳楼的第8至9层。走进田家炳楼的一层，就可看到一尊田家炳先生的汉白玉的半身雕像。雕像只比真人略大一些，但由于在雕像的周围没有其他摆设，就显得特别整洁和突出。在雕像的左侧墙上嵌着黑色大理石的中英文金字铭牌，上面有一则很有文采的《田家炳楼记》，曰：

> 香港名工业家田家炳先生，祖籍广东省大埔县。幼而好学，壮怀大志。早岁经商越南，嗣转赴印尼，致力树胶工业，锐意经营，业务鼎盛。一九五八年来港设厂生产人造革，继复开拓国际市场，丕展鸿猷，备著懋绩。香港工商业蓬勃发展，经济日趋繁荣，先生着力参与，贡献至钜。

> 先生宅心仁厚，树德务滋。先后在中国大陆、香港及台湾捐献巨资，兴建学校、医院、道路、桥梁等，以应当地需求，项目众多，不可胜数。其乐善好施，无遗巨细，诚足楷模当代，策励来兹。

> 先生深知欲期民富国强，须先发展教育。乃于去秋以港币2500万元慨捐本校，俾加强学术研究及充实教学设施；并指定部分捐款资助有关中国教育发展之研究。

本楼蒙香港政府拨款兴建，楼高十一层，总面积九千平方米，巍峨矗立，轮奂堂皇。除作图书馆新翼外，并容纳大学服务中心、香港亚太研究所及促进对外合作与交流之单位。嗣后本校在推动学术研究、接待到访国际学人及加强大学与各地学术界之往还等，必将益臻完善。为表感谢先生爱护本校之贡献，爰以先生令名命名此楼，藉表高贤，用彰盛德。谨泐贞珉，以垂永远。

香港中文大学　谨识

一九九三年九月十日

在中心助理主任办公室里，我见到了熊景明女士。我在今年5月25日到香港浸会大学开学术讨论会时曾经拜访过她，并在此之前也与她通过多次电话。因此，这次见面也就不显得陌生。她是云南人，七十年代就到了香港，研究的是人类学，并对中国劳动群体特别是农民充满了人文关怀。由她主编的一本名叫《进入21世纪的中国农村》（光明日报出版社，2000年版）在大陆农村研究领域很有影响，被列为中国社会科学研究生院指定参考书目。

她向我提供了中心宣传资料并介绍了基本情况。中国研究服务中心是1963年创办的。当时是美国一些学者为了研究处于封闭的中国，在私人基金会的赞助下，在香港设立了"大学服务中心"，为由海外各大学到香港来从事中国研究的学者服务。七十年代初，美国学者联合会委员会成为了该中心的管理和经营机构，并逐渐成为了西方学者研究中国问题的远东大本营。据八十年代初统计，大约有200多本有关中国大陆研究的学术著作都是在中心完成的，其中有许多成为了业界必读的权威之作。随着中国改革开放，深入中国内地从事科学研究成为可能，影响到了中心的独特地位，美国学者联合会委员会1988与香港中文大学达成协议，中心于1988年迁入中大，并于1991年正式移交中文大学。中心继续对世界各地的学者开放，并提供查阅资料、协助办理签证、安排住宿，为来访时间较长的学者提供研究室或专用书桌等无偿服务。近年来，中心每年还资助一批大陆学有专长的研究人员来做访问学者。现任中心主任是中文大学政治与行政学系主任关信基教授，熊景明女士是助理主任，具体负责日常管理，还有7名工作人员，负责资料采购、编制目录、设备维护，接待安排来访。可中心管理得井井有条。听我惊叹中心的管理效率时，熊女士风趣地说，她父亲多年前就说过，"熊"字上面是个"能"，下面是四条跑断的腿，能者多劳，要跑断四条狗腿。

我告诉她这次访学的写作计划。听到我准备利用这里的资料完成《中国工人阶级状况——安源实录》一书的写作，很感兴趣。但她认为，著书立说，除了需要基本的价值取向和人文关怀之外，还应该有一个与谁对话的问题。为此，她建议我在写作之前，就有关问题在中心作一次公开的讲演，请一些专家来进行评述。我感到自己目前只有大量的田野经验，还处于建构解释框架的痛苦时期，没有比较成熟的观点可以与专家交流，希望能在访学中期再进行这样的活动。

根据中心的规定，我在访学期间将获得中心资助，可以领取基本生活补贴。这些手续都需要到中文大学的有关部门办理。恰好我认识的江西行政学院的萧唐镖先生正在中心查阅资料（他在香港浸会大学访问半年），自然就成了我的向导。我在萧先生的带领下，在学校的行政楼领到了一张7500元港元的支票，并到图书馆交了50元钱，办了一张图书证。回到中心，熊景明女士将中心的8楼1号室分配给我作为在港两个月的研究室。这个办公间就在书库里，大约会有5平方米，有一部长期联在互联网上的电脑，办公桌和可转动的轮椅。只是整栋楼都在装修，窗外都蒙上了一层保护，不时有工人在工程架上走来走去，不然是个很好的工作环境。

有了办公室，我就从书架上取书开始工作。我准备花一个多星期的时间来熟悉资料，并完成原承担的中国行政学会申报的社科基金有关中国农村群体性突发事件课题的相关研究。在国庆节后才正式写作《中国工人阶级状况》一书。中午1时，熊景明、萧唐镖、从美国来访问的王红缨女士，和从芬兰来的研究中国民主运动的一位外国研究者，一起共进午餐。午餐实行的是AA制，先由熊女士买单，然后，我们将自己的份额给她。这是我第一次经受AA制，感到有点难为情。

午饭后到中心查看这里收藏的资料。尽管早就知道中心的收藏十分丰富，仔细看到了后还是感到惊讶。这里收藏了五十年代初至今的省级及全国性报刊，现在还订有300多种报纸、2000多种期刊；完整的全国、省、市级综合及专类年鉴、统计资料；省、市、县、乡镇级地方志，包括县一级的土地、粮食、财税、教育、水利等专门志；中、英文中国研究专著7万多册，尤多地区研究资料。这些资料按300多个研究专题及地区分类。目录可在网上查看。我根据中心电脑提供的信息，很容易从书库里查到了许多我一直没有办法找到的著作和资料。

5时50分，书库里响起了音乐，原来是提醒该闭馆了。我在萧唐镖帮助下，提着行李，步行了约20分钟来到了位于校园东部的中文大学雅礼宾馆，报上姓名，进行了简单登记，就领到了进房间的匙卡。原来中心早就为我订租了房间，我将免费住宿两个月。

我的房间在曙光楼。这栋楼是1992年落成的，由蒋震博士捐建。楼内有单人和双人客房。我所住的2305是个双人房，房间设有书桌、衣柜、电话、电视、冷气机以及餐具。两间房共一个浴室、洗手间及雪柜。全楼8间房共用一个装备了微波炉、多士（面包）炉及热水器的厨房。生活很方便。坐在书桌边，透过大窗放眼望去就是海湾及海湾对面的高楼。

9月24日 星期二 阴 中午有小雨

早上5时30起，写作。

8时30分在食堂吃早饭时遇见王红缨，谈社会调查方法。她从北京大学本科毕业后就到了美国，经过数年苦读，完成了政治学博士学位并留在美国一所大学任教，这次是来中心查阅有关中国社会保障制度的相关资料的。由于出国已有十多年，对国内的学术研究状况有些不甚了解，可她非常虚心而好学，所以一有机会就提出各种问题，特别对中国学者研究的自由状况感兴趣。9时进中心，查有关中国工人的统计资料。

下午1时，同熊景明及王红缨共进午餐。在吃饭时，熊谈到她到甘肃做农村教育项目时的感想。我认为，教育不公对社会秩序最具破坏力。熊女士深表赞同，但她对我最近在北京大学所作的一次讲演中的部分观点提出了批评。我的这次讲演主题是有关中国农村政治危机的。在讲述中国农村政治危机现状、原因和对策之前，我针对目前学界对中国"三农问题"的研究作了一个简单的评价：

> 我是不同意现在许多学者和专家有关中国三农问题的分析和主张。无论是曹锦清在《黄河边的中国》、还是李昌平在《我向总理说实话》所提出的三农问题解决方案，都体现了一个基本的思想，就是寄希望强大的国家及既得利益集团的让步，停止对农民的剥夺，还利于农民。曹锦清先生在呼吁那些有远见卓识的政治家，表现出勇气和智慧来采纳让农民休养生息的建议的同时，还希望知识界形成强大的社会压力，迫使既得利益者和当权者让步。李昌平则以一个良知未泯的知识分子的热泪舍身为农民请命，向当政者呐喊："施仁政吧！施德政吧！依法行政吧！重视农民的权利吧！珍视农民的生命吧！""给农民国民待遇。"还有些知识分子如党国英说"要为农民说话"，胡星斗说要"为农民呐喊"等等。应该说，这些人都是值得我们尊重和敬仰的，因为他们看到了中国农村存在的问题，并以一个知识分子的良知在为农民请命。但是，我认为，在他们思想深处还是那种知识精英

统治社会的观念，他们提出的解决方案将农民这个社会主体排除在外，没有看到农民自己的力量，没有将农民放在农村社会发展的主导地位。

事实上，讨论农村问题，如果离开农民这个视野，是不可能得出真正有意义的结论的。农民的生存状况及其他们的行为反应是我们解答许多社会现象的基点。就目前中国农村来说，这个基点就是农民的反抗。可以说，正是由于农民的反抗斗争，才让当政者和知识界认识到"三农问题"的重要，才有减轻农民负担的各种政策。

熊景明认为，我这些观点值得商榷，因为现在象曹锦清和李昌平这样能为农民讲话的知识分子和乡镇干部已经很少了。这些为农民呐喊的声音应该张扬。大家都是研究中国问题的学者，应该多看到一些共同点，来促进中国社会的进步。而不要扩大彼此间的分歧，这样并不一定有好处。我对她的观点并不完全同意，也多有辩解。她态度宽容，没有因我固执而影响大家的好心情。

下午，正在香港另一所大学访学的上海复旦大学的陈明明先生来访。陈先生是《当代中国政治参与》的作者之一。这本书我曾经研读过，认为到目前为止还是中国研究政治参与最好的著作之一。我们具体谈到了中国目前存在的参与性危机问题。收到人民大学著名学者张鸣的邮件，他认为，中国的工人阶级，对于中国革命而言，基本上不是动力，甚至也谈不上是依靠对象，更多的只是一种象征。但他并没有深论，约好回北京见面后再细谈。给中国社会科学院农村发展研究所张晓山所长、中国社会科学院文学所博士后刘方喜等邮件，告知已到达香港中文大学。

6时到餐厅吃晚饭，由于菜里没有辣椒，食之无味。然后，观看置放在食堂进门两旁的各种宣传资料和公告栏。在这些公告栏中，最引人注目的有一个直接以"大字报"字样命名的自由论坛。主要讲最近在中文大学发生的一件有趣的事。原来同内地大学每年都有为新生入学准备的活动一样，香港中文大学也有一个叫"迎新营"的活动，其目的在于让新生更容易投入大学生活并加强对中大的归属感。"迎新营"一般由各书院（各院系）组织，主要节目是让新生参与社会服务、举办认识自己、关心社会的主题报告会，通过游戏反思大学生活等。其中有一个节目就是各书院营友互喊口号（称之为"互片"），这种有点类似我们常见的拉拉活动，主要是为了增强各院学生对自己书院的归属感，感受团结气氛。可在今年8月23日举行的"四院互片"时，"出现了不少猥亵、侮辱女性的口号与标语"，一时间主要供中大学生讨论校园各事的新闻组CNHK.FORUM中的相关讨论此起彼落。8月26日以支持平权著称的现届中大学会干事会向各传媒发表《强烈谴责迎新营性骚扰口号》的声明，传媒尽力报道，"学生、校友和社会人士的不满之声纷纷出笼，直指大学生堕落。"8月29日《苹果日报：苹论》还要求现教统局局长、前中大校长李国章，在现时香港各大学赶不上市场要求之时，起码得改进大学同学的品行。看有关资料和"大字报"，感受到了这所大学自由而开放的品格。对中文大学的学生自治组织和活动，应该多加观察。

9月25日 星期三 阴 傍晚有小雨

早6时起，写作。在吃早餐时，见到了王红缨和熊景明。王红缨讲到她在中心看到了我写的两篇有关农村群体性事件和黑恶势力侵入基层社会的文章。经熊景明介绍，认识了同在用餐的苏基明博士，苏博士是中文大学历史系教授兼系主任，是位宋史专家。他说，中大历史系共只有11人，其特色是对中国市场经济史的研究。因我现在研究的汉治萍公司与此有关，希望增加交流。相约后聊。上午，在中心查阅历年来有关报刊。

中午，熊景明约请刘青峰女士共进午餐。刘女士是著名思想家金观涛的夫人，他们合著的《兴盛与危机：论中国社会超稳定结构》是我早期精读过的著作。这部讲述中国社会超稳定结构的著作，使我认识到中国专制社会的基础何在的。他们现在都定居在香港中文大学。金观涛先生现在是香港中文大学中国文化研究所高级研究员和当代中国文化研究中心主任。刘青峰女士现在主办《二十一世纪》杂志。刘女士主要同我谈到了对中国农村的观察。我认为，中国社会的进步应该是全面的，其中对个人权利的确认和保护可以作为一个重要的衡量指标。她表示同意，并建议我读一下她与金观涛先生到香港后写作的《开放中的变迁——再论中国社会超稳定结构》一书。

实际上，这本书我早就读过。这部以探讨了1840－1956百多年间中国社会宏观结构变迁为旨趣的著作，针对海内外把中国近现代社会变迁视为传统社会断裂的观点，提出了不同的意见。他们试图证明，中国近现代社会的变迁，其实是超稳定结构在对外开放条件下的行为模式。只是这本书没有在内地发行，影响也就远不及《兴盛与危机》了。这本书的导论《寻找历史之路》对我的触动非常大。

下午4时，熊景明来办公室通知有关事项，与她探讨人类学的研究方法。她说，人类学有许多社会解释的理论模式，这是人类学家努力的结果；但是，这些为解释人类社会发展规律的人类学家得出的结论，现在看来也许是很好笑的，可他们研究的过程，特别是他们所具有的观察却很有价值，因为正是人类学家所记载的社会生活，为历史作了注解。有许多变量在影响着社会发展，因此，研究社会问题，也就有多种视角；但对于每一个具体的研究者来说，所研究的主题具有规约性，这就决定其研究的总是问题的某一个方面，不可能穷尽所有的问题。她特别强调，学者之间需要包容，特别是研究社会问题的学者更需要互相支持；而现在许多学者却缺少这种精神，为了学术利益而忘记了其社会责任。这与中国几千年的文化传统相关。一个没有民主性格的民族，是不可能真正建立民主制度的；而现在相当多研究民主的学者，具有的则是权威性格。在一定意义上，可以说，文化民主应该是社会生活民主的先导。

此论极具理性，需要认真对待。

9月26日 星期四 阴 晚大雨

6时起床，写作。9时进中心，查阅历年来的《中国工会年鉴》。

11时熊景明陪梁小燕来办公室。梁刚从美国留学回来，据说是一个典型的理想主义者，具有很活跃的思想，约好时间详谈。12时，中国社会科学院经济研究所的武力研究员来中心报到。武先生主治中国经济史，对农村经济深有研究。这次受中心邀请访学一个月。根据中心习惯，老同学要向新同学提供服务。加上我们又都来自中国社会科学院，向他介绍中心的有关规定并陪同办理相关手续的事情自然只能由我来做了。中午，同王红缨一道陪武先生吃中饭。武先生十分随和，相信这一个月的"同学"定能向他学得不少东西。

下午，查阅历年来的《中国工人》。晚上6时30分，同武力到中文大学崇基学院许让成楼G05室听金观涛先生讲课。金先生头发已经花白，可衣着整洁，雪白的长袖衬衫的每一个扣子都紧扣，由于没有领带，就具有了典型的中国内地知识分子特有的味道。金先生今天讲的是《民族主义和革命乌托邦》，听众除我和武力外，还有7位学生和一位助教。真有点曲高和寡。金先生备课非常详细，发给每一个学生的讲稿都是厚厚的一本。由于他对所讲的内容很熟，基本上没有看讲稿，语言非常生动，象一个大思想家在对千万听众发表的讲演，充满着激情和智慧。

课间休息时，向金请教他分析模式中的"道德"是什么。我认为，他所说的道德，实际上是政治行为或规范的合理性或合法性的基础。他认为：道德是中国文化的核心，是指"向善的意志"，而善又对应着一组行为规范和社会制度。这种善是变化和发展的。在近代，革命曾经成为了"道德"，成为了新终极关怀的核心价值。而我认为，中国传统的"道德"虽然有对社会终极目标的关怀，但更多的是对个人行为的关注，是一种建立在"天人合一"和"家国同构"基础上的"三纲五常"。王权的合法性实际上是"天道"和"人道"。因此，我们不能用国家主义或民族主义的认同，来概括中国近现代政治思想的发展和变化。因为知识精英对政权的认同，也是政治思想史发展的重要内容。近代以来的所谓"道德"观念，在很大程度上是知识精英争夺社会发展的话语权。对此，金先生约定待他国庆休假回来后专门详谈。

在课堂上，我发现，一旦学生提到现实思想问题，金先生多有回避，并反复强调，教师的责任是传授已有的知识，而不是预言家。讲中国思想史最好离现实要远一些，更不要预示未来。他还提出了学术研究的四个原则：

一、以批判来表示肯定，对已有的思想和学术成果要以批判的精神来审视；

二、在讲述自己发现什么的时候，要留有余地，更多地要看到前人讲过什么；

三、做学问不是比武功，而是追求真理；

四、做学问要摸着石头过河，要一点点搞清楚。

听完这场生动的思想史课，已是晚上9时20分。走出教学楼，天正下着大雨。与武力讨论课堂的感受，在雨中步行了20多分钟，才回到住处。

9月27日 星期五 晴

早上收到来自北京大学Youjuns的邮件，此君是北大的博士研究生，在我来香港之前，他同《中国改革》杂志社的刘湘波和张行健，曾到社科院博士后北苑公寓访问过我。当时，我们就有关剥削问题进行了讨论。他们议论甚有意思，只是感到过于空泛，待后复。

上午10时，到中心会议室听上海社会科学院潘光教授讲《中国与中亚关系》（China and Central Asia：Anti-terror Coalition and Energy Security）。

上午11时，1957年诺贝尔物理学奖获得者杨振宁教授，在香港中文大学中国文化研究所名誉高级研究员陈方正博士和中国研究服务中心主任关信基教授的陪同下来到中心。杨振宁教授1922年生于合肥。父亲杨武之为美国芝加哥大学数学博士，历任厦门大学、清华大学及西南联大数学教授。杨振宁于1942年获西南联大物理学学士，两年后就获得了清华大学硕士，并在1945年负笈美国，进芝加哥大学，于1948年取得博士学位。1949年到普林斯顿高等学术研究所从事研究，于1954年同米尔斯教授提出了非阿贝尔规范场理论，1955年成为教授。1956年提出弱衰变过程中宇称不守恒的可能并得实验证实，1957年获得了诺贝尔物理学奖。1966年，杨教授接受纽约州立大学石溪分校校长的邀请，出任该校爱因斯坦讲座教授，并兼任该校理论物理研究所所长，1999年荣休。杨振宁虽已有八十高寿，但身体健康，行动敏捷，思路清晰，语言表述准确生动。

就中心之约，中文大学的王绍光教授、金观涛研究员、刘青峰教授、王红缨、萧唐镖及熊景明，一起在中心会议召开了一个小型的座谈会。座谈会主要由我向杨振宁教授汇报自己对中国基层社会的观察。这使我感到很意外并有一种莫大的荣誉感。因为，在我看来，杨振宁教授作为华人最杰出的科学家之一，能用专门的时间听取我这样一个名不见经传的中国基层社会研究者的专题报告，真是一件让人感到骄傲的事情，何况陪同在坐的王绍光和金观涛等人都是中国思想界中有影响的人物。我首先将自己写作的《岳村政治——转型期中国乡村政治结构的变迁》送给了杨振宁教授，以表对他八十寿辰的祝愿。他听说这本书是研究中国农村社会的，非常高兴地收了下来。接着，我向杨振宁教授作了下述汇报：

我所从事的工作主要是田野工作，也就是进行社会调查。其目的主要是想搞清楚有关中国基层社会的两个属于常识性的问题。这就是"官逼民反"这样一个有关中国农村社会的冲突和工人主人翁地位问题。实际上这两个问题是相联系的，都关系到中国劳动群体在社会转型期的地位和作用问题。为此，我在1999年至2001年初沿着毛泽东考察湖南农民运动的路线进行了为期近两年的驻村调查，写作完成了这本《岳村政治》，并正在写作一本《社会转型与社会冲突——湖南农民运动再考察》。从新世纪的第一个国际劳动节开始，我又到了江西的安源煤矿，对产业工人生产及生活状况进行了近一年半的观察。这些研究有两点对我的感触最大：

其一，在中国农村社会，虽然农民生活正在逐渐改善，但是农村社会冲突却在加剧。这种判断是建立在两个基本事实上的。第一个事实是，农民反抗的组织性力量在加强，在体制外出现了一批新的农民利益代言人。这些被称之为新农民领袖的人大都是转业退伍军人和曾经在外打过工的人，有的还是退休在农村老家休养的干部，他们组织农民起来反对贪官污吏、减轻农民负担和争取民主权利。第二个事实是，农民的这些反抗有了一定群众基础。在大陆生活过的人都看到过这样一些电影镜头，在国民党统治时代，那些被通揖的共产党人，只要到了农民家里，就会被保护起来。而现在呢，那些领导农民抗税反贪的新农民领袖，也深受农民的拥戴。事实上，现在许多农村群体性突发事件就是农民为了保护那些领袖而发生的。

其二，在中国工人社会，我看到了中国工人在某些领域，一百多年来劳动环境并没有发生很多大的变化。当我走进安源煤矿井下最深的工作面时，才感受到了什么是"水深火红"。最关键的是，工人的权益得不到应有的保障。我曾经参与观察了一个案件的诉讼，一个黑龙江的铁路工人，因组织工人联名向上级反映本列车段违反劳动法延长劳动时间，而被迫下岗。他不服到铁道部上访又被当地的铁路公安分局以扰乱社会秩序罪进行刑事拘留。他万般无奈之下以不作为将铁道部告上了法院。在法庭上，我对前来采访的中外记者说，安源工人大罢工争取的十三条，第二条就是不能随意开除工人，开除工人要得到安源工人俱乐部的同意。可八十年后，工人的这个最基本的劳动权利却在改革开放等一系列口号中，以下岗待业等方式被无情地剥夺了。这件事尽管经过《工人日报》等主流媒体的报道，可最终还是没有得到解决。

显然这些言论引起了杨振宁教授的兴趣。他就农村税收、农村教育、工人劳动状况等方面提了许多问题，并说毛泽东当年写的《湖南农民运动的考察报告》文笔非常精彩，有许多话成了现在的成语了。我按照自己了解的情况和理解作了简单的回答，在座各位多有补充，气氛非常热烈。当杨振宁先生问及中国基层社会这些情况中央是否知道时，王绍光先生认为，这些情况中央应该是知道的，只是他们没有估计得这样严重。因为有的研究者认为，中国不会发生大的政治危机。有的教授甚至说，中国现在的问题是老百姓买第二套房子的问题了，生活已经在向中康发展了。

下午1时30分，中心在大学宾馆餐厅宴请杨振宁教授。但这种宴请同国内点许多菜的宴会有很大的不同，而是每个人点自己想吃的套餐。在吃饭时，大家谈笑风生，古今中外之事象民族习惯、三个代表、印度及南韩等等多有论及。其中杨先生对他自己身世和世界观形成的叙述特有意思。特记之：

> 我一生的世界观形成深受孔子儒家学说的影响。爷爷是天津的一个小官，在我父亲11岁时就去世了。父亲虽然到美国生活学习过5年，但回来后对我还是实行的是传统文化的教育。相对美国以个人为中心而言，中国人更关注是的家庭、社会的利益。而中国人的这些性格以及始终作为一个国家这样的状况，也许有许多原因，而中文作为方块字而不是拼音文字的关系重大。因为，尽管中国各地语音相差很大，可文字表达的意思却是一样的。

他说，本来想将这些观点写成一篇文章，只是后来有事没有完成。

下午3时，在中心的会议室与梁晓燕进行了为时一个半小时的谈话。交谈中得知，梁是华东师范大学79级政教专业的学生，后来一直在北京外国语大学工作，并参加了金观涛等人主持的《走向未来》丛书的编辑工作，还在89年受到影响，之后编过一本思想评论性杂志，在两年前到美国哈佛大学费正清东亚研究中心做访问学者。现学成回国，准备继续自己的事业。谈话中感到她对公共空间很有研究并有自己较为独特的观点。针对她说现在中国许多社会现象是不需要证明这一观点，我表示了不同意见。因为在我看来：

> 社会科学也存在许多"常识"需要证明的。而证明或推翻常识却恰恰又是最困难。之所以困难，因为这些已被称之为"常识"的东西往往已构成了较为系统的话语体系。特别是那些作为

政治意识形态话语基础的"常识"，实际上就是一种政治符号。对这些常识的肯定或否定，如果没有一种新的方法，也许是很困难的。我所追寻的方法就是社会调查，主张让事实说话。

讨论虽不顺畅，但也确有收获，并能体悟到她强烈的社会责任感。因她近两日就要回内地，相约北京见面。

收上海社科院《社会科学报》曾军邮件及最近该报拟设的《专家提问》栏目的调查表。未复。

晚餐后同武力一道到校图书馆三楼查阅各种现刊。很丰富，阅读条件甚好。

9月28日 星期六 晴

早3时起，写作至8时。

上午9时30分，同熊景明、王红缨、梁晓燕、萧唐镖、武力一同到中文大学逸夫楼，参加中文大学为杨振宁举行的《杨振宁教授八秩荣庆学术研讨会》。从会议发给的精美材料中得知：

杨振宁先生与中文大学渊源深厚，多年来对大学的学术发展作出重大贡献。1964年，他应中文大学的邀请在新建成的香港大会堂演讲，座无虚设，轰动一时。自七十年代起，杨教授经常到中文大学访问，对中文大学，尤其对物理系之科研与教育发展，勋劳卓著；1982年，他出任中文大学物理学荣誉讲座教授。1986年，中文大学为提高学术水平，促进科学研究，邀请杨振宁教授担任特设的博文讲座教授。1994年，杨教授与丘成桐教授于中文大学创立数学科学研究所，并同任该所所长。1997年，杨振宁教授获香港中文大学颁授荣誉理学博士学位。1999年，杨振宁教授将这些表彰他卓越成就的珍贵资料及奖章，包括诺贝尔奖章，慷慨捐赠予香港中文大学庋藏，大学遂成立杨振宁学术资料馆。适逢杨振宁教授八秩荣庆，杨振宁学术资料馆于2002年9月28日正式开幕。

正因为如此，香港中文大学非常重视这次祝寿活动。校园里到处是荣庆学术研讨会的宣传画。香港各界人士集于邵逸夫堂，一千多座位几无虚席。香港特别行政区行政长官董建华、中华人民共和国教育部部长陈至立、科学技术部部长徐冠华、中国科学院院长路甬祥、国家自然科学基金会陈佳洱、清华大学校长王大中、香港中文大学校长金耀基等都有贺辞。

金耀基教授首先用英中文致迎辞，其情恳切且风趣。然后分别由中文大学物理系讲座教授杨纲凯、中文大学数学科学研究所所长丘成桐教授、中文大学中国文化研究所名誉高级研究员陈方正博士用英语发表了《物理的对称与规范场论》、《规范场论与现代数学》、《杨振宁的世界：物理与对称之外》的演讲。最后由杨振宁用普通话发表了题为《八十述怀——我所认识的物理学家》演讲。

他说，一个年岁大的人有一个心愿，就是想把自己的经验告诉年轻的人，这是人类进步的重要方式。接着他放映了一部他自拍的电影。在这部为一个物理学家祝寿的纪实片中，我们看到了几乎包括了二十世纪世界最有名的物理学家。杨凭着记忆一个个讲解他们的故事和风格。然后集中介绍了四位有影响的物理学家的重要的特点。在讲到Fermi时，他特别地强调自己是Fermi的学生，并通过许多与Fermi交往的故事，来说明Fermi对他的影响，来称颂Fermi的风格与人品，充满了对自己老师的崇敬和感激之情。杨的演讲朴实生动，不时引起全场的笑声。演讲完，是与会者向杨振宁提问时间。许多人都争夺这次与大师对话的机会。在回答如何才能成为一个成功的人时，杨振宁认为跟随一个正在崛起学科的成长是非常重要的。当有学生问及他一生最大的贡献是什么时，他沉思了一会说："是帮助中国人克服了自己不如人的心理"。他的回答立即赢得了经久不息的掌声。

参加这场深受启发的报告会,在中心见到了浸会大学的李连江博士。李博士是研究中国农村政治的,对当代中国农民的政治参与行为特别是"依法抗争"深有研究且具有国际性的影响。今年5月他曾经邀请我参加了香港浸会大学与北京清华大学共同举行的一个有关二十一世纪的学术研讨会。我们有过一定的学术交往。他这次来中心是为了参加下午举行的"行山"活动。

据说,中心的"行山"活动是一个传统节目,就是在周末由中心组织安排从各地来访问或进修的学者一起到郊野公园爬山,以促进学者之间的相互了解和交流。到这一天中心主任关信基教授会亲自驾车来接送学者。只是他今天到台湾访问去了,所以熊景明选择的地点是离中文大学约四公里的一个"野生护理区"。吃了午餐,熊景明、李连江分别组织梁晓燕、王红缨、萧唐镖、武力和我乘坐两部出租车来到山下。我们边走边聊,话题也不时因人而异,轻松而愉快。不知不觉走完了一个多少时的路程。回到中心已经是3点多了。

回来后在田家炳大楼三层,参观了刚开幕的"杨振宁学术资料馆",看到了杨振宁先生获得过的各种奖章原物以及文章、信札和手稿。站在金光夺目的诺贝尔物理学奖章前,感悟了许多人生和学术的哲理。

9月29日 星期日 晴

早4时起,写作至8时。

因为星期天中心不开放,同武力商量一同到香港九龙尖沙咀去了解香港市场情况。9时10分从中文大学出发,经过两次转车,10时到尖沙咀商业区。尖沙咀果然繁华,商店一家接一家,商品也多种多样。我和武力比较关注电子产品,特别是数码相机和MD之类的音像产品。可是,看了几家后,我们发现这里的许多商家并不将商品标价,而且商家与商家之间的价格差别很大，有的是同一产品，但差价近一半或三分之一，甚是困惑。当我们来到尖沙咀加拿芬道5号一家公司时，这里很热心的老板终于解开了我们疑问。他告诉我们，香港这些不明码标价的商店很多是为了杀客的。当客人（特别是游客）看中某种商品后，他们先报一个很低的价，吸引客人的兴趣。当客人有购买欲望后，他们就叫你先交钱，然后以试机为名，通过一些办法使客人对自己所选的产品不满意。这时，因为你已经交了钱，他就要你换一种商品，将你不熟悉的商品推荐给你，并将价格抬得很高。这样，往往是客人不得不购买。这位老板对这种行为很是气愤，他拿出了许多材料，说要在适当的时候，向特首董建华进言。

听到这种介绍，我们都感到吃惊。武力作为经济学家，也表示完全意料之外。因为，在我们心目中，香港是一个成熟的市场，这种类似欺骗的商业行为，不应该这样公开而普遍存在。我们决定"以身试法"。果然，我们以购买者的身份到了几家商店，每当对那些没有明码标价而开价又很低的商品提出先试后交钱时，均遭拒绝。而那些明码标价且价格适中的商家都同意先试后交钱。试了几家后，我们均相信那位老板所言是真。武力对这种参与式的观察也表示了兴趣并多有肯定。

下午3时回中文大学。在校车站对一女生进行了访问。她告诉我们，她是刚进大学学习的学生，在崇基学院酒店管理专业学习。她每个月大约需要其父母提供2500元左右的生活费用，还"需要向政府借学费"。当问及香港学本科为什么学期只有三年时，她说，可能是由于香港的中学学期是7年，所以大学学习就少一年。

同武力回宾馆稍事休息后，就独自来到校图书馆门前，访一男生。他告诉我，他虽然是学自然科学的，但对社会问题非常关心，经常参加中文大学的许多相关活动。这个学期已经申报中大学生会组织的一个"基层关注小组"。这个小组将于10月举办为期一个月的"清洁工作坊"，以亲身落区寻找访问被社会遗弃、剥削、仍辛勤劳动的清洁工人，上天下海入厂亲身接触中国工人，探讨中国劳工问题。我表示对此项活动甚感兴趣，希望有机会参加或了解，他就将此项活动组织者的电话（26xxxxxx）告诉了我。

9月30日 星期一 阴

中午参加了中心组织的"午餐会"。这次午餐聚会除熊景明、武力、王红缨、萧唐镖和我外，还有刚到中心访问的一位日本小姐及从广州《二十一世纪经济报道》评论及生活部主任龙希成先生。大家分别买了自己的饭菜，再坐在一起边吃边聊。由于龙先生是一个新闻界的人物，自然就成为了谈论的主导者。他不仅介绍了自己的报纸的基本情况，而且对现在的社会现象多有评论。我等只是以听为主。

晚，同武力和王红缨到沙田。沙田离中文大学很近，据说是中文大学的教师和学生主要采购地。走进沙田的商店，感到与尖沙咀最不同的是大多数商店都明码标价。可能由于这里消费的对象主要是当地居民，而不是外地游客。

10月1日 星期二 阴

早5时起，写作至7时30分。8时，香港许多电视台都直播了香港特区政府为庆祝中华人民共和国成立53周年而举行升旗仪式。为香港对国家的认同而感慨。因今天是国庆节，也是香港的公共假期。按照规定，中心及学校图书馆全部闭馆一天。上午在宾馆写作。

收邮件。

于老师，晚上读完您的《岳村政治》，非常激动，对很多问题也有了更深刻的认识。

在九道湾的时候，李凡老师和您提起过要去湖北潜江调查关于非法撤换村官的情况，我们当时去的时候媒体和政府都还没什么动静，等我们回来了，湖北省委派工作组调查、《南方周末》等等也报了，听民政部的人说也要派工作组下去，新闻调查也要下去。一窝蜂地热闹起来了。

但是往往热闹只是暂时的，在制度方面的推进才是更重要的，我很高兴我这个外行能有机会向您讨教下面的问题：

下午3时，同武力和王红缨一道到中环。大雨。见到许多来香港打工的菲佣聚在一起。她们三个一群五个一伙，站在各个商店的台阶下或地铁口边，好象在等待着什么，可每个人都很轻松愉快。王红缨说，这是香港一景，这些菲律宾来的打工妹，是利用公共假日在这里约会，是她们文化的一部分。到尖沙咀，给于何购数码相机一部，以奖励今年高考的优异表现。

晚7时回中文大学。写作至10时。

10月2日 星期三 晴

早上5时起，看书至8时。9时到中心，写作"中国工业化与安源煤矿"，想论述安源煤矿在中国工业化过程中独特的历史地位。

中午陈方正先生来请其合作者武力先生到大学宾馆吃中餐。熊景明、王红缨和我作陪。席间大家说古论今，兴致极高，特别是对于大陆的教育体制、婚姻制度等等多有探讨。下午在中心查中国早期工业化的资料。晚餐后同武力、王红缨一道到曙光楼大堂讨论。王红缨主要关心的是中国社会的保障制度；因此，她重点向武力和我询问了中国社会科学院的保障制度。

从报上了解到了昨天在国庆时，香港发生了一起当众焚烧国旗事件。事件发生后，中央政府驻港联络办公室主任高祀仁在接受记者采访时指出，示威人士焚烧国旗是非常严重及违法的行为，香港警方及法院应该检控有关人士。他严肃地说："作为中国人，为何不尊重我们的国旗？为什么侵犯我们的国旗？我希望香港同胞能谴责这种违犯法律的行为。所有有正义感的中国人都会这样想。"他指出，香港是法治社会，应该依法办事。相信警方及法庭会对这种违反《基本法》附件三的人给予惩治。全国人大常委会委员曾宪梓也指出，涂污、篡改或损毁国旗等行为，均属违法，这个在《基本法》附件三已清楚列明。他强调说，焚烧国旗，便是不尊重自己的国家。香港汽车总工会副主席卓少尔说，香港是个法治社会，对那些故意焚烧国旗、挑战香港法律的人，要依法办事，绝对不能姑息。港人都希望特区政府根据《国旗法》，依法严惩这些不法分子。警方发言人则指出，将跟进调查焚烧国旗事件，翻查有关录像带，并征求律政司的意见，以决定是否根据《国旗法》提出检控。

就此事访中文大学的学生，有一男同学表示很平常的一件事，没有什么了不起的。看来一个国家的认同，是需要时间的。

10月3日 星期四 晴

早5时起，写作。8时20分在教工俱乐部早餐时，遇到北京大学图书馆到中文大学进行工作交流的张先生。此君住在我的隔壁，但平时因工作忙，我们很少交谈。此次在一桌用餐，就天南海北乱聊一通。问及当年毛泽东在北大图书馆工作一事，张先生说，当年毛泽东到北大图书馆可能有两个原因，其一是想求自身的发展（类似今日的"北漂"），另一是毛泽东心中的女神杨开慧当时随父到北大。可毛在北大图书馆谋得的职位是最低的，讲得难听的话，就是看门的。这与当时的那些教授的待遇差别太大了，对毛泽东的刺激很大。也许正是这种刺激才最终使毛走上了革命的道路。如果，当年毛泽东到北大后谋得了一个教授职位，他还会是那个革命者毛泽东吗？此论甚有趣，且作笑谈。

9时进中心，查盛宣怀的有关资料。

曾军来信，想约请中国社会科学院的研究生作农村问题的专家访谈。

　　下午，接李连江电话，告知亚洲基金有一关于农村公共财政的课题，需要一位主持人。他有意推荐我担任。但同熊景明谈，她建议我不要去担任这一职位，因为有太多的事要做，会影响自己的研究工作。我也有此意。

10月4日 星期五 晴

　　12时，中心举行具有特色的"午餐演讲会"。演讲会采用圆桌会议方式进行，讨论主题是"中国大陆的乡村建设"问题。主讲是来港开会的温铁军（《中国改革》杂志社总编辑）、黄平博士（中国社会科学院社会学所）、武力（中国社会科学院经济研究所研究员）及关信基等近二十多人。黄平介绍乡村建设的一些基本理念。他主要讲，乡村建设的社区性。以前我们都大力推动农村城市化、增加农民收入等问题，但我们对农民生存的条件，生存的环境不够重视。现在大家做了许多事，许多单项目的可持续发展问题。当地是否有一种有机的发展模式。现在乡村建设有许多经验，希望能在制度创新方面有所作为。

　　温铁军认为，中国追求按西方现代化的模式的目标是一个伪问题。中国农村并不是按工业化和现代化来实行城市化。大部分人口会留在农村，不会转移到城市。二十年代知识分子为什么搞乡村建设？就是他们预见到中国不可能通过城市化的方式来缓解人口压力。这个问题不能解决，乡村建设就是长期的任务。他反复强调，他原来在有关部门从事了十年的乡村建设，但最后以失败而告终。

　　他们俩讲完后，熊景明要我发言。于是我说：

　　在我调查的地方以前搞过乡村建设，就是晏阳初搞的地方。我好像对刚才温老师和黄平老师讲的有些不理解，他们从一个很宏大的背景来看呢，认为农民必须留在农村，他们生存有一些困难，所以得搞乡村建设；那么我在了解晏阳初的乡村建设的时候，发现他主要是解决的乡镇的政府体制问题，他是通过解决政府体制来解决乡村的一些结构、运行方式问题。我在调查的时候，感觉到他最大的一个问题就是，他最后不仅仅是失败了，他所有的这些成果，都一干二净地没有了，这是什么原因呢？我在思考这个问题。事实上，一百年的历史已经证明，中国农民最大的问题是，他们没有形成自己的利益代表，这可能是问题的关键。我理解的乡村建设，我想去做的乡村建设，就是要向农民提供一个表达自己利益的机制。（熊景明：你不是已经开始做了吗？在这里就谈一谈你现在做的。）前一个阶段，我们研究的是村民自治，通过村民自治，在国家认可的体制内，使他有一个表达的机制。现在我们看见，它已经存在许许多多的障碍了，比如党政关系、与国家权力体系的关系等等。另一个方面，我们能不能引入现代公共领域的另外一种方式呢？比如组织农会，我们经过了很多探讨，发现成立真正自治性的农会是不可能的；比如经济合作组织，通过成立经济合作组织，寻找一种新的代表农民利益的空间。所以有这个判断，根源于我的一个认识，就是中国的农村问题，一百年来为什么延续到现在？不是我们知识分子穷得不够，最关键的一点是，许多人都是以农民的名义，以农民利益代表的名义，去实现他们的政治目标。我想通过这么一种形式，去推动农村的民间组织管理好社区，使他们在社区中间争得他们的权利。

香港乐施会、中国项目副统筹廖洪涛博士也表达了与我差不多的意见。他说：关于农村的出路问题，首先我很赞成大家讲的，城市化、工业化是不是能够解决农民出路的问题，肯定这个答案是"不是"。一方面当然是人口基数那么大；第二、还有一个假设条件，就是假设我们的国家还能继续二十年左右的高速的经济增长，这完全忽略了中国经济也有一个起伏的阶段。所以我觉得农民原地发展是不可避免的、唯一的出路，没有别的选择。我也赞同于博士讲的，现在恰恰是代表各个阶层的游说集团、利益集团已经很充分，就是农民和下岗工人这两部分完全没有。怎么样让国家来承担一部分？其实我看，只要国家把教育和健康这两者承担起来，农民可以办好他自己的事，只要种好他的粮食，养好他的牲畜，他已经是能够避免外界市场的波动，而且也是一个最基本的保障。我不相信中国的农产品永远都是过剩的、供过于求，总有一天，农民在他最熟悉的地方，种自己最好的产品，就足够了。所以公共政策对农村发展是最关键的一个因素。

一名在香港中文大学任教的女博士萧今发言说，她关注的主要点应该到农村建图书室，给农民送一些书，而且将这种图书室建在当地的学校里。会后，廖洪涛博士表示一定要见面详谈。约好下星期到他办公室谈。香港浸会大学学生会一女生来电话，约谈中国农村上访制度。未复电。

10月5日 星期六 晴

早5时起，写作至8时。早9时进中心。查录有关统计资料。中午与武力讨论昨天的会议。我认为，这种会议在很大程度上是知识分子争夺话语权的一种方式。实际上中国二十世纪初的农村乡村建设运动主要有两种目标和方式。下午到校图书馆三楼报刊室读有关杂志。在一刊物上读到一篇有关中国工人分析的文章，边摘录边思考如下：

经济改革之前工人是不是国家的宠儿，是不是既得利益者？

共产党员的阶级成份中工人的比重是多少。纯工人背景的党员所担任的领导职务和职业革命家担任的领导职务的区别（低层和中高层）。

改革前工人的政治地位。

改革前工人的阶层。集体所有制和全民所有制的工人，固定工、临时工、合同工、轮换工、民工。他们都区别于另一社会群体——干部。

干部——1、指党政领导，2、指干部编制的人。干部指党政机关、司法民政部门的工作人员、教师、医生、文艺工作者。

干部来源：1、老革命，即解放前参加革命的；2、是历年大中专学校毕业生；3、在工人农民中遴选。

了解干部与工人之间的界线。

工人如何才能成为干部。积极分子（入党）、劳动模范。

改革前工人的经济地位。

相对于农民而言（商品粮、公费医疗）。

相对于干部而言。

1958年的学徒工18元，3年后满师拿技术工人一级月薪35元（以中等地区类别工资额），再过一年即1962年转正为二级技工，工资额为40元。从此工资冻结10年，直到1972年才普调为三级工。

中专毕业生工资标准是行政25级，或靠相应技术级，第一年试用工资为35元，第二年转正为40元。大学专科毕业生工资标准是行政23级或靠相应的技术级别，第一年试用期工资为47元，第二年转正为53元。大学本科毕业生工资标准是行政22级或靠相应的技术级，第一年试用期工资为53元，第二年转正为60元。

改革前后工人政治地位的变迁。政治话题的变化。——领导阶级和主人翁——政治荣誉感。技术官僚的兴起。知识分子从干部成为官僚。原来的属于工人身份的低层管理人员的地位下降。改革后的经济地位。铁饭碗和公费医疗被打破，（贫穷而有保障的生活没有了）。在八十年代初，奖金制和计件工资制，打破了铁饭碗。企业管理阶层出现了独立的利益。下岗和待业出现。目前工人阶级的斗争是以经济诉求为主。

晚，在宾馆写作。

10月6日 星期天 晴有风

早6时起。8时武力来电话，约到《香港经济导报》去访一位据说来自中国社会科学院的编辑。感到意义不大，加上香港复杂，没有同往。一人在宾馆看法国让—马克·夸克的《合法性与政治》一书。甚有启发。下午，写作。晚电视里报道了一件有意思的事，是说香港的一些失业工人，成立职工合作社，从事家政服务。据称，因为这个职工合作社是法人组织，可以与一些大的公司签订到服务合同，每一个社员是老板又是工人。没有了中间的剥削。此种组织在香港成为新闻，也就是说其还少见。有机会应该去拜访了解。

10月7日 星期一 晴

早6时起，写作。9时进中心，查中国工会年鉴。

中午，乐施会的廖洪涛博士来电，相约星期五下午2时30分钟见。查网上和中心的资料得知，香港乐施会（Oxfam Hong Kong）于1976年由一群关注贫穷问题的志愿者组成社会团体。1988年在香港注册成为了一个独立的发展及救援机构，并属于国际乐施会成员；其宗旨是"跨越种族、性别、宗教和政治的界限，与贫穷人一起面对贫穷和苦难，让所有的人都得到尊重与关怀，享受食物、居所、就业机会、教育及医疗卫生等基本权利，在持续发展中建设一个公平的世界。"其所有的发展项目均以下列五项人人享有的权利为基础：1、得到可持续的生活保障的权利。贫困群体可以使用及控制生产资源；使贫困人能有效运用市场，增加收入；保护或改善自然环境；及保障劳工，流动人口等权益。2、生命安全受保障的权利。增加贫困群体抵御人为或自然灾害的能力；进行紧急救援、灾害回应及重建。3、被聆听的权利。加强民间组织有贫困群体自助及互助的能力。4、接受基本服务的权利。贫困群体可以得到卫生及基础教育。5、平等的权利。促进两性平等；揭露和阻止性别歧视及其导致的暴力。据称，该会在1987年开始，就致力于中国大陆推行扶贫发展及防灾救灾工作。现在已在十五个省份及地区推行，发展及赈灾项目超过500个，共投入款项约人民币1.55亿元，受惠人口大部分为少数民族、偏远山区的农民、妇女及儿童。目前在云南和北京都设有项目办公室。

下午5时30分，王红缨通知说，来了新同学。见后得知，新同学是一位德国女教师，中文名叫做艾思古，是专门研究中国广播电视事业的，才从广州过来，拟在中心工作一个月。此人很有意思，在吃晚餐时，她将食堂的一个水果杯放进她的手提包，就是带回宾馆用。据王红缨讲，熊景明到台湾去了。目的是向台湾学界推介中心。

10月8日 星期二 晴

早上7时40分，同武力及王红缨约好在宾馆教工俱乐部进早餐，一为王红缨回美国送行，一听武力讲述他的最新观点。后武力到市里他同事处。同王红缨一同到中心。10时，王告别。此女实也难得，刚生小孩半年，就远离夫女来到香港，一待就是一月。可佩。

前几天香港教育署李国章（原中文大学校长）宣布，在最近几年要推进香港中文大学与科技大学合并一事，已引起了中大和科大师生的广泛讨论，由于许多师生表示反对，也成了新闻媒体的焦点。中午吃饭时，来到大字报处，看到了许多新张帖的大字报。收检察报《方圆》杂志一位杨建民编辑的邮件，询问《黑恶势力是如何侵入农村基层政权的？》一文是否在其他报刊上发表，告知曾在中国社会科学院的内参发表。

11月9日 星期三 晴

早上6时起，写作至8时30分。9时到田家炳楼，被告知电梯坏了，需从楼梯上去。刚上了两座山，又要上8层楼，的确了得。中午，关信基教授请我和武力及萧唐镖一起吃饭。关教授亲自开车，离开中文大学到关教授居住地的社区餐馆。关教授说，这处住房是在七年前购的房，现在已掉了100多万元价了。这主要是由于香港经济在走下坡路。席间，谈到了中心的性质及发展，他称，中心的发展为使命感驱使。当时从美国人手里接过来时，确立了方向，为世界所有的研究中国问题的学者提供服务。近几年中心的方向略有改变，资助国内学者来这里研究和交流。这些资助经费，是向各政府及私人基金申请的。

10月10日　星期四　晴

收任江华信，告下月到日本访问。

给中国行政学会靳主任信，问稿件是否收到。

下午，在中心查资料。晚，到崇基学院许让成楼听金观涛的课。主要是有关义和团的评价问题。他认为，当时实际上就有人权和主权问题。义和团事件表明，中国是不可能变为殖民地的。所以自此之后，西方国家开始改变了对中国的政策。

10月11日　星期五　晴

上午，应约到金观涛和刘青峰办公室，详谈二十世纪初中国工农运动。我主要讲了三个观点：

其一、二十世纪的中国工农运动，是知识精英及其政党以革命为正当目标发动起来的社会运动。领导这场运动的共产党所追求的目标，是建立一个按照马克思列宁主义意识形态设想出来的革命政权，被动员起来的工农所得到的政治承诺是"解放"。

第二、共产党夺取了国家政权实现了建立统一的"人民政府"这一革命目标，但是革命时期的政治承诺和战争式的动员方式，制约着执政者的制度性选择。工农的"解放"与国家建设和发展之间形成了新的冲突。为了解决这些问题，仍然坚持革命理想和延袭了战争动员方式的毛泽东提出了"无产阶级专政下继续革命"的理论，并展开了一场自我毁灭的"无产阶级文化大革命"。

第三、统治者和知识精英在发展主义旗帜下终结了革命，然而，由于对社会公平体制缺乏必要的关注，经济的增长并未使社会所有阶层受益。权力与资本和知识的联盟，垄断了全社会主要的政治经济和文化资源，工人和农民社会边缘化程度加剧，中国社会出现了一个具有不可逆转的排斥性体制。此时，革命动员时的历史性承诺就成为了一种政治遗产，不仅制约着统治者的选择，而且有可能被处于社会边缘化状况的工人和农民作为新的革命武器。

刘青峰约稿，她希望我以后多给《二十一世纪》投稿，特别是有关二十世纪初中国工人运动的。

下午，同武力一道应约到座落在香港北角马宝道华汇中心的施乐会，见到了中国项目副统筹廖洪涛博士。他带着我们参观后，召集中国项目组的全体成员，在一个小会议室举行了会谈。其中心话题是中国农村社会的发展问题。看到他们主要负责人手里都拿着我写的《岳村政治》，心里还是感到高兴。

10月12日　星期六　晴

山东大学历史文化学院赵兴胜博士来访。他是到这里来研究山东区域历史与社会发展的。11时公交车到李连江家，详谈中国农村的社会冲突问题。我认为，中国自近代以来，有一个较为明显的政治地震带。在这个地震带上，社会冲突和社会运动总是较为激烈。晚，李连江来电话，谈到国外留学之事。他建议最好去哈佛大学，因为只有到了这个世界第一流的学术中心去，才能更好地体会到世界学术发展的主流；但现在问题是裴宜理在搞学术休假。而他原来留学的学校也可以去，只是得先申请奖学金。最后的办法就是报香港浸会大学的访问学者，因为他有经费，可以申请我来香港。此事后议。

接《南华早报》一女记者电话，言说采访一事。此人我上次到香港开会时曾经见过，后她来到北京，听了我在北京大学的讲演，说要采访我，我拒绝了。这次她说是给北京中国社会科学院农村发展研究所打电话，才知道我到香港中文大学来了；然后又查中文大学宾馆的电话。真是个有心人。但我还是拒绝了她采访的要求。不想多事。

10月14日 星期一 晴

昨晚没有吃饭，早上4时就饿醒了。只好起床，想做一点事情，可饥饿难受，什么事也做不了。好不容易等到开早餐时间。9时到中心，门未开，看公告才知今天是重阳节，按照香港惯例，公休一天。回宾馆路中，得2002年9月号香港中文大学《大学通识报》一份。此报本期重点介绍校园文化动向。细读之，有关于大学生抄袭情况的通报。

该报根据《学生手册》中引用他人著作须知，将抄袭行为界定为：

1、抄袭已出版或未出版之资料而不加引号，不论逐字抄录或更易数字（未出版之资料包括同学作业及课堂笔记）；

2、意译或摘录他人著作而不加注明；

3、借用他人之论点而不加注明；

4、引述"事实"（人所共知而毋需印证之事实除外）或研究成果而不注明出处。

倘有抄袭行为被发现，"一般情况之下先由教师予该生不及格成绩，然后就商于学系主任将抄袭事件向相关学院院务会、研究院务会或书院院务会报告，以考虑施予纪律处分。纪律处分将按学则执行，可采取形式包括：

1、申诫；

2、在指定期内停止享有部分或全部之学校设备；

3、记过；

4、着令于指定期内暂行休学；

5、开除学籍。

以上任何形式的处分，皆会记录在该生学业成绩册内。

为了使学生更加明了这些规定，该校通识教育部将举办讲座，指导同学写作论文或报告时应注意的事项；并通过各种宣传资料，介绍论文写作。并"希望同学紧记：'大学教育基本目的之一为培养独立之思考能力'。剽窃他人之著作或论点，不单侵犯他人的知识产权，更损害了求学本身的价值，对个人的学习亦只有害而无益，而且一旦被发现，严重者更有可能失去继续在校求学的机会。"

有感于内地学校这方面的更有待规范，特录之。

萧唐镖回江西，留一箱我处，言11月中旬再来香港。晚看报《明报》，见中大关信基教授接受记者访谈。他重点讲了香港社会的凝聚力问题。他认为，香港社会目前这种没有凝聚力的状况，与其历史有关。要搞清楚这个问题，需要对社会冲突等一系列问题进行研究。目前香港社会冲突的范围应该较原来为广。看来，社会冲突问题是现代社会均需要重视的问题。

10月16日 星期二 晴

熊景明回中心，告知台湾有三个机构愿意邀请我去访问。因她在台湾食物中毒，又刚回中心，有许多事需要处理，相约详情待后再谈。中午参加中心的午餐演讲会。今天演讲的是武力，他讲的题目是《政府在经济发展中作用的演进》。演讲会由关信基教授主持，陈方正、金观涛夫妇及熊景明和我等约十多人。武力先生讲演条理清楚，史料丰富，观点鲜明。只是这一问题过于专业，对相关提法不知可否，未发言。下午来了一位美国斯坦福大学政治科学系博士研究生，是韩国人，名叫郑朱娟。她中文讲得很好，拟研究中国官僚体制与产业政策的关系。

10月17日　星期四　阴

上午李连江来中心，告知到美国访学的问题。他认为可以先填表，申请再说。收江西南昌一朋友的信，告知可以帮助收集群体性事件的有关材料。中午，同李连江及武力、郑朱娟及也来自斯坦福的一位研究国家安全的研究员Litai XUE进行午餐讨论会。Litai XUE重点讲了对三个代表的看法。他认为，现在中国国内的学者对江泽民的三个代表没有正确的认识，实际上，这个思想是很重要的，其基础是对中国现阶段的阶层认识和社会冲突及稳定的认识。他不理解，为什么内地学者不能认识到这一点。李连江对他的观点不以为然，他说，三个代表是强制性，是不是代表了，没有一个民意的代表机制。谁能证明是不是代表了呢。这个观点显然是正确的。中国目前的问题，就是没有真正的民意表达。

晚，同武力听金观涛讲新文化运动时的政治思想。他提出一个问题，新文化运动对中国现代思想的（1895年以后）的批判和重构，使中国革命文化真正登上了历史舞台。金观涛关于革命文化兴趣的观点，值得注意。然而，一般认为新文化运动是以五四运动为标志的，而邹容《革命军》是1903年写的。邹容论述道，早在1903年，中国的"革命文化"已经兴起了。而且，在事实上，自五四新文化运动自发生之日起，人们就对它褒贬不一。主要争论的问题有，五四新文化运动是中国近代历史发展的必然，还是非理性"情绪的宣泄"；集中批判封建纲常名教等旧思想、旧传统，是不是完全否定传统；马克思主义在中国的传播对中国社会的意义。

10月18日 星期五 雨转晴

上午到中心报刊室查文革资料。发现甚多。通过对文革期间国民经济的一些数据进行统计，才知除了1967年和1968年两年出现了不行外，其他年份还是增长的，且增长的比例还是较大的。此事值得注意，是不是像那种国民经济到了崩溃的边缘，有待考证。看许多名人的文革中的言论，感到人格之分裂。如果将他们在某些人文革前、文革中和文革后的言论编辑起来，更为有趣。

记得2001年6月在安源查到的有关资料也说明了这点。那一天，我在职工食堂调查，有一位老工人说：

> 实际上"文化大革命"时我们安源煤矿真的蛮不错的。那时候我们工人还真牛皮呢。记得1969年萍乡矿务局首届革命工人代表大会委员会时，在6位正副主任中就有3位是没有干部身份的工人代表。我们矿还出了一位名叫潘世告的工人，成了"九大"和"十大"的中央委员呢。聂师傅如果在那时候的话，不一定也可以成为潘师傅那样的工人代表呢。只是这位潘委员后来的结局并不好，在"四人帮"倒台后也被撤职查办了。

中午，同武力谈到文革时的经济问题，他也有同感。问他们研究经济史的，为何不能客观地看待这一历史时期，他说，因为没有做出实证研究，所以在此问题更多的是政治需要。我认为，同文革相比，三年自然灾害更祸国殃民。只不过那时受害的是普通平民，他们没有历史的话语权。而文革受冲击的是文化和权力精英，所以才有人将文革说得如何如何。武力对此也表示同意。

Litai XUE下午5时来告别，说回美国。此人为上海人，快五十多了，可言论极为有趣。也不管人家高兴不高兴，一定要谈多少时间。

晚开始按新的写作提纲写作。感觉甚好。

10月19日　星期六　晴

昨晚写作到2时，今早8时才起。9时进中心，收王红婴的信，未复。

10时，熊景明通知今天行山之事，说1时30分集合。并告台湾访问一事。据她介绍，现在有三个部门答应邀请我访台。其一是中央研究院，其二是台湾国立政治大学的国际关系研究中心和两岸发展研究基金会。她建议我到国立政治大学，只是国际关系研究中心具有一定的政治性，需要注意。她提供的地址是：1、台湾国立政治大学国际关系研究中心的陈德昇博士，2、国立政治大学东亚研究所所长、两岸发展研究基金会执行长魏艾博士。她并提供了两人的邮箱地址和联系电话。我分别给他们去信：

　　　　我是中国社会科学院农村发展研究所博士后研究人员于建嵘，主要研究方向是近代以来中国工人和农民状况，特别关注工人和农民组织及其政治表达。因此，希望了解台湾相关方面的情况。经香港中文大学中国研究服务中心熊景明女士介绍，你们所在的国立政治大学东亚研究所和国际关系研究中心可以发这方面的邀请，因此，今来信询问，如有可能，盼先生能提供机会。非常感谢。

　　　　此

礼

　　　　　　　　　　　　　　　　　　　于建嵘

　　　　　　　　　　　　　　　　于香港中文大学　10/18

中午，同关信基教授、武力一同吃饭。关教授讲了香港的教育制度，特别强调了香港的大学对于学风的建设。他告诉我们一个案例，他的一位老友，是一位资深教授，在写一篇文章时，引用了别人的一段话没有注明出处，让人举报，就只得离开教学单位，再没有得到升迁。

下午1时30分，关教授亲自开车，我、武力、熊景明到车站接到浸会大学的陈峰，并汇同开着另一部车的萧今及她的两位博士研究生，后又接到李连江，一同到深涌码头去远足。车行了快30分钟才到一个村庄，我们沿着海边小路边走边谈一些自己感兴趣的问题。我重点同陈峰谈到工人运动的研究。他讲到上个星期到北京参加的一个有关工人问题研究的会议，只有二十多个人，因为的确找不到对工人问题进行学术研究的人员。走了差不多40分钟，我们到了一个名叫深涌码头的地方，大家边休息边聊天，熊景明讲了许多她在台湾访问的见闻。在返访到村庄时，萧今请大家喝饮料，又讨论到金观涛和刘青峰的研究。我认为，金观涛现在基本上还是按照他原来的结构主义和系统论的观点来研究中国政治思想史的。其中，他将社会分为上、中、下层三个结构要素，将思想者又分为权力主体和文化主体，将思想又分为意识形态思想和非主流的思想，再来研究这些不同系统的结构要素的变化和发展。研究得极为详细，也有意义，具有启发性。萧今和武力基本同意我的观点，而李连江和陈峰这些海外学成的人对金的研究不大当回事。

下午5时30分，萧今送我同武力和那两位博士研究生回校。

10月20日 星期日 晴

一天除三餐外均在宾馆看书，写作。主要写工人状况的历史发展。这个问题很难把握。如果从具体的历史过程来看，中国近代产业工人是伴随着三种近代企业的出现而产生的，大体上分为三个阶段。

10月21日 星期一 早雷雨下午晴

　　熊景明要求定下讲演的题目。我说想讲二十世纪初的工农运动。熊表示最好讲现在的，是不是将在北大的讲演《中国农村的政治危机》再讲一次。李连江和陈峰也有此要求。最后就定了这个题目。时间定在11月19日。主要有两个原因：其一、这一天是星期二，李连江和陈峰有时间。其二、因为我11月22日就离开香港，讲完后就可以走，讲早了，免得受外界打扰。

　　晚同陈峰、李连江晚餐，谈学派问题。他认为华师某些人的研究行为值得思量。

10月23日 星期三 晴

　　中午到校行政楼领取这个月的生活费。

　　熊景明拿白沙洲的书《中国二等公民》同我讨论。据我了解，白沙洲就是原北京大学的陈小平，此君也为湖南省衡阳市人，是我正宗的老乡。据说，他曾是一位民运人士，后到美国哈佛大学访问。他的这本著作是在一个基金会的资助下完成的，他为何要取名白沙洲，大约是为了让人牢记自己的家乡吧。因为，白沙洲是我们衡阳市的一个地名。

10月24日 星期四 晴

　　上午来新访问学者，是瑞士的西方人，现在在澳大利亚国立大学教法律，研究中国的刑事制度。

　　晚同山东大学的赵博士一起听金观涛的课。讲列宁主义政党的特点很有意思。

10月25日 星期五 晴

　　收台湾陈博士信，告知去台事项。熊景明送《当代中国研究》

2002年秋季号，有康晓光文。

中国科学院、清华大学国情研究中心研究员康晓光的文章题目是《中国：改革时代的政治发展与政治稳定》。

晚给母亲电话，得知身体安康，甚慰。

10月26日　星期六　晴

上午查阅安源煤矿史料。

中午，熊景明、李连江、陈峰、萧今及其女、中山大学的一位研究高等教育的硕士王璐、瑞士学者到大埔的山上玩。同陈峰谈工人问题甚多。晚，读陈峰的论文《下岗工人的抗议与道义经济学》，这篇文章他曾在 *The China Journal*（July 2000）上发表。他向我提供了中文的译稿。

10月27日　星期日　晴

在宾馆读《当代中国研究》2002年秋季卷、北京清华大学人文社会科学学院教授孙立平的文章《九十年代中期以来中国社会结构演变的新趋势》。孙教授应是近年来中国最有影响力的社会学家，他对当代中国社会结构的分析，特别提出了"断裂社会"的理论很有意义。

下午到马鞍山中心购扫描仪。

于建嵘，中国社会科学院农村发展研究所研究员。著作包括：《岳村政治——转型期中国乡村社会政治结构的变迁》，商务印书馆，2001；《危机与对策：中国社会冲突观察》，香港，天地图书公司，2010；《农民组织与新农村建设》，人民出版社，2010。

中心的宗旨

建立完善的当代中国研究图书资料收藏

促进中、外学者交流

提倡研究为社会服务

The Missions of USC

To build up a complete collection of contemporary China study

To facilitate exchange between local and international scholars

To advocate social responsibility of Academys

窗外的大学景观。

附录二

媒体报道

中国研究学者的乐园

陈亮

　　1963年，西方研究中国内地的学者在香港设立"大学服务中心"，专为海外到香港来从事中国研究的学者服务。直到中国开放以前，中心成为世界中国研究的大本营。按上世纪八十年代初的统计，有200多本有关中国内地研究的学术著作，都在该中心完成。四十多年来除了对学术界的贡献以外，中心对促进西方对中国的了解，具体到在中美建交等都起了正面作用。1988年加入香港中文大学后，中心渐渐成为中外研究中国社会的学者交流的平台，并倡导学术为社会服务，提倡实证研究。中心在中国社会发展方面的作用，得到国内学者的认可。如今，中心成为拥有中国国情研究资料最齐全的图书馆，其使用之方便为海内外学者称道。

　　每一个身体健壮、心灵健康的人，在某一个时刻，都巴望着到海上去，在那波澜壮阔中见识些世面。经历了一个多世纪的互相揣摩，相较于彼此而言，西方与东方在上个世纪六十年代，依然是两块不那么清晰的海洋；而在自由港岛上的中国研究服务中心（以下简称中心），在过去近半个世纪以来，则是这两块深邃的大海，隐秘交会的一个风云际会之地，调节彼此血脉的绿洲。

　　半个世纪以来，中心被全世界最顶级的中国研究者所分享。无论是创立伊始的西方观察者，还是逐渐增多的大陆学者，中心成了他们生命中的一段插曲，一块沉潜练功的内修之地。如今，他们都回了家。他们回到了华盛顿，回到了北京，回到了日内瓦……回到了大学，回到了研究院，回到了每一块大陆的决策、智囊中心。他们的意见开始影响着世界的步伐。而这一块神奇的自由领地，一如既往地，在接纳着来自全世界的学术追求者、真理探索者。

诗歌·瘟疫

在2003年那个被非典毁容的春天，除了一片血红的杜鹃迷霞错锦，香港中文大学校内一片冷清。稀稀疏疏的几个人影，也是口戴罩子，行色匆匆。

连日来，不断有人因感染非典而逝世，这样的坏消息陆续传入这个校园，很多的学生都回了家，很多的机构都关了门。而独独在这所大学的田家炳楼八楼——中国研究服务中心，响起了铿锵刚健的诗歌诵读声。

怒发冲冠，凭阑处、潇潇雨歇。抬望眼、仰天长啸，壮怀激烈。三十功名尘与土，八千里路云和月。莫等闲、白了少年头，空悲切。

在所有人低迷惶惑之时，中心给大家注入了信心和力量。把时间的纬度拉得更长，中心一直扮演的，是一个独立于任何意识形态、并带有极强现实关照的独立学术服务机构。它是一块绽放的绿洲，肇始于翻天覆地的红色海洋；它是一块自由的领地，独立于权钱横行的幽灵时代。

在那一场诗歌朗诵会上，有来自大陆的历史学家高华，青海做扶贫工作的朱华，广东做农村教育研究的葛新斌，还有NGO从业者……为了抵御瘟疫的蔓延，他们聚在一起，用一种独有的方式为非典中丧身的同胞哀悼，为依然处于灾异恐惧中的中国祈祷。

蹩脚的美音诵读着方块字，合着带有云南方言的普通话，混杂的声波在演讲厅内缓慢地弥漫开来。见证了无数次的演讲，四周书壁依然沉默而坚定，在那一片和声中，回荡着1963年中心创办伊始的时光。

隔膜·交融

上世纪六十年代初，中国正处于一片红色的海洋之中，共产主义运动一浪高过一浪。而此时的美国，正陷入在朝鲜战争失败的阴影之中，国内"麦卡锡主义"盛嚣尘上，谈"共"色变。东方与西方不仅在现实层面隔膜重重，就是在学术研究领域也是少有搭界。

到六十年代末期，美国痛苦的撤离越南时，尼克松就学会了要放下几十年来的威尔逊理想主义，放下传教士般的世界领袖角色，慢慢挑起了那一副委屈的担子，开始对东方的中国展开了解。

美国必须了解中国，必须要有独立于政府驾驭的学术研究机构。这是Lucian Pye与Bill Marvel在上世纪六十年代初期之间一次极富远见谈话所达成的共识。前者那时在麻省理工学院任教，后者为美国教育与世界事务基金的主席。

其时，美国拥有世界上最强的两个中国研究中心。一个在华盛顿大学，"西大王"George E. Taylor领军；一个在哈佛大学，"东大王"费正清领军。在卡耐基、米兰、福特基金会的支持下，中国研究服务中心最终设在了中立地带——香港九龙亚皆老街155号一座残旧的小花园洋房，当时被称作大学服务中心。

刚开始的日子，美国学者靠访问大陆新移民、游泳过来的难民，揣摩《人民日报》字里行间的意思，触摸红色中国的一丝一毫，靠着这几近唯一的途径，他们像是初出道的记者一般，兴奋而密切地注视着红色中国的每一桩变动。

在他们中间，有的反对越战，有的同情红卫兵，有的信奉共产主义，也有的信奉自由主义，还有人权活动家……中心的午餐每每引发争论和演讲。由于都是一帮年轻学者，创建中心的加州大学法学院的学者Jerry Cohen当时也不过33岁，所以，这里不受任何权威左右，讨论异常开放。

正如傅高义所言，对红色中国的浓厚兴趣是大家的共同之处。当中国与西方彼此敌对时，他们将中国视作世界的重要领土；当中国开始对外开放，一些天真的西方人对中国的看法180度大转弯时，他们也依然没有忘记中国仍然存在的问题。中心独立于任何政府政治，一直由私人基金会支持，向全世界学者开放，使其能够超越于任何意识形态的干扰，以学术自由和对独立人格的绝对尊重公然屹立于港岛之上。

半个世纪以前的这一群年轻人，如今，他们都成为了世界上中国研究领域的顶级学者。根据八十年代初的一份不完全统计显示，西方学者利用中心进行出版的学术专著已逾两百部，其中的《X县》、《陈村》等作品至今仍是业内人士的必读之作。他们所开创的中国研究成果，成为了后来者前行的路标。如果你翻开这两百部作品的后记，你会发现他们的致谢中几乎都会提到：感谢大学服务中心。

四十多年过去了。如今，亚皆老街155号早已消失，周围是一片繁华的商业地，充斥着嘈杂的消费主义声响。一个绝对的"空"。也正是这样的沉默和消失，见证和守护着四十多年前那一场场神秘的聚会。怀念一个地方，动容于一段时光，在空间向时间的转换中，亚皆老街155号一直在。她完整地保留在了那些从事中国研究的世界顶级头脑之中。白鲁恂（Lucian Pye）、傅高义（Ezra F. Vogel）、鲍大可（Doak Barnett），弗朗兹·舒尔曼（H. Franz Schurmann）、林恩·怀特（Lynn White）、约翰·刘易斯（John Lewis）、詹姆斯·E·谢里登（J. E. Sheridan）、唐纳德·G·基林（D. Gillin）、裴宜理（Elizabeth Perry）众多如今顶着无数光环的顶级学者，谈起半个世纪以前在亚皆老街155号默默耕耘的日子，依然动容。

年轻学子中，也有人成了中外邦交的重要使者。Steve Fitzgerald成了澳大利亚第一任中国大使，Dick Solomon在中美早期接触时曾任基辛格的助手，而Mike Oksenberg则在中美关系正常化中起了关键作用，卫奕信爵士后来则成了香港总督……

在对抵港游客的访谈中，密歇根大学学者、如今是斯坦福教授的Jean Oi发现了一位来自云南的乡村教师，访谈结束就邀请她当自己的研究助手。这位当时30多岁的乡村教师，就是现在主持中心工作的熊景明。

独立·超越

随中国大陆对外开放，中心的历史使命告一段落，中心当时的主任，娶了中国人为妻，对中国文化情有独衷的John Dolfin相当富于远见，他积极地转变中心的角色，将资料收藏作为重点。因为香港的地利，很快成为西方同类图书馆中首屈一指的资料中心。例如中心收集到一套完整的，始于五十年代，中央及各省的主要报纸。到八十年代，在米兰、卡耐基、鲁斯、福特等基金会相继撤离的情况下，由于资金原因，中心必须得考虑搬迁。

与香港中文大学达成了确保中心对海外学者开放，维持中心资料收藏的规模和方向的共识后，中心的管理机构，美国学者联合会委员会决定将中心迁移到中文大学。

香港中文大学创建于1963年，正是大学服务中心在港成立的同一年。两间那时看来毫不相关的机构，却由冥冥之中的主宰将他们拴在了一起。中大建校的宗旨是"结合传统与现代、融会中国与西方"。中心是由希望了解中国的西方学者催生，以访问大陆移民为重要研究方法的一代学者，在冷静的学术研究分析中，透露着那个严峻时代，经历劫难的中国人的期待。

在那一时期留下的学术著作中，在学术中立的宗旨下，学者的社会关怀跃然纸上。中心秉承、发展了那个特殊时期形成的特色，并将提倡研究为社会服务作为中心的宗旨之一。中心的大陆学者访问计划，是从内地物色并邀请，从事实证研究、并富有知识分子责任感的学者。这些学者来访的时间虽然不长，但是他们在这里不仅开拓了视野，而且找到某种"身份认同"，中心因此被内地学者戏称为学术界的"黄埔军校"。

今年6月16日，记者进入中国研究服务中心熊景明的办公室，看到一个人半蹲着，正从硕大的旅行包中一本一本抽书，全是到处搜集来的地图。"这些地图都得买，以后规划变了就找不到了。"他一边取，一边对熊景明说，"应该设法弄清楚这些地图的确切勘测时间。"这就是耶鲁大学的教授李磊（Pierre. F. Landry）。1990年他第一次来到中心，从事博士论文写作研究。那时他是美国密歇根大学的博士候选人，师从美国著名的中国学者、克林顿政府时期的白宫亚洲政策资深主任李侃如（Kenneth Lieberthal），曾前往南京大学"中美文化研究中心"，由高华指导其论文。在离开美国之时，李侃如只是叮嘱了一件事，那就是让他一定要去中国研究服务中心看看。这一句叮嘱，是李侃如的老师鲍大可（A. Doak Barnett）在几十年前给李侃如的原话。

在1990年，他到南京大学之后，实在不习惯大陆图书馆的各种规章制度，一有空他就往香港跑，并且将"你一定要去中心看看"这一句话传递给了他的中国老师高华。

学者来到这里，除了查阅资料外，也进入了思想碰撞、学术交流的最佳场所。熊景明戏称自己为学术媒人，每天的工作中，很大部分是介绍研究内容相似的学者相互认识。中心已经远远超越了图书馆的服务范畴，也可说中心代表了图书馆未来的方向。这里每周举行一到两次午餐研讨会，由在中心的访问学者，或途经香港的学者做与中国大陆研究相关的演讲。中心的内地学者访问计划，每年邀请长期从事社会实证研究的内地学者来做短期访问交流，也邀请西方出色的学者前来，并安排他们到其他院校讲演。2004年起，中心和香港中文大学亚太汉学研究中心合作，每年一月举办年度的国际博士生研讨班，去年起又与该中心合作举办年度的中国研究方法学研习营。记者在中心观察了近一周，深感中心的学术活动频繁，学术气场舒适。

在这里，许许多多从事社会基层实证研究的学者，不仅只在最短的时间内完成大量的文献研究，而且得到中心"同学"的启发，众人感慨到，这里是学者的乐园。中心注重邀请中西部无名的学术研究者，比如今年三四月份到访的河北省新乐市木村乡的贾建友，他研究的领域是当前的热点之一：乡镇机构改革。这些学者离开中心后也始终与中心保持联络，为中心提供信息，寄来他们的著作，为中心网上论文库贡献作品。

从上世纪九十年代初期开始，中心不间断的接纳上千名大陆学者，这些大陆学者也带去关于中国每一阶段、每一领域的一切变化。通过这些学者，中心见证着中国的每一步发展，同时，又独立并超越于现实。它犹如港岛上的一尊海神雕像，无论是狂风骤雨的交会之际，还是风和日丽的舒展之日，都公然无畏地屹立，无偏见非政治地关照着八仙岭北面的中国。

收藏·前瞻

中心对世界各地及大陆学者最具吸引力之处，是研究资料的完善及其使用的方便，如今，它已是全世界最为丰富的中国研究资料库。

2003年，高华在中心受访时，临时接受韩国国家电视台的访问，当电视编导提出一个他从未研究过的问题——朝鲜人迁入中国东北地区的历史背景和中国军队中朝鲜籍战士的状况时，他临阵磨枪，借用中心的东北地方志和人口统计资料，几十分钟就解决了问题。到中心来的各国学者都有类似感受，很多踏破铁鞋无处寻的资料，在中心却是得来全不费功夫。

中心最引以为傲的是，迄今收集了840种中央、省、市、乃至县级的年鉴、统计年鉴及各行业年鉴，大部分都始于创刊号。中国2882个县中，中心已经收到将近2800个县的县志，并收集到大量鲜为人知的专业志，数千种由省到村一级的地方志和大量其他统计资料。这些基础的研究资料，包括中心的报纸、杂志收藏的丰富和完整，超过国内外的任何同类收藏。内地的图书馆不断改进，档案馆陆续开放，但到过中心的学者深信，中心为从事1949年后中国国情民情文献研究学者首选图书馆的地位，仍旧无法取代。

当资料电子化到来的时代，中心极具前瞻性。在九十年代初期，中心就已经着手将图书馆管理系统电子化，与国家统计局等机构合作，建立数据库收藏，并设置了研究专题导向的资料检索系统。中心网上的中国研究论文库，成了国内外中国研究者重要的资料来源。但令中心史料不及的是，当他们以为可以将中心追溯到五十年代初的报刊收藏封存或处理掉之时，竟发现这是海内外唯一的完整成套收藏。目前，中心正筹建地县级数据库，突破仅收录经济数据的传统方式，加入社会、政治等指标。数据库将依然无偿开放给学术界使用。

人·专业

除了硬件上的绝对优势和学术追求的独立性外，中心的人性化服务，读者至上的专业精神，形成了中心独特的个性。中心的仅有七名工作人员，他们的热心、周到、细心让所有的来访者感到宾至如归。

中心表现出在资料收集、整理及新技术的前瞻性，在新技术应用方面贡献杰出外，尤为重视在中心的学者间建立了特殊的友谊圈。除了每周举行一至两次的午餐研讨会外，每逢周六，中心会组织大家去行山（爬山），大家在行山途中，自由挑选谈话者，交流思想、净化心灵、亲近大自然。

中心还会约学者到家中聚会。6月16日，记者就有幸受邀，和中心学者八九人一起去熊景明家进行晚餐沙龙。持续近六个小时的欢声笑语，在那种家庭式的聚会中，各国学者轻松的沐浴在人性的温情、信任与光辉之中。

说中心的熊景明、萧今、关信基是当今世界上中国研究领域最有号召力的学术召集人，想必学术圈没有人会反对这个说法。

在中心的午餐研讨会上，气氛严肃而轻松，没有压力，没有权威，只有分享。关信基长期关注香港的政治变迁，在2001年，他做了一个"民主公民文化与选举行为"的午餐演讲。由于Word版图表中数据倒置，现场三四个声音同时指出这一个失误。清华大学两位学生，王磊和过勇双双发力，并没有因为关信基是尊长或中心负责人就心存顾忌。习惯了谦和气氛的大陆学者，刚开始可能还不太适应这样的气场。在去年3月7日，大陆学者谢泳做了一次"1949-1976年中国知识分子自杀状况分析"的报告。在一个小时的陈述过后，刘青峰、金观涛、陈方正、刘擎等在场学者从各自的专业角度对他进行了狂轰滥炸。其中有学者表示数据没有参照系，学术价值存疑；有学者表示，除了一些感性事例，别无其他。当然学者也都提出了建设性的修改意见。谢泳在那一个中午收获的批评，可能比在大陆几十年的批评还要多。如今，谢泳除了对当时的窘境记忆犹新外，恐怕更感激的，是大家那开诚布公的诚恳态度。

还有一位大陆正厅级干部到访中心，事后向熊景明埋怨说没介绍他的级别。熊景明告诉他，这里不讲级别。说到级别，还真有点意思。现在的国家宗教局局长叶小文，是中心迁址香港中文大学后的第一位到访者，那时他是贵州团省委的一名普通干部。

真理·见证

的确，在中心，任何人都是没有级别的。这一块自由的绿洲，像是辟邪的净化之地；它修复灵魂、滋养血气，只有真理和人性才是这里最高的存在。

六十、七十年代，以"红色中国"为研究对象的历史学家及社会科学学者，在价值中立的基本态度后面，或者带有一厢情愿的憧憬，或者抱有满腔的批判意识，隔岸观火，探究铁幕后的中国。设在香港的"大学服务中心"像河中央的小岛，聚集了一代又一代世界各地的中国研究者，因冷战而沉寂的中国研究在这里热闹起来。西方各国学者独立于政治的学术研究，为促进国际社会对中国大陆的了解，为跨越地界的中国研究学术圈的形成，起到了相当的作用。

中心于1988年迁移到香港中文大学，十八年来中心的变化，竟然不期地反映了中国研究的大趋势，即逐渐突破内地与海外的疆域之分，摆脱意识形态的约束，学术规范国际化，中外学者的合作从互相利用走向彼此互补。

而中心一直擎举并呵护的自由精神，在港岛繁荣的商业神话中间，日益成为香港精神最重要的注脚。

注：香港回归十周年之际，《南方都市报》刊出"香港地标"系列文章，中心被视为香港学术研究的地标，做了长篇报道。本文刊于2007年6月28日。

学术媒人

叶竹盛

有一个学者到香港中文大学中国研究服务中心访问，他见到熊景明便问道："Ms. Hung是谁？我在书上总是看到她的名字，想见见她。"听者大笑。Hung是熊字的港式拼音。翻开海外中国研究的著作，致谢里大多会提到同一个地方——中国研究服务中心，其中不少又都会同时提到一个人——熊景明，或是Ms. Jean Hung。

在中国研究学术界，她常被称作"学术媒人"。常言道，"不做媒人不做保，一生无烦恼"，但是熊景明主持中心工作二十余年，媒介中西学者、学术，不仅不觉得是烦恼，反而乐此不彼，乃至退休已有数年，依然活跃其间。

熊景明的办公室在中心图书馆的一角。那是她退休后为中心的"民间历史"项目工作的地方。一间只有五六平方米的小办公室里，堆满了各种图书和资料。工作台上，摆着她母亲、女儿和祖父的照片。

笔者如约到达时，她正在回复电邮，"请等我先回这封邮件。一个瑞典电视台要做关于中国的节目，准备派一个Team（小组）来中国采访。他们想了解'民间历史网'和我的书。'王婆'需要推销自己的瓜，很乐意呢。"话音落，一串爽朗的笑声。熊景明柔和的云南口音富有感染力，再加上她"天生乐观"的性格，很容易让人信任并感到亲切。

人民文学出版社去年出版了她的回忆录《家在云之南》。书中记述了曾祖父因担任丽江知府迁往云南而开始的家族史。她的曾祖辈和祖父辈都直接卷入了清末到民国期间的那段动荡历史，而父辈们更将革命时代的纷争带入了家门院墙，自己和父母则在1949年后过着坎坷曲折的日子。这段家族史就像是时代史的缩影。

家族背景和成长经历给了她独特的历史感，也如林达所说，在她的内心种下了"一豆自由之火"。"民间历史"收到的回忆录中有人说："我知道这辈子为什么要受这么多苦，因为上天要我做历史的见证人，把这些东西写下来。"这其实是让许多人再经历一次回忆的伤痛的动力。

拿到这些书，让她觉得沉甸甸的，或许正是因为她也曾身在其中。尽管认为自己"天生乐观"，熊景明还是无法忍受大陆当时环境的压抑感和虚假性，1979年就离开了云南，"来到香港这个无须用谎言护身之地。"这使她获得了"巨大的解放"，并有幸走向了其后工作了二十年，成为"学术媒人"的中国研究服务中心。

一本都不能少

1963年，一批特立独行的美国学者，在当时麦卡锡主义横行的情况下，既不满美国国内对中国资料的片面摘取，又无奈于大陆的封闭，于是申请了私人基金，来到香港开办了"大学服务中心"，以这里为研究大本营，访问大陆移民，并收集内地的各种研究资料，为全球的中国研究者提供服务。1988年中心移交香港中文大学，后改名为中国研究服务中心，继续收集中国研究资料，服务世界各地学者。

也就是在这一年，熊景明受聘为中心的助理主任，但她与中心结缘的时间还更早。初到香港后，一位来自美国的博士生 Jean Oi（戴慕珍）就聘请了她。Jean Oi现在已是斯坦福大学的教授，当时她为撰写博士论文，来到"大学服务中心"收集资料。熊景明凭借在云南农村任教的经历当上了Jean的研究助理，帮助她在中心查阅和分析资料。Jean的研究结束后，熊景明在中心又继续做了一年研究助理，然后任图书馆员。

香港中文大学接手中心之初，这里的图书收藏仅一万多册，待到熊景明2007年退休的时候，中心已有馆藏十多万册，前后收集的报纸两百多种、杂志两千种，成为海内外同类图书馆中的佼佼者。与其他综合图书馆相比，中心的藏书规模并不算大，但这里收藏着最好最齐全的研究现当代中国的资料，又因为有一套独一无二、按研究专题排架及编码的系统，为海内外学者称道。

熊景明在报名应聘中心主任职位的时候，心里忐忑不安，因为她当时只有本科文凭，在大学读的是俄国文学专业，很难和其他候选人竞争。直到面试前一天，她突然信心十足："其他人都希望来利用这里的资料，而我是要来建设它，也知道如何建设。"甘当"学术媒人"的念头就是在这个时候埋下的。

她获得了招聘委员会的认同，在众多资历比她高很多的候选人中脱颖而出。当时负责招聘的委员之一陈方正教授在熊景明荣休晚会的致辞中，透露了当年招聘的一些细节，原来正是她的实干精神说服了大家。

甫一上任，熊景明就尽全力收集各种研究资料。所谓"媒人的嘴，兔子的腿"，但熊景明这个"学术媒人"并不是撒腿到处跑，四处游说，而是在中心"筑巢引凤"，吸引不同地方的研究者齐聚这里。她的"说媒"工作主要不是在学者之间进行，而更多的是在研究资料和研究者之间牵线搭桥。缺乏研究资料，学者是"巧妇难为无米之炊"。

有时候，中心收集到一批重要资料，一时没有学者来用，她会主动联系学者来做研究。有一次中心整理出一批珍贵的历史文件，熊景明读了旅美著名作家林达的书后，觉得林达很适合用这批资料，就主动联系，请她根据这些资料写一本书。她们因此结识了，现在合作主持"民间历史"的项目。

2004年，在中心成立四十周年的庆典上，哈佛大学教授，著名的中国研究学者傅高义说："没有这个中心的话，当代中国研究当何以进行？"中心能够获得这么高的赞誉，与熊景明在收集资料上奉行"一本都不能少"的原则有关。中心的骄傲之一是收藏了全世界最齐全的中国地方志和专业志。内地某县县志出版时仅印刷了二十册，中心想收藏时，只有四册存世了，但最后中心还是通过各种途径，想办法获得了此县志。

除了四处收集，熊景明也采用"守株待兔"的策略，对访问学者"雁过拔毛"。她在中心门口放了一个表格，请大家推荐图书，上面写着："请别只赞美这里的资料齐全，请告诉我们还缺哪一本书，哪一份期刊。"目前在美国南加州大学任教的Stanley Rosen当年几乎每个暑假都到大陆访问，然后到中心停留，他研究的领域包括青少年、电影等。根据他提供的信息，中心收藏了相关领域的几乎所有刊物。

熊景明孜孜不倦收集资料的热忱，也许源自她的历史危机感。经历了那段混乱闭塞的时代之后，她更明白资料的宝贵性。初到香港，她做的第一件事就是把各种文学名著买全了，担心时代又有什么变化，以后女儿读不到这些好书。

"红娘牵线，成人之美"。很多学者因为中心优秀的馆藏而获益颇丰。有一位来自内地西部地区的学者，多年后回忆说，到中心访问的经历是她整个研究生涯的转折点。而早在八十年代以前，就已有200多本中国研究的著作在中心资料的基础上写成。这些著作都成了中国研究学者的必读经典书目。现今海外成就最高的中国研究学者，无一未曾与中心结缘过。

社会科学界的黄埔军校

熊景明已经数不清自己接待过多少位海内外学者了。有人说，如果把到访过中心的学者名录收集起来，就是一部最齐全的当代中国研究者大典。虽然中心最吸引学者的是独特且全面的馆藏，但中心和一般的图书馆不同，它兼具服务中心、资料中心、交流中心和研究中心的功能。

熊景明常常自称为图书馆员，确实也花费了大量时间在收集和整理资料之上，但她所做的事情远远超过了图书馆员的范围。在1988年之前，中心主要是面向海外学者。外国学者成立中心的主要目的，也是为海外中国研究者建立学术基地。当时大陆的社会科学研究才刚刚起步，内地很少学者知道中心的存在。八十年代末期，随着大陆的开放，海外学者不再像以前那样依赖中心资料，而内地学者出境也更便利了。这种情况下，熊景明认为，中心这些宝贵的资料，最大的用处应该是提供给内地学者使用。

有了这个想法后，她和中心主任关信基教授就到处筹集资金，专门为内地设立了访问学者计划，资助他们到中心来做学术研究。这个项目的效果出奇地好。以往都是海外学者通过中心走向内地，现在是内地学者通过中心走向海外了。

国内著名学者于建嵘正是从这里开始走向国际学术界，他说"就是从中心开始的"。他2002年来到中心的时候，海外几位著名学者正在闭门讨论。熊景明非常认同他的中国农村研究，于是想介绍他参加这几位学者的讨论。但当时于建嵘的研究默默无名，有学者起初觉得不以为然。景明相信自己的眼光，还是带着于建嵘一起参加讨论。此后来自美国的裴敏欣教授很欣赏于的研究，请于到美国访问。在此期间，于还结识了哈佛费正清中心主任、美国亚洲学会会长裴宜理教授。

类似的故事在中心常常发生。熊景明总是急不可耐地相互介绍相关领域的学者，尤其热衷于将内地年轻学者介绍给海外学者。"说媒的，心肠善，都为成全好姻缘"。说起她又促成了哪些学术合作，熊景明总是津津乐道。

在中心接触了大量中外社会科学界学者后，景明觉得，由于起步较晚，内地学者在学养、研究方法和问题意识上往往不如海外学者。她说："做研究就像烹调一样，要先吃先尝别人的作品，等具备品评的能力后，才可能做出满意的菜来。学者总说要站在别人的肩上，但问题在于怎么爬上去。"

尽管景明相信，随着中国学界的发展，研究水准在整体上一定会很快提高，但是中心还是可以做一些事情，帮助一些人更快爬上学术的肩膀。因此她在中心启动了两个计划：一个是研究方法训练营，聘请国内外的优秀学者，在中心培训内地的年轻老师；二是国际研究生"当代中国"研讨会，邀请世界各地正在从事中国研究的博士研究生同台竞技。

除这两项计划外，中外学者直接交锋的场合，是在中心颇有特色的"午餐研讨会"上。熊景明主持中心后，将原来海外学者在中心常组织的"午餐研讨会"常规化，邀请每位访问学者都讲一场。所谓午餐会，一般挑在中午时间，讲者讲一个小时左右，听者则预先定好餐，边吃边听，待讲完吃完后，再一起讨论。高峰期，中心每周都有一两场这样的研讨会。

午餐会上听众虽然不多，常只有十几数十人，但大部分是相似领域的学者，或者是富有经验的"挑刺者"，因此常常让讲者如坐针芒。熊景明每场必到，有时亲自主持，有时则做一个"挑刺"的听众。国外学者见惯了激烈的学术批评场面，倒能承受。内地学者则往往不习惯这种热烈的讨论和直率的批评。一位内地学者在午餐会上演讲后说，那次他所受到的批评比他前面的研究生涯中加起来的都要多，但确实受益匪浅。

熊景明希望中心是一个包容、中立和多元化的学术交流场所。有容乃大，几十年间，中心聚集了不同领域、不同地区、不同层次的研究者。中国农村问题研究的著名学者李连江教授认为，如果把中心称作"社会科学界的黄埔军校",一点都不过誉。

学术研究应从事实出发

1988年,因为一个偶然的机会,熊景明开始以农村社会学者的身份参与国际专家组在内地的各种扶贫援助项目。参加这些项目的过程中,她"看到农民负担如此之重,简直不可想象,很自然会把这件挂心的事和中心的工作结合起来。"

此后,中心就开始推动大陆的农村研究,接连召开了四次农村基层建设研讨会,出版了不少农村问题的文集,每年专门邀请内地农村研究学者,尤其是地方的学者到中心访问,其中包括对农村社会有研究兴趣的县级干部。有传闻说在农民税收全免的政策上,中心曾经起到间接的作用。

发现农村的问题,而后推动农村研究,并取得实际效果,这个过程让熊景明更坚信,"学术研究不能只是站在岸边指着对岸说,过河后要做什么,而要首先在河这边找到下水点,先想办法把桥架起来,学术研究应该以事实为出发点。"她认为,这也是目前大陆的中国研究学术界存在的一个普遍问题,"自己还是衣裳褴褛,却指着别人模特身上的衣服指指点点。"

熊景明认为,中国百废待兴,对学者来说是难得的机会,但是她说:"我孤陋寡闻,至今没有看到任何一派出现令人信服的、完整而全面的理论,如何一步步达致目标,建立合理的制度。"原因除了"许多聪明博学的人没有时间长夜思索,苦苦笔耕"以外,就是学者们往往没有把研究建立在事实的基础上,没有抱着建设性的态度,首先"找出共识在哪里,而不是去争论一些虚无缥缈的东西。"

对熊景明来说,要找出共识,就要认准事实,找出在河的此岸下水和架桥的地方,建设性的态度就是架桥的态度。中心在大陆开放前之所以能够成为中国研究的学术基地,就是因为在当时的条件下,中心的资料可以向研究者展现出一个最接近事实的中国，可以让研究者找出下水和架桥的位置。

当然，随着内地的开放化和急速发展，仅凭中心资料无法了解全面的中国。在以往内地还比较封闭的时候，很多著作主要依赖中心的资料写成，但是现在"只靠中心就写出一本书，那就说不过去了"。熊景明虽然看到中心地位的下降，但更为乐见中国内地的开放化和中国社会科学渐成气候。

尽管如此，中心依然可以凭借香港自由开放的学术氛围保持独特优势。熊景明在退休前产生了一个新的想法，于是就有了目前她和林达共同主持的"民间历史"项目。民间口述历史不同于中心以往的官方叙事资料，能够从个人角度反映出历史的真实面貌。很多个体的视角聚集在一起，就能够拼凑出一张完整的历史图景。按照林达的说法，"就像拼图一样。"对于研究者来说，这些也是很重要的材料。目前这个项目已经收集到2000多册个人回忆录，网站反响也颇为不错。

2003年，中心四十周年庆典的时候，贺信雪片般地飞来。张鸣撰文幽默地说："每封信在我看来，都可以在景明死的时候做悼词用。"2007年，熊景明退休的时候，她的好友、中国文化研究所前所长致辞称，对香港中文大学而言，她"不仅仅是一位卓越忠诚的员工，更是一位有风骨、有担当的朋友。"确实，对于熊景明个人，中心的访问学者和朋友们毫不吝惜对她的赞赏之辞。

然而，面对诸多赞誉，熊景明觉得"很不安。大家将我写得那么光荣正确，完全不符合我的形象。我不过是拿着薪水，乖乖地打好这份工。我热衷于当'学术媒人'倒是真的，但没有什么伟大的动机和动力，大概只是和云南人的八卦性格有关。我喜欢将中心访客的日子弄得热闹，只是因为我自己是一个贪玩的人。"

熊景明周末的时候喜欢带着学者一起去登山。她常去登山的地方，峰回路转，暗藏美景。"每一次，我都赶在大家前面，小跑几步，站在路端，等着同行者一个个来到。谁都会被眼前的美景怔住，大叫一声'哇'。我最享受这个时刻！正如我喜欢看到学者们找到他们遍寻不见的资料，遇到他们久仰的同行时的那一份惊喜。"

注：该文刊于《南风窗》2011年第17期。

周末远足，大浪西湾。

附录三
中心活动花絮

熊景明

编者按：1997年，女儿去美国念书。我曾经每周末给她写"语文读物"，希望她保持对中文的兴趣。无意中，信件为USC之友畅游山水之间，叙谈花间林下，留下真切而美好的记录，特收录其中几封登出。

USC行山记

　　1963年香港中文大学成立，时任校长李卓敏远见卓识，舍市区而选郊野荒坡建校，而今美丽的校园绿树成荫。海边高速建成后，校门前山半腰的大埔公路不再车马喧嚣。春意浓时，驾车驶过，路旁一树树洋紫荆花扑面而来，令人心旷神怡。出校门向右驶行约十多分钟，可来到大学的"后花园"，俗称松仔园的大埔滘郊野公园。

　　与中文大学同一年在香港设立，为中外学者提供学术服务的中国研究服务中心（Universities Service Centre for China Studies，简称USC），1988年并入大学。从此，周六下午约上访问学者前去郊游成为中心的惯例，香港人称为"行山"。松仔园离学校近，去得最多。每来到，作为导游的我，都会骄傲地告诉大家，香港和你想象的不一样，从空中望下来，九龙半岛和香港岛竟然绿色为主，自然覆盖的面积占整个香港的75%。从1976年，《郊野公园条例》制定以来，香港一共建了24个郊野公园，使得将近40%的土地上郁郁葱葱。松仔园是其中一个，180种亚热带植物在这里生长，是这里的主人。

　　10月中到翻过年去的5月初，是香港的行山季节。即便又阴又雾，来到大埔滘，灰暗的天空之下，大自然依然楚楚动人。穿行于林间小道，袅袅轻雾林间飘荡，缓缓淡开，又轻轻聚拢。远处群山在虚无飘渺的氤氲中，若隐若现。春天的松仔园最动人，路边高大的枫树端，不久前在风中颤抖的干枝，突然间吐出片片新叶，繁星似地撒向枝头。香港没有金色的秋天，却有殷红的春天。一丛丛新冒出来的叶片，皆红色。

　　访客来到中心，通常说不上三句话，我就发出周六行山的通知。

九十年代初，一位大陆作家初次访问中大，和我商量她演讲的日期，我说咱先说玩的事吧。她觉得此人不够专业，但值得交朋友。重庆大学一位校长来访，我照例约他去行山，他冷冷地说：我不去了，我在重庆天天爬山。作家莫言到中大中国文化研究所访问，主人问我能否协助接待。那还用问，自然带他去大埔松仔园。一路听他讲了许多有趣的故事，他小时候趴在地上吃泥巴，后来身体抵抗力特强，五毒不侵。莫言诚恳朴质，风趣诙谐，令人舒服。

学者组成的远足队通常一路高谈阔论，我不断指指点点，提醒众人留意四周美景。有一次张鸣和李昌平两人分别脚疼腰痛，向我告假。我劝他们还是去吧，不到半小时就爬到坡顶，众人沿山路绕一圈，你们在小河边树下谈你们的国家大事。两小时后我们回到原点，两人正兴致勃勃地辩论土地资源向资本转换的问题。有人说，你们中心真周到，每次你走在前面带路，关教授在后面压阵。其实我没有担负领队的服务精神，只是自顾自，喜欢看小路在跟前蜿蜒，引至一处处新鲜。关教授倒的确在照料大家，担心有人掉队。有一次，走着走着，不见了来自美国和瑞典的两位学者。关教授小跑着折回去找他们。走岔路的人找到了，而关教授崴了脚。他从来都是那种给人做榜样的师长。

大埔郊野公园有四条行山径，依长短为红路、蓝路、黄路和啡路。30年来，我们去过不下一百趟，走的几乎都是蓝路。连路上停下休息聊天的时间，差不多三小时。蓝路也最美，沿小溪而行，路边大树上粗粗的藤蔓垂下，像是电影《泰山》的场景。身边静静流淌的溪水，待山势渐高，落到谷底。山道转弯前数十米，小河两岸横着两条木头。一次，有位同行的美国年轻博士提议说，谁敢过去我就跟上。我没多想，跨上"双木桥"，走了一个来回。轮到他，走了不到一半蹲下来，变了脸色。我过去将他牵回。一丈多深的谷底，掉下去后果不堪。再次来到，我打算表演一番，被关教授禁止了。

2000年初，一位南京的历史学家来访，面色红润，体格匀称，一点看不出心脏弱，膝盖有事。约行山，他稍微犹豫了一下，还是顺从召唤。那年和傅高义去行山，他年过七十，走得不快，末了才告诉我说，准备做换膝盖的手术。耶鲁大学的戴慧思教授（Deborah Davis，现任中心国际顾问委员会主席）每次来中心，都将行山计划列在行程中。有一次她计划中去行山的日子下起小雨，就我们两人，如丝细雨，轻吻人面，飘飘洒洒，未令春服湿透。小径上落叶堆积，踏上去软软的，清香而有弹性。清凉恬静的感觉和这天的风景一道存在记忆中。

林中居民有猴子，不多，偶然露真容，引来路人的大呼小叫。一次袁伟时、龙应台、钱钢等人来到中心，我们中午偷跑到松仔园野餐。登林道至坡顶，左拐沿小路行，路旁溪流湍湍，飞跃石间，水清见底。一行人围溪边树下木桌而坐，三明治的味道引来不速之客，一只猴子。大家拿相机对准它，它镇定自若，模特儿似的，任你拍。它的同类通常没这么礼貌，见到手提塑料袋的行人，从树上跃下，不待你反应过来，已夺而远逃之。一次关太太遭劫，转眼之间，只见劫匪坐在大树顶上，淡定地享受嗟来之食。关太太不敢肯定袋子里是否有她的门钥匙，大家只能树下耐心等待。猴子好像听懂了，将塑料袋翻过来抖了抖，落下来的没有钥匙，只有几小块巧克力。我捡起一块塞进口中，关教授严肃地说，猴子的爪子有细菌。已经太晚了。我被猴子偷袭过一次，幸而捏紧袋子，同时大声呵斥道：快走开，袋子是空的。同伴大笑。当天都是内地人，一路讲国语，我却用英语对猴子说话。猴子非我族类，纯属本能反应。

香港朋友笑称我南蛮子，到了山中，更像回到家乡，"疯"是自然。一次，林子空地上，我带大家一道玩小时候的游戏"求人"。分为两组，手拉手横排对面站，一组迈步前进，另一组倒退。来回反复。前进的一组唱道："我们要求一个人"，"你们要求什么人"，

"我们要求XXX"，"什么人来接送他"，"就是我来接送他"，被选中的两人比力气，看谁将对方拖动。兴致高时，众人表演节目，内地学者通常都大大方方高歌一曲。关教授曾禁不起大家一再要求，唱了粤剧"帝女花"选段。

1997年春来到松仔园，渔农处公园管理站米字旗高悬，加州大学的教授Rick Baum当即露出政治学家本色，打算拍下将成遗迹的景致。幽谷无风旗不展，众人陪他等了一阵，作罢。次年来到，同一竖旗杆上，红色的特区政府旗帜高悬。马照跑，舞照跳，山光水色依旧。如此巨大的变故，未消减几多港人对政治的疏离。而今过去二十多年，不一样了。

见证社会变迁的是住家。顺路边林道而上约数百米处，有一户人家。九十年代初，主人家常在门口支一张台。木瓜、丝瓜、金桔和林林总总园中瓜果，供品似地陈列于上。路人取走水果，将零钱留下即可。来自新西兰的罗曼英教授在香港长大，据她说，当年和中大同学来行山时，常与园主阿伯聊天。他指给同学看从各地引来、栽培于园中的花花果果，开心又自豪。2000年左右，阿伯故世，儿子将果园出售。新主人把一园花木斩净砍绝。若非麦理浩时代立下法规，香港人严格遵守之，郊野公园大概早已面目全非。

与多年不见的中心访客相遇，聊起来，一道行山给他们留下的印象最为鲜活。等将来大家老得爬不动山，许多温馨的记忆会依然相伴。忘不了伫立树下仰望，溅满雨水的一株株嫩绿、粉红在天空衬托下晶莹剔透，显示出无限生机。

昙花缘

　　而今在香港中文大学田家炳楼八楼的中国研究服务中心（Universities Service Centre for China Studies，简称USC），在1988年并入大学前，位于九龙亚皆老街一座两层楼的英式建筑内，叫做"大学服务中心"。中心主任美国人铎华（John Dolfin）先生的个性，与这座殖民地时代私人庭院的花草树木、房屋格局契合，形成中心宾至如归的气氛，使之更像一个类似中国古代书院的轻松场所，而非令人肃然起敬的研究图书馆或者学术机构。

　　香港中文大学接收了这个资料已具规模的研究中心，承诺以完善中国研究资料收藏为宗旨，继续为世界各地到香港来从事中国研究的学者开放。中心迁入大学四年多后，搬进新落成的田家炳楼最高的两层。这里可俯瞰校园中部，从清晨直到黄昏，阳光从四面玻璃窗撒进来，中央空调驯服了冬寒夏暑。我请建筑师将沿墙安放与窗台平的书架，以放置盆栽、花瓶。

　　张罗中心室内设计和图书馆搬家的五个月，是我这辈子最忙碌的日子。忙得开心，带着同样欢快的心情，海边摘来芦苇花，上山采来狗尾巴草，折下形状好看的枯枝，配上绢花，插了十多瓶置于书台上，墙角边。大学的园丁对我们特别关照，送来大大小小的盆栽，负责打理中心环境的梅姐也是一位爱花人，令中心四季生意盎然。我对学者介绍中心馆藏，会顺便指点一下正开的花，优雅的植物，不过大多数人并无兴趣。

　　这一年，关教授将他家中种的两棵昙花搬到中心。花摆在落地窗前当阳处，仍然因未能餐风饮露，沐浴雨水，生了虫。我每天小心地用纸抹去叶片上的灰白色小圆点。七月的一天，阔叶边出奇不意吐出一小枝花茎，两周后，顶端的蕾苞发育成浅绿色的花苞，粉红萼条垂下。小拇指大小的蕾苞，数日即长得合掌般大小，花萼间露出乳白的花瓣。一天清晨，花蕾像含羞的少女扬起头，下午时分变得鼓胀胀。花瓣尖端交错合闭，逸出丝丝清香。

关教授说，昙花通常在夜晚十一点左右开，我决定留下等待。晚饭后拿本书，端杯水，独坐花前。不到八点，纺锤形状的花蕾中间开了小小一个圆孔，渐次张大。十几分钟后，开口中露出花蕊，片片花瓣徐徐打开。花的形状每一秒都比前一秒不同，即使目不转睛地盯着，也看不到花瓣如何动作，只见整朵花微微颤抖。

从发动到全开，约一小时功夫。昙花叶片坚挺，而着花的一枝，开花前大叶小叶瘫软，似乎在凝集所有的力气撑开花朵。含苞初放，飘出股股幽香。凑向花前，反而闻不到。盛开时直径盈尺，花瓣分三层，乳白色半透明，簇拥着排成半圆的花蕊，雌蕊顶着浅黄的粉头，雄蕊撑开羽毛似的小雨伞。花萼瞬间弹开，背面粉红，侧面淡绿，似芭蕾舞者以优雅的弧度张开的双臂，向四周伸展，护住到世间一晃的尤物。

次日清晨，我亟不可待地对同事描述昙花开放的奇迹，拉上大家去看，只见花合拢成未开时的模样，疲倦地垂下。花仙已去，衣鬓留香，仍然可闻到未散尽的花香。中文用"昙花一现"来形容短暂的辉煌，西方人称此花为"夜皇后"The queen of the night。观昙花夜放，看植物的生命力如何以极动人的形式展现，是一生之中不应错过的机会。此后，每年昙花结蕾，我不止"一日看三回"，猜测何时花开，思量约哪些人来赏花。三月来到的学者与木棉花有缘，此时到中心的访客，与昙花有缘。

花在九楼，办公室在八楼。我和秘书郭少玉跑上跑下，布置"会场"，将正开的大蓝桐、兰花陈列台上，预备茶水、零食。正是荔枝季节，果品不做多想。有一年花开得早，晚饭后回来，推开楼下的门，便闻到楼上飘来的香气，众人啊呀。我始终不明白，为何昙花种在关教授家时，总开在夜间十一点左右，来到中心后，天刚刚黑定，"演出"便开始了。忘了一共多少次，每次和哪些人一道赏花。曾经有来自上海的一位做文革研究的学者在座，给大家讲他文革期间做学生领袖的故事，然后感叹道，赏花观月这类"小资产阶级情调"，文革都会受到批判。美即罪的时代终于过去，值得庆幸。

昙花带来过一次奇妙的缘分。内地来的作家钱钢，和美国的政治学教授蓝梦玲（Patricia Thornton）当晚一道坐到花前。蓝教授问钱钢去过美国没有，"没有"，"你要是去美国，最希望到哪里去？""Hartford"，钱钢答道。"是啊，大家都想去哈佛。"钱钢说明，他希望去拜访的不是哈佛，而是叫Hartford的地方，因为自己对留美幼童非常感兴趣，一直向往去看看这个与中国近代史上一桩颇有意义的事有关的小镇。蓝教授听到吃惊不小，她任教的学校"三一学院"Trinity College，正在此地。她走开一阵，回来对我说，"我的中文不好，请替我告诉钱钢，我刚刚打电话和学校负责学术交流的同事商量过了，我们很乐意邀请他去访问一个月。"可以想象当晚我作为信使的愉快，钱钢梦想成真的兴奋。中央电视台连续纪录片《留美幼童》的制作，在昙花的芬芳中拉开序幕。

近日有记者访问Patricia Thornton教授，她说起中心，都哭了，说在中心的日子，是the happiest time of her life。

美丽且打扮时尚的Maria Morgan教授参加过一次昙花会，我还替她拍了一张花前玉照。她研究中国的汽车工业。第一次到中心来时，我带她到电脑前，用分类检索，立即看到中心有关的馆藏。书架上，她需要参考的书全排在一起。她高兴极了，说真正是"寻遍天下无觅处，得来全不费功夫"。之后她多次来，成为中心的"熟客"之一。几年不见，后听说她得癌症去世了。她在花前灿烂的笑容，永远留在我的记忆中。古往今来的时间长河中，人的一生何尝不是昙花一现？

有缘千里来相会

立立：

　　在云南长大，没见过海，来到四围环海的香港，发现这里的大海并不似照片上、电影中一般白浪翻滚。只有被群山环绕的一湾水，或者被城市割据的港湾。你还记得1988年夏天我们一道去西贡大浪湾吗？第一次看到与天相连、一望无际的大海，白沙在阳光下闪烁的海滩。终于看到我想象中，令人心旷神怡的大海。

　　踏入海水，仿佛回到童年，浪声盖过众人的呼叫。我从未在大浪中游过泳，很快明白只能顺从，明白什么叫做随波逐流。你还记得胖胖的法国神父Nalet带你在沙滩上抓螃蟹，牵着你登上冉蛇尖主峰吗？神父送你的贝壳还在呢。

　　从中文大学去大浪湾颇费周折，虽然心向往之，一年也只约上中心的访问学者去两三趟，事先得确定同行者都爱好翻山越岭，并有足够体力。上周的访问学者，恰好都是行山爱好者：来自斯坦福的魏昂德教授 Andrew Walder，耶鲁的戴慧思教授 Deborah Davis，上海社科院的曹锦清，中国社科院的……在中大念人类学博士的张小军。这么巧，都是社会学家。

　　攀过浪茄湾一端的山坡，大浪湾印入眼底，高处眺望，月芽形的海滩迎来一波又一波的水浪。绿波追逐白浪，轻轻在白得耀眼的沙滩上散开，形成变幻无穷的图案。海湾一端耸立的岩石挡住海浪的去处，让它在此显示威力，不折不挠地撞击过去，浪花高高溅起，腾空片刻，再回归大海，凝聚力量重新冲过来。Andy和Debbie中文流利，和他们的大陆同行一路聊天，看来只有我一人专注美景，不问学术。

奇怪，相同兴趣的学者，往往不约而同地来到中心。今天的几位同行者之间大都素昧平生，三言两语便彼此结识了，其中有的久仰大名，拜读过大作，更有无穷话题。一日同游登山涉水，能显出各人性情，这一天带来的缘分，也许会促成未来的交往，甚至友谊。我的家乡昆明，陌生人容易变熟朋友。有位北京学者说去昆明做调查，当地与他打交道的人，都会邀请他去家中吃饭，并将自己的朋友介绍给他认识。他笑道，多年下来，我的朋友大部分都是云南人了。

中心访客来到，通常先聊他们的研究兴趣所在，除了向他们推荐中心相关的馆藏，我最乐意向学者提及研究内容相似的本港、大陆或海外学者。大家笑称我为学术媒人，殊不知这是昆明人的本性，乐此不疲。

在中心遇到的西方人，大多数和昆明人一样，都是自来熟。尤其美国人，交谈半小时后，你也许连他的婚姻史都知道了。香港人则不同，初相识，谨慎地保持着距离。即便做了同事许久，也不会随便谈到自己的家庭。初到香港，对人之间的隔膜颇不习惯。家家户户在木门外装上铁闸门，铛啷一声，把世界关在门外，一家大人小孩锁进屋内。

你还记得我们住月华街时，走廊对面那家的小妹妹吗？她常常坐在铁闸后对外张望，你有时抬张小板凳坐在她家门外，拿玩具和她一道玩，她母亲既不邀你进去，也不让她到我家来玩。她终于获准来参加你四岁的生日会，我算是第一次看清楚她的模样。

你去培正小学面试的那天，我在教室门外焦急地等待。你走出来有点难为情地对我说，有一题答错了：先生问我，如果你独自在家，一个陌生人来敲门，你应该怎么办？我说会开门请他进来坐下，然后倒杯水给他喝。你看到老师摇头，但不知道自己错在哪里。我不禁大笑，说你答得很好，对你解释为什么老师不期待这样答案。当然也自我纠正一下，告诉你香港和昆明不一样。对陌生人的防范和友善之间如何做出判断，对成年人也并非一件容易的事。

　　人类学家Charlotte在波士顿长大，她先生，大名鼎鼎的傅高义则来自小镇。两人早上去跑步，先生虽是哈佛的名教授，逢人便微笑点头、问候。Charlotte觉得他的友好态度很可取，但自己则无法强装笑容，浪费时间去与陌生人寒暄。随着生活的社区从村庄变为城市，再从小城市变成大都市，彼此的关系越来越疏远，在所难免，将来昆明成为大城市，"村落文化"也就会消失。何况流动性越来越大，邻居还来不及成为相熟相知的比邻，就搬开了。

　　　　　　　　　　　　　　　　　　妈妈

木棉花缘

　　1979年底，我来到九龙亚皆老街155号的大学服务中心上班。小院沿墙根一排树冬天依然绿荫，有一株孤高挺拔，却残叶凋零。春天不见发芽，反而树叶落个精光，剩下光秃秃的枝条。早春三月，突然之间孔雀开屏一般，四面伸展的树枝，托起无数鲜红的花朵伸向蓝天，艳压群芳。这是我从没见过的木棉。花一边开，一边落，五片厚重的花瓣，包含阳光和水分。我站在小院二楼阳台上，拾起依然新鲜的落花，一看到有人进门来，就大笑着扔下："接住！"。云南来的研究助理觉得自自然然的动作，因文化差异造成了误解，其后费些功夫才澄清（也许并未澄清）。

　　中心1988年并入香港中文大学后，小院几易其主，最终这个殖民地时代的富人区从地图上消失，让位给中产居住的高楼，那一株令人一往情深的木棉从此走进回忆。我偶尔在《南华早报》看到一张占了四分之一版面的照片。两排盛开的木棉高耸，将一条小路上下映红，蔚为壮观。这里竟然不是公园，是位于香港元朗的石岗英军宿舍。记下花开的日期，次年呼朋唤友，同去赏花。一行人驱车直入，车压碎一路落花，停在操场边。下车后，众人一片惊呼（我一向是叫声最高的那个），举头是花的天空，低头是花的地毯。最妙清风吹过花朵飘落的一刻，每冲过去，都未能接住。军人宿舍空荡荡，住客回国了吧。那是1997年3月初。

　　第二年花开时节来到，门口有军人持枪站岗。"请问，我们可以进去看花吗？"，我用广东话问道。无应。这才意识到他们来自祖国，用普通话再问一遍，一脸稚气的士兵依然不出声，目不斜视，只用手势表示放行。飘在军营上方的旗帜换了，一批人离开香港回故乡，另一批人离开故乡来到香港。树还是树，花还是花，依然满地落红，满枝艳。同行者有金观涛、刘青峰夫妇、陈方正，教育学院的萧今开车，带了她可爱的小女儿天天。出门时，我让天天代表大家表示感谢："解放军叔叔再见！"对方没反应。

此后，每年三月便和固定的几位朋友，并叫上中心的访客，来应木棉花之约。时机重要，一半花落在地上，一半在枝头，是最佳的赏花时节。之前必定对没去过的人大肆形容一番，到时候有点紧张，担心下雨，或来得太早，地上落花少；或太迟，树上花凋零。留意看中大校园路边的一棵，以它为信号，决定哪个周六前往。连续好些年，都在三月八号左右。最近这些年，则推迟到三月中旬。香港的夏天来得越来越早，花开反而迟了。

石岗木棉从未让我们失望。仅有一年，哪位不解风情的长官，命令工人每天清扫落花，扫兴之至。

我比手画脚，不停地向初次来的朋友描绘地上铺满花朵多么美，如何浪漫。花开花落总有时，人聚人散奈何天。近年来到，赏花之余难免怀旧，尤其想念曾经一道花下喧笑，却已经离世的朋友高华。终日埋头故纸堆的历史学家，难得有闲暇寄情花间。最近见到一位多年前到中心的访问学者，他告诉我当初有人说，我将周末郊游当成必须的活动通知大家，让人无法逃避。无数内地学者来看过石岗木棉，有些场景凝固在照片中。周保松拍过一张陈方正、袁伟时老师和我抬头看花的照片，面孔不见岁月的痕迹，像木棉花一般单纯。而每年的标准照都是一行人走在木棉树下，看来都在聊天，没有在看花。像我一般大惊小怪的人其实不多，记得青海社科院的朱华、北京的徐小棣倒是真被感动了。

龙应台善于探索和发现，众人依从她的好奇，顺军营宿舍后的村道一直走，来到沿山脚引水道开辟的大榄郊野公园。一行人在被春色染成鹅黄浅绿的树荫下漫步，溪水静静流淌，小鸟叽喳。路边农妇售卖自己手织的帽子、围巾，给了方正送礼物的机会。直到2000年初，石岗木棉知道的人很少。有时空空荡荡的"花园"中，只有我们一行人。美名渐次传开，赏花人多起来。有人来写生，有人用落英砌成心形，几乎人人都用手机仰头拍照。网上可以搜到推荐石岗军营宿舍的文章和照片，却没有提及当初是哪位英国军官想到的主意，在营区遍植木棉。他恐怕像我一样被从未见过的木棉花倾倒，他未曾来得及看到一个念头变成的美景。感谢他，也多谢种树人。

静如吐露港

立立：

认识的美国教授中，康奈尔大学的Tom Lyons 最为平和、沉静。他来中心做研究，从不参加我们组织的任何娱乐活动，说太太在家操劳，自己来香港是做研究，不是玩。终有一次与太太同来，一位朴实、和蔼的台湾女子，在康奈尔大学图书馆工作，和我是同行。我带他们去逛商场，比售货员还热心地介绍美国朋友会感兴趣的货品。Tom淡淡笑道："你不用费神了，没有谁可以劝动春梅采购非她所必需。"

三人回我家，坐在窗前，望着窗外静静的吐露港、八仙岭，Tom说他年青时在海军服役，成年累月漂泊大海之中，黄昏时分常坐在顶层甲板上，一小时又一小时，看水波夹着时光流逝，整个身心沉入无边无涯的寂静与安详。他的结论是："海水令人懒洋洋。"

在喧嚣的城市边上，吐露港像修行到家的僧人，无论连动着它的太平洋掀起多高的巨浪，无论狂风暴雨如何激怒它，挑动它，这一湾静水不过微微起涟漪。船只划过水面，带出的水波向两面散开，一波比一波平，留下耕地般的纹路。大群水鸟紧随在后，捕猎船桨掀起的鱼儿，那是寂静的港湾最活泼的风景。

去冬带一位新西兰朋友去沙田公共泳池游泳，略大的池中不过数十人，他在池边站了半个多小时，一动不动，令我好生奇怪。原来他从未见过这么多人同池游水，无水道分隔，担心踢到池中小童。我说你们新西兰人少见多怪，你得去大陆的热门海滩看看，大家戏称为"煮饺子"。儿童戏水，大人图凉快。若要伸胳膊、蹬腿游泳，须有匹夫莫挡之勇。

不少人评说香港人不够文雅，视酒楼饭馆如家中饭厅，大声喧哗，旁若无人。而初从大陆来者，回家后描述香港见闻，都会提及市民规规矩矩排队，不会有人推翻你跃入巴士。去大陆探亲回来的港人，则会抱怨当地人随地吐痰等陋习。Jon Unger听到说，他七十年代初去台湾，也见到有人随地吐痰啊。人的行为受环境限制，社会的发展有先后，不能用统一的尺度来衡量，不要以居高临下的态度看待社会现象。

按中文大学社会学家李沛良的研究，香港又挤又迫的居住环境，并没有对人们的行为有多少负面影响，"行为"一词太为概括。我到香港不久，一天早上乘巴士上班，司机与一位乘客争执起来，干脆罢驶。满满一车人焦急地等着司机的肝火熄灭，天热气闷，多数人要赶时间。坐客站客悄无言，我这个"大陆婆"按耐不住，苦于不会说广东话，嚷也嚷不出来。

待我的广东话可让人明白，你大概已感到妈妈并非文质彬彬，有时场面令你难堪。记得我们去配眼镜，售货员明明说假话，我反驳他时，你站在他一边替他辩解。每次我去培正开家长会，你都让我少说话，少给学校提意见。其实我已经够克制了，最关紧要的意见都不敢直说。

西方朋友问我最欣赏中国人的哪些品质，我随口答道：勤奋、重视家庭，以和平方式解决争端。与世无争、息事宁人的生活态度，走到极端会姑息养奸。贪污腐化在中国大陆成为风气，除了制度上的原因，也和人们的容忍、怕事、但求自保有关。

八十年代末，夏天回昆明，众人都在议论领导和有权势者收礼品，办事须走后门。九十年代这些行为成为理所当然的游戏规则，小贪污已属好官，大贪污才被人背地议论。听一个同学说，他们公司头头贪污了上百万，然后移居香港，摇身变为港商再大摇大摆地回来做生意。他的贪污证据凿凿，公司里卅多人，没有一人愿出面去告发他：他认识"上面"的人呢，告不倒。

1994年到山东一个贫穷村庄访问，约一半的农户一年之中只能买得起五六次猪肉，那是城里人不屑一顾的肥猪肉。主粮是红薯，磨成粉，合成浆，摊平在铁板上，烤出一张张薄饼。妇女一次加工准备够几个月吃的红薯饼，圆柱子似地堆靠在屋角里。带路的小青年最爱用"家产总值"来形容谁家有多穷，"他家全副家当充其量不值50元"。

管理穷苦百姓的大小干部，饮宴无度，一围席桌上铺满佳肴，你觉得过份奢侈之际，美丽的侍应小姐又端上另外八盘，桌面已无空隙，往高处叠。最令我奇怪的是人们为何可以容忍。历史上这个地区曾有农民造反，三天内杀光了统治当地的寺庙和尚，暴动发生在四十年代，传说是共产党组织的。

无论多穷，躲不了几十种税。此外还须服劳役，称为"义务工"与"建设工"。山东五莲县的这个村庄每个劳力每年要服劳役五十天，多的近百，得自带干粮。三个劳力的家庭相当于有一人常年白做，幸而大部分工程都是修路、盖房子、建学校，并非筑长城、修阿房宫。我告诉一位北京做农村研究的官员，他说，趁现在劳动力便宜，对农村发展而言，这样做有好处。

那些农村的大小官吏并非青面獠牙，与他们聊起来都同情农民的处境，反对大吃大喝。县教育局长对农民孩子无法升学愤愤不平，他的眼睛因饮酒过量出现问题，他说："没有办法，为了工作，舍命陪君子呀！"到处都见到有正义感的人，却不见他们把自己的感觉付诸行动。顺从大流，保住官位要紧。

你为了签证与墨西哥领事馆的官员据理力争，看到学校餐厅收费不公平去找管理人员投诉，这些小事令我引以为慰。与其抱怨，不如行动。朋友笑我爱写投诉信。中心有个访问学者上月去尖沙咀买电器被骗了；我写信去香港旅游协会，希望他们加强与消费委员会合作，打击欺诈游客的商户，维护香港名声；同时建议推广香港郊野游。不久收到一封无甚诚意的官式回信。反正我已尽了自己的责任，心安理得。

和Teresa在中甸旅馆商店买纪念品，她看中一个藏族面具。一名男顾客接过去看，立即抢先付款。我斥责他无理，售货员主持公道，要他交还面具。他心有不甘，回嘴大骂，我忍不住回敬几句。现在想起来，觉得自己凶巴巴的样子很可笑。无论对大事或小事生气，是用他人的错误惩罚自己（忘了是哪位智者说的）。尽量避免被激怒，以平常心和幽默感压下心头火气。

信写完，抬头向吐露港望去，无波无浪，一如我此刻的心境。

妈妈

走进乡村

往常，五月底的香港已是炎炎暑天，今年夏季来得犹犹豫豫，不时躲开，让人舒服、凉快几天；我这个被昆明的天气宠坏的人，对漫长的酷夏来临之际的恩惠，额外珍惜。总那么不可思议，做同样研究的学者常常在中心不期而遇，我迷信地觉得这冥冥之中的安排给我的不是暗示，而是明示。昨天，约上三位研究农村的学者：来自国务院发展研究中心的赵树凯，上海社科院的张乐天，还有中大人类学系博士生张小军，社会学系的博士生陆绯云，一道去"探险"。

一行人走到乌溪沙沙滩尽头，从当年那位越南难民在铁丝网上剪开的破洞钻进去，潜入已不再是禁区的白石营半岛，在海边斜坡的青草地上坐下。低头观水浪追逐，抬头赏群山叠翠，一边喝葡萄酒，嗑开心果，吃荔枝。我原来打算和他们商量中心召开农村基层建设研讨会的事，实在煞风景，忘了它吧。

张乐天来自上海，乡下长大，勤奋读书，念完大学，再读研究生学位，成了大学教授。中学毕业后，他赶上这一代年轻人无法逃脱的"知识青年上山下乡"的运动，回乡务农十四年，在村里和一位聪慧活泼的乡下女孩相爱结婚。那个时代无数的秀才村姑配，多以分手告终。这位教授则想方设法让妻子调到上海。他们是大家眼中的一对恩爱夫妻，这倒少见。

张乐天和上海社科院的曹锦清教授花了四年，1992年出版了《当代浙北农村的社会文化变迁》，之后他独立完成了一本《告别理想：人民公社制度研究》。读这两本书，听他的平生故事，令人觉得似乎冥冥之中万事有定数。他妻子的村庄，也是他"插队"务农十年的地方，档案记录保存得惊人地完整。据说因为负责资料整理的村文书有"历史问题"，加入过一贯道——这个宗教组织被看作是"反动教门"，在五十年代初便加以取缔。这位"带罪"的文书小心翼翼，生怕出错漏，记录村中一笔笔大小事务。每次村里开会，他都写下详细记录，仿佛预知未来这些文字，会被社会学家作为珍贵史料运用。

五十年代初，共产党在中国大陆掌权以后，将农村家庭按占有土地的多寡分为地主、富农、中农和贫农等不同的"阶级"，然后将土地统统"平均"分配到各家各户，叫做土地改革运动。没过了多久，开展合作化运动，接着开展"人民公社运动"，到五十年代中期，中国大陆的农民被组织起来，再没有独立经营的农户，只有公社社员。每个村是一个小队，几个小队为一个大队，几个大队组成公社。

中国大陆的改革开放，就是从取消农村集体组织，重新恢复个体经营开始的，称为"包产到户"。五十年代初我在小学唱的一首歌"歌唱祖国"，其中一句："歌唱我们亲爱的祖国，从今走向繁荣富强"。这个"从今"推迟了三十年，从解放农民开始。那三十年中，农民苦不堪言，还发生过惨绝人寰的大饥荒。这里说的与两位研究农村的学者相关的，是这个时期独特的现象，每个大队都曾经用文字详尽记载当地经济、政治。

我曾在1988年去到云南西北会泽县的大海乡。这里海拔三千米，绝大部分村民不识字。十岁以下的女孩几乎都订了亲，让她们的哥哥或弟弟可以娶对方的女儿，是没人肯嫁过来的穷村庄之间，无可奈何的交换。走进乡公所，听说我们要了解情况，支书唤来一位将近六十岁的老文书。他慢条斯理打开上了锁的木柜，搬出一本本厚厚的账簿。各种自制的表格一丝不苟，字迹工整，四十年来的土地、人口、劳力、收支分配，都有据可查，令我大吃一惊，连声道：你太了不起了。他露出一丝笑容。

在USC听到的不少做农村田野研究的学者有类似经历。不仅在江南，中原这些文化发达的地区，连西北高原都有许多村庄存有详细的档案资料，唯有读书高的文化传统，使得大部分农庄都找得到识字的人。固然，记录都按政治路线的框框取舍，但其中可以见到乡村生活和经济的实况，经过研究者分析解读，能将半世纪以来的变迁展现。

两位上海教授经年累月梳理乡村档案，访问村民，终于不负使命，以真凭实据，向世人叙说处在社会下层的农民过去四十年怎么活过来的。如此扎实的农村社会研究出现在上海，让人有点意外。大名鼎鼎的社会学家费孝通三十年代写了一本描述农村社会的《江村经济》，首次将当时农民生计说个清楚，并先出英文版——墙里开花墙外香——成为经典，中外学者凡是研究中国农村，都必须引用。客观上，他的研究不是无法超越，而是其后数十年中，民不聊生。抗战、内战之后的和平年代并不平静。社会学几乎半世纪后才重登讲坛，大环境松动之后，市场经济唤醒压抑多年的物质欲望。张乐天、曹锦清这类自甘淡泊，执着于实证研究的学者为数不多。种瓜得瓜，他们完成的这部作品，为历史做了一笔不可缺少的注脚。

书的出版，似乎并没有为二位带来什么荣耀，也没有引起多少注意。据说北京学术圈有人评价道，书还不错，但缺乏理论的深度。两位作者还蛮在乎，花功夫钻研社会学相关理论，觉得未来努力的方向是写出有深奥分析力度的作品。理论的把握被看成是社会科学研究的看家本领，也是区别业余和专业的尺度。衡量一部作品的价值，并非在于理论。例如人类学的奠基人之一、法国著名的人类学家列维-斯特劳斯（Claude Lévi-Strauss），毕生致力于理论的创立，可惜他的结构人类学和有关神话的理论都不曾经受住时间的考验，而他留下的对"初民"社会真实可靠的记录《忧郁的热带》却成为不朽的篇章。

注：张乐天、曹锦清 两人后来分别出版了注重理论探索的著作：张乐天的《告别理想》，曹锦清的《单位制度》。后来曹锦清仍回归

田野调查，写出轰动一时的《黄河边的中国》。他开玩笑地对我说：我扔下的仍然只是一块小石头，"浙北农村"扔到小水池里，只有你注意到了，"黄河边"扔到大水塘了，激起涟漪。事实上，农村分田到户以后，农民负担越来越严重，到九十年代中期，农村、农民、农业的问题成为令社会瞩目的三农问题，农村研究成为显学，《黄河边的中国》这本书应运而生。

后 记

三十年后，估计这个村子已经不存在了。

"会泽地处乌蒙山主峰地段，山区面积达95.7%；约有38万人居住在深山区、石山区、高寒冷凉地区、泥石流滑坡地带，其中，贫困群众有4.2万户12.25万人。"会泽县委书记谭力华介绍，"十三五"期间，会泽规划建设安置点125个，安置105068人，建档立卡贫困人口83627人。在会泽县城以西两公里处规划新建271栋、165.5万平方米安置房，分两期搬迁安置81257人，其中建档立卡贫困人口62768人，搬迁对象涉及20个乡镇（街道）、293个行政村，整村搬迁514个自然村。会泽新城第一期项目已完成搬迁安置20361人，2020年春节前第二期项目将搬迁安置1.2万余人，6月前完成搬迁安置4.8万余人"。

文中提到的这两个小女孩如今大概有了自己的孩子，世世代代将女儿作为"抵押"的无奈终成历史。

香港，春天的祝福

香港的农历2021年，从第一天起，几乎日日风和日丽。大地上，瘟神徘徊不走，口罩遮住没有笑容的面孔；天空中，蓝天白云，毫无寒意，春天好像提前来到。即便天气预报说，风来雨来，迎来的仍旧是另一个阳光普照的日子。

人享受暖冬，校园里草地枯黄了，山茶花即开即谢，枝头招展的黄花风铃木比往年稀疏许多。2月10日，终于下了一场透雨，淅淅沥沥，从早到晚。天黑定，不时看一眼窗外，似乎知道雨将歇。果然等到，急忙奔向吐露港海滨道，空无一人，路灯洒下，将雨水覆盖的路面映成一条金光大道，颇为壮观。

年三十，年夜饭

二十多年来，除夕晚餐是过年我最主要的节目。将留在香港过年的中心访问学者，以及只身在港的朋友约到家中，称之为"无家可归者除夕晚宴"。今年疫情限局令下，聚会不得超过二人。政府建议减少家庭团聚，我们这个传统的聚会，就算家庭聚会吧。改为中午聚，照样约了几位"无家可归"的同事、朋友。连江一家每年来，带来同样一道菜。果盘盛在同一个叶片形状的玻璃盘里。那个总粘着妈妈的小女孩而今出落成美丽女郎，即将大学毕业。李立和糯米今年回不了香港和我过年。连上视频，让她们一一和客人打招呼，也令她们心安，知道我并非独自一人。

年年都以豆腐豆苗番茄汤、速冻饺子为主，凉拌茄子是唯一的手艺展示，云南带来的乳饼算特色菜，够不上称为"宴会"。我忙出忙进，对客人说，主要任务是夸我做的菜好吃。回想起来，竟不记得这么多年都来过哪些人。有一年客人最少，来了高华，还有一位在香港念博士的小潘。那天正好是我的生日，蛋糕上的蜡烛将高华本来就红润的脸映得更红。他去世后，每年12月底他的忌日，会想到当晚的场景……

曾经有一年来了14位客人。两位来自"敌对"的国家——以色列和巴基斯坦，对食物有各自的特别要求，故让他们坐在另外一张小桌子上。这位以色列小伙子在澳大利亚国立大学念博士，研究九十年代的中国农村。几年后，他的导师Jon Unger告诉我，这位学生说，他看过的书中最有用的一本叫《进入21世纪的中国农村》。"你认识编著者呵，你去她家吃过饭的。"故事我讲过给不少朋友听，乘机自我鼓励一下。

年初四，有朋自远方来

月初，中心秘书转给我一则"寻人启事"：I wish to get in touch with Ms. Hung to thank her help when I was a graduate student at the University of California, San Diego. I visited the Centre almost 20 years ago.（我希望联络熊女士。20年前，我在圣地亚哥大学做研究生时访问过中心。我想要谢谢她给我的帮助。）这位寻我者叫松泽节子，在美国Wooster学院教书，到香港恒生大学任一学期的访问教授。

联络上了。约她年初四到家里坐坐，然后去海滨道走路（我惯常的待客之道）。上网看到她的照片，无法回忆起她当初的模样。她比预定的时间早到了3分钟，进门就道歉说来早了。"20年了，你还记着，好感动"，我说。她则一脸歉意，"不好意思，这么久才来看你。"她说一直想着，曾经两次路过香港，时间紧，没能来。

坐定，对着窗外静静的吐露港喝茶聊天。渐渐，当初那个脸圆圆、眼睛圆圆的日本女孩子依稀可见。说到她的研究，我想起来了。

她到中心来时，还没想清楚研究方向，离开时似乎摸到门路，决定以云南的江河堤坝与环境为题。我建议她去云南找当地倡导河流保护的于小刚，请教北京的汪永晨。给了她两人的联络方式。这是我乐此不疲的"媒人"工作。

她听说了中心的事，连声道可惜，担心今后能否到香港来做研究。我说来查资料应当没问题。冬日的骄阳暖人，微波荡漾的吐露港令人舒畅。不愉快的话题并未将我们的兴致败坏到哪里。

女士来到，带去马鞍山一家服装店是必须的节目（令人怀疑我是否有利益收受）。买到好看衣服的那份喜悦，不足为男士道。替节子挑到两件衣服，风格非常"女教授"，她十分开心，我也高兴得好像自己有了新衣。她拿起一件又一件丝质的花衣服左看右看说：我妈妈会特别喜欢。她母亲两年前癌症过世了。

原本盼望一家人的香港之旅，因为疫情，她只身来到。丈夫带一对儿女在美国。将来回忆起这无可奈何的日子，会想起曾有过美丽的一天。

《中国研究者的家园》

—— 回忆大学服务中心

　　熊景明　主编

国际统一书号（ISBN）：978-988-74703-1-1

2022年第一版

封面题字：李俊昌

出版：人文出版社（香港）公司

　　　香港新界白石角香港科学园西区19w大厦

　　　网址：www.hphp.hk

　　　电邮：info@hphp.hk

Home Away From Home

—— Edited by Jean Hung

ISBN : 978-988-74703-1-1

First edition 2022

Published by Humanities Press

　　　19W building, HKSTP, Pak Shek Kok, N.T. , HK

　　　Website : www.hphp.hk

　　　Email : info@hphp.hk

 Facebook　　 *Wechat*